구성 및 특징

핵심이론

시험에 출제되는 핵심 내용만을 모아 효율적인 학습이 가능하도록 구성하였습니다. 반드시 알아야 할 내용에 대한 충실한 이해와 체계적 정리가 가능합니다.

빈출개념

시험에서 자주 출제되는 개념들을 표시하여 중요한 부분을 한 눈에 들어올 수 있도록 하였습니다. 합격에 필요한 핵심이론을 깔끔하게 학습하시기 바랍니다.

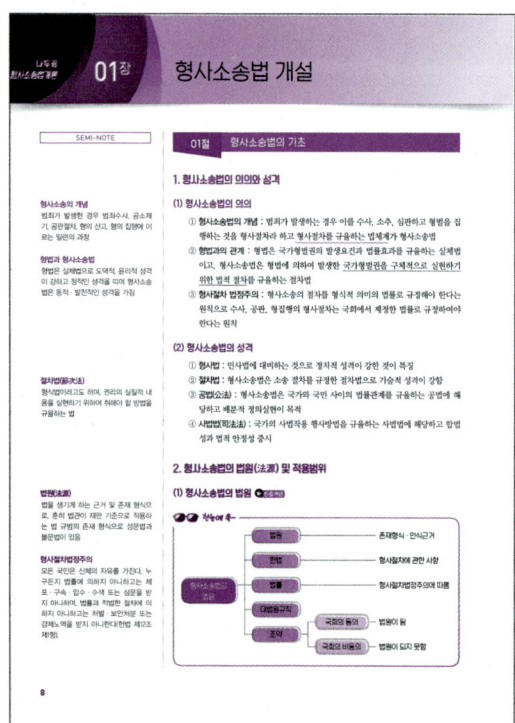

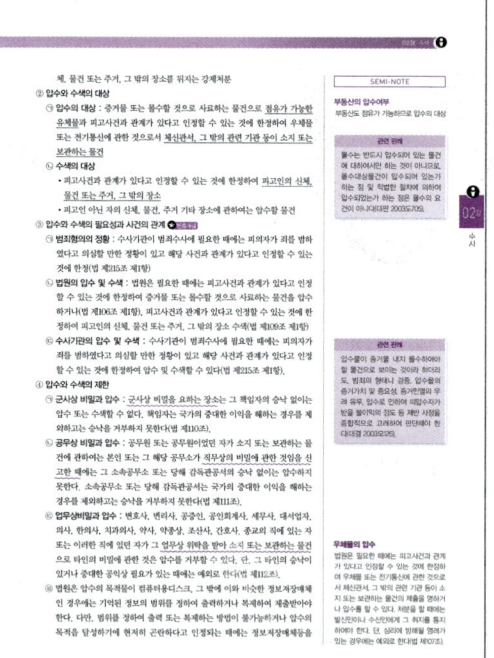

한눈에 쏙~

흐름이나 중요 개념들이 한눈에 쏙 들어올 수 있도록 도표로 정리하여 수록하였습니다. 한눈에 키워드와 흐름을 파악하여 수험에 도움이 되도록 하였습니다.

실력 up

더 알아두면 좋을 내용을 실력 up에 배치하고, 보조단에는 SEMI – NOTE를 배치하여 본문에 관련된 내용이나 중요한 개념들을 수록하였습니다.

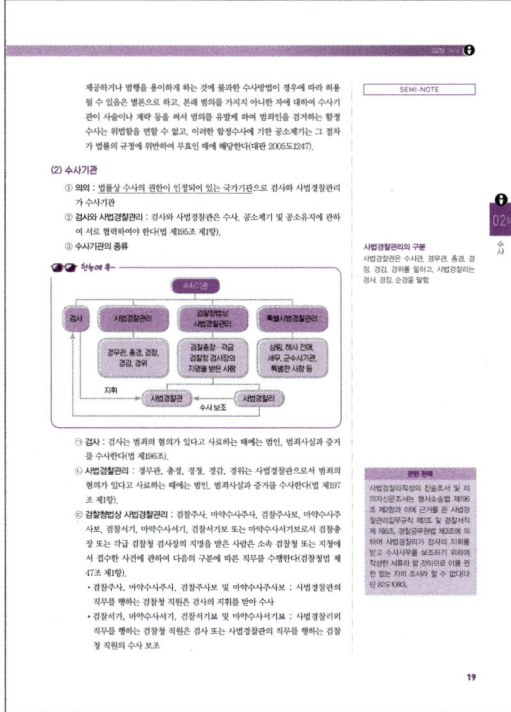

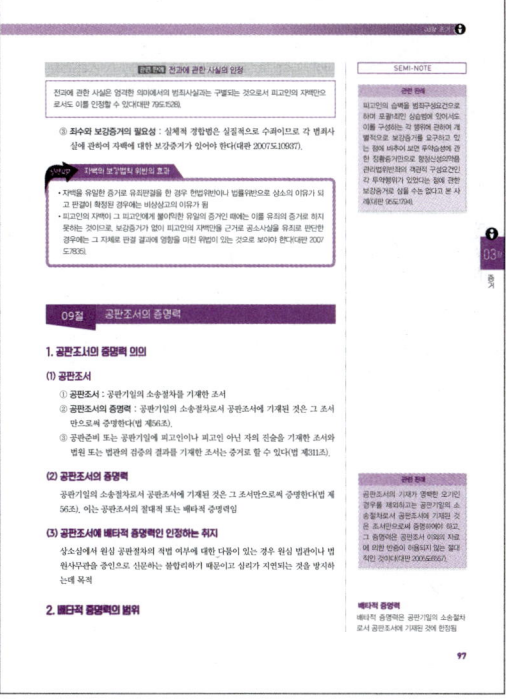

목 차

01장 형사소송법 개설
- 01절 형사소송법의 기초 ········· 8
- 02절 형사소송법의 이념과 구조 ········· 11

02장 수사
- 01절 수사의 기초 ········· 18
- 02절 수사의 개시 ········· 32
- 03절 수사종결 ········· 60

03장 증거
- 01절 증거의 의의와 종류 ········· 70
- 02절 증명의 기본원칙 ········· 73
- 03절 자백배제법칙 ········· 80
- 04절 위법수집증거배제법칙 ········· 81
- 05절 전문법칙 ········· 82
- 06절 증거동의 ········· 89
- 07절 탄핵증거 ········· 92
- 08절 자백의 보강법칙 ········· 94
- 09절 공판조서의 증명력 ········· 97

04장 소송주체와 소송행위
- 01절 소송주체 ········· 100
- 02절 소송행위 ········· 121

05장

공판
- 01절 공소의 제기 ········· 130
- 02절 공판절차 ········· 139
- 03절 재판 ········· 166

06장

상소 및 비상구제절차
- 01절 상소 ········· 178
- 02절 비상구제절차 ········· 191
- 03절 특별절차 ········· 194
- 04절 재판의 집행과 형사보상 ········· 201

9급공무원
형사소송법개론

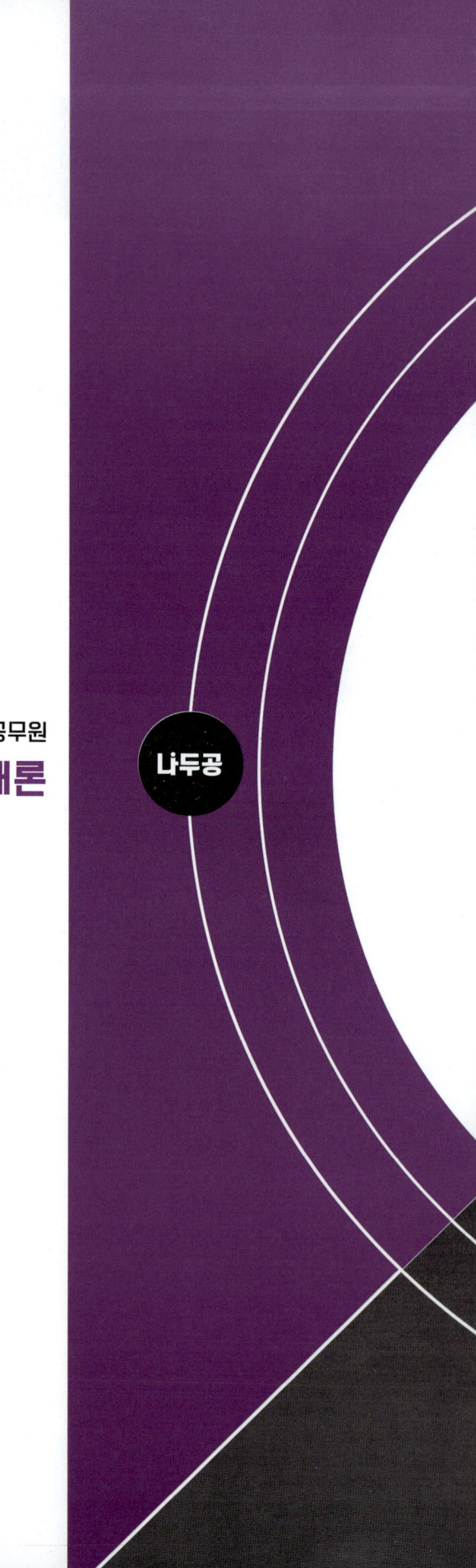

01장 형사소송법 개설

01절 형사소송법의 기초

02절 형사소송법의 이념과 구조

01장 형사소송법 개설

SEMI-NOTE

01절 형사소송법의 기초

1. 형사소송법의 의의와 성격

(1) 형사소송법의 의의

형사소송의 개념
범죄가 발생한 경우 범죄수사, 공소제기, 공판절차, 형의 선고, 형의 집행에 이르는 일련의 과정

① **형사소송법의 개념** : 범죄가 발생하는 경우 이를 수사, 소추, 심판하고 형벌을 집행하는 것을 형사절차라 하고 형사절차를 규율하는 법체계가 형사소송법
② **형법과의 관계** : 형법은 국가형벌권의 발생요건과 법률효과를 규율하는 실체법이고, 형사소송법은 형법에 의하여 발생한 <u>국가형벌권을 구체적으로 실현하기 위한 법적 절차를 규율하는 절차법</u>
③ **형사절차 법정주의** : 형사소송의 절차를 형식적 의미의 법률로 규정해야 한다는 원칙으로 수사, 공판, 형집행의 형사절차는 국회에서 제정한 법률로 규정하여야 한다는 원칙

형법과 형사소송법
형법은 실체법으로 도덕적, 윤리적 성격이 강하고 정적인 성격을 띠며 형사소송법은 동적·발전적인 성격을 가짐

(2) 형사소송법의 성격

① **형사법** : 민사법에 대비하는 것으로 정치적 성격이 강한 것이 특징
② **절차법** : 형사소송법은 소송 절차를 규정한 절차법으로 기술적 성격이 강함
③ **공법(公法)** : 형사소송법은 국가와 국민 사이의 법률관계를 규율하는 공법에 해당하고 배분적 정의실현이 목적
④ **사법법(司法法)** : 국가의 사법작용 행사방법을 규율하는 사법법에 해당하고 합법성과 법적 안정성 중시

절차법(節次法)
형식법이라고도 하며, 권리의 실질적 내용을 실현하기 위하여 취해야 할 방법을 규율하는 법

2. 형사소송법의 법원(法源) 및 적용범위

(1) 형사소송법의 법원 ★ 빈출개념

법원(法源)
법을 생기게 하는 근거 및 존재 형식으로, 흔히 법관이 재판 기준으로 적용하는 법 규범의 존재 형식으로 성문법과 불문법이 있음

형사절차법정주의
모든 국민은 신체의 자유를 가진다. 누구든지 법률에 의하지 아니하고는 체포·구속·압수·수색 또는 심문을 받지 아니하며, 법률과 적법한 절차에 의하지 아니하고는 처벌·보안처분 또는 강제노역을 받지 아니한다(헌법 제12조 제1항).

한눈에 쏙~

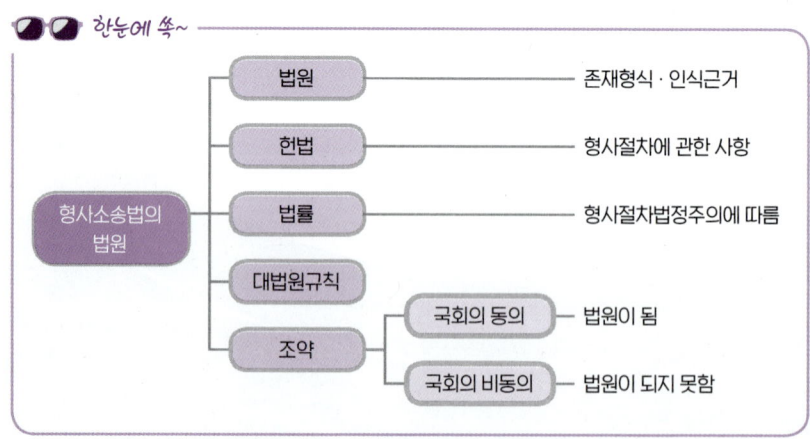

① **법원(法源)** : 형사소송법의 법원은 형사소송법의 존재형식 내지 인식근거가 됨
② **헌법** : 헌법은 최고의 법으로 형사절차에 관한 사항은 당연히 형사소송법의 법원이 됨

- 형사절차법정주의(제12조 제1항)
- 적법절차의 원리(제12조 제3항)
- 영장주의(제12조 제3항)
- 고문금지와 진술거부권(제12조 제2항)
- 변호인의 조력을 받을 권리(제12조 제4항)
- 체포 또는 구속의 이유와 변호인의 조력을 받을 권리(제12조 제5항)
- 피구속자의 가족 등에게 구속사유 등을 통지하게 할 권리(제12조 제5항)
- 체포·구속적부심사청구권(제12조 제6항)
- 자백배제법칙과 자백보강법칙(제12조 제7항)
- 일사부재리의 법칙(제13조 제1항)
- 재판을 받을 권리와 신속한 재판을 받을 권리(제27조 제1항, 제3항)
- 무죄추정의 원칙(제27조 제4항)
- 형사피해자의 재판절차진술권(제27조 제5항)
- 형사보상청구권(제28조)
- 국회의원의 불체포특권과 면책특권(제44조, 제45조)
- 대통령의 형사 불소추특권(제84조)
- 헌법재판소의 조직과 헌법소원에 관한 규정(제111조 내지 제113조)
- 법원의 조직과 권한에 관한 규정(제101조, 제110조)

③ **법률** : 형사절차 법정주의에 따라 법률은 형사소송법의 법원이 됨
  ㉠ **형식적 의미의 형사소송법** : 형사소송법의 명칭을 가진 법률
  ㉡ **실질적 의미의 형사소송법** : 실질적 내용이 형사절차를 규율하는 법률
   - 조직에 관한 법률 : 검찰청법, 법원조직법, 각급법원의 설치와 관할구역에 관한 법률, 고위공직자 범죄수사처 설치 및 운영에 관한 법률, 경찰관직무집행법, 변호사법, 사법경찰관리의 직무를 행할 자와 그 직무범위에 관한 법률 등
   - 특별절차에 관한 법률 : 즉결심판에 관한 절차법, 소송촉진 등에 관한 특례법, 조세범처벌절차법, 소년법, 국민참여재판법, 군사법원법 등
   - 소송비용 법률 : 형사소송비용 등에 관한 법률 등
④ **대법원규칙** : 대법원규칙도 형사소송법의 법원이 된다(예 형사소송규칙, 법정좌석에 관한 규칙, 소년심판규칙, 형사소송비용 등에 관한 규칙, 소송촉진 등에 관한 특례규칙, 법정 등의 질서유지를 위한 재판에 관한 규칙 등).
⑤ **대통령령과 법무부령** : 형사절차법정주의 원칙상 형사소송법의 법원이 되지 못함
⑥ **판례** : 대법원 판례는 당해사건의 하급심을 구속할 뿐 형사소송법의 법원이 되지 못하고, 헌법재판소 판례의 경우 위헌결정과 헌법불합치결정은 법률의 효력을 소급시켜 소멸시키므로 형사소송법의 효력이 됨
⑦ **조약** : 국회의 동의를 얻은 조약은 법률과 동일한 효력을 가지므로 법원이 되나 동의를 얻지 못한 조약은 법원이 되지 못함

SEMI-NOTE

영장주의
체포·구속·압수 또는 수색을 할 때에는 적법한 절차에 따라 검사의 신청에 의하여 법관이 발부한 영장을 제시하여야 한다(헌법 제12조 제3항).

체포 또는 구속의 이유와 변호인의 조력을 받을 권리
누구든지 체포 또는 구속을 당한 때에는 적부의 심사를 법원에 청구할 권리를 가진다(헌법 제12조 제5항).

기타 실질적 의미의 형사소송법
형의 실효에 관한 법률, 형사보상 및 명예회복에 관한 법률, 형의 집행 및 수용자의 처우에 관한 법률 등

관련 판례
재기수사의 명령이 있는 사건에 관하여 지방검찰청 검사가 다시 불기소처분을 하고자 하는 경우에는 미리 그 명령청의 장의 승인을 얻도록 한 검찰사건사무규칙의 규정은 검찰청 내부의 사무처리지침에 불과한 것일 뿐 법규적 효력을 가진 것이 아니다(헌재 91헌마42).

(2) 형사소송법의 적용범위

① **인적 · 장소적 범위** : 형사소송법은 형법을 실현하는 절차법이므로 형사소송법의 인적 · 장소적 적용범위는 형법의 인적 · 장소적 적용범위와 일치한다. 따라서 형법상 속지주의, 속인주의, 보호주의가 적용

㉠ **국내범** : 본법은 대한민국 영역 내에서 죄를 범한 내국인과 외국인에게 적용한다(형법 제2조). 속지주의 원칙 적용

㉡ **내국인의 국외범** : 본법은 대한민국 영역 외에서 죄를 범한 내국인에게 적용한다(형법 제3조).

㉢ **국외에 있는 내국선박 등에서 외국인이 범한 죄** : 본법은 대한민국 영역 외에 있는 대한민국의 선박 또는 항공기내에서 죄를 범한 외국인에게 적용한다(형법 제4조).

㉣ **대한민국과 대한민국국민에 대한 국외범** : 본법은 대한민국 영역 외에서 대한민국 또는 대한민국국민에 대하여 전조에 기재한 이외의 죄를 범한 외국인에게 적용한다. 단 행위지의 법률에 의하여 범죄를 구성하지 아니하거나 소추 또는 형의 집행을 면제할 경우에는 예외로 한다(형법 제6조).

> **관련 판례** 형법상 속인주의의 규정
>
> 형법 제3조는 '본법은 대한민국 영역 외에서 죄를 범한 내국인에게 적용한다.'고 하여 형법의 적용 범위에 관한 속인주의를 규정하고 있는바, 필리핀국에서 카지노의 외국인 출입이 허용되어 있다 하여도, 형법 제3조에 따라, 필리핀국에서 도박을 한 피고인에게 우리나라 형법이 당연히 적용된다(대판 99도3337).

㉤ **적용 예외**
- **국내법상 예외** : 대통령의 불소추특권, 국회의원의 불체포특권, 국회의원의 면책특권

> **관련 판례** 국회의원의 면책특권
>
> 국회의원의 면책특권에 속하는 행위에 대하여는 공소를 제기할 수 없으며 이에 반하여 공소가 제기된 것은 결국 공소권이 없음에도 공소가 제기된 것이 되어 형사소송법 제327조 제2항의 "공소제기의 절차가 법률의 규정에 위반하여 무효인 때"에 해당되므로 공소를 기각하여야 한다(대판 91도3317).

- **국제법상 예외** : 외교관계에 의한 면제, 한미주둔군지위협정에 의한 재판권 제한

② **시간적 적용범위** : 형사소송법은 시행시부터 폐지시까지 적용되며, 형사소송법은 절차법이어서 엄격한 소급효금지의 원칙이 적용되지 않음

> **관련 판례** 개정과 신법 또는 구법의 적용여부
>
> 형사소송법 부칙(2007. 6. 1) 제2조는 형사절차가 개시된 후 종결되기 전에 형사소송법이 개정된 경우 신법과 구법 중 어느 법을 적용할 것인지에 관한 입법례 중 이른바 혼합주의를 채택

SEMI-NOTE

외국인의 국외범
- 본법은 대한민국 영역 외에서 다음에 기재한 죄를 범한 외국인에게 적용한다(형법 제5조).
- 죄의 종류
  - 내란의 죄
  - 외환의 죄
  - 국기에 관한 죄
  - 통화에 관한 죄
  - 유가증권, 우표와 인지에 관한 죄
  - 문서에 관한 죄 중 공문서 등의 위조 · 변조 내지 공문서 등의 부정행사
  - 인장에 관한 죄 중 공인 등의 위조 · 부정사용

소급효금지의 원칙
형벌 법규는 시행 이후의 행위에 대해서만 적용하며, 시행 이전의 행위에까지 소급하여 적용할 수 없다는 원칙

형사소송법 부칙(제1조, 제2조)
- 제1조 본법 시행전에 공소를 제기한 사건에는 구법을 적용한다.
- 제2조 본법 시행후에 공소를 제기한 사건에는 본법을 적용한다. 단, 본법시행전에 구법에 의하여 행한 소송행위의 효력에는 영향을 미치지 아니한다.

하여 구법 당시 진행된 소송행위의 효력은 그대로 인정하되 신법 시행 후의 소송절차에 대하여는 신법을 적용한다는 취지에서 규정된 것이다. 따라서 항소심이 신법 시행을 이유로 구법이 정한 바에 따라 적법하게 진행된 제1심의 증거조사절차 등을 위법하다고 보아 그 효력을 부정하고 다시 절차를 진행하는 것은 허용되지 아니하며, 다만 이미 적법하게 이루어진 소송행위의 효력을 부정하지 않는 범위 내에서 신법의 취지에 따라 절차를 진행하는 것은 허용된다(대판 2008도2826).

02절 형사소송법의 이념과 구조

1. 형사소송법의 목적과 이념

(1) 형사소송법의 목적과 실체적 진실주의

① 목적 : 형사소송의 목적은 근본적으로 피고인의 유죄와 무죄를 정확히 판단하는 것
② 실체적 진실주의
  ㉠ 실체적 진실주의의 개념 : 소송의 실체에 관하여 객관적 진실을 발견하여 사안의 진상을 밝히자는 주의로 소송법상의 원리
  ㉡ 형식적 진실주의와 실체적 진실주의
    • 형식적 진실주의 : 법원이 당사자의 사실상의 주장이나 인부(認否) 등에 구속되어 이를 기초로 한 사실을 인정하는 민사소송법상의 원리
    • 형사소송법상 실체적 진실주의 : 형사소송법에서는 실체적 진실주의가 지배하므로 당사자 처분주의는 인정되지 않는다. 형사재판을 거부할 권리가 없고 검사와 피고인이 임의로 형사재판을 화해로 중지하거나 포기할 수 없으며, 형사소송에서는 자백의 구속력을 인정하지 않으므로 피고인이 자백하더라도 보강증거가 없으면 법원은 무죄를 선고할 수 있고 보강증거가 있더라도 객관적 진실에 따라 자백과 다른 판결을 선고할 수 있음
  ㉢ 실체적 진실주의의 내용
    • 적극적 실체진실주의 : 범죄사실을 명백히 하여 죄 있는 자를 빠짐없이 처벌하도록 하자는 원리로 열 사람의 범인이 있으면 열 사람 모두 처벌하여야 한다는 것
    • 소극적 실체진실주의 : 죄 없는 자를 유죄로 하여서는 안 된다는 것으로 열 사람의 범인을 놓치더라도 한 사람의 죄 없는 사람을 벌해서는 안 된다는 것
    • 형사소송법의 태도 : 형사소송법은 무죄추정의 원칙과 의심스러울 때는 피고인의 이익으로, 검사의 거증책임의 부담 등의 원칙이 적용되므로 소극적 실체진실주의의 입장
  ㉣ 제도적 구현 : 실체적 진실주의는 형사소송의 지도이념으로 실체적 진실의 발견을 목적으로 함
    • 수사절차 : 증거의 수집과 보전을 위한 수사기관의 임의수사와 강제수사를 통한 검사에 객관의무 부과

관련 판례

형사소송법 제312조 제1항 단서가 검사 작성의 피의자신문조서에 대하여 그것이 전문증거임에도 불구하고 일정한 요건하에서 증거능력을 인정할 수 있도록 한 것은 형사소송법이 목적으로 하는 실체적 진실의 발견과 신속한 재판을 위한 것으로 그 목적의 정당성이 인정되고, 검사작성의 피의자신문조서와 검사 이외의 수사기관이 작성한 피의자신문조서에 대하여 증거능력 인정의 요건에 차등을 두어 검사작성의 피의자신문조서의 증거능력 인정요건을 완화한 것은 피의자의 인권보호와 실체적 진실발견 및 재판의 신속한 진행 사이의 조화를 이루기 위한 것으로 그 합리적 이유가 인정되므로, 이는 재판청구권을 규정하는 헌법 제27조 제1항과 평등의 원칙을 선언한 헌법 제11조 제1항에 위반되지 아니한다(헌재 93헌바45).

SEMI-NOTE

적정절차와 재판의 원칙에 의한 제약
진술거부권, 위법수집증거배제법칙, 자백배제법칙은 적정절차에 의하여 제약을 당하고, 구속기간의 제한, 판결선고 기간의 제한 등은 신속한 재판의 원칙에 의해 제약

초소송법적 이익
공무원 또는 공무원이었던 자가 소지 또는 보관하는 물건에 관하여는 본인 또는 그 해당 공무소가 직무상의 비밀에 관한 것임을 신고한 때에는 그 소속공무소 또는 당해 감독관공서의 승낙 없이는 압수하지 못한다(형사소송법 제111조 1항).

무기평등의 원칙
소송법에서 대립 당사자는 그 지위가 평등하고, 대등한 공격, 방어의 수단과 기회를 가진다는 원칙

적절성과 최소성의 적용
비례의 원칙은 방법의 적절성, 침해의 최소성이 적용됨

적정절차 위반의 효과
위법수집증거의 증거능력 부정, 공소제기의 무효, 상소이유 및 이의신청 사유, 국가배상 및 담당공무원의 형법상 범죄 성립 등

- 공판절차
  - 직권에 의한 증거조사 : 법원의 피고인과 증인에 대한 심문, 직권에 의한 증거조사 등
  - 증거법칙 : 증거재판주의, 자유심증주의, 임의성 없는 자백의 증거능력 배제, 전문증거의 증거능력 배제, 자백의 보강법칙 등
- 불복절차 : 오판이 있는 경우 그를 시정하기 위하여 상소와 재심 인정

⑰ 실체적 진실주의의 한계
- 다른 형사소송법 이념에 의한 제약 : 실체적 진실주의는 <u>적정절차의 원리, 신속한 재판의 원칙</u>에 의하여 제약을 받는다.
- 사실상의 제약 : 형사소송에서 추구하는 진실은 객관적 진실이지만 인간능력의 한계, 제도적 제약 등으로 발견 가능한 상대적 진실
- 초소송법적 이익에 의한 제약 : 증인거부권, 증언거부권, 군사상·공무상·업무상 비밀에 의한 압수·수색에 의한 제약 등

(2) 적정절차의 원칙

① 의의 : 수사의 지도원리 가운데 하나로 헌법정신을 구현한 공정한 법적인 절차에 의하여 형벌권이 실현되어야 한다는 원칙으로, 적정절차의 법리의 대표적인 것으로는 공정한 재판의 원칙, 비례의 원칙, 피고인보호의 원칙(진술거부권 고지 등) 등

> **관련 판례** 적법절차의 원칙
> 헌법 제12조 제1항 후문과 제3항에 규정된 적법절차의 원칙은 형사절차상의 제한된 범위뿐만 아니라 국가작용으로서 모든 입법 및 행정작용에도 광범위하게 적용된다(헌재 2007헌마451).

② 내용
㉠ 공정한 재판의 원칙 : 독립된 법관에 의하여 정의와 형평에 맞는 재판을 해야 한다는 원칙으로 공평한 법원의 구성, 피고인의 방어권 보장, 무기평등(武器平等)의 원칙이 적용되어야 한다는 원칙

> **관련 판례** 적법절차의 원칙에 반하는 예
> 증인의 증언 전에 일방 당사자만이 증인과의 접촉을 독점하게 되면, 상대방은 증인이 어떠한 내용을 증언할 것인지를 알 수 없어 그에 대한 방어를 준비할 수 없게 되며 상대방이 가하는 예기치 못한 공격에 그대로 노출될 수밖에 없으므로, 헌법이 규정한 "적법절차의 원칙"에도 반한다(헌재 99헌마496).

㉡ 비례의 원칙 : 국가형벌권실현을 위한 수단으로서의 강제처분은 사안의 구체적 상황을 고려하여 목적달성을 위해 적법하고, 다른 수단에 의하여 그 목적을 달성할 수 없을 뿐만 아니라 이와 결합된 침해가 상당해야 한다는 원칙
㉢ 피고인 보호의 원칙 : 피고인에 대한 진술거부권의 고지, 퇴정한 피고인에 대한 증인·감정인 또는 공동피고인의 진술요지의 고지, 증거조사결과에 대한

의견과 증거조사신청에 대한 고지, 상소권에 대한 고지, 피고인을 구금할 때 범죄사실의 고지 등

(3) 신속한 재판의 원칙

① **의의** : 형사절차가 신속하게 진행되어 부당하게 지연시켜서는 안 된다는 원칙으로 국민의 기본권으로 보장

> 모든 국민은 신속한 재판을 받을 권리를 가진다. 형사피고인은 상당한 이유가 없는 한 지체 없이 공개재판을 받을 권리를 가진다(헌법 제27조 제3항).

관련 판례 개별적 특수성에 따라 다른 심판기간

신속한 재판을 구현하는 심판기간은 구체적 사건의 개별적 특수성에 따라 달라질 수밖에 없는 것이므로, 종국결정을 하기까지의 심판기간의 일수를 획일적으로 한정하는 것이 신속한 재판을 받을 권리의 내용을 이룬다거나, 심판기간의 일수를 한정한 다음 이를 반드시 준수하도록 강제하는 것이 신속한 재판을 받을 권리의 실현을 위해 필수적인 제도라고 볼 수는 없다(헌재 2007헌마732).

② **제도적 구현**
   ㉠ **수사와 공소제기 절차에서의 구현** : 수사기관의 구속기간 제한, 공소시효, 기소편의주의, 검사에 대한 수사권 집중 등
   ㉡ **공판절차에서의 구현** : 궐석재판제도, 공판준비절차, 심판범위의 확정, 집중심리주의, 법원의 구속기간 제한, 증거동의, 판결선고기간의 제한, 상소기간의 제한 등

관련 판례 미결구금기간 한계 설정

형사소송법 제92조 제2항은 미결구금의 부당한 장기화로 인하여 피고인의 신체의 자유가 침해되는 것을 방지하기 위한 목적에서 미결구금기간의 한계를 설정하고 있는 것이지, 신속한 재판의 실현 등을 목적으로 법원의 재판기간 내지 심리기간 자체를 제한하려는 규정이라 할 수는 없다(헌재 99헌가14).

   ㉢ **상소심 재판에서의 구현** : 상소기간, 상소 시 소송기록부기간의 제한, 상소이유서 답변서 제출기간의 제한 등
   ㉣ **특별절차** : 간이공판절차, 약식절차, 전자약식절차, 즉결심판절차 등
③ **침해에 대한 구제**
   ㉠ **재판지연의 판단기준** : 재판의 지연은 기간, 이유, 피고인의 권리주장의 유무, 피고인의 불이익 등을 종합적으로 고려하여 구체적이고 개별적으로 판단

관련 판례 신속한 재판과 검사와 피고인의 쌍방 항소

검사와 피고인 쌍방이 항소한 경우에 제1심 선고 형기 경과 후 2심 공판이 개정되었다고 해서 이를 위법이라 할 수 없고 신속한 재판을 받을 권리를 박탈한 것이라고 할 수 없다(대판 72도840).

SEMI-NOTE

검사의 구속기간
검사가 피의자를 구속한 때 또는 사법경찰관으로부터 피의자의 인치를 받은 때에는 10일 이내에 공소를 제기하지 아니하면 석방하여야 한다(법 제203조).

관련 판례
구속사건에 대해서는 법원이 구속기간 내에 재판을 하면 되는 것이고 구속만기 25일을 앞두고 제1회 공판이 있었다 하여 헌법에 정한 신속한 재판을 받을 권리를 침해하였다 할 수 없다(대판 90도672).

> SEMI-NOTE

ⓒ 재판지연에 대한 구제 : 재판지연에 대한 법률적인 내용은 규정되어 있지 않고 있어 양형만 고려할 수 있음

2. 형사소송의 구조

(1) 소송구조론의 의의와 주의

① 의의 : 소송의 주체는 누구이고 소송 주체 사이의 관계를 어떻게 구성할 것인가에 대한 이론
② 규문주의와 탄핵주의
  ㉠ 규문주의 : 형사소송절차의 개시와 심리가 일정한 소추권자의 소추에 의하지 않고 법원의 직권에 의하여 행해지는 주의로 규문판사 스스로 수사를 개시하여 심리와 재판을 하는 형사절차
  ㉡ 탄핵주의 : 형사소송에 있어서 재판기관 이외의 자의 소추가 있어야 소송이 개시되는 주의로 소추기관의 공소제기에 의하여 재판기관인 법원이 심리와 재판을 하는 형사절차

탄핵주의와 불고불리의 원칙
- 탄핵주의 : 불고불리의 원칙이 지배하고 있어 피고인은 소송의 주체로서의 지위가 인정됨
- 불고불리의 원칙 : 소송법상 법원은 원고가 심판을 청구한 때만 심리를 개시할 수 있고, 심판을 청구한 사실에 대해서만 심리, 판결한다는 원칙

③ 직권주의와 당사자주의
  ㉠ 직권주의
    - 의의 : 법원이 소송에서 주도적 역할을 하는 소송구조로 대륙법계의 특징
    - 내용 : 법원이 검사 또는 피고인의 주장이나 청구에 구속되지 않고 직권으로 증거를 수집·조사하고, 소송물이 법원의 지배하에 놓이게 되므로 법원이 직권으로 사건을 심리하는 소송구조로 직권탐지주의와 직권심리주의가 특징
  ㉡ 직권주의의 장단점

장점	단점
• 실체적 진실발견에 적합 • 심리의 신속과 능률 도모 • 법원이 후견적 입장에서 피고인의 이익 보호 • 소송의 스포츠화 방지	• 법원의 독단과 자의 우려 • 법원이 소송에 몰입하여 제3자로서 공정성 상실 우려 • 피고인이 심리의 객체로 전락 우려

  ㉢ 당사자주의
    - 의의 : 당사자인 검사와 피고인에게 소송의 주도권을 인정하는 소송구조로 법원은 제3자의 입장에서 당사자의 주장과 입증을 판단하는 소송구조로 영미법계의 특징
    - 내용 : 소송의 진행이 당사자의 주도로 진행되고 증거의 수집과 제출은 당사자에게 맡겨지는 소송구조

영미법(英美法)
독일, 프랑스 등 유럽 대륙의 대륙법과 대립되는 개념으로 영미법은 판례법(判例法), 관습법(慣習法)을 근간으로 삼고 있음

  ㉣ 당사자주의의 장단점

장점	단점
• 실체적 진실발견에 효과적 • 피고인의 방어권 행사의 보장 • 법원의 제3자적 입장에서 공정한 재판	• 심리의 능률과 신속의 저해 우려 • 변호인 없는 피고인에게 불리하게 작용할 위험

| | • 소송의 스포츠화 내지 합법적 도박을 초래할 위험 |

(2) 소송구조

① 형사소송법상 소송구조
  ㉠ 당사자주의적 요소 : 공소사실의 특정 요구, 공소장변경제도, 공소장일본주의, 공소장부본의 송달, 당사자의 모두진술, 당사자의 증거신청, 증거조사의 참여권, 증인에 대한 교호신문제도, 피고인신문에 앞선 증거조사, 국민참여재판제의 도입, 증거개시절차 등
  ㉡ 직권주의적 요소 : 법원의 직권증거조사, 법원의 공소장변경요구, 피고인신문제도, 증거동의에 대한 법원의 진정성조사, 석명권 등

관련 판례 당사자주의 소송구조

형사소송의 구조를 당사자주의와 직권주의 중 어느 것으로 할 것인가의 문제는 입법정책의 문제로서 우리나라 형사소송법은 그 해석상 소송절차의 전반에 걸쳐 기본적으로 당사자주의 소송구조를 취하고 있는 것으로 이해되는바, 당사자주의에 충실하려면 제1심 법원에서 항소법원으로 소송기록을 바로 송부함이 바람직하다(헌재 92헌마44).

관련 판례 공소사실 인정의 기본원칙

헌법은 제12조 제1항 후문에서 적법절차의 원칙을 천명하고, 제27조에서 재판받을 권리를 보장하고 있다. 형사소송법은 이를 실질적으로 구현하기 위하여, 피고사건에 대한 실체심리가 공개된 법정에서 검사와 피고인 양 당사자의 공격·방어활동에 의하여 행해져야 한다는 당사자주의와 공판중심주의 원칙, 공소사실의 인정은 법관의 면전에서 직접 조사한 증거만을 기초로 해야 한다는 직접심리주의와 증거재판주의 원칙을 기본원칙으로 채택하고 있다(대판 2013도6825).

SEMI-NOTE

교호신문제도
증인은 신청한 검사, 변호인 또는 피고인이 먼저 이를 신문하고 다음에 다른 검사, 변호인 또는 피고인이 신문한다(법 제161조의2 제1항).

석명권(釋明權)
법원이 사건의 진상을 명확하게 하기 위하여 당사자에게 법률적, 사실적인 사항에 대하여 설명할 수 있는 기회를 주고 입증을 촉구하는 권한

직접심리주의(直接審理主義)
간접심리주의와 반대되는 개념으로, 법원 소송자료를 직결(直結)하여 사건의 진상을 확실히 파악하고 구술주의와 결합되면 판단의 정확을 기할 수 있는 장점이 있지만, 시간, 경비, 노력 등이 많이 든다는 단점이 있음

9급공무원
형사소송법개론

나두공

02장 수사

01절 수사의 기초

02절 수사의 개시

03절 수사종결

02장 수사

SEMI-NOTE

수사의 목적
수사는 수사기관이 범죄의 혐의 유무를 명백히 하여 공소제기와 공소유지 여부를 결정하려는 목적으로 범죄사실을 조사하고 범인의 신병과 증거를 확보하는 활동을 가리킨다.

수사의 개시
수사는 수사기관이 범죄혐의를 인정할 때 개시됨

수사와 구별되는 개념
- 검사가 당사자로서 공판정에서 하는 피고인신문, 증인신문 등은 소송행위
- 일반 사인이 행하는 현행범체포는 수사가 아님
- 법원의 피고인 구속, 압수, 수색, 검증 등은 수사가 아님
- 내사, 불심검문, 변사자검시 등은 엄격한 의미의 수사가 아님

종기(終期)
법률 행위의 효력이 소멸하는 기한

신의칙(信義則)
권리의 행사와 의무의 이행은 신의에 좇아 성실히 이행하여야 한다는 신의성실의 원리를 말함

01절 수사의 기초

1. 개설

(1) 수사의 의의

① 개념 : 범죄혐의 유무를 밝히기 위하여 범인을 발견·확보하고 증거를 수집·보전하는 수사기관의 활동을 가리킴

> **관련 판례** 수사기관의 활동과 수사
>
> 수사, 즉 범죄혐의의 유무를 명백히 하여 공소를 제기·유지할 것인가의 여부를 결정하기 위하여 범인을 발견·확보하고 증거를 수집·보전하는 수사기관의 활동은 수사 목적을 달성함에 필요한 경우에 한하여 사회통념상 상당하다고 인정되는 방법 등에 의하여 수행되어야 하는 것이다(대판 98도3329).

② 수사의 구조
  ㉠ 수사구조이론 : 수사과정에서 전체로서의 형사절차에 어떻게 위치시키고 수사절차에서 등장하는 활동 주체간의 관계를 어떻게 정립시킬 것인가를 규명하기 위한 이론
  ㉡ 규문적 수사관 : 수사기관이 피의자를 조사하는 절차로서 수사기관의 고유한 권능으로 강제처분의 권한이 인정되지만 그 남용방지를 위하여 법관에 의한 억제가 행해진다고 보는 수사관
  ㉢ 탄핵적 수사관 : 수사는 수사기관이 단독으로 행하는 공판의 준비절차에 불과하므로 피의자도 독립하여 준비활동을 할 수 있고 강제처분도 장래의 재판을 위하여 법원이 행한다는 수사관

> **관련 판례** 압수·수색의 종기와 범위
>
> 형사소송법 제215조에 의한 압수·수색영장은 수사기관의 압수·수색에 대한 허가장으로서 거기에 기재되는 유효기간은 집행에 착수할 수 있는 종기를 의미하는 것일 뿐이므로, 수사기관이 압수·수색영장을 제시하고 집행에 착수하여 압수·수색을 실시하고 그 집행을 종료하였다면 이미 그 영장은 목적을 달성하여 효력이 상실되는 것이고, 동일한 장소 또는 목적물에 대하여 다시 압수·수색할 필요가 있는 경우라면 그 필요성을 소명하여 법원으로부터 새로운 압수·수색영장을 발부 받아야 하는 것이지, 앞서 발부 받은 압수·수색영장의 유효기간이 남아있다고 하여 이를 제시하고 다시 압수·수색을 할 수는 없다(대판 99모161).

④ 수사의 조건
  ㉠ 의의 : 수사기관이 수사를 개시하기 위하여 필요한 조건은 범죄에 대한 수사기관의 주관적 혐의로 수사기관의 주관적 혐의에 의해 수사는 시작되는 것
  ㉡ 수사의 신의칙과 함정수사 : 범의를 가진 자에 대하여 단순히 범행의 기회를

제공하거나 범행을 용이하게 하는 것에 불과한 수사방법이 경우에 따라 허용될 수 있음은 별론으로 하고, 본래 범의를 가지지 아니한 자에 대하여 수사기관이 사술이나 계략 등을 써서 범의를 유발케 하여 범죄인을 검거하는 함정수사는 위법함을 면할 수 없고, 이러한 함정수사에 기한 공소제기는 그 절차가 법률의 규정에 위반하여 무효인 때에 해당한다(대판 2005도1247).

(2) 수사기관

① 의의 : <u>법률상 수사의 권한이 인정되어 있는 국가기관</u>으로 검사와 사법경찰관리가 수사기관
② 검사와 사법경찰관리 : 검사와 사법경찰관은 수사, 공소제기 및 공소유지에 관하여 서로 협력하여야 한다(법 제195조 제1항).
③ 수사기관의 종류

👓 한눈에 쏙~

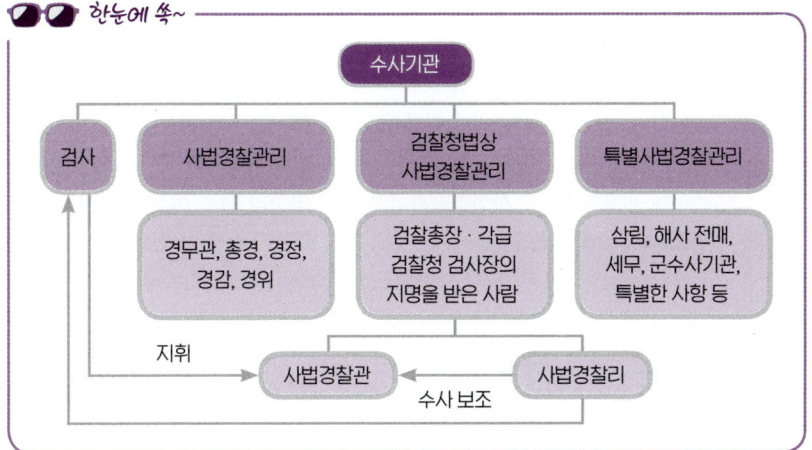

㉠ **검사** : 검사는 범죄의 혐의가 있다고 사료하는 때에는 범인, 범죄사실과 증거를 수사한다(법 제196조).
㉡ **사법경찰관리** : 경무관, 총경, 경정, 경감, 경위는 사법경찰관으로서 범죄의 혐의가 있다고 사료하는 때에는 범인, 범죄사실과 증거를 수사한다(법 제197조 제1항).
㉢ **검찰청법상 사법경찰관리** : 검찰주사, 마약수사주사, 검찰주사보, 마약수사주사보, 검찰서기, 마약수사서기, 검찰서기보 또는 마약수사서기보로서 검찰총장 또는 각급 검찰청 검사장의 지명을 받은 사람은 소속 검찰청 또는 지청에서 접수한 사건에 관하여 다음의 구분에 따른 직무를 수행한다(검찰청법 제47조 제1항).
  • 검찰주사, 마약수사주사, 검찰주사보 및 마약수사주사보 : 사법경찰관의 직무를 행하는 검찰청 직원은 검사의 지휘를 받아 수사
  • 검찰서기, 마약수사서기, 검찰서기보 및 마약수사서기보 : 사법경찰리의 직무를 행하는 검찰청 직원은 검사 또는 사법경찰관의 직무를 행하는 검찰청 직원의 수사 보조

SEMI-NOTE

사법경찰관리의 구분
사법경찰관은 수사관, 경무관, 총경, 경정, 경감, 경위를 말하고, 사법경찰리는 경사, 경장, 순경을 말함

관련 판례
사법경찰리작성의 진술조서 및 피의자신문조서는 형사소송법 제196조 제2항과 이에 근거를 둔 사법경찰관리집무규칙 제2조 및 경찰서직제 제6조, 경찰공무원법 제3조에 의하여 사법경찰리가 검사의 지휘를 받고 수사사무를 보조하기 위하여 작성한 서류라 할 것이므로 이를 권한 없는 자의 조서라 할 수 없다(대판 82도1080).

SEMI-NOTE

경찰수사권 독립의 관점
경찰수사권 독립을 긍정하는 입장에서는 검사가 법률전문가일 뿐 수사전문가가 아니라고 봄

검사와 사법경찰관의 협의
검사와 사법경찰관은 수사와 사건의 송치, 송부 등에 관한 이견의 조정이나 협력 등이 필요한 경우 서로 협의를 요청할 수 있다(검사와 사법경찰관의 상호협력과 일반적 수사준칙에 관한 규정 제8조 제1항).

보완수사요구의 방법과 절차
사법경찰관은 보완수사를 이행한 결과 범죄의 혐의가 있다고 인정되는 경우에 해당하지 않는다고 판단한 경우에는 사건을 불송치하거나 수사중지할 수 있다(검사와 사법경찰관의 상호협력과 일반적 수사준칙에 관한 규정 제60조 제4항).

수사의 경합(법 제197조의4)
- 검사는 사법경찰관과 동일한 범죄사실을 수사하게 된 때에는 사법경찰관에게 사건을 송치할 것을 요구할 수 있다.
- 요구를 받은 사법경찰관은 지체 없이 검사에게 사건을 송치하여야 한다. 다만, 검사가 영장을 청구하기 전에 동일한 범죄사실에 관하여 사법경찰관이 영장을 신청한 경우에는 해당 영장에 기재된 범죄사실을 계속 수사할 수 있다.

   ㉣ **특별사법경찰관리** : 삼림, 해사, 전매, 세무, 군수사기관, 그 밖에 특별한 사항에 관하여 사법경찰관리의 직무를 행할 특별사법경찰관리와 그 직무의 범위는 법률로 정한다(법 제245조의10 제1항).

④ **검사와 사법경찰관리와의 관계**

   ㉠ **협력관계** : 검사와 사법경찰관은 수사, 공소제기 및 공소유지에 관하여 서로 협력하여야 한다(법 제195조 제1항).
   - **상호협력의 원칙** : 검사와 사법경찰관은 상호 존중해야 하며, 수사, 공소제기 및 공소유지와 관련하여 협력해야 한다(검사와 사법경찰관의 상호협력과 일반적 수사준칙에 관한 규정 제6조 제1항).
   - **중요사건 협력절차** : 검사와 사법경찰관은 공소시효가 임박한 사건이나 내란, 외환, 선거, 테러, 대형참사, 연쇄살인 관련 사건, 주한 미합중국 군대의 구성원·외국인군무원 및 그 가족이나 초청계약자의 범죄 관련 사건 등 많은 피해자가 발생하거나 국가적·사회적 피해가 큰 중요한 사건의 경우에는 송치 전에 수사할 사항, 증거수집의 대상, 법령의 적용 등에 관하여 상호 의견을 제시·교환할 것을 요청할 수 있다(검사와 사법경찰관의 상호협력과 일반적 수사준칙에 관한 규정 제7조).

   ㉡ **보완수사 요구** : 검사는 송치사건의 공소제기 여부 결정 또는 공소의 유지에 관하여 필요한 경우, 사법경찰관이 신청한 영장의 청구 여부 결정에 관하여 필요한 경우에 사법경찰관에게 보완수사를 요구할 수 있다(법 제197조의2).
   - 검사는 보완수사를 요구할 때에는 그 이유와 내용 등을 구체적으로 적은 서면과 관계 서류 및 증거물을 사법경찰관에게 함께 송부해야 한다(검사와 사법경찰관의 상호협력과 일반적 수사준칙에 관한 규정 제60조 제1항).
   - 보완수사를 요구받은 사법경찰관은 송부받지 못한 관계 서류와 증거물이 보완수사를 위해 필요하다고 판단하면 해당 서류와 증거물을 대출하거나 그 전부 또는 일부를 등사할 수 있다(검사와 사법경찰관의 상호협력과 일반적 수사준칙에 관한 규정 제60조 제2항).
   - 사법경찰관은 보완수사를 이행한 경우에는 그 이행 결과를 검사에게 서면으로 통보해야 하며, 관계 서류와 증거물을 송부받은 경우에는 그 서류와 증거물을 함께 반환해야 한다(검사와 사법경찰관의 상호협력과 일반적 수사준칙에 관한 규정 제60조 제3항).

   ㉢ **시정조치 요구 및 사건송치 요구(법 제197조의3)**
   - 검사는 사법경찰관리의 수사과정에서 법령위반, 인권침해 또는 현저한 수사권 남용이 의심되는 사실의 신고가 있거나 그러한 사실을 인식하게 된 경우에는 사법경찰관에게 사건기록 등본의 송부를 요구할 수 있다.
   - 송부 요구를 받은 사법경찰관은 지체 없이 검사에게 사건기록 등본을 송부하여야 한다.
   - 송부를 받은 검사는 필요하다고 인정되는 경우에는 사법경찰관에게 시정조치를 요구할 수 있다.
   - 사법경찰관은 시정조치 요구가 있는 때에는 정당한 이유가 없으면 지체 없

이 이를 이행하고, 그 결과를 검사에게 통보하여야 한다.
- 통보를 받은 검사는 시정조치 요구가 정당한 이유 없이 이행되지 않았다고 인정되는 경우에는 사법경찰관에게 사건을 송치할 것을 요구할 수 있다.
- 송치 요구를 받은 사법경찰관은 검사에게 사건을 송치하여야 한다.
- 검찰총장 또는 각급 검찰청 검사장은 사법경찰관리의 수사과정에서 법령위반, 인권침해 또는 현저한 수사권 남용이 있었던 때에는 권한 있는 사람에게 해당 사법경찰관리의 징계를 요구할 수 있고, 그 징계 절차는 공무원 징계령 또는 경찰공무원 징계령에 따른다.
- 사법경찰관은 피의자를 신문하기 전에 수사과정에서 법령위반, 인권침해 또는 현저한 수사권 남용이 있는 경우 검사에게 구제를 신청할 수 있음을 피의자에게 알려주어야 한다.

ⓔ 각종 명령과 지휘
- 영장에 의한 체포 : 사법경찰관은 검사에게 신청하여 검사의 청구로 관할 지방법원판사의 체포영장을 발부받아 피의자를 체포할 수 있다(법 제200조의2 제1항).
- 긴급체포 : 사법경찰관이 피의자를 체포한 경우에는 즉시 검사의 승인을 얻어야 한다(법 제200조의3 제2항).
- 사법경찰관리의 관할구역 외의 수사 : 사법경찰관리가 관할구역 외에서 수사하거나 관할구역 외의 사법경찰관리의 촉탁을 받아 수사할 때에는 관할 지방검찰청 검사장 또는 지청장에게 보고하여야 한다(법 제210조).
- 변사자의 검시 : 검사는 사법경찰관에게 변사자의 검시 처분을 명할 수 있다(법 제222조).

⑤ 검찰청 직원과의 관계(법 제245조의9)
㉠ 사법경찰관의 직무를 행하는 검찰청 직원은 검사의 지휘를 받아 수사하여야 한다.
㉡ 사법경찰리의 직무를 행하는 검찰청 직원은 검사 또는 사법경찰관의 직무를 행하는 검찰청 직원의 수사를 보조하여야 한다.

⑥ 특별사법경찰관리와의 관계(법 제245조의10)
㉠ 특별사법경찰관은 모든 수사에 관하여 검사의 지휘를 받는다.
㉡ 특별사법경찰관은 범죄의 혐의가 있다고 인식하는 때에는 범인, 범죄사실과 증거에 관하여 수사를 개시·진행하여야 한다.
㉢ 특별사법경찰관리는 검사의 지휘가 있는 때에는 이에 따라야 한다. 검사의 지휘에 관한 구체적 사항은 법무부령으로 정한다.
㉣ 특별사법경찰관은 범죄를 수사한 때에는 지체 없이 검사에게 사건을 송치하고, 관계 서류와 증거물을 송부하여야 한다.

(3) 피의자
① 의의 : 죄를 범한 혐의로 수사기관의 수사대상이 되어 있는 자로서 아직 공소가 제기되지 않은 자
② 개념의 구분

SEMI-NOTE

영장에 의한 압수·수색, 검증
사법경찰관이 범죄수사에 필요한 때에는 피의자가 죄를 범하였다고 의심할 만한 정황이 있고 해당 사건과 관계가 있다고 인정할 수 있는 것에 한정하여 검사에게 신청하여 검사의 청구로 지방법원판사가 발부한 영장에 의하여 압수, 수색 또는 검증을 할 수 있다(법 제215조 제2항).

특별사법경찰관리의 직무
특별사법경찰관리, 사법경찰관리의 직무를 행하는 검찰청 직원에 대하여는 보완수사 요구, 시정조치 요구, 수사의 경합, 사법경찰관이 신청한 영장의 청구 여부에 대한 심의, 사법경찰관의 사건송치, 고소인 등에 대한 송부통지, 고소인 등의 이의신청, 재수사요청에 규정은 적용하지 아니함

SEMI-NOTE

형사책임(刑事責任)
범죄의 구성 요건에 해당하는 위법 및 유책 행위에만 인정

시기(始期)
법률 행위의 효력이 발생하거나 채무의 이행을 청구할 수 있는 기한

범죄인지의 원인과 형식
범죄인지의 원인에는 범죄신고, 신문기사, 정보입수, 투고 등 형식에 제한이 없음

피의자의 소송법상 권리
변호인선임권, 진술거부권, 피의자신문조서에 관한 권리, 강제수사와 피의자의 권리, 증거보전과 피의자의 권리 등

수사조건
사건 접수부에 사건 번호와 사건명을 기입하는 입건에 의해 정식 수사를 개시하기 위한 조건

　㉠ 피고인 : 검사에 의하여 형사책임을 져야 할 자로 공소가 제기된 자 또는 공소가 제기된 자로 취급되어 있는 자
　㉡ 용의자 : 범죄를 저질렀을 것이라고 의심을 받고 있는 사람
　㉢ 피내사자 : 수사기관의 내사를 받는 사람
③ 피의자의 시기와 종기
　㉠ 시기
　　• 인지 : 범죄의 인지, 현행범체포, 고소와 고발 등의 사유로 수사기관이 수사를 개시할 때 그 대상자가 피의자

> **관련 판례** 범죄 인지와 수사의 개시
> 검찰사건사무규칙 제2조 내지 제4조에 의하면 검사가 범죄를 인지하는 경우에는 범죄인지서를 작성하여 사건을 수리하는 절차를 거치도록 되어 있으므로 특단의 사정이 없는 한 수사기관이 그와 같은 절차를 거친 때에 범죄인지가 된 것으로 볼 것이나, 범죄의 인지는 실질적인 개념으로서 위 검찰사건사무규칙의 규정은 검찰행정의 편의를 위한 사무처리절차규정이므로 검사가 그와 같은 절차를 거치기도 전에 범죄의 혐의가 있다고 보아 수사를 개시하는 행위를 한 때에는 이때에 범죄를 인지한 것으로 보아야 하고, 그 뒤 범죄인지서를 작성하여 사건수리 절차를 밟은 때에 비로소 범죄를 인지하였다고 볼 것이 아니다(대판 89도648).

　　• 기타 사유 : 수사기관의 현행범인 발견, 고소·고발 사건에서 고소·고발을 받은 때, 자수의 경우 자수한 때
　㉡ 종기 : 공소제기에 의하여 피의자는 피고인으로 전환되어 피의자 지위가 소멸하고, 불기소 처분의 경우 불기소 처분이 확정되면 소멸
④ 피의자의 소송법상 지위
　㉠ 수사대상으로서 지위 : 피의자는 기본적으로 수사의 대상에 불과하지만 수사기관의 출석요구에 대해 응할 의무가 없으므로 거부할 수 있으며 출석한 때에도 언제든지 퇴거할 수 있음
　㉡ 준당사자로서 지위 : 장차 피고인으로서 당사자가 될 자라는 의미에서 준당사자로서의 지위를 인정
　㉢ 증거방법으로서 지위 : 임의의 진술이 증거가 될 수 있으므로 인적 증거방법으로서 지위를 가지고, 신체가 검증의 대상이 될 수 있으므로 물적 증거방법으로서의 지위를 가짐

(4) 수사의 조건
① 의의
　㉠ 수사기관의 자의적 수사 활동을 억제하여 수사권 남용을 방지하기 위한 이론
　㉡ 수사의 조건에는 수사의 필요성과 상당성이 있는데 <u>필요성은 수사의 허용조건이고, 상당성은 실행조건임</u>
② 수사의 필요성
　㉠ 개념 : <u>수사는 수사의 목적달성을 위하여 필요한 때에만 할 수 있다는 것</u>
　㉡ 범죄혐의 : 범죄혐의는 단순한 추측이나 이론적 가능성이 아닌 구체적 사실에 근거를 둔 주관적 혐의로 수사는 범죄혐의가 있는 경우에만 할 수 있으며, 범

죄혐의가 없으면 수사를 개시할 수 없음
ⓒ **소송조건의 구비 가능성** : 수사의 목적은 공소를 제기하여 범인을 처벌하는 것이므로 소송조건을 구비할 가능성이 없는 경우 수사를 개시할 수 없음

> **관련 판례** 범죄 인지와 절차
>
> 검찰사건사무규칙 제2조 내지 제4조에 의하면, 검사가 범죄를 인지하는 경우에는 범죄인지서를 작성하여 사건을 수리하는 절차를 거치도록 되어 있으므로, 특별한 사정이 없는 한 수사기관이 그와 같은 절차를 거친 때에 범죄인지가 된 것으로 볼 것이나, 범죄의 인지는 실질적인 개념이고, 이 규칙의 규정은 검찰행정의 편의를 위한 사무처리절차 규정이므로, 검사가 그와 같은 절차를 거치기 전에 범죄의 혐의가 있다고 보아 수사를 개시하는 행위를 한 때에는 이 때에 범죄를 인지한 것으로 보아야 하고, 그 뒤 범죄인지서를 작성하여 사건수리 절차를 밟은 때에 비로소 범죄를 인지하였다고 볼 것이 아니며, 이러한 인지절차를 밟기 전에 수사를 하였다고 하더라도, 그 수사가 장차 인지의 가능성이 전혀 없는 상태하에서 행해졌다는 등의 특별한 사정이 없는 한, 인지절차가 이루어지기 전에 수사를 하였다는 이유만으로 그 수사가 위법하다고 볼 수는 없고, 따라서 그 수사과정에서 작성된 피의자신문조서나 진술조서 등의 증거능력도 이를 부인할 수 없다(대판 2000도2968).

③ 수사의 상당성
㉠ **개념** : 수사는 필요성이 인정되더라도 실행방법이 수사목적을 달성하기 위한 상당한 방법이어야 하고 수사의 상당성과 관련하여 비례의 원칙으로 신의칙이 연관됨
㉡ **비례의 원칙** : 수사는 목적달성을 위한 최소한도에 그쳐야 한다는 것으로 수사에 의하여 달성하려는 공익과 그에 의하여 침해되는 사익 사이에 정당한 균형관계에 있어야 한다는 원칙
㉢ <u>수사상 신의성실의 원칙(신의칙)</u> : 수사를 함에 있어서 수사기관이 국민을 기망하거나 곤궁에 빠뜨려서는 안 된다는 원칙. 신의칙과 관련되는 문제는 함정수사가 있음
㉣ **함정수사** : 함정수사는 통상적인 수사방법으로써는 범죄 현장을 발견하고 체포하기 어려운 지능적 범죄를 수사할 때, 미리 만들어 놓은 함정에 걸려들게 하여 범인을 색출하는 수사방법
 • 기회 제공형 : 이미 범죄의사를 가지고 있는 자에게 범죄에 나아갈 기회를 제공하는 수사방법
 • 범의 유발형 : 범죄의사가 없는 자를 수사기관이 교사하거나 범의를 유발케 한 후 범죄의 시실행을 기다렸다가 그를 체포하는 수사방법

> **실력UP 교사(敎唆)**
> 타인으로 하여금 범죄 실행을 하게 하는 것으로 공범의 한 형식. 교사한 결과, 교사를 받은 자가 범죄의 결의 실행을 한 때에는 범죄를 실행한 자와 같은 형으로 처벌됨

SEMI-NOTE

관련 판례

법률에 의하여 고소나 고발이 있어야 논할 수 있는 죄에 있어서 고소 또는 고발은 이른바 소추조건에 불과하고 당해 범죄의 성립요건이나 수사의 조건은 아니므로, 위와 같은 범죄에 관하여 고소나 고발이 있기 전에 수사를 하였더라도, 그 수사가 장차 고소나 고발의 가능성이 없는 상태하에서 행해졌다는 등의 특단의 사정이 없는 한, 고소나 고발이 있기 전에 수사를 하였다는 이유만으로 그 수사가 위법하게 되는 것은 아니다. 그렇다면 일반사법경찰관리가 출입국사범에 대한 출입국관리사무소장 등의 고발이 있기 전에 수사를 하였더라도, 달리 위에서 본 특단의 사정이 없는 한 그 사유만으로 수사가 소급하여 위법하게 되는 것은 아니다(대판 2008도7724).

범의(犯意)
범죄 행위임을 알고 있음에도 그러한 행위를 하려는 의사

관련 판례

본래 범의를 가지지 아니한 자에 대하여 수사기관이 사술이나 계략 등을 써서 범의를 유발케 하여 범죄인을 검거하는 함정수사는 위법함을 면할 수 없고, 이러한 함정수사에 기한 공소제기는 그 절차가 법률의 규정에 위반하여 무효인 때에 해당한다고 볼 것이다(대판 2005도1247).

| SEMI-NOTE |

관련 판례 의도적 범의를 유발하는 함정수사

함정수사라 함은 본래 범의를 가지지 아니한 자에 대하여 수사기관이 사술이나 계략 등을 써서 범죄를 유발하게 하여 범죄인을 검거하는 수사방법을 말하는 것이므로, 범의를 가진 자에 대하여 범행의 기회를 주거나 단순히 사술이나 계략 등을 써서 범죄인을 검거하는 데 불과한 경우에는 이를 함정수사라고 할 수 없는바, 기록에 의하면, 이 사건에 있어서 피고인이 수사기관의 사술이나 계략 등에 의하여 범행을 유발한 것이 아니라, 이미 범행을 저지른 피고인을 검거하기 위하여 수사기관이 정보원을 이용하여 피고인을 검거장소로 유인한 것에 불과하므로, 피고인의 이 사건 범행이 함정수사에 의한 것으로 볼 수도 없다(대판 2007도4532).

관련 판례 고의적 범의 유발

범의를 가진 자에 대하여 단순히 범행의 기회를 제공하거나 범행을 용이하게 하는 것에 불과한 수사방법이 경우에 따라 허용될 수 있음은 별론(別論)으로 하고, 본래 범의를 가지지 아니한 자에 대하여 수사기관이 사술이나 계략을 써서 범의를 유발케 하여 범죄인을 검거하는 함정수사는 위법함을 면할 수 없고, 이러한 함정수사에 기한 공소제기는 그 절차가 법률의 규정에 위반하여 무효인 때에 해당한다고 볼 것이다(대판 2005도1247).

관련 판례

이미 범행을 저지른 피고인을 검거하기 이하여 수사기관이 정보원을 이용하여 피고인을 검거장소로 유인한 후 체포한 경우는 위법한 수사에 해당하지 않는다(대판 2007도4532).

④ 수사의 조건위반 효과
　㉠ 수사는 상당성과 필요성을 갖추어야 적법하므로 이와 같은 수사조건을 위반한 수사는 위법
　㉡ 위법한 수사에 대하여 피고인의 준항고로 불복하거나 체포·구속적부심청구, 구속취소 등을 청구할 수 있고, 위법한 수사에 대해서는 위법수집증거배제법칙에 따라 증거능력 부정
　㉢ 위법한 수사의 수사기관은 직권남용죄, 국가배상의 책임을 짐

2. 수사의 개시

(1) 수사의 단서

① 개념 : 수사기관이 범죄의 혐의를 두게 된 원인 또는 수사개시의 원인
② 수사단서의 종류
　㉠ 수사기관의 체험에 의한 단서 : 현행범체포, 변사자검시, 불심검문, 신문기사, 풍설, 세평, 다른 수사 중 범인의 발견 등
　㉡ 타인의 체험에 의한 단서 : 고소, 고발, 자수, 진정, 범죄신고, 투서, 피해신고 등
③ 수사의 개시
　㉠ 고소, 고발, 자수의 경우 : 즉시 수사개시
　㉡ 진정 등의 수사단서 : 내사 진행 후 수사개시

범죄사실과 증거 수사

수사기관(검사, 사법경찰관리)은 범죄의 혐의가 있다고 사료하는 때에는 범인, 범죄사실과 증거를 수사한다(법 제196조, 제197조 제1항).

관련 판례

형법 제163조의 변사자라 함은 부자연한 사망으로서 그 사인이 분명하지 않은 자를 의미하고 그 사인이 명백한 경우는 변사자라 할 수 없으므로, 범죄로 인하여 사망한 것이 명백한 자의 사체는 같은 법조 소정의 변사체검시방해죄의 객체가 될 수 없다(대판 2003도1331).

(2) 변사자검시

① 의의
　㉠ **변사자** : 병사 또는 자연사가 아닌 사체로 그 원인이 분명하지 않은 자
　㉡ **변사자검시** : 범죄혐의 유무를 발견하기 위하여 검사가 변사자의 상황을 조사

하는 것
- ⓒ 법적 성격 : 수사의 단계로서 범죄혐의 유무를 발견하기 위한 수사 전 처분
- ② 내용
  - ⓐ 변사자검시의 주체 : 변사자 또는 변사의 의심있는 사체가 있는 때에는 그 소재지를 관할하는 지방검찰청 검사가 검시하여야 한다(법 제222조 제1항). 검사는 사법경찰관에게 변사자검시의 처분을 명할 수 있다(법 제222조 제3항).
  - ⓑ 절차 : 변사자검시는 원칙적으로 영장이 있어야 하지만 검시로 범죄의 혐의를 인정하고 긴급을 요할 때에는 영장없이 검증할 수 있다(법 제222조 제2항).

(3) 불심검문

① 의의 : 경찰관이 수상한 거동 기타 주위의 사정을 합리적으로 판단하여 죄를 범하였거나 또는 범하려 하고 있다고 의심할만한 상당한 이유가 있는 자 또는 이미 행하여졌거나 행하여지려고 하는 범죄에 대하여 그 사실을 안다고 인정되는 자를 정지시켜 질문하는 것

② 법적 성격 : 불심검문은 수사 전 처분에 불과하지만 불심검문 도중 수사기관이 범죄혐의를 갖게 되면 강제수사로 발전할 수 있으므로 중요한 수사의 단서에 해당

> **관련 판례** 불심검문에 따른 상해와 공무집행방해
>
> 경찰관이 법 제3조 제1항에 규정된 대상자 해당 여부를 판단할 때에는 불심검문 당시의 구체적 상황은 물론 사전에 얻은 정보나 전문적 지식 등에 기초하여 불심검문 대상자인지를 객관적 · 합리적인 기준에 따라 판단하여야 하나, 반드시 불심검문 대상자에게 형사소송법상 체포나 구속에 이를 정도의 혐의가 있을 것을 요한다고 할 수는 없다. 그리고 경찰관은 불심검문 대상자에게 질문을 하기 위하여 범행의 경중, 범행과의 관련성, 상황의 긴박성, 혐의의 정도, 질문의 필요성 등에 비추어 목적 달성에 필요한 최소한의 범위 내에서 사회통념상 용인될 수 있는 상당한 방법으로 대상자를 정지시킬 수 있고 질문에 수반하여 흉기의 소지 여부도 조사할 수 있다(대판 2011도13999).

③ 불심검문의 내용
  - ⓐ 정지와 절차
    - 경찰관은 거동 불심자를 정지시켜 질문할 수 있다(경찰관직무집행법 제3조 제1항).
    - 절차 : 경찰관은 질문을 하거나 동행을 요구할 경우 자신의 신분을 표시하는 증표를 제시하면서 소속과 성명을 밝히고 질문이나 동행의 목적과 이유를 설명하여야 하며, 동행을 요구하는 경우에는 동행 장소를 밝혀야 한다(경찰관직무집행법 제3조 제4항).
  - ⓑ 임의동행 요구
    - 경찰관은 사람을 정지시킨 장소에서 질문을 하는 것이 그 사람에게 불리하거나 교통에 방해가 된다고 인정될 때에는 질문을 하기 위하여 가까운 경찰서 · 지구대 · 파출소 또는 출장소로 동행할 것을 요구할 수 있다(경찰관직무집행법 제3조 제2항).
    - 동행요구의 거절 : 경우 동행을 요구받은 사람은 그 요구를 거절할 수 있다

SEMI-NOTE

강제수사
- 강제처분에 의한 수사로써 수사기관이 영장없이 행하는 대인적 강제처분, 영장에 의해 행하는 것과 판사에게 청구하여 행하는 대물적 강제처분으로 구분할 수 있음
- 대물적 강제처분으로서 영장없이 행할 수 있는 것은 피의자구속을 위한 수색과 현장에서의 압수, 검증, 유류물이나 임의 제출된 물건의 압수 등이 이에 해당됨

관련 판례
경찰관은 법 제3조 제1항에 규정된 대상자에게 질문을 하기 위하여 범행의 경중, 범행과의 관련성, 상황의 긴박성, 혐의의 정도, 질문의 필요성 등에 비추어 목적 달성에 필요한 최소한의 범위 내에서 사회통념상 용인될 수 있는 상당한 방법으로 대상자를 정지시킬 수 있고 질문에 수반하여 흉기의 소지 여부도 조사할 수 있다(대판 2010도6203).

그 외 불심검문 내용
- **흉기소지검사** : 경찰관은 거동불심자에게 질문을 할 때에 그 사람이 흉기를 가지고 있는지를 조사할 수 있다(경찰관직무집행법 제3조 제3항).
- **자동차검문** : 교통검문, 경계검문, 긴급수배검문 등이 있음

(경찰관직무집행법 제3조 제2항 후단).
- 절차 : 경찰관은 동행을 요구할 경우 자신의 신분을 표시하는 증표를 제시하면서 소속과 성명을 밝히고 질문이나 동행의 목적과 이유를 설명하여야 하며, 동행을 요구하는 경우에는 동행 장소를 밝혀야 한다(경찰관직무집행법 제3조 제4항).
- 고지사유 : 경찰관은 동행한 사람의 가족이나 친지 등에게 동행한 경찰관의 신분, 동행 장소, 동행 목적과 이유를 알리거나 본인으로 하여금 즉시 연락할 수 있는 기회를 주어야 하며, 변호인의 도움을 받을 권리가 있음을 알려야 한다(경찰관직무집행법 제3조 제5항).

> **관련 판례** 임의동행의 권리여부
>
> 임의동행은 상대방의 동의 또는 승낙을 그 요건으로 하는 것이므로 경찰관으로부터 임의동행 요구를 받은 경우 상대방은 이를 거절할 수 있을 뿐만 아니라 임의동행 후 언제든지 경찰관서에서 퇴거할 자유가 있다 할 것이고, 경찰관직무집행법 제3조 제6항이 임의동행한 경우 당해인을 6시간을 초과하여 경찰관서에 머물게 할 수 없다고 규정하고 있다고 하여 그 규정이 임의동행한 자를 6시간 동안 경찰관서에 구금하는 것을 허용하는 것은 아니다(대판 97도1240).

ⓒ 임의동행 시간 : 경찰관은 동행한 사람을 6시간을 초과하여 경찰관서에 머물게 할 수 없음

(4) 고소

① 고소의 의의 : 범죄의 피해자, 기타 고소권자가 수사기관에 대하여 일정한 범죄사실을 신고하여 그 소추를 구하는 의사표시
   ㉠ 피해자의 신고 : 범죄로 인한 피해자는 고소할 수 있다(법 제223조).
   ㉡ 수사기관에 신고 : 고소는 피해자가 수사기관인 검사 또는 사법경찰관에 대한 의사표시이고, 법원에 범인처벌을 구하는 것은 고소가 아님
   ㉢ 범죄사실의 신고 : 고소는 범죄사실을 특정하여야 하고 범인을 적시할 필요는 없음, 범인의 성명이 불상이거나 오기여도 무방하고 일시, 장소, 방법 등이 불명확하여도 무방

> **관련 판례** 고소인의 의사표시 범위
>
> 고소는 고소인이 일정한 범죄사실을 수사기관에 신고하여 범인의 처벌을 구하는 의사표시이므로 그 고소한 범죄사실이 특정되어야 할 것이나 그 특정의 정도는 고소인의 의사가 구체적으로 어떤 범죄사실을 지정하여 범인의 처벌을 구하고 있는 것인가를 확정할 수만 있으면 되는 것이고, 고소인 자신이 직접 범행의 일시, 장소와 방법 등까지 구체적으로 상세히 지적하여 그 범죄사실을 특정할 필요까지는 없다(대판 97도1769).

㉣ 범인을 처벌을 구하는 의사표시 : 고소는 범인의 처벌을 구하는 의사표시이므로 처벌의 의사표시가 없는 도난신고, 피해신고, 진정 등은 고소가 아님

SEMI-NOTE

당해인(當該人)
어떤 일에 직접 관련되는 사람

고발과 자수의 고소성립여부
제3자가 하는 고발과 범인 스스로 소추의 의사를 표시하는 자수는 고소가 아님

관련 판례
고소는 서면 또는 구술로써 검사 또는 사법경찰관에게 하여야 하는 것이므로 피해자가 피고인을 심리하고 있는 법원에 대하여 간통사실을 적시하고 피고인을 엄벌에 처하라는 내용의 진술서를 제출하거나 증인으로서 증언하면서 판사의 신문에 대해 피고인의 처벌을 바란다는 취지의 진술을 하였다 하더라도 이는 고소로서의 효력이 없다(대판 84도709).

> **관련 판례** 처벌의 의사표시와 고소
>
> 고소는 범죄의 피해자 기타 고소권자가 수사기관에 대하여 범죄사실을 신고하여 범인의 소추를 구하는 의사표시를 말하는 것으로서, 단순한 피해사실의 신고는 소추·처벌을 구하는 의사표시가 아니므로 고소가 아니다. 또한, 피해자가 고소장을 제출하여 처벌을 희망하는 의사를 분명히 표시한 후 고소를 취소한 바 없다면 비록 고소 전에 피해자가 처벌을 원치 않았다 하더라도 그 후에 한 피해자의 고소는 유효하다(대판 2007도4977).

　　ⓑ 의사표시 : 고소는 범인의 처벌을 구하는 의사표시이므로 의사표시를 할 수 있는 고소능력이 있어야 한다. <u>고소능력은 고소의 의미를 이해할 수 있는 정신능력이므로 미성년자, 피성년후견인, 피한정후견인 등도 고소 가능</u>

② **고소의 법적 성질** : 비친고죄에서의 고소는 수사의 단서일 뿐이고, 친고죄의 경우는 수사의 단서이자 소송조건이므로 고소가 없으면 공소제기와 유죄판결을 할 수 없음

③ **고소와 친고죄**
　ⓐ 국가소추주의와 친고죄 : 형사소송법은 국가가 소추권을 행사하고 사인의 의사에 좌우되지 않는 것이 원칙
　ⓑ 친고죄 : <u>피해자의 고소가 있어야만 유효하게 공소를 제기할 수 있는 범죄로</u>, 피해자의 명예보호, 법익침해의 경미함, 가족관계 등을 고려함
　ⓒ 반의사불벌죄와 고소 : 반의사불벌죄는 피해자의 명시한 의사에 반하여 처벌할 수 없는 범죄로 고소나 처벌희망의 의사표시가 없어도 유효하게 공소를 제기할 수 있으나 처벌불원의 의사표시가 있으면 유죄판결을 선고할 수 없음

④ **고소의 절차**
　ⓐ 고소권자
　　• 피해자 : 범죄로 인한 피해자는 고소할 수 있다(법 제223조).
　　• 피해자의 법정대리인 : 피해자의 법정대리인은 독립하여 고소할 수 있다. 피해자가 사망한 때에는 그 배우자, 직계친족 또는 형제자매는 고소할 수 있다. 단, 피해자의 명시한 의사에 반하지 못한다(법 제225조).
　　• 피해자의 친족 : 피해자의 법정대리인이 피의자이거나 법정대리인의 친족이 피의자인 때에는 피해자의 친족은 독립하여 고소할 수 있다(법 제226조). 사자의 명예를 훼손한 범죄에 대하여는 그 친족 또는 자손은 고소할 수 있다(법 제227조).
　　• 고소권자의 지정 : 친고죄에 대하여 고소할 자가 없는 경우에 이해관계인의 신청이 있으면 검사는 10일 이내에 고소할 수 있는 자를 지정하여야 한다(법 제228조).
　ⓑ 고소의 제한
　　• 원칙 : <u>자기 또는 배우자의 직계존속을 고소하지 못한다(법 제224조).</u>
　　• 예외 : <u>가정폭력범죄, 성폭력범죄, 아동학대범죄는 자기 또는 배우자의 직계존속을 고소할 수 있다.</u>
　ⓒ 고소방법
　　• 고소 또는 고발은 서면 또는 구술로써 검사 또는 사법경찰관에게 하여야 한

SEMI-NOTE

> **관련 판례**
>
> 고소를 할 때는 소송행위능력, 즉 고소능력이 있어야 하나, 고소능력은 피해를 입은 사실을 이해하고 고소에 따른 사회생활상의 이해관계를 알아차릴 수 있는 사실상의 의사능력으로 충분하므로, 민법상 행위능력이 없는 사람이라도 위와 같은 능력을 갖추었다면 고소능력이 인정된다(대판 2011도4451).

반의사불벌죄(反意思不罰罪)
형법에서 피해자가 처벌을 고소권자가 바라지 아니하면 처벌 할 수 없는 범죄

> **관련 판례**
>
> 형사소송법 제225조 제1항이 규정한 법정대리인의 고소권은 무능력자의 보호를 위하여 법정대리인에게 주어진 고유권이므로, 법정대리인은 피해자의 고소권 소멸 여부에 관계없이 고소할 수 있고, 이러한 고소권은 피해자의 명시한 의사에 반하여도 행사할 수 있다(대판 99도3784).

다(법 제237조).
- 고소 또는 그 취소는 대리인으로 하여금하게 할 수 있다(법 제236조).

> **관련 판례** 구술에 의한 고소의 가능 여부
>
> 형사소송법 제236조 대리인에 의한 고소의 경우 대리권이 정당한 고소권자에 의하여 수여되었음이 실질적으로 증명되면 충분하고 그 방식에 특별한 제한은 없다고 할 것이며, 한편 친고죄에 있어서의 고소는 고소권 있는 자가 수사기관에 대하여 범죄사실을 신고하고 범인의 처벌을 구하는 의사표시로서 서면뿐만 아니라 구술로도 할 수 있는 것이므로, 피해자로부터 고소를 위임받은 대리인은 수사기관에 구술에 의한 방식으로 고소를 제기할 수도 있다(대판 2000도4595).

ⓔ 고소기간
- 친고죄에 대하여는 범인을 알게 된 날로부터 6월을 경과하면 고소하지 못한다. 단, 고소할 수 없는 불가항력의 사유가 있는 때에는 그 사유가 없어진 날로부터 기산한다(법 제230조).
- 수인의 고소권자 : 고소할 수 있는 자가 수인인 경우에는 1인의 기간의 해태는 타인의 고소에 영향이 없다(법 제231조).

> **관련 판례** 친고죄 고소와 식별 범위
>
> 형사소송법 제230조 1항 본문은 친고죄에 대하여는 범인을 알게 된 날로부터 6개월을 경과하면 고소하지 못한다고 규정하고 있는바, 여기서 범인을 알게 된다 함은 범인이 누구인지 특정할 수 있을 정도로 알게 된다는 것을 의미하고, 범인의 동일성을 식별할 수 있을 정도로 인식함으로써 족하며, 범인의 성명, 주소, 연령 등까지 알 필요는 없다(대판 99도576).

⑤ **고소불가분의 원칙** ★빈출개념
  ㉠ 개념 : 친고죄에 있어서 고소의 효력 또는 범위는 원칙적으로 불가분(不可分)이라는 원칙
  ㉡ 객관적 불가분의 원칙 : 1개 범죄의 일부에 대하여 고소 또는 그 취소가 있는 때에는 그 효력은 그 범죄사실의 전부에 관하여 미침
   - 단순일죄 : 객관적 불가분의 원칙 적용
   - 상상적 경합범 : 모두 친고죄이고 피해자가 동일한 경우에만 적용되고, 일부 범죄만 친고죄인 경우와 피해자가 다른 경에는 적용되지 않음
   - 실체적 경합범 : 객관적 불가분의 원칙은 하나의 범죄사실을 전제로 하므로 실체적 경합범에는 적용되지 않음

> **관련 판례** 일죄(一罪)의 관계와 고소의 효력
>
> 친고죄에서 적법한 고소가 있었는지는 자유로운 증명의 대상이 되고, 일죄의 관계에 있는 범죄사실 일부에 대한 고소의 효력은 일죄 전부에 대하여 미친다(대판 2011도4451).

  ㉢ 주관적 불가분의 원칙 : 공범자 중의 1인 또는 수인에 대한 고소 또는 그 취소는 다른 공범자에 대해서도 효력이 미침

SEMI-NOTE

관련 판례
강제추행의 피해자가 범인을 안 날로부터 6월이 경과된 후에 고소제기하였더라도, 범행 당시 피해자가 11세의 소년에 불과하여 고소능력이 없었다가 고소 당시에 비로소 고소능력이 생겼다면, 그 고소기간은 고소능력이 생긴 때로부터 기산되어야 하므로, 고소기간이 경과된 것으로 볼 것이 아니다(대판 95도696).

상상적, 실체적 경합범의 개념
- 상상적 경합범 : 1개의 행위가 2개 이상의 죄에 해당되는 경우를 말함
- 실체적 경합범 : 한 사람이 2개 이상의 죄를 범하는 경우를 말함

경합범(競合犯)
판결이 확정되지 않은 여러 개의 죄로, 판결이 확정된 죄와 그 판결이 확정되기 전에 저지른 죄를 말함

관련 판례
친고죄에서 고소와 고소취소의 불가분 원칙을 규정한 형사소송법 제233조는 당연히 적용되므로, 만일 공소사실에 대하여 피고인과 공범 관계에 있는 사람에 대한 적법한 고소취소가 있다면 고소취소의 효력은 피고인에 대하여 미친다(대판 2013도7987).

- 보통의 친고죄는 절대적 친고죄로 이 원칙 적용
- 상대적 친고죄, 반의사불벌죄, 전속고발범죄에 대해서는 적용하지 않음

⑥ 고소의 취소
  ㉠ 의의 : 고소의 취소는 친고죄에 있어서 고소권자가 제기한 고소를 철회하는 소송행위이고, 반의사불벌죄의 경우 처벌희망 의사표시의 철회도 고소의 취소 준용
  ㉡ 방법 ★ 빈출개념
    - 고소를 취소할 수 있는 자는 고소권자
    - 고소의 취소, 반의사불벌죄의 처벌을 희망하는 의사표시의 철회는 제1심 판결선고 전까지 취소할 수 있다(법 제232조).

> **관련 판례** 고소권자의 의사표시
>
> 폭행죄는 피해자의 명시한 의사에 반하여 공소를 제기할 수 없는 반의사불벌죄로서 처벌불원의 의사표시는 의사능력이 있는 피해자가 단독으로 할 수 있는 것이고, 피해자가 사망한 후 그 상속인이 피해자를 대신하여 처벌불원의 의사표시를 할 수는 없다고 보아야 한다(대판 2010도2680).

> **관련 판례** 판결과 고소의 취소
>
> 친고죄에 있어서의 고소의 취소는 제1심판결 선고 전까지만 할 수 있다고 형사소송법 제232조 제1항에 규정되어 있어 제1심판결 선고 후에 고소가 취소된 경우에는 그 취소의 효력이 없으므로 같은 법 제327조 제5호의 공소기각의 재판을 할 수 없다(대판 84도2682).

  ㉢ 고소취소의 방식
    - 고소의 취소는 서면 또는 구술로써 검사 또는 사법경찰관에게 하여야 한다(법 제237조).
    - 고소의 취소도 대리인으로 하여금 하게 할 수 있다(법 제236조).
    - 고소취소는 공소제기 전에는 담당 수사기관에 대하여, 공소제기 후에는 수소법원에 하여야 함
    - 범인과 피해자 사이의 단순한 합의는 고소취소가 아님
  ㉣ 고소취소의 효과
    - 고소권의 소멸, 재고소의 금지
    - 검사는 불기소처분, 법원은 공소기각판결 선고

> **관련 판례** 고소취소 후의 철회의사표시
>
> 고소권자가 서면 또는 구술로써 수사기관 또는 법원에 고소를 취소하는 의사표시를 하였다고 보여지는 이상 그 고소는 적법하게 취소되었다고 할 것이고, 그 후 고소취소를 철회하는 의사표시를 다시 하였다고 하여도 그것은 효력이 없다 할 것이다(대판 2009도6779).

  ㉤ 고소의 포기 : 친고죄에 있어서의 피해자의 고소권은 공법상의 권리라고 할 것이므로 법이 특히 명문으로 인정하는 경우를 제외하고는 자유처분을 할 수

SEMI-NOTE

고소취소의 제한
친고죄의 공범 중 그 일부에 대하여 제1심판결이 선고된 후에는 제1심 판결선고 전의 다른 공범자에 대하여는 그 고소를 취소할 수 없고 그 고소의 취소가 있다 하더라도 그 효력을 발생할 수 없으며, 이러한 법리는 필요적 공범이나 임의적 공범이냐를 구별함이 없이 모두 적용된다(대판 85도1940).

관련 판례
반의사불벌죄에 있어서 피해자가 처벌을 희망하지 아니하는 의사표시 또는 그 처벌을 희망하는 의사표시의 철회는 피해자의 진실한 의사가 명백하고 믿을 수 있는 방법으로 표명되어야 한다(대판 2010도11550).

고소의 추완(追完)
친고죄임에도 불구하고 고소나 고발 없이 공소제기를 한 후 공판심리 도중 고소권자로부터 고소를 받아 제출하는 것

없고 따라서 일단한 고소는 취소할 수 있으나 고소전에 고소권을 포기할 수 없다고 함이 상당할 것이다(대판 67도471).

(5) 고발

① 일반범죄의 고발
  ㉠ 의의
    - 범인 또는 피해자 이외의 제3자가 수사기관에 범죄사실을 신고하여 그 소추를 요구하는 의사표시
    - 반드시 진범을 적시할 필요가 없고 진범에 대한 고발이 아니더라도 진범에 대하여 고발의 효력이 미침
  ㉡ 고발의 주체 : 누구든지 범죄가 있다고 사료하는 때에는 고발할 수 있다. 공무원은 그 직무를 행함에 있어 범죄가 있다고 사료하는 때에는 고발하여야 한다(법 제234조).

> **관련 판례** 명의 대리자의 고소 의사 성립
>
> 비록 외관상으로는 타인 명의의 고소장을 대리하여 작성하고 제출하는 형식으로 고소가 이루어진 경우라 하더라도 그 명의자는 고소의 의사가 없이 이름만 빌려준 것에 불과하고 명의자를 대리한 자가 실제 고소의 의사를 가지고 고소행위를 주도한 경우라면 그 명의자를 대리한 자를 신고자로 보아 무고죄의 주체로 인정하여야 할 것이다(대판 2006도6017).

  ㉢ 고발의 제한 : 자기 또는 배우자의 직계존속을 고발하지 못한다(법 제235조).
  ㉣ 고발의 방식 : 고발은 서면 또는 구술로써 검사 또는 사법경찰관에게 하여야 한다. 검사 또는 사법경찰관이 구술에 의한 고발을 받은 때에는 조서를 작성하여야 한다(법 제237).
  ㉤ 고발의 기간 : 고발의 기간에는 제한이 없고, 취소할 수 있으며 취소한 후에도 재고발 할 수 있음

② 전속고발범죄(즉시고발범죄)의 고발
  ㉠ 개념 : 관계공무원의 고발이 있어야 공소를 제기할 수 있는 범죄로 고발이 소송조건이 됨. 관세법, 조세범처벌법, 출입국관리법, 근로기준법, 독점규제법 위반 등

> **관련 판례** 일반사법경찰관리의 규정과 행사
>
> 출입국관리사무소장 등의 전속적 고발권을 규정함과 아울러, 제2항에서 일반사법경찰관리가 출입국사범을 입건한 때에는 지체없이 사무소장 등에게 인계하도록 규정하고 있고, 이는 그 규정의 취지에 비추어 제1항에서 정한 사무소장 등의 전속적 고발권 행사의 편의 등을 위한 것이라고 봄이 상당하므로 일반사법경찰관리와의 관계에서 존중되어야 할 것이지만, 이를 출입국관리공무원의 수사 전담권에 관한 규정이라고까지 볼 수는 없는 이상 이를 위반한 일반사법경찰관리의 수사가 소급하여 위법하게 되는 것은 아니다(대판 2008도7724).

  ㉡ 전속고발에 관한 판례의 태도
    - 조세범처벌법 위반 사건에 대한 세무공무원의 고발취소는 제일심 판결선고

SEMI-NOTE

공무원의 고발
공무원이 직무와 관련 없는 경우 고발의무가 없고 고발은 대리할 수 없음

관련 판례
고발이란 범죄사실을 수사기관에 고하여 그 소추를 촉구하는 것으로서 범인을 지적할 필요가 없는 것이고 또한 고발에서 지정한 범인이 진범인이 아니더라도 고발의 효력에는 영향이 없는 것이므로, 고발인이 농지전용행위를 한 사람을 갑으로 잘못 알고 갑을 피고발인으로 하여 고발하였다고 하더라도 을이 농지전용행위를 한 이상 을에 대하여 고발의 효력이 미친다(대판 94도458).

전에 한하여 취소할 수 있다고 해석함이 타당하다(대판 57도58).
- 특정범죄가중처벌 등에 관한 법률 제8조 제1항 제1호 위반죄는 같은 법 제16조에 의하여 기소함에 있어서 고발을 요하지 아니하나, 조세범처벌법 제9조 제1항 제3호 위반죄는 같은 법 제6조에 의하여 국세청장 등의 고발을 기다려 논할 수 있는 죄이므로, 국세청장 등의 고발이 없음에도 법원이 이를 조세범처벌법 제9조 제1항 제3호 위반죄로 인정한 것은 위법하다고 한 사례(대판 2008도680).

(6) 자수

① 개념 : 범인이 스스로 수사기관에 대하여 자기 범죄사실을 신고하여 소추를 구하는 의사표시이고 범죄발각 전의 자수는 수사의 단서가 됨

② 자수절차

㉠ 자수는 서면 또는 구술로써 검사 또는 사법경찰관에게 하여야 한다. 검사 또는 사법경찰관이 구술에 의한 자수를 받은 때에는 조서를 작성하여야 한다(법 제237조, 제240조).

㉡ 사법경찰관이 자수를 받은 때에는 신속히 조사하여 관계서류와 증거물을 검사에게 송부하여야 한다(법 제238조, 제240조).

> **관련 판례** 자수의 성립요건
>
> 자수란 범인이 스스로 수사책임이 있는 관서에 자기의 범행을 자발적으로 신고하고 그 처분을 구하는 의사표시이므로, 수사기관의 직무상의 질문 또는 조사에 응하여 범죄사실을 진술하는 것은 자백일 뿐 자수로는 되지 아니하고, 나아가 자수는 범인이 수사기관에 의사표시를 함으로써 성립하는 것이므로 내심적 의사만으로는 부족하고 외부로 표시되어야 이를 인정할 수 있는 것이다(대판 2011도12041).

(7) 성폭력범죄의 특례(성폭력범죄의 처벌 등에 관한 특례법)

① 고소 제한에 대한 예외 : 성폭력범죄에 대하여는 형사소송법 제224조(고소의 제한) 및 군사법원법 제266조에도 불구하고 자기 또는 배우자의 직계존속을 고소할 수 있다(법 제18조).

② 공소시효에 관한 특례(법 제21조 제3항, 제4항) : 다음의 범죄에 관하여 공소시효를 적용하지 아니한다.

㉠ 13세 미만의 사람 및 신체적인 또는 정신적인 장애가 있는 사람
- 형법 제297조(강간), 제298조(강제추행), 제299조(준강간, 준강제추행), 제301조(강간 등 상해·치상), 제301조의2(강간 등 살인·치사) 또는 제305조(미성년자에 대한 간음, 추행)의 죄
- 제6조 제2항(장애인유사강간), 제7조 제2항 및 제5항(미성년자에 대한 간음, 추행), 제8조(강간 등 상해·치상), 제9조의 죄(강간 등 살인·치사)
- 아동·청소년의 성보호에 관한 법률 제9조(강간 등 상해·치상) 또는 제10조의 죄(강간 등 살인·치사)

SEMI-NOTE

자수하는 경우
죄를 지은 후 수사기관에 자수한 경우에는 형을 감경하거나 면제할 수 있다(형법 제52조 제1항). 따라서 자수는 형의 임의적 감경사유에 해당됨

자수의 대리여부
자수는 그 성질상 대리를 인정하지 않음

관련 판례
경찰관에게 검거되기 전에 친지에게 전화로 자수의사를 전달하였더라도 그것만으로는 자수로 볼 수 없다(대판 85도1489).

공소시효 기산에 관한 특례
- 미성년자에 대한 성폭력범죄의 공소시효는 해당 성폭력범죄로 피해를 당한 미성년자가 성년에 달한 날부터 진행한다(성폭력범죄의 처벌 등에 관한 특례법 제21조 제1항).
- 제2조 제3호 및 제4호의 죄와 제3조부터 제9조까지의 죄는 디엔에이(DNA)증거 등 그 죄를 증명할 수 있는 과학적인 증거가 있는 때에는 공소시효가 10년 연장된다(성폭력범죄의 처벌 등에 관한 특례법 제21조 제2항).

SEMI-NOTE

영상물의 촬영·보존 등
성폭력범죄의 피해자가 19세 미만이거나 신체적인 또는 정신적인 장애로 사물을 변별하거나 의사를 결정할 능력이 미약한 경우에는 피해자의 진술 내용과 조사 과정을 비디오녹화기 등 영상물 녹화장치로 촬영·보존하여야 한다(성폭력범죄의 처벌 등에 관한 특례법 제30조 제1항).

관련 판례
수사기관에 의한 압수·수색의 경우 헌법과 형사소송법이 정한 적법절차와 영장주의 원칙은 법률에 따라 허용된 예외사유에 해당하지 않는 한 관철되어야 한다(대판 2014도8719).

관련 판례
형사절차에 있어서의 영장주의란 체포·구속·압수 등의 강제처분을 함에 있어서는 사법권 독립에 의하여 그 신분이 보장되는 법관이 발부한 영장에 의하지 않으면 아니된다는 원칙이고, 따라서 영장주의의 본질은 신체의 자유를 침해하는 강제처분을 함에 있어서는 중립적인 법관이 구체적 판단을 거쳐 발부한 영장에 의하여야만 한다는 데에 있다(헌재 96헌바28).

ⓒ 나이, 정신상태 불문한 모든 사람
- 형법 제301조의2(강간 등 살인·치사)의 죄(강간 등 살인)
- 제9조 제1항의 죄(강간 등 살인)
- 아동·청소년의 성보호에 관한 법률 제10조 제1항의 죄(강간 등 살인)
- 군형법 제92조의8의 죄(강간 등 살인)

③ 공판절차의 특례
  ㉠ 심리의 비공개 : 성폭력범죄에 대한 심리는 그 피해자의 사생활을 보호하기 위하여 결정으로써 공개하지 아니할 수 있다(법 제31조 제1항).
  ㉡ 신뢰관계에 있는 사람의 동석 : 법원은 제3조부터 제8조까지, 제10조 및 제15조(제9조의 미수범은 제외한다)의 범죄의 피해자를 증인으로 신문하는 경우에 검사, 피해자 또는 법정대리인이 신청할 때에는 재판에 지장을 줄 우려가 있는 등 부득이한 경우가 아니면 피해자와 신뢰관계에 있는 사람을 동석하게 하여야 한다(법 제34조 제1항).
  ㉢ 비디오 등 중계장치에 의한 증인신문 : 법원은 제2조 제1항 제3호부터 제5호까지의 범죄의 피해자를 증인으로 신문하는 경우 검사와 피고인 또는 변호인의 의견을 들어 비디오 등 중계장치에 의한 중계를 통하여 신문할 수 있다(법 제40조 제1항).

02절 수사의 개시

1. 수사의 일반원칙과 임의수사

(1) 개설

① 수사의 일반원칙
  ㉠ 적법절차의 원칙 : 수사의 개시와 실행에 있어 수사기관은 적법절차의 원칙을 준수하여야 함
  ㉡ 비례의 원칙 : 수사는 목적달성을 위한 필요 최소한에 그쳐야 하며 수사에 의하여 달성하려는 공익과 그에 의하여 침해되는 사익 사이에 정당한 균형관계가 있어야 한다는 원칙
  ㉢ 임의수사의 원칙 : 수사는 임의수사를 원칙으로 하고 법률에 규정된 경우에 예외적으로 허용
  ㉣ 강제수사 법정주의 : 수사에 관하여는 그 목적을 달성하기 위하여 필요한 조사를 할 수 있다. 다만, 강제처분은 이 법률에 특별한 규정이 있는 경우에 한하며, 필요한 최소한도의 범위 안에서만 하여야 한다(법 제199조 제1항).
  ㉤ 영장주의 : 법관이 발부한 영장에 의하지 아니하고는 수사상 필요한 강제처분을 할 수 없다는 원칙
  ㉥ 형사사건 공개금지의 원칙 : 검사와 사법경찰관은 공소제기 전에 형사사건에 관한 내용을 공개하지 않아야 한다는 원칙

ⓐ 수사의 비공개 원칙 : 수사의 개시와 실행은 공개하지 않아야 한다는 원칙
ⓔ 직권수사의 원칙 : 검사와 사법경찰관은 범죄의 혐의가 있다고 사료하는 때에는 범인, 범죄사실과 증거를 수사한다(법 제196조, 제197조 제1항). 수사기관이 직접 수사를 하여야 한다는 원칙

② 임의수사와 강제수사
㉠ 개념 : 임의수사는 임의적 방법에 의한 수사이고, 강제수사는 강제처분에 의한 수사
㉡ 구분기준 : 물리적 강제력의 행사유무, 상대방의 의사에 반하는지의 여부, 기본권을 침해하는지의 여부 등
㉢ 형사소송법상 구분
- 임의수사에는 피의자신문, 참고인조사, 공무소 등에 대한 조회, 감정·통역·번역의 위촉 등
- 강제수사에는 체포, 구속, 압수, 수색, 검증 등
㉣ 임의수사의 한계
- 임의동행 : 수사기관이 범죄수사를 위하여 피의자의 동의를 얻어 그를 수사관서에 동행하는 것

관련 판례 동행에 관한 피의자의 의사 표시

피의자가 동행을 거부하는 의사를 표시하였음에도 불구하고 경찰관들이 영장에 의하지 아니하고 피의자를 강제로 연행한 행위는 수사상의 강제처분에 관한 형사소송법상의 절차를 무시한 채 이루어진 것으로 위법한 체포에 해당하고, 이와 같이 위법한 체포상태에서 마약 투약 혐의를 확인하기 위한 채뇨 요구가 이루어진 경우, 채뇨 요구를 위한 위법한 체포와 그에 이은 채뇨 요구는 마약 투약이라는 범죄행위에 대한 증거 수집을 위하여 연속하여 이루어진 것으로서 개별적으로 그 적법 여부를 평가하는 것은 적절하지 아니하므로 그 일련의 과정을 전체적으로 보아 위법한 채뇨 요구가 있었던 것으로 볼 수밖에 없다(대판 2012도13611).

- 사진촬영, 비디오촬영 : 상대방의 의사에 반하는 사진 및 비디오 촬영은 초상권을 침해하므로 상대방의 동의를 요함

관련 판례 도로교통법 위반에 대한 사진 촬영의 위법성 여부

무인장비에 의한 제한속도 위반차량 단속은 이러한 수사 활동의 일환으로서 도로에서의 위험을 방지하고 교통의 안전과 원활한 소통을 확보하기 위하여 도로교통법령에 따라 정해진 제한속도를 위반하여 차량을 주행하는 범죄가 현재 행하여지고 있고, 그 범죄의 성질·태양으로 보아 긴급하게 증거보전을 할 필요가 있는 상태에서 일반적으로 허용되는 한도를 넘지 않는 상당한 방법에 의한 것이라고 판단되므로, 이를 통하여 운전 차량의 차량번호 등을 촬영한 사진을 두고 위법하게 수집된 증거로서 증거능력이 없다고 말할 수 없다(대판 98도3329).

- 도청, 감청 : 상대방의 승낙을 얻어 도청, 감청하는 것
- 거짓말탐지기 사용 : 상대방의 동의를 얻어야 허용

(2) 임의수사의 방법

① 피의자신문

SEMI-NOTE

관련 판례

수사관이 동행에 앞서 피의자에게 동행을 거부할 수 있음을 알려 주었거나 동행한 피의자가 언제든지 자유로이 동행과정에서 이탈 또는 동행 장소에서 퇴거할 수 있었음이 인정되는 등 오로지 피의자의 자발적인 의사에 의하여 수사관서 등에 동행이 이루어졌다는 것이 객관적인 사정에 의하여 명백하게 입증된 경우에 한하여, 동행의 적법성이 인정된다고 보는 것이 타당하다(대판 2009도6717).

그 외 임의수사의 한계

- **승낙유치** : 상대방의 승낙을 받아 경찰서 유치장에 유치하는 것
- **승낙수색, 검증** : 상대방의 승낙을 받아 수색, 검증을 행하는 것
- **실황조사** : 범죄와 관련 물건이나 사람의 신체, 장소 또는 현장상황을 수사기관의 오관의 작용을 통하여 조사, 감지하는 수사의 한 방법

| SEMI-NOTE |

피의자신문의 법적 성격
피의자신문은 임의수사에 해당한다고 보는 것으로 피의자는 수사기관체에 출석할 의무도 없고 출석하더라도 언제든지 퇴거 가능

진술거부권(법 제244조의3 제1항)
- 일체의 진술을 하지 아니하거나 개개의 질문에 대하여 진술을 하지 아니할 수 있다는 것
- 진술을 하지 아니하더라도 불이익을 받지 아니한다는 것
- 진술을 거부할 권리를 포기하고 행한 진술은 법정에서 유죄의 증거로 사용될 수 있다는 것
- 신문을 받을 때에는 변호인을 참여하게 하는 등 변호인의 조력을 받을 수 있다는 것

피의자신문사항
검사 또는 사법경찰관은 피의자에 대하여 범죄사실과 정상에 관한 필요사항을 신문하여야 하며 그 이익되는 사실을 진술할 기회를 주어야 한다(법 제242조).

관련 판례
피의자가 변호인의 참여를 원한다는 의사를 명백하게 표시하였음에도 수사기관이 정당한 사유 없이 변호인을 참여하게 하지 아니한 채 피의자를 신문하여 작성한 피의자신문조서는 형사소송법 제312조에 정한 '적법한 절차와 방식'에 위반된 증거일 뿐만 아니라, 형사소송법 제308조의2에서 정한 '적법한 절차에 따르지 아니하고 수집한 증거'에 해당하므로 이를 증거로 할 수 없다(대판 2010도3359).

㉠ **의의** : 검사 또는 사법경찰관이 수사에 필요한 피의자를 출석시켜 신문을 하고 진술을 듣는 것

관련 판례 피의자신문 절차와 피의자의 권리

피의자신문 절차는 어디까지나 법 제199조 제1항 본문, 제200조의 규정에 따른 임의수사의 한 방법으로 진행되어야 하므로, 피의자는 헌법 제12조 제2항과 법 제244조의3에 따라 일체의 진술을 하지 아니하거나 개개의 질문에 대하여 진술을 거부할 수 있고, 수사기관은 피의자를 신문하기 전에 그와 같은 권리를 알려주어야 한다(대결 2013모160).

㉡ **방법** : 검사 또는 사법경찰관은 수사에 필요한 때에는 피의자의 출석을 요구하여 진술을 들을 수 있다(법 제200조).

㉢ **진술거부권 등의 고지** : 검사 또는 사법경찰관은 피의자를 신문하기 전에 진술거부권의 사항을 알려주어야 한다(법 제244조의3 제1항).

관련 판례 진술거부권 행사여부와 조서의 증거능력 인정조건

사법경찰관이 피의자에게 진술거부권을 행사할 수 있음을 알려 주고 그 행사 여부를 질문하였다 하더라도, 형사소송법 제244조의3 제2항에 규정한 방식에 위반하여 진술거부권 행사 여부에 대한 피의자의 답변이 자필로 기재되어 있지 아니하거나 그 답변 부분에 피의자의 기명날인 또는 서명이 되어 있지 아니한 사법경찰관 작성의 피의자신문조서는 특별한 사정이 없는 한 형사소송법 제312조 제3항에서 정한 '적법한 절차와 방식'에 따라 작성된 조서라 할 수 없으므로 그 증거능력을 인정할 수 없다(대판 2010도3359).

㉣ **피의자신문** : 검사 또는 사법경찰관이 피의자를 신문함에는 먼저 그 성명, 연령, 등록기준지, 주거와 직업을 물어 피의자임에 틀림없음을 확인하여야 한다(법 제241조).

㉤ **피의자신문과 참여자** : 검사가 피의자를 신문함에는 검찰청수사관 또는 서기관이나 서기를 참여하게 하여야 하고 사법경찰관이 피의자를 신문함에는 사법경찰관리를 참여하게 하여야 한다(법 제243조).

㉥ **변호인의 참여 등(법 제243조의2)**
- 검사 또는 사법경찰관은 피의자 또는 그 변호인·법정대리인·배우자·직계친족·형제자매의 신청에 따라 변호인을 피의자와 접견하게 하거나 정당한 사유가 없는 한 피의자에 대한 신문에 참여하게 하여야 한다.
- 신문에 참여하고자 하는 변호인이 2인 이상인 때에는 피의자가 신문에 참여할 변호인 1인을 지정한다. 지정이 없는 경우에는 검사 또는 사법경찰관이 이를 지정할 수 있다.
- 신문에 참여한 변호인은 신문 후 의견을 진술할 수 있다. 다만, 신문 중이라도 부당한 신문방법에 대하여 이의를 제기할 수 있고, 검사 또는 사법경찰관의 승인을 얻어 의견을 진술할 수 있다.
- 변호인의 의견이 기재된 피의자신문조서는 변호인에게 열람하게 한 후 변호인으로 하여금 그 조서에 기명날인 또는 서명하게 하여야 한다.
- 검사 또는 사법경찰관은 변호인의 신문참여 및 그 제한에 관한 사항을 피의

자신문조서에 기재하여야 한다.
- ⓒ 장애인 등 특별히 보호를 요하는 자에 대한 특칙 : 검사 또는 사법경찰관은 피의자를 신문하는 경우 장애인에 해당하는 때에는 직권 또는 피의자·법정대리인의 신청에 따라 피의자와 신뢰관계에 있는 자를 동석하게 할 수 있다(법 제244조의5).
- ㉣ 피의자신문조서의 작성(법 제244조)
  - 피의자의 진술은 조서에 기재하여야 한다.
  - 조서는 피의자에게 열람하게 하거나 읽어 들려주어야 하며, 진술한 대로 기재되지 아니하였거나 사실과 다른 부분의 유무를 물어 피의자가 증감 또는 변경의 청구 등 이의를 제기하거나 의견을 진술한 때에는 이를 조서에 추가로 기재하여야 한다. 이 경우 피의자가 이의를 제기하였던 부분은 읽을 수 있도록 남겨두어야 한다.
  - 피의자가 조서에 대하여 이의나 의견이 없음을 진술한 때에는 피의자로 하여금 그 취지를 자필로 기재하게 하고 조서에 간인한 후 기명날인 또는 서명하게 한다.
- ㉤ 피의자진술의 영상녹화(법 제244조의2)
  - 피의자의 진술은 영상 녹화할 수 있다. 이 경우 미리 영상녹화사실을 알려주어야 하며, 조사의 개시부터 종료까지의 전 과정 및 객관적 정황을 영상녹화하여야 한다.
  - 영상녹화가 완료된 때에는 피의자 또는 변호인 앞에서 지체 없이 그 원본을 봉인하고 피의자로 하여금 기명날인 또는 서명하게 하여야 한다.
  - 피의자 또는 변호인의 요구가 있는 때에는 영상녹화물을 재생하여 시청하게 하여야 한다. 이 경우 그 내용에 대하여 이의를 진술하는 때에는 그 취지를 기재한 서면을 첨부하여야 한다.
② 참고인조사
- ㉠ 개념 : 검사 또는 사법경찰관은 수사에 필요한 때에는 피의자가 아닌 자의 출석을 요구하여 진술을 들을 수 있다. 이 경우 그의 동의를 받아 영상 녹화할 수 있다(법 제221조 제1항).
- ㉡ 절차 : 참고인조사는 피의자신문에 준하고 진술거부권을 고지할 필요는 없으며, 참고인은 진술거부권을 행사할 수 있음
- ㉢ 감정, 통역, 번역의 위촉 : 검사 또는 사법경찰관은 수사에 필요한 때에는 감정·통역 또는 번역을 위촉할 수 있다(법 제221조 제2항).
- ㉣ 영상녹화 : 참고인의 동의를 얻어 영상 녹화할 수 있다(법 제221조 제1항 단서).

관련 판례 영상녹화물의 사용 여부

수사기관이 참고인을 조사하는 과정에서 형사소송법 제221조 제1항에 따라 작성한 영상녹화물은, 다른 법률에서 달리 규정하고 있는 등의 특별한 사정이 없는 한, 공소사실을 직접 증명할 수 있는 독립적인 증거로 사용될 수는 없다고 해석함이 타당하다(대판 2012도5041).

③ 전문수사자문위원

SEMI-NOTE

관련 판례

동석한 사람이 피의자를 대신하여 진술한 부분이 조서에 기재되어 있다면 그 부분은 피의자의 진술을 기재한 것이 아니라 동석한 사람의 진술을 기재한 조서에 해당하므로, 그 사람에 대한 진술조서로서의 증거능력을 취득하기 위한 요건을 충족하지 못하는 한 이를 유죄 인정의 증거로 사용할 수 없다(대판 2009도1322).

참고인과 증인

참고인은 수사기관에 대하여 진술하는 자이고, 증인은 법원이나 법관에 대하여 진술하는 자로 참고인조사는 임의수사라 강제로 구인당하거나 과태료 등의 제재를 받지 않음

단서(但書)

법률 조문, 문서 등에서 본문 다음에 어떤 조건이나 예외를 나타내는 글

공무소 등에 조회

수사에 관하여는 공무소 기타 공사단체에 조회하여 필요한 사항의 보고를 요구할 수 있다(법 제199조 제2항).

SEMI-NOTE

㉠ 전문수사자문위원의 참여(법 제245조의2)
- 검사는 공소제기 여부와 관련된 사실관계를 분명하게 하기 위하여 필요한 경우에는 직권이나 피의자 또는 변호인의 신청에 의하여 전문수사자문위원을 지정하여 수사절차에 참여하게 하고 자문을 들을 수 있다.
- 전문수사자문위원은 전문적인 지식에 의한 설명 또는 의견을 기재한 서면을 제출하거나 전문적인 지식에 의하여 설명이나 의견을 진술할 수 있다.
- 검사는 전문수사자문위원이 제출한 서면이나 전문수사자문위원의 설명 또는 의견의 진술에 관하여 피의자 또는 변호인에게 구술 또는 서면에 의한 의견진술의 기회를 주어야 한다.

㉡ 전문수사자문위원 지정 등(법 제245조의3)
- 전문수사자문위원을 수사절차에 참여시키는 경우 검사는 각 사건마다 1인 이상의 전문수사자문위원을 지정한다.
- 검사는 상당하다고 인정하는 때에는 전문수사자문위원의 지정을 취소할 수 있다.
- 피의자 또는 변호인은 검사의 전문수사자문위원 지정에 대하여 관할 고등검찰청검사장에게 이의를 제기할 수 있다.

2. 강제처분과 강제수사

(1) 강제처분의 의의

① 강제처분은 피고인의 신체 등 기타 증거를 확보하기 위하여 사용되는 일체의 강제력

② 강제처분으로부터 기본권을 보장하기 위한 제도
  ㉠ 사전적 구제제도 : 강제처분 법정주의 및 비례성의 원칙, 영장주의, 무죄추정의 원칙, 구속 전 피의자신문, 변호인제도, 재구속·재체포의 제한, 자백배제법칙, 자백보강법칙 등
  ㉡ 사후적 구제제도 : 구속취소, 보석, 구속집행정지, 체포·구속적부심사제도, 강제처분의 대한 준항고, 형사보상제도, 상소 등

강제처분의 형태
- 직접 물리력을 가하는 경우 : 구속, 압수, 수색 등
- 의무를 과하는 경우 : 소환, 제출명령 등

(2) 체포

① 통상체포
  ㉠ 개념 : 사전에 영장을 발부받아 피의자를 체포하는 강제처분
  ㉡ 요건 : 피의자가 죄를 범하였다고 의심할 만한 상당한 이유가 있고, 정당한 이유 없이 출석요구에 응하지 아니하거나 응하지 아니할 우려가 있는 때에는 검사는 관할 지방법원판사에게 청구하여 체포영장을 발부받아 피의자를 체포할 수 있고, 사법경찰관은 검사에게 신청하여 검사의 청구로 관할지방법원판사의 체포영장을 발부받아 피의자를 체포할 수 있다(법 제200조의2 제1항).
  ㉢ 체포영장의 청구 및 발부
    - 검사는 관할 지방법원판사에게 청구하여 체포영장을 발부받아 피의자를 체포할 수 있고, 사법경찰관은 검사에게 신청하여 검사의 청구로 관할지방법

통상체포의 상당성과 사유
- 범죄혐의의 상당성 : 피의자를 체포하기 위해서는 죄를 범하였다고 의심할 만한 상당한 이유가 있어야 함
- 체포사유 : 피의자가 정당한 이유 없이 출석요구에 응하지 아니하거나 응하지 아니할 우려가 있는 때

원판사의 체포영장을 발부받아 피의자를 체포할 수 있다(법 제200조의2 제1항).
- 체포영장의 청구는 서면으로 하여야 하고(규칙 제93조 제1항), 청구를 함에 있어서 동일한 범죄사실에 관하여 그 피의자에 대하여 전에 체포영장을 청구하였거나 발부받은 사실이 있는 때에는 다시 체포영장을 청구하는 취지 및 이유를 기재하여야 한다(법 제200조의2 제4항).
- 검사가 사법경찰관이 신청한 영장을 정당한 이유 없이 판사에게 청구하지 아니한 경우 사법경찰관은 그 검사 소속의 지방검찰청 소재지를 관할하는 고등검찰청에 영장 청구 여부에 대한 심의를 신청할 수 있다(법 제221조의5 제1항).
- 구속영장에는 피고인의 성명, 주거, 죄명, 공소사실의 요지, 인치 구금할 장소, 발부 연월일, 그 유효기간과 그 기간을 경과하면 집행에 착수하지 못하며 영장을 반환하여야 할 취지를 기재하고 재판장 또는 수명법관이 서명 날인하여야 한다(법 제75조 제1항).
- 영장의 유효기간은 7일로 한다. 다만, 법원 또는 법관이 상당하다고 인정하는 때에는 7일을 넘는 기간을 정할 수 있다(규칙 제178조).

ⓔ 체포영장의 집행
- 구속영장은 검사의 지휘에 의하여 사법경찰관리가 집행한다(법 제81조 제1항).
- 교도소 또는 구치소에 있는 피고인에 대하여 발부된 구속영장은 검사의 지휘에 의하여 교도관이 집행한다(법 제81조 제3항).
- 검사는 필요에 의하여 관할구역 외에서 구속영장의 집행을 지휘할 수 있고 또는 당해 관할구역의 검사에게 집행지휘를 촉탁할 수 있다(법 제83조 제1항).
- 피고인을 체포·구속한 때에는 변호인이 있는 경우에는 변호인에게, 변호인이 없는 경우에는 피고인이 지정한 자에게 피고사건명, 구속일시·장소, 범죄사실의 요지, 구속의 이유와 변호인을 선임할 수 있는 취지를 알려야 한다(법 제87조 제1항).
- 구속된 피고인은 접견교통권과 변호인 선임 의뢰권을 가진다(법 제89조, 제90조).

ⓜ 체포 후의 조치
- 체포한 피의자를 구속하고자 할 때에는 체포한 때부터 48시간 이내에 구속영장을 청구하여야 하고, 그 기간 내에 구속영장을 청구하지 아니하는 때에는 피의자를 즉시 석방하여야 한다(법 제200조의2 제5항).
- 체포 또는 구속된 피의자 또는 그 변호인, 법정대리인, 배우자, 직계친족, 형제자매나 가족, 동거인 또는 고용주는 관할법원에 체포 또는 구속의 적부심사를 청구할 수 있다(법 제214조의2 제1항).

ⓗ 법원에 통지 : 체포영장 또는 구속영장의 발부를 받은 후 피의자를 체포 또는 구속하지 아니하거나 체포 또는 구속한 피의자를 석방한 때에는 지체없이 검

SEMI-NOTE

영장에 의한 체포
청구를 받은 지방법원판사는 상당하다고 인정할 때에는 체포영장을 발부한다. 다만, 명백히 체포의 필요가 인정되지 아니하는 경우에는 그러하지 아니하다(법 제200조의2 제2항).

영장의 유효기간 연장
검사는 체포영장의 유효기간을 연장할 필요가 있다고 인정하는 때에는 그 사유를 소명하여 다시 체포영장을 청구하여야 함

체포와 피의사실 등의 고지
검사 또는 사법경찰관은 피의자를 체포하는 경우에는 피의사실의 요지, 체포의 이유와 변호인을 선임할 수 있음을 말하고 변명할 기회를 주어야 한다(법 제200조의5).

구속 집행 정지
법원은 상당한 이유가 있는 때에는 결정으로 구속된 피고인을 친족·보호단체 기타 적당한 자에게 부탁하거나 피고인의 주거를 제한하여 구속의 집행을 정지할 수 있다(법 제101조 제1항).

| SEMI-NOTE |

긴급체포의 요건 충족
- **범죄의 중대성** : 피의자가 사형·무기 또는 장기 3년 이상의 징역이나 금고에 해당하는 죄를 범하였다고 의심할 만한 상당한 이유
- **체포의 필요성** : 증거인멸의 염려가 있는 때, 도망하거나 도망의 우려가 있는 때
- **긴급성** : 지방법원판사의 체포영장을 받을 수 없는 때

영장에 의하지 아니한 강제처분
범행 중 또는 범행직후의 범죄 장소에서 긴급을 요하여 법원판사의 영장을 받을 수 없는 때에는 영장없이 압수, 수색 또는 검증을 할 수 있다. 이 경우에는 사후에 지체없이 영장을 받아야 한다(법 제216조 제3항).

| 관련 판례 |

피고인이 수사 당시 긴급 체포되었다가 수사기관의 조치로 석방된 후 법원이 발부한 구속영장에 의하여 구속이 이루어진 경우 앞서 본 법조에 위배되는 위법한 구속이라고 볼 수 없다(대판 2001도4291).

사는 영장을 발부한 법원에 그 사유를 서면으로 통지하여야 한다(법 제204조).

② 긴급체포
  ㉠ **개념** : 중대한 범죄혐의가 있고, 법관의 체포영장을 발부받을 여유가 없는 경우에 먼저 체포를 한 후 사후에 영장을 발부받는 제도
  ㉡ **요건** : 검사 또는 사법경찰관은 피의자가 사형·무기 또는 장기 3년 이상의 징역이나 금고에 해당하는 죄를 범하였다고 의심할 만한 상당한 이유가 있고, 증거인멸의 염려가 있는 때, 도망하거나 도망의 우려가 있는 때에 긴급을 요하여 지방법원판사의 체포영장을 받을 수 없는 때에는 그 사유를 알리고 영장없이 피의자를 체포할 수 있다(법 제200조의3 제1항).

| 관련 판례 | 긴급체포 요건 충족의 여부 |

긴급체포의 요건을 갖추었는지 여부는 체포 당시의 상황을 기초로 판단하여야 하고, 이에 관한 검사나 사법경찰관 등 수사주체의 판단에는 상당한 재량의 여지가 있다고 할 것이며, 다만, 긴급체포 당시의 상황으로 보아 그 요건의 충족 여부에 관한 검사나 사법경찰관의 판단이 경험칙에 비추어 현저히 합리성을 잃은 경우에 한하여 그 긴급체포는 위법한 체포로 평가할 수 있을 뿐이다(대판 2005도7569).

  ㉢ **절차**
  - 체포영장을 받을 수 없는 때에는 그 사유를 알리고 영장없이 피의자를 체포할 수 있다(법 제200조의3 제1항).
  - 체포와 피의사실 등의 고지 : 검사 또는 사법경찰관은 피의자를 체포하는 경우에는 피의사실의 요지, 체포의 이유와 변호인을 선임할 수 있음을 말하고 변명할 기회를 주어야 한다(법 제200조의5).
  - 사법경찰관이 피의자를 체포한 경우에는 즉시 검사의 승인을 얻어야 한다(법 제200조의3 제2항).
  - 검사 또는 사법경찰관은 피의자를 체포한 경우에는 즉시 긴급체포서를 작성하여야 한다(법 제200조의3 제3항).
  ㉣ **긴급체포와 영장청구기간**(법 제200조의4) ★ 빈출개념
  - 검사 또는 사법경찰관이 피의자를 체포한 경우 피의자를 구속하고자 할 때에는 지체 없이 검사는 관할지방법원판사에게 구속영장을 청구하여야 하고, 사법경찰관은 검사에게 신청하여 검사의 청구로 관할지방법원판사에게 구속영장을 청구하여야 한다. 이 경우 구속영장은 피의자를 체포한 때부터 48시간 이내에 청구하여야 하며, 긴급체포서를 첨부하여야 한다.
  - 구속영장을 청구하지 아니하거나 발부받지 못한 때에는 피의자를 즉시 석방하여야 한다.
  - 재체포의 금지 : 석방된 자는 영장없이는 동일한 범죄사실에 관하여 체포하지 못한다.
  - 검사는 구속영장을 청구하지 아니하고 피의자를 석방한 경우에는 석방한 날부터 30일 이내에 서면으로 법원에 통지하여야 한다. 이 경우 긴급체포서의 사본을 첨부하여야 한다.

- 긴급체포 후 석방된 자 또는 그 변호인·법정대리인·배우자·직계친족·형제자매는 통지서 및 관련 서류를 열람하거나 등사할 수 있다.
- 사법경찰관은 긴급체포한 피의자에 대하여 구속영장을 신청하지 아니하고 석방한 경우에는 즉시 검사에게 보고하여야 한다.

③ 현행범체포
　㉠ 개념 : 범죄의 실행 중이거나 실행 직후인 경우와 같이 범죄사실이 명백한 경우 영장없이 누구나 체포할 수 있는 제도
　㉡ 요건
　　• 현행범인 : 범죄를 실행하고 있거나 실행하고 난 직후의 사람을 현행범인이라 한다(법 제211조 제1항).
　　• 준현행범인(법 제211조 제2항) : 범인으로 불리며 추적되고 있을 때, 장물이나 범죄에 사용되었다고 인정하기에 충분한 흉기나 그 밖의 물건을 소지하고 있을 때, 신체나 의복류에 증거가 될 만한 뚜렷한 흔적이 있을 때, 누구냐고 묻자 도망하려고 할 때
　　• 다액 50만 원 이하의 벌금, 구류 또는 과료에 해당하는 죄의 현행범인에 대하여는 범인의 주거가 분명하지 아니한 때에 한하여 현행범인의 규정을 적용한다(법 제214조).

> **관련 판례** 현행범체포의 요건
>
> 현행범인으로 체포하기 위하여는 행위의 가벌성, 범죄의 현행성·시간적 접착성, 범인·범죄의 명백성 이외에 체포의 필요성 즉, 도망 또는 증거인멸의 염려가 있어야 하고, 이러한 요건을 갖추지 못한 현행범인 체포는 법적 근거에 의하지 아니한 영장 없는 체포로서 위법한 체포에 해당한다. 여기서 현행범인 체포의 요건을 갖추었는지는 체포 당시 상황을 기초로 판단하여야 하고, 이에 관한 검사나 사법경찰관 등 수사주체의 판단에는 상당한 재량 여지가 있으나, 체포 당시 상황으로 보아도 요건 충족 여부에 관한 검사나 사법경찰관 등의 판단이 경험칙에 비추어 현저히 합리성을 잃은 경우에는 그 체포는 위법하다고 보아야 한다(대판 2011도3682).

　㉢ 절차
　　• 현행범인은 누구든지 영장없이 체포할 수 있다(법 제212조).
　　• 범행 중 또는 범행직후의 범죄 장소에서 긴급을 요하여 법원판사의 영장을 받을 수 없는 때에는 영장없이 압수, 수색 또는 검증을 할 수 있다(법 제216조 제3항).
　　• 현행범을 체포한 경우 피의자의 권리인 체포의 통지, 접견교통권, 변호인 선임의뢰권이 준용(準用)됨
　㉣ 체포 후의 절차
　　• 체포한 피의자를 구속하고자 할 때에는 체포한 때부터 48시간이내에 구속영장을 청구하여야 하고, 그 기간 내에 구속영장을 청구하지 아니하는 때에는 피의자를 즉시 석방하여야 한다(법 제200조의2 제5항).
　　• 체포 또는 구속된 피의자 또는 그 변호인, 법정대리인, 배우자, 직계친족, 형제자매나 가족, 동거인 또는 고용주는 관할법원에 체포 또는 구속의 적부심사를 청구할 수 있다(법 제214조의2 제1항).

SEMI-NOTE

현행범인의 체포
현행범인은 누구든지 영장없이 체포할 수 있다(법 제212조).

관련 판례
음주운전을 종료한 후 40분 이상이 경과한 시점에서 길가에 앉아 있던 운전자를 술냄새가 난다는 점만을 근거로 음주운전의 현행범으로 체포한 것은 적법한 공무집행으로 볼 수 없다고 한 사례(대판 2007도1249)

체포된 현행범인의 인도
- 검사 또는 사법경찰관리 아닌 자가 현행범인을 체포한 때에는 즉시 검사 또는 사법경찰관리에게 인도하여야 한다(법 제213조 제1항).
- 검사 또는 사법경찰관은 현행범인을 체포하는 경우에는 피의사실의 요지, 체포의 이유와 변호인을 선임할 수 있음을 말하고 변명할 기회를 주어야 한다(법 제213조의2).

(3) 구속

① 구속의 의의
  ㉠ 개념 : 형사절차를 관철하기 위하여 피의자 또는 피고인의 인신의 자유를 비교적 장시간 제한하는 강제처분
  ㉡ 구인과 구금
    • 구인 : 피고인 또는 피의자를 법원 기타 일정한 장소에 실력을 행사하여 24시간 동안 인치·억류함을 의미
    • 구금 : 피고인 등을 실력을 행사하여 교도소·구치소에 감금함을 의미

② 구속의 요건 ★ 빈출개념
  ㉠ 범죄혐의 : 피의자가 죄를 범하였다고 의심할 상당한 이유가 있어야 하는 것으로 범죄혐의는 유죄판결을 받을만한 고도의 개연성이 있어야 함
  ㉡ 구속사유 : 법원은 피고인이 죄를 범하였다고 의심할 만한 상당한 이유가 있고 다음에 해당하는 사유가 있는 경우에는 피고인을 구속할 수 있다(법 제70조 제1항).
    • 피고인이 일정한 주거가 없는 때
    • 피고인이 증거를 인멸할 염려가 있는 때
    • 피고인이 도망하거나 도망할 염려가 있는 때
  ㉢ 구속사유의 심사 : 법원은 구속사유를 심사함에 있어서 범죄의 중대성, 재범의 위험성, 피해자 및 중요 참고인 등에 대한 위해 우려 등을 고려하여야 한다(법 제70조 제2항).

③ 구속영장의 발부와 집행
  ㉠ 영장주의 : 피고인은 물론 피의자를 구속할 경우 반드시 구속영장이 있어야 하고 피고인구속의 주체는 수소법원이 됨
    • 피의자가 죄를 범하였다고 의심할 만한 상당한 이유가 있고 구속사유에 해당하는 사유가 있을 때에는 검사는 관할지방법원판사에게 청구하여 구속영장을 받아 피의자를 구속할 수 있고 사법경찰관은 검사에게 신청하여 검사의 청구로 관할지방법원판사의 구속영장을 받아 피의자를 구속할 수 있다(법 제201조 제1항).
    • 구속영장의 청구는 서면으로 하여야 한다(규칙 제93조 제1항).
  ㉡ 구속 전 피의자심문
    • 개념 : 구속영장을 청구를 받은 지방법원 판사가 구속의 사유를 판단하기 위하여 피의자를 직접 심문하여 구속영장 발부 여부를 결정하는 제도
    • 체포된 피의자에 대하여 구속영장을 청구받은 판사는 지체 없이 피의자를 심문하여야 한다(법 제201조의2 제1항).
    • 체포되지 않은 피의자에 대하여 구속영장을 청구받은 판사는 피의자가 죄를 범하였다고 의심할 만한 이유가 있는 경우에 구인을 위한 구속영장을 발부하여 피의자를 구인한 후 심문하여야 한다(법 제201조의2 제2항).
    • 심문할 피의자에게 변호인이 없는 때에는 지방법원판사는 직권으로 변호인을 선정하여야 한다(법 제201조의2 제8항).

SEMI-NOTE

구속의 정의
구속이라 함은 구인과 구금을 포함한다(법 제68조).

피의자구속과 피고인구속
• 피의자구속 : 수사절차에서 수사기관이 법관의 영장을 발부받아 하는 구속
• 피고인구속 : 공소를 제기 받은 수소법원이 피고인을 구속하는 것

비례의 원칙
다액 50만 원 이하의 벌금, 구류 또는 과료에 해당하는 사건에 관하여는 피고인이 일정한 주거가 없는 때를 제한 외에는 구속할 수 없다(법 제70조 제3항).

자료의 제출등
체포·구속적부심사를 청구할 수 있는 피의자 등은 체포영장 또는 구속영장의 청구를 받은 판사에게 유리한 자료를 제출할 수 있다(규칙 제96조 제3항).

영장실질심사
구속 전 피의자심문을 영장실질심사라 함

피의자의 심문절차
판사는 피의자가 심문기일에의 출석을 거부하거나 질병 그 밖의 사유로 출석이 현저하게 곤란하고, 피의자를 심문 법정에 인치할 수 없다고 인정되는 때에는 피의자의 출석 없이 심문절차를 진행할 수 있다(규칙 제96조의13 제1항).

- 피의자에 대한 심문절차는 공개하지 아니한다(규칙 제96조의14).
- 검사와 변호인은 심문기일에 출석하여 의견을 진술할 수 있다(법 제201조의2 제4항).
- 피의자심문을 하는 경우 법원이 구속영장청구서·수사 관계 서류 및 증거물을 접수한 날부터 구속영장을 발부하여 검찰청에 반환한 날까지의 기간은 그 구속기간에 이를 산입하지 아니한다(법 제201조의2 제7항).

ⓒ 구속영장의 발부
- 피고인에 대하여 범죄사실의 요지, 구속의 이유와 변호인을 선임할 수 있음을 말하고 변명할 기회를 준 후가 아니면 구속할 수 없다(법 제72조).
- 구속영장의 청구를 받은 지방법원판사는 상당하다고 인정할 때에는 구속영장을 발부한다(법 제201조 제4항).
- 구속영장에는 피고인의 성명, 주거, 죄명, 공소사실의 요지, 인치 구금할 장소, 발부 연월일, 그 유효기간과 그 기간을 경과하면 집행에 착수하지 못하며 영장을 반환하여야 할 취지를 기재하고 재판장 또는 수명법관이 서명날인하여야 한다(법 제75조 제1항).
- 구속영장의 유효기간은 7일로 한다. 다만, 법원 또는 법관이 상당하다고 인정하는 때에는 7일을 넘는 기간을 정할 수 있다(규칙 제178조).

관련 판례 구속영장의 효력과 고려할 부분

구속영장의 효력은 구속영장에 기재된 범죄사실 및 그 사실의 기초가 되는 사회적 사실관계가 기본적인 점에서 동일한 공소사실에 미친다고 할 것이고, 이러한 기본적 사실관계의 동일성을 판단함에 있어서는 그 사실의 동일성이 갖는 기능을 염두에 두고 피고인의 행위와 그 사회적인 사실관계를 기본으로 하되 규범적 요소도 아울러 고려하여야 한다(대결 2001모85).

ⓓ 구속영장의 집행
- 구속영장은 검사의 지휘에 의하여 사법경찰관리가 집행한다(법 제81조).
- 검사는 필요에 의하여 관할구역 외에서 구속영장의 집행을 지휘할 수 있고 또는 당해 관할구역의 검사에게 집행지휘를 촉탁할 수 있다(법 제83조 제1항).
- 구속영장을 집행함에는 피고인에게 반드시 이를 제시하여야 하며 신속히 지정된 법원 기타 장소에 인치하여야 한다(법 제85조 제1항).
- 검사 또는 사법경찰관은 피의자를 구속하는 경우에는 피의사실의 요지, 구속의 이유와 변호인을 선임할 수 있음을 말하고 변명할 기회를 주어야 한다(법 제200조의5).

관련 판례 영장주의에 반하는 구속영장집행

급속하게 연행하여야 할 필요가 없음에도 불구하고 피의사실 요지의 고지 및 구속영장 정본의 제시 없이 영장표지의 사본 제시만으로 강제연행한 것은 불법연행이고, 압수·수색영장없이 공항의 보안구역 내 피의자의 수하물을 임의로 개봉·수색한 행위는 비록 그것이 관세청 직원의 입회하에 이루어졌다 하더라도 영장주의에 반하는 위법한 행위이다(대판 96다40547).

ⓔ 집행 후 절차

SEMI-NOTE

관련 판례

헌법상 영장제도의 취지에 비추어 볼 때, 헌법 제12조 제3항은 헌법 제12조 제1항과 함께 이른바 적법절차의 원칙을 규정한 것으로서 범죄수사를 위하여 구속 등의 강제처분을 함에 있어서는 법관이 발부한 영장이 필요하다는 것과 수사기관 중 검사만 법관에게 영장을 신청할 수 있다는 데에 그 의의가 있고, 형사재판을 주재하는 법원이 피고인에 대하여 구속영장을 발부하는 경우에도 검사의 신청이 있어야 한다는 것이 그 규정의 취지라고 볼 수는 없다(대결 96모46).

구속의 효력

구속의 효력은 원칙적으로 구속영장에 기재된 범죄사실에만 미친다는 점, 재항고인과 함께 병합심리되고 있는 공동피고인이 상당수에 이를 뿐만 아니라 재항고인과 공동피고인들에 대한 공소사실이 방대하고 복잡하여 그 심리에 상당한 시일이 요구될 것으로 예상된다는 점 등에 비추어 보면, 구속기간이 만료될 무렵에 종전 구속영장에 기재된 범죄사실과는 다른 범죄사실로 재항고인을 구속하였다는 사정만으로는 재항고인에 대한 구속이 위법하다고 단정할 수는 없다고 한 사례(대결 96모46).

재구속의 제한

검사 또는 사법경찰관에 의하여 구속되었다가 석방된 자는 다른 중요한 증거를 발견한 경우를 제외하고는 동일한 범죄사실에 관하여 재차 구속하지 못한다(법 제208조 제1항).

- 구속의 통지 : 피고인을 구속한 때에는 변호인이 있는 경우에는 변호인에게, 변호인이 없는 경우에는 피고인이 지정한 자에게 피고사건명, 구속일시·장소, 범죄사실의 요지, 구속의 이유와 변호인을 선임할 수 있는 취지를 알려야 한다(법 제87조 제1항).
- 구속된 피의자는 접견교통권, 변호인선임의뢰권, 구속적부심사청구권을 행사할 수 있다.
- 구속의 취소 : 구속의 사유가 없거나 소멸된 때에는 법원은 직권 또는 검사, 피고인, 변호인과 변호인선임권자의 청구에 의하여 결정으로 구속을 취소하여야 한다(법 제93조).
- 영장발부와 법원에 대한 통지 : 체포영장 또는 구속영장의 발부를 받은 후 피의자를 체포 또는 구속하지 아니하거나 체포 또는 구속한 피의자를 석방한 때에는 지체없이 검사는 영장을 발부한 법원에 그 사유를 서면으로 통지하여야 한다(법 제204조).

| 관련 판례 | 석방 후 재구속의 위법여부 |

형사소송법 제200조의4 제3항은 영장없이는 긴급체포 후 석방된 피의자를 동일한 범죄사실에 관하여 체포하지 못한다는 규정으로, 위와 같이 석방된 피의자라도 법원으로부터 구속영장을 발부받아 구속할 수 있음은 물론이고, 같은 법 제208조 소정의 '구속되었다가 석방된 자'라 함은 구속영장에 의하여 구속되었다가 석방된 경우를 말하는 것이지, 긴급체포나 현행범으로 체포되었다가 사후영장발부 전에 석방된 경우는 포함되지 않는다 할 것이므로, 피고인이 수사 당시 긴급체포되었다가 수사기관의 조치로 석방된 후 법원이 발부한 구속영장에 의하여 구속이 이루어진 경우 앞서 본 법조에 위배되는 위법한 구속이라고 볼 수 없다(대판 2001도4291).

④ 구속기간
　㉠ 구속기간의 계산
　　• 시효(時效)와 구속기간의 초일은 시간을 계산하지 아니하고 1일로 산정한다(법 제66조 제1항 단서).
　　• 기간의 말일이 공휴일이거나 토요일이면 그날은 기간에 산입하지 아니한다. 다만, 시효와 구속기간에 관하여는 예외로 한다(법 제66조 제3항).
　㉡ 피의자의 구속기간
　　• 피의자가 체포 또는 구인된 경우에 구속기간은 피의자를 체포 또는 구인한 날부터 기산한다(법 제203조의2).
　　• 사법경찰관의 구속기간 : 사법경찰관이 피의자를 구속한 때에는 10일 이내에 피의자를 검사에게 인치하지 아니하면 석방하여야 한다(법 제202조).
　　• 검사의 구속기간 : 검사가 피의자를 구속한 때 또는 사법경찰관으로부터 피의자의 인치를 받은 때에는 10일 이내에 공소를 제기하지 아니하면 석방하여야 한다(법 제203조).
　　• 국가보안법은 사법경찰관에게 1회, 검사에게 2회 연장할 수 있어 최대 구속기간은 50일이 됨
　　• 구속기간에서 제외되는 기간
　　　– 피의자심문을 하는 경우 법원이 구속영장청구서·수사 관계 서류 및 증

사후영장(事後令狀)
이미 신병이 확보된 피의자에 대한 영장으로, 피의자를 체포한 때부터 48시간 이내에 청구해야 함

형사소송법상 기간 계산
기간의 계산에 관하여는 시(時)로 계산하는 것은 즉시(卽時)부터 기산하고 일(日), 월(月) 또는 연(年)으로 계산하는 것은 초일을 산입하지 아니한다(법 제66조 제1항).

구속기간 연장과 최장기간
지방법원판사는 검사의 신청에 의하여 수사를 계속함에 상당한 이유가 있다고 인정한 때에는 10일을 초과하지 아니하는 한도에서 구속기간의 연장을 1차에 한하여 허가할 수 있다. 따라서 형사소송법상 수사기관 구속기간의 최장기간은 30일이다.

피고인의 최장 구속기간
피고인에 대한 최장 구속기간은 18개월이다.

거물을 접수한 날부터 구속영장을 발부하여 검찰청에 반환한 날까지의 기간은 그 구속기간에 이를 산입하지 아니한다(법 제201조의2 제7항).
- 법원이 수사 관계 서류와 증거물을 접수한 때부터 결정 후 검찰청에 반환된 때까지의 기간은 그 구속기간에 산입하지 아니한다(법 제214조의2 제13항).
- 피의자 감정유치기간, 피의자가 도망간 기간, 구속집행정지기간

ⓒ 피고인의 구속기간
- 공소제기일을 기준으로 계산
- 구속기간은 2개월로 한다(법 제92조 제1항).
- 구속을 계속할 필요가 있는 경우에는 심급마다 2개월 단위로 2차에 한하여 결정으로 갱신할 수 있다. 다만, 상소심은 피고인 또는 변호인이 신청한 증거의 조사, 상소이유를 보충하는 서면의 제출 등으로 추가 심리가 필요한 부득이한 경우에는 3차에 한하여 갱신할 수 있다(법 제92조 제2항).

⑤ 상소와 구속에 관한 결정
ⓙ 상소와 구속에 관한 결정 : 상소기간 중 또는 상소 중의 사건에 관하여 구속기간의 갱신, 구속의 취소, 보석, 구속의 집행정지와 그 정지의 취소에 대한 결정은 소송기록이 원심법원에 있는 때에는 원심법원이 하여야 한다(법 제105조).
ⓛ 상소 등과 구속에 관한 결정(규칙 제57조)
- 상소기간 중 또는 상소 중의 사건에 관한 피고인의 구속, 구속기간갱신, 구속취소, 보석, 보석의 취소, 구속집행정지와 그 정지의 취소의 결정은 소송기록이 상소법원에 도달하기까지는 원심법원이 이를 하여야 한다.
- 이송, 파기환송 또는 파기이송 중의 사건에 관한 결정은 소송기록이 이송 또는 환송법원에 도달하기까지는 이송 또는 환송한 법원이 이를 하여야 한다.

(4) 감정유치(鑑定留置)

① 의의 : 피고인의 정신 또는 신체를 감정하기 위해 법원이 일정 기간을 정하여 병원 등에 피고인을 유치해 학식·경험 있는 자에게 감정을 명하는 강제처분
② 절차
ⓙ 감정의 위촉과 감정유치의 청구(법 제221조의3)
- 검사는 감정을 위촉하는 경우에 유치처분이 필요할 때에는 판사에게 이를 청구하여야 한다.
- 판사는 청구가 상당하다고 인정할 때에는 유치처분을 하여야 한다.
ⓛ 피고인의 감정유치(법 제172조)
- 피고인의 정신 또는 신체에 관한 감정에 필요한 때에는 법원은 기간을 정하여 병원 기타 적당한 장소에 피고인을 유치하게 할 수 있고 감정이 완료되면 즉시 유치를 해제하여야 한다.
- 법원은 유치를 함에는 감정유치장을 발부하여야 한다.

(5) 피의자 및 피고인의 접견교통권

① 접견교통권의 의의

SEMI-NOTE

구속기간에서 제외되는 기간
- 보석기간
- 기피신청에 의한 소송 진행의 정지 기간
- 심신상실, 질병 등으로 인한 공판절차 정지 기간
- 피고인의 감정유치기간
- 피고인이 도망간 기간
- 구속집행정지기간

감정유치와 구속(법 제172조의2)
- 구속 중인 피고인에 대하여 감정유치장이 집행되었을 때에는 피고인이 유치되어 있는 기간 구속은 그 집행이 정지된 것으로 간주한다.
- 유치처분이 취소되거나 유치기간이 만료된 때에는 구속의 집행정지가 취소된 것으로 간주한다.

| SEMI-NOTE |

관련 판례

변호인의 접견교통권은 피의자 등이 변호인의 조력을 받을 권리를 실현하기 위한 것으로서, 피의자 등이 헌법 제12조 제4항에서 보장한 기본권의 의미와 범위를 정확히 이해하면서도 이성적 판단에 따라 자발적으로 그 권리를 포기한 경우까지 피의자 등의 의사에 반하여 변호인의 접견이 강제될 수 있는 것은 아니다(대판 2016다266736).

미결수용자(未決收容者)

법적 판결이 나지 않은 상태로 구금된 피의자로, 아직 형이 확정되지 않은 수감자

관련 판례

변호인의 접견교통의 상대방인 신체구속을 당한 사람이 그 변호인을 자신의 범죄행위에 공범으로 가담시키려고 하였다는 등의 사정만으로 그 변호인의 신체구속을 당한 사람과의 접견교통을 금지하는 것이 정당화될 수는 없다(대결 2006모656).

접견교통권 침해에 대한 구제

- **침해** : 법원 또는 수사기관이 변호인과의 접견을 즉시, 자유롭게 해주지 않는 것
- **침해의 유형** : 접견의 금지·지연·지연, 접견내용의 청취 및 녹취, 구금 장소의 임의적 변경 등
- **구제수단** : 항고와 준항고, 접견교통권을 침해하여 얻은 자백 또는 진술의 자백배제법칙 또는 위법수집증거배제법칙 등

㉠ 의의 : 체포 또는 구속된 피의자나 피고인이 변호인·가족·친지 등 타인과 접견하고 서류 또는 물건을 수수하며, 의사의 진료를 받을 수 있는 권리
㉡ 취지 : 접견교통권은 신체구속을 당한 피고인 또는 피의자의 인권보장과 방어준비를 위하여 필수불가결한 권리이므로, 법원의 결정이나 수사기관의 처분 등에 의하여 이를 제한할 수 없고 <u>접견교통권을 침해한 가운데 수집된 피고인·피의자의 자백이나 진술·증거물은 위법수집증거로서 증거능력이 인정되지 않음</u>

관련 판례 접견교통권의 제한여부

접견교통권은 피고인 또는 피의자나 피내사자의 인권보장과 방어준비를 위하여 필수불가결한 권리이므로 법령에 의한 제한이 없는 한 수사기관의 처분은 물론 법원의 결정으로도 이를 제한할 수 없다(대결 96모18).

② **접견교통권의 내용**
㉠ 누구든지 체포·구속을 당한 때에는 즉시 변호인의 조력을 받을 권리를 가진다(헌법 제12조 제4항).
㉡ 변호인이나 변호인이 되려는 자는 신체가 구속된 피고인 또는 피의자와 접견하고 서류나 물건을 수수(授受)할 수 있으며 의사로 하여금 피고인이나 피의자를 진료하게 할 수 있다(법 제34조).
㉢ 접견교통권은 피고인 또는 피의자나 피내사자의 인권보장과 방어준비를 위하여 필수불가결한 권리이므로 법령에 의한 제한이 없는 한 수사기관의 처분은 물론 법원의 결정으로도 이를 제한할 수 없다(대결 96모18).
㉣ 미결수용자와 변호인 간의 접견은 시간과 횟수를 제한하지 아니한다(형의 집행 및 수용자의 처우에 관한 법률 제84조 제2항).
㉤ <u>미결수용자와 변호인과의 접견에는 교도관이 참여하지 못하며 그 내용을 청취 또는 녹취하지 못한다</u>(형의 집행 및 수용자의 처우에 관한 법률 제84조 제1항).

관련 판례 피고인·피의자의 인권보장

변호인의 조력을 받을 권리를 규정하고 있는 헌법 제12조 제4항 전문, 절차상 또는 시기상의 아무런 제약 없이 변호인의 피고인 또는 피의자와의 접견교통권을 보장하고 있는 형사소송법 제34조, 구속 피고인 또는 피의자에 대한 변호인의 접견교통권을 규정한 같은 법 제89조, 제90조, 제91조 등의 규정에 의하면 변호인의 접견교통권은 신체구속을 당한 피고인이나 피의자의 인권보장과 방어준비를 위하여 필수불가결한 권리로서 법령에 의한 제한이 없는 한 수사기관의 처분은 물론 법원의 결정으로도 이를 제한할 수 없다(대결 91모24).

㉥ **비변호인과의 접견교통권**
- 구속된 피고인은 관련 법률이 정한 범위에서 타인과 접견하고 서류나 물건을 수수하며 의사의 진료를 받을 수 있다(법 제89조).
- 법원은 도망하거나 범죄의 증거를 인멸할 염려가 있다고 인정할 만한 상당한 이유가 있는 때에는 직권 또는 검사의 청구에 의하여 결정으로 <u>구속된</u>

피고인과 타인과의 접견을 금지할 수 있고, 서류나 그 밖의 물건을 수수하지 못하게 하거나 검열 또는 압수할 수 있다. 다만, 의류·양식·의료품은 수수를 금지하거나 압수할 수 없다(법 제91조).

> **관련 판례** 접견신청일과 접견의 부당한 제한
>
> 접견신청일이 경과하도록 접견이 이루어지지 아니한 것은 실질적으로 접견불허가처분이 있는 것과 동일시된다고 할 것이다(대결 91모24).

> **관련 판례** 접견 제한과 조서의 부당 작성
>
> 검사 작성의 피의자신문조서가 검사에 의하여 피의자에 대한 변호인의 접견이 부당하게 제한되고 있는 동안에 작성된 경우에는 증거능력이 없다(대판 90도1285).

(6) 체포·구속적부심사제도

① 체포·구속적부심사제도의 의의
  ㉠ 의의 : 수사기관에 의하여 체포·구속된 피의자에 대하여 법원이 체포·구속의 적부 여부를 심사하여 체포 또는 구속이 부적법하거나 부당한 경우에 피의자를 석방하는 제도
  ㉡ 보석, 구속취소와 구별
   • 보석과 구별 : 체포·구속적부심사제도는 수사단계에서 체포·구속된 피의자에 대하여 법원이 체포·구속의 적부 여부를 심사하여 체포 또는 구속이 부적법하거나 부당한 경우에 피의자를 석방하는 제도이고, 보석은 보증금의 조건으로 법원의 결정으로 피고인에 대하여 구속의 집행을 정지하는 제도
   • 구속취소와 구별 : 구속취소는 검사의 결정으로 피의자를 석방시키는 제도이고, 체포·구속적부심사제도는 법원의 결정으로 피고인에 대하여 구속의 집행을 정지하는 제도

② 체포·구속적부심사 청구
  ㉠ 청구사유 : 체포·구속이 불법한 경우와 부당한 경우도 청구 가능
  ㉡ 청구의 방법 : 청구는 서면으로 하고 체포·구속적부심사청구서에는 다음의 사항을 기재하여야 한다(규칙 제102조).
   • 체포 또는 구속된 피의자의 성명, 주민등록번호 등, 주거
   • 체포 또는 구속된 일자
   • 청구의 취지 및 청구의 이유
   • 청구인의 성명 및 체포 또는 구속된 피의자와의 관계

③ 법원의 심사
  ㉠ 체포영장이나 구속영장을 발부한 법관은 심문·조사·결정에 관여할 수 없다. 다만, 체포영장이나 구속영장을 발부한 법관 외에는 심문·조사·결정을 할 판사가 없는 경우에는 그러하지 아니하다(법 제214조의2 제12항).

SEMI-NOTE

접견교통권의 침해
변호인이 피의자를 접견할 때 국가정보원 직원이 승낙 없이 사진촬영을 한 것은 접견교통권 침해에 해당한다고 한 사례(대판 2002다56628)

청구권자
체포되거나 구속된 피의자 또는 그 변호인, 법정대리인, 배우자, 직계친족, 형제자매나 가족, 동거인 또는 고용주는 관할법원에 체포 또는 구속의 적부심사를 청구할 수 있다(법 제214조의2 제1항).

심사의 관할법원
관할법원은 체포·구속된 피의자를 수사하는 검사 소속의 검찰청에 대응하는 지방법원

SEMI-NOTE

ⓛ 기각결정 : 법원은 청구가 다음의 어느 하나에 해당하는 때에는 심문 없이 결정으로 청구를 기각할 수 있다(법 제214조의2 제3항).
- 청구권자 아닌 사람이 청구하거나 동일한 체포영장 또는 구속영장의 발부에 대하여 재청구한 때
- 공범이나 공동피의자의 순차청구(順次請求)가 수사 방해를 목적으로 하고 있음이 명백한 때

ⓒ 법원의 심문
- 청구를 받은 법원은 청구서가 접수된 때부터 48시간 이내에 체포되거나 구속된 피의자를 심문하고 수사 관계 서류와 증거물을 조사하여 그 청구가 이유 없다고 인정한 경우에는 결정으로 기각하고, 이유 있다고 인정한 경우에는 결정으로 체포되거나 구속된 피의자의 석방을 명하여야 한다(법 제214조의2 제4항).
- 검사·변호인·청구인은 심문기일에 출석하여 의견을 진술할 수 있다(법 제214조의2 제9항).

④ 법원의 결정 ★ 빈출개념
 ㉠ 법원은 청구가 이유 없다고 인정한 경우에는 결정으로 기각할 수 있고(법 제214조의2 제4항), 결정에는 항고할 수 없다(법 제214조의2 제8항).
 ㉡ 법원은 청구가 이유 있다고 인정한 경우에는 결정으로 체포되거나 구속된 피의자의 석방을 명하여야 한다(법 제214조의2 제4항).
 ㉢ 보증금납입조건부 피의자석방결정
 - 법원은 구속된 피의자에 대하여 피의자의 출석을 보증할 만한 보증금의 납입을 조건으로 하여 결정으로 제4항의 석방을 명할 수 있다(법 제214조의2 제5항).
 - 불허가사유(법 제214조의2 제5항 단서)
  – 범죄의 증거를 인멸할 염려가 있다고 믿을 만한 충분한 이유가 있는 때
  – 피해자, 당해 사건의 재판에 필요한 사실을 알고 있다고 인정되는 사람 또는 그 친족의 생명·신체나 재산에 해를 가하거나 가할 염려가 있다고 믿을 만한 충분한 이유가 있는 때

관련 판례 보증금을 납입한 석방의 불허가사유

형사소송법은 수사단계에서의 체포와 구속을 명백히 구별하고 있고 이에 따라 체포와 구속의 적부심사를 규정한 같은 법 제214조의2에서 체포와 구속을 서로 구별되는 개념으로 사용하고 있는바, 같은 조 제4항에 기소 전 보증금 납입을 조건으로 한 석방의 대상자가 '구속된 피의자'라고 명시되어 있고, 같은 법 제214조의3 제2항의 취지를 체포된 피의자에 대하여도 보증금 납입을 조건으로 한 석방이 허용되어야 한다는 근거로 보기는 어렵다 할 것이어서 현행법상 체포된 피의자에 대하여는 보증금 납입을 조건으로 한 석방이 허용되지 않는다(대결 97모21).

- 석방된 피의자에게 동일한 범죄사실로 재차 체포하거나 구속할 수 없다(법 제214조의3 제2항).
- 보증금의 몰수(법 제214조의4)

법원결정의 기한
체포 또는 구속의 적부심사청구에 대한 결정은 체포 또는 구속된 피의자에 대한 심문이 종료된 때로부터 24시간 이내에 이를 하여야 한다(규칙 제106조).

재체포 및 재구속의 제한
체포 또는 구속 적부심사결정에 의하여 석방된 피의자가 도망하거나 범죄의 증거를 인멸하는 경우를 제외하고는 동일한 범죄사실로 재차 체포하거나 구속할 수 없다(법 제214조의3 제1항).

석방조건의 부가
석방 결정을 하는 경우에는 주거의 제한, 법원 또는 검사가 지정하는 일시·장소에 출석할 의무, 그 밖의 적당한 조건을 부가할 수 있다(법 제214조의2 제6항).

재체포·재구속 사유
- 도망한 때
- 도망하거나 범죄의 증거를 인멸할 염려가 있다고 믿을 만한 충분한 이유가 있는 때
- 출석요구를 받고 정당한 이유없이 출석하지 아니한 때
- 주거의 제한이나 그 밖에 법원이 정한 조건을 위반한 때

- 법원은 직권 또는 검사의 청구에 의하여 결정으로 납입된 보증금의 전부 또는 일부를 몰수할 수 있다.
- 법원은 석방된 자가 동일한 범죄사실에 관하여 형의 선고를 받고 그 판결이 확정된 후, 집행하기 위한 소환을 받고 정당한 이유없이 출석하지 아니하거나 도망한 때에는 직권 또는 검사의 청구에 의하여 결정으로 보증금의 전부 또는 일부를 몰수하여야 한다.

(7) 보석(保釋)

① 보석의 의의 : 법원의 결정으로 피고인의 구속을 조건부로 잠정 정지시키는 제도
② 필요적 보석(법 제95조)
  ㉠ 의의 : 보석의 청구가 있는 때에는 보석을 허가하여야 한다.
  ㉡ 필요적 보석의 예외사유(법 제95조 단서)
    • 피고인이 사형, 무기 또는 장기 10년이 넘는 징역이나 금고에 해당하는 죄를 범한 때
    • 피고인이 누범에 해당하거나 상습범인 죄를 범한 때
    • 피고인이 죄증을 인멸하거나 인멸할 염려가 있다고 믿을 만한 충분한 이유가 있는 때
    • 피고인이 도망하거나 도망할 염려가 있다고 믿을 만한 충분한 이유가 있는 때
    • 피고인의 주거가 분명하지 아니한 때
    • 피고인이 피해자, 당해 사건의 재판에 필요한 사실을 알고 있다고 인정되는 자 또는 그 친족의 생명·신체나 재산에 해를 가하거나 가할 염려가 있다고 믿을만한 충분한 이유가 있는 때
③ 보석절차
  ㉠ 보석의 청구 : 피고인, 피고인의 변호인·법정대리인·배우자·직계친족·형제자매·가족·동거인 또는 고용주는 법원에 구속된 피고인의 보석을 청구할 수 있다(법 제94조). 보석의 청구는 보석청구서에 필요한 사항을 기재하여야 한다(규칙 제53조).
  ㉡ 검사의 의견청취 : 재판장은 보석에 관한 결정을 하기 전에 검사의 의견을 물어야 한다(법 제97조 제1항).
  ㉢ 보석의 심리 : 보석의 청구를 받은 법원은 지체없이 심문기일을 정하여 구속된 피고인을 심문하여야 한다(규칙 제54조의2 제1항).
  ㉣ 보석 등의 결정기한 : 법원은 특별한 사정이 없는 한 보석 또는 구속취소의 청구를 받은 날부터 7일 이내에 그에 관한 결정을 하여야 한다(규칙 제55조).
    • 불허가 결정의 이유 : 보석을 허가하지 아니하는 결정을 하는 때에는 결정이유에 보석의 예외사유에 해당하는지를 명시하여야 한다(규칙 제55조의2).
    • 보석의 조건 : 법원은 보석을 허가하는 경우에는 필요하고 상당한 범위 안에서 다음의 조건 중 하나 이상의 조건을 정하여야 한다(법 제98조).
      - 법원이 지정하는 일시·장소에 출석하고 증거를 인멸하지 아니하겠다는 서약서를 제출할 것
      - 법원이 정하는 보증금에 해당하는 금액을 납입할 것을 약속하는 약정서

SEMI-NOTE

보석의 분류
보석에는 필요적 보석과 임의적 보석이 있으며 필요적 보석은 피고인의 권리이고, 임의적 보석은 법원의 직권·재량 보석임

임의적 보석
법원은 상당한 이유가 있는 때에는 직권 또는 보석청구권자의 청구에 의하여 결정으로 보석을 허가할 수 있다(법 제96조).

보석조건의 결정 시 고려사항(법 제99조 제1항)
• 범죄의 성질 및 죄상(罪狀)
• 증거의 증명력
• 피고인의 전과(前科)·성격·환경 및 자산
• 피해자에 대한 배상 등 범행 후의 정황에 관련된 사항

보석조건의 변경
법원은 직권 또는 보석청구권자의 신청에 따라 결정으로 피고인의 보석조건을 변경하거나 일정기간 동안 당해 조건의 이행을 유예할 수 있다(법 제102조 제1항).

보석조건의 효력상실 등
구속영장의 효력이 소멸한 때에는 보석조건은 즉시 그 효력을 상실한다(법 제104조의2 제1항).

를 제출할 것
- 법원이 지정하는 장소로 주거를 제한하고 주거를 변경할 필요가 있는 경우에는 법원의 허가를 받는 등 도주를 방지하기 위하여 행하는 조치를 받아들일 것
- 피해자, 당해 사건의 재판에 필요한 사실을 알고 있다고 인정되는 사람 또는 그 친족의 생명·신체·재산에 해를 가하는 행위를 하지 아니하고 주거·직장 등 그 주변에 접근하지 아니할 것
- 피고인 아닌 자가 작성한 출석보증서를 제출할 것
- 법원의 허가 없이 외국으로 출국하지 아니할 것을 서약할 것
- 법원이 지정하는 방법으로 피해자의 권리 회복에 필요한 금전을 공탁하거나 그에 상당하는 담보를 제공할 것
- 피고인이나 법원이 지정하는 자가 보증금을 납입하거나 담보를 제공할 것
- 그 밖에 피고인의 출석을 보증하기 위하여 법원이 정하는 적당한 조건을 이행할 것

ⓓ 보석의 집행(법 제100조)
- 본인서약서, 본인 보증금 약정서, 제3자 출석보증서, 피해액 공탁조건, 보증금 또는 담보제공의 조건은 이를 이행한 후가 아니면 보석허가결정을 집행하지 못하며, 법원은 필요하다고 인정하는 때에는 다른 조건에 관하여도 그 이행 이후 보석허가결정을 집행하도록 정할 수 있다.
- 법원은 보석청구자 이외의 자에게 보증금의 납입을 허가할 수 있다.
- 법원은 유가증권 또는 피고인 외의 자가 제출한 보증서로써 보증금에 갈음함을 허가할 수 있다.
- 보증서에는 보증금액을 언제든지 납입할 것을 기재하여야 한다.
- 법원은 보석허가결정에 따라 석방된 피고인이 보석조건을 준수하는데 필요한 범위 안에서 관공서나 그 밖의 공사단체에 대하여 적절한 조치를 취할 것을 요구할 수 있다.

④ 조건위반에 대한 제재와 보석의 취소
ⓐ 조건위반에 대한 제재
- 출석보증인에 대한 과태료 : 법원은 제3자의 출석보증의 조건을 정한 보석허가결정에 따라 석방된 피고인이 정당한 사유 없이 기일에 불출석하는 경우에는 결정으로 그 출석보증인에 대하여 500만원 이하의 과태료를 부과할 수 있다(법 제100조의2).
- 법원은 피고인이 정당한 사유 없이 보석조건을 위반한 경우에는 결정으로 피고인에 대하여 1천만원 이하의 과태료를 부과하거나 20일 이내의 감치에 처할 수 있다(법 제102조 제3항).

ⓑ 보석의 취소 ★ 빈출개념
- 취소사유 : 도망한 때, 도망하거나 죄증을 인멸할 염려가 있다고 믿을 만한 충분한 이유가 있는 때, 소환을 받고 정당한 사유 없이 출석하지 아니한 때, 피해자, 당해 사건의 재판에 필요한 사실을 알고 있다고 인정되는 자

유가증권(有價證券)
사법상 재산권을 표시한 증서로, 화폐, 어음, 수표 등이 이에 해당됨

감치(監置)
법정의 질서를 문란하게 하는 사람을 경찰서, 유치장·교도소 또는 구치소에 유치하는 것

보석의 실효
보석은 보석의 취소, 구속영장의 실효에 의하여 실효됨

또는 그 친족의 생명 · 신체 · 재산에 해를 가하거나 가할 염려가 있다고 믿을 만한 충분한 이유가 있는 때, 법원이 정한 조건을 위반한 때(법 제102조 제2항)
- 보석 등의 취소에 의한 재구금절차 : 보석취소의 결정이 있는 때 또는 기간을 정한 구속집행정지결정의 기간이 만료된 때에는 검사는 그 취소결정의 등본 또는 기간을 정한 구속집행정지결정의 등본에 의하여 피고인을 재구금하여야 한다(규칙 제56조).
ⓒ 보증금 등의 몰취와 환부
- 보증금 등의 몰취(법 제103조)
  - 법원은 보석을 취소하는 때에는 직권 또는 검사의 청구에 따라 결정으로 보증금 또는 담보의 전부 또는 일부를 몰취할 수 있다.
  - 법원은 보증금의 납입 또는 담보제공을 조건으로 석방된 피고인이 동일한 범죄사실에 관하여 형의 선고를 받고 그 판결이 확정된 후 집행하기 위한 소환을 받고 정당한 사유 없이 출석하지 아니하거나 도망한 때에는 직권 또는 검사의 청구에 따라 결정으로 보증금 또는 담보의 전부 또는 일부를 몰취하여야 한다.
- 보증금 등의 환부 : 구속 또는 보석을 취소하거나 구속영장의 효력이 소멸된 때에는 몰취하지 아니한 보증금 또는 담보를 청구한 날로부터 7일 이내에 환부하여야 한다(법 제104조).

(8) 구속의 집행정지, 취소, 실효
① 구속의 집행정지
  ㉠ 의의 : 법원은 상당한 이유가 있는 때에는 결정으로 구속된 피고인을 친족 · 보호단체 기타 적당한 자에게 부탁하거나 피고인의 주거를 제한하여 구속의 집행을 정지할 수 있다(법 제101조 제1항).
  ㉡ 절차
    - 법원이 직권으로 행하며 급속을 요하는 경우를 제외하고는 검사의 의견을 물어야 한다(법 제101조 제2항).
    - 구속된 국회의원에 대한 석방요구가 있으면 당연히 구속영장의 집행이 정지된다(법 제101조 제4항).
  ㉢ 피고인에 대한 구속집행정지의 취소사유(법 제102조 제2항 단서)
    - 도망한 때
    - 도망하거나 죄증을 인멸할 염려가 있다고 믿을 만한 충분한 이유가 있는 때
    - 소환을 받고 정당한 사유 없이 출석하지 아니한 때
    - 피해자, 당해 사건의 재판에 필요한 사실을 알고 있다고 인정되는 자 또는 그 친족의 생명 · 신체 · 재산에 해를 가하거나 가할 염려가 있다고 믿을 만한 충분한 이유가 있는 때
    - 법원이 정한 조건을 위반한 때
② 구속의 취소
  ㉠ 구속의 취소 : 구속의 사유가 없거나 소멸된 때에는 법원은 직권 또는 검사,

SEMI-NOTE

보석조건의 변경 · 취소
보석조건의 변경이나 취소에 관하여 즉시 항고할 수 있음

관련 판례
보석보증금을 몰수하려면 반드시 보석취소와 동시에 하여야만 가능한 것이 아니라 보석취소 후에 별도로 보증금몰수결정을 할 수도 있다 (대결 2000모22).

몰취(沒取)
행정기관 또는 법원의 처분으로 일정한 물건의 소유권을 박탈하여 국가에 귀속시키는 결정

결정(決定)
법원이 행하는 판결, 명령 이외의 재판

피의자에 대한 집행정지
피의자에 대한 집행정지는 검사 또는 사법경찰관이 행함

피의자에 대한 구속집행정지의 취소
검사 또는 사법경찰관은 피의자이 ⓒ의 어느 하나에 해당하는 경우에는 구속의 집행정지를 취소할 수 있다(법 제102조 제2항, 제209조).

구속취소와 영장의 효력
구속의 취소로 인하여 구속영장은 실효됨

SEMI-NOTE

구속취소의 절차
- 피고인에 대한 구속의 취소 : 구속의 사유가 없거나 소멸된 때에는 법원은 직권 또는 검사, 피고인, 변호인과 변호인선임권자의 청구에 의하여 결정으로 구속을 취소하여야 한다(법 제93조).
- 피의자에 대한 구속의 취소 : 검사 또는 사법경찰관은 구속의 사유가 없거나 소멸된 때에는 직권으로 구속을 취소하여야 한다(법 제93조, 제209조).

대물적(對物的) 강제처분
증거물이나 몰수물의 수집과 보전을 목적으로 하는 강제처분으로 압수와 수색, 검증이 여기에 해당한다.

피고인, 변호인과 변호인선임권자의 청구에 의하여 결정으로 구속을 취소하여야 한다(법 제93조).
　ⓒ 구속취소의 사유 : 구속의 사유가 없거나 소멸된 경우

> **관련 판례** 구속을 계속해야 할 사유
>
> 피고인의 상고가 기각되더라도 제1심과 항소심판결 선고 전 구금일수만으로도 구속을 필요로 하는 본형 형기를 초과할 것이 명백하다면 피고인이 현재 집행유예 기간 중에 있더라도 이것이 피고인의 구속을 계속하여야 할 사유가 된다고 할 수 없어 피고인을 구속할 사유는 소멸되었다고 할 것이므로 피고인에 대한 구속은 취소해야 한다(대결 91모25).

③ 구속의 실효
　㉠ 구속의 실효에는 구소의 취소와 구속의 당연실효가 있음
　㉡ 구속의 당연실효
　　• 구속기간의 만료 : 구속영장은 구속기간이 만료되면 당연히 실효됨
　　• 무죄 등 선고와 구속영장의 효력 : 무죄, 면소, 형의 면제, 형의 선고유예, 형의 집행유예, 공소기각 또는 벌금이나 과료를 과하는 판결이 선고된 때에는 구속영장은 효력을 잃는다(법 제331조).
　　• 사형, 자유형의 신고로 형이 확정되면 구속영장의 효력은 상실

3. 압수와 수색 및 검증

(1) 압수와 수색 ★빈출개념

한눈에 쏙~

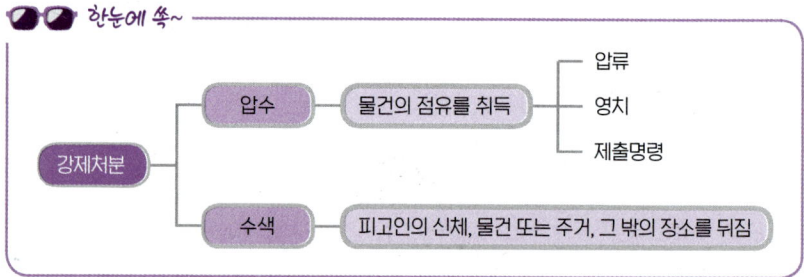

① 압수와 수색의 의의
　㉠ 압수 : 증거물이나 몰수할 물건으로 인정되는 물건의 점유를 취득하는 강제처분. 압수의 종류에는 압류, 영치, 제출명령 등이 있음
　　• 압류 : 물리적 강제력을 사용하여 유체물의 점유를 점유자 또는 소유자의 의사에 반하여 수사기관 또는 법원에 이전하는 강제처분
　　• 영치 : 피의자·소유자·보관자 또는 기타 사람이 임의로 제출하거나 유류한 물건을 영장없이 압수하는 강제처분
　　• 제출명령 : 법원이 압수할 물건을 지정하여 소유자, 소지자 또는 보관자에게 제출을 명령하는 강제처분
　㉡ 수색 : 피고사건과 관계가 있다고 인정할 수 있는 것에 한정하여 피고인의 신

체, 물건 또는 주거, 그 밖의 장소를 뒤지는 강제처분
② 압수와 수색의 대상
　㉠ 압수의 대상 : 증거물 또는 몰수할 것으로 사료하는 물건으로 <u>점유가 가능한 유체물</u>과 피고사건과 관계가 있다고 인정할 수 있는 것에 한정하여 우체물 또는 전기통신에 관한 것으로서 <u>체신관서, 그 밖의 관련 기관 등이 소지 또는 보관하는 물건</u>
　㉡ 수색의 대상
　　• 피고사건과 관계가 있다고 인정할 수 있는 것에 한정하여 <u>피고인의 신체, 물건 또는 주거, 그 밖의 장소</u>
　　• 피고인 아닌 자의 신체, 물건, 주거 기타 장소에 관하여는 압수할 물건
③ 압수와 수색의 필요성과 사건의 관계 ★빈출개념
　㉠ 범죄혐의의 정황 : 수사기관이 범죄수사에 필요한 때에는 피의자가 죄를 범하였다고 의심할 만한 정황이 있고 해당 사건과 관계가 있다고 인정할 수 있는 것에 한정(법 제215조 제1항)
　㉡ 법원의 압수 및 수색 : 법원은 필요한 때에는 피고사건과 관계가 있다고 인정할 수 있는 것에 한정하여 증거물 또는 몰수할 것으로 사료하는 물건을 압수하거나(법 제106조 제1항), 피고사건과 관계가 있다고 인정할 수 있는 것에 한정하여 피고인의 신체, 물건 또는 주거, 그 밖의 장소 수색(법 제109조 제1항)
　㉢ 수사기관의 압수 및 수색 : 수사기관이 범죄수사에 필요한 때에는 피의자가 죄를 범하였다고 의심할 만한 정황이 있고 해당 사건과 관계가 있다고 인정할 수 있는 것에 한정하여 압수 및 수색할 수 있다(법 제215조 제1항).
④ 압수와 수색의 제한
　㉠ 군사상 비밀과 압수 : 군사상 비밀을 요하는 장소는 그 책임자의 승낙 없이는 압수 또는 수색할 수 없다. 책임자는 국가의 중대한 이익을 해하는 경우를 제외하고는 승낙을 거부하지 못한다(법 제110조).
　㉡ 공무상 비밀과 압수 : 공무원 또는 공무원이었던 자가 소지 또는 보관하는 물건에 관하여는 본인 또는 그 해당 공무소가 직무상의 비밀에 관한 것임을 신고한 때에는 그 소속공무소 또는 당해 감독관공서의 승낙 없이는 압수하지 못한다. 소속공무소 또는 당해 감독관공서는 국가의 중대한 이익을 해하는 경우를 제외하고는 승낙을 거부하지 못한다(법 제111조).
　㉢ 업무상비밀과 압수 : 변호사, 변리사, 공증인, 공인회계사, 세무사, 대서업자, 의사, 한의사, 치과의사, 약사, 약종상, 조산사, 간호사, 종교의 직에 있는 자 또는 이러한 직에 있던 자가 그 <u>업무상 위탁</u>을 받아 소지 또는 보관하는 물건으로 타인의 비밀에 관한 것은 압수를 거부할 수 있다. 단, 그 타인의 승낙이 있거나 중대한 공익상 필요가 있는 때에는 예외로 한다(법 제112조).
　㉣ 법원은 압수의 목적물이 컴퓨터용디스크, 그 밖에 이와 비슷한 정보저장매체인 경우에는 기억된 정보의 범위를 정하여 출력하거나 복제하여 제출받아야 한다. 다만, 범위를 정하여 출력 또는 복제하는 방법이 불가능하거나 압수의 목적을 달성하기에 현저히 곤란하다고 인정되는 때에는 정보저장매체등을

SEMI-NOTE

부동산의 압수여부
부동산도 점유가 가능하므로 압수의 대상

관련 판례
몰수는 반드시 압수되어 있는 물건에 대하여서만 하는 것이 아니므로, 몰수대상물건이 압수되어 있는가 하는 점 및 적법한 절차에 의하여 압수되었는가 하는 점은 몰수의 요건이 아니다(대판 2003도705).

관련 판례
압수물이 증거물 내지 몰수하여야 할 물건으로 보이는 것이라 하더라도, 범죄의 형태나 경중, 압수물의 증거가치 및 중요성, 증거인멸의 우려 유무, 압수로 인하여 피압수자가 받을 불이익의 정도 등 제반 사정을 종합적으로 고려하여 판단해야 한다(대결 2003모126).

우체물의 압수
법원은 필요한 때에는 피고사건과 관계가 있다고 인정할 수 있는 것에 한정하여 우체물 또는 전기통신에 관한 것으로서 체신관서, 그 밖의 관련 기관 등이 소지 또는 보관하는 물건의 제출을 명하거나 압수를 할 수 있다. 처분을 할 때에는 발신인이나 수신인에게 그 취지를 통지하여야 한다. 단, 심리에 방해될 염려가 있는 경우에는 예외로 한다(법 제107조).

SEMI-NOTE

압수할 수 있다(법 제106조 제3항).

> **관련 판례** 압수·수색의 범위
>
> 수사기관 사무실 등 외부로 반출하는 방식으로 압수·수색하는 것은 현장의 사정이나 전자정보의 대량성으로 관련 정보 획득에 긴 시간이 소요되거나 전문 인력에 의한 기술적 조치가 필요한 경우 등 범위를 정하여 출력 또는 복제하는 방법이 불가능하거나 압수의 목적을 달성하기에 현저히 곤란하다고 인정되는 때에 한하여 예외적으로 허용될 수 있을 뿐이다(대결 2011모1839).

⑤ 압수와 수색의 절차
  ㉠ 영장발부
  - 법원의 압수·수색 : 공판정 외에서 압수 또는 수색을 함에는 영장을 발부하여 시행하여야 한다(법 제113조). 법원은 압수 또는 수색을 합의부원에게 명할 수 있고 그 목적물의 소재지를 관할하는 지방법원 판사에게 촉탁할 수 있다(법 제136조 제1항).
  - 수사기관의 압수·수색 : 검사는 범죄수사에 필요한 때에는 피의자가 죄를 범하였다고 의심할 만한 정황이 있고 해당 사건과 관계가 있다고 인정할 수 있는 것에 한정하여 지방법원판사에게 청구하여 발부받은 영장에 의하여 압수, 수색 또는 검증을 할 수 있다. 사법경찰관이 범죄수사에 필요한 때에는 피의자가 죄를 범하였다고 의심할 만한 정황이 있고 해당 사건과 관계가 있다고 인정할 수 있는 것에 한정하여 검사에게 신청하여 검사의 청구로 지방법원판사가 발부한 영장에 의하여 압수·수색 또는 검증을 할 수 있다(법 제215조).
  - 압수·수색을 하려면 영장에 의하여야 하고 압수·수색의 대상은 특정되어야 하며 막연히 제시하는 것은 무효임

> **관련 판례** 다시 압수·수색을 해야 할 경우
>
> 압수·수색영장은 수사기관의 압수·수색에 대한 허가장으로서 거기에 기재되는 유효기간은 집행에 착수할 수 있는 종기를 의미하는 것일 뿐이므로, 수사기관이 압수·수색영장을 제시하고 집행에 착수하여 압수·수색을 실시하고 그 집행을 종료하였다면 이미 그 영장은 목적을 달성하여 효력이 상실되는 것이고, 동일한 장소 또는 목적물에 대하여 다시 압수·수색할 필요가 있는 경우라면 그 필요성을 소명하여 법원으로부터 새로운 압수·수색영장을 발부 받아야 하는 것이지, 앞서 발부 받은 압수·수색영장의 유효기간이 남아있다고 하여 이를 제시하고 다시 압수·수색을 할 수는 없다(대결 99모161).

  - 영장의 방식 : 압수·수색영장에는 다음의 사항을 기재하고 재판장이나 수명법관이 서명날인하여야 한다. 다만, 압수·수색할 물건이 전기통신에 관한 것인 경우에는 작성기간을 기재하여야 한다(법 제114조).
    – 피고인의 성명
    – 죄명
    – 압수할 물건

합의부원(合議部員)
각급 법원 합의부의 구성원 가운데 재판장을 제외한 나머지 법관

전자정보에 대한 수사
피의자의 이메일 계정에 대한 접근권한에 갈음하여 발부받은 압수·수색영장에 따라 원격지의 저장매체에 적법하게 접속하여 내려받거나 현출된 전자정보를 대상으로 하여 범죄 혐의사실과 관련된 부분에 대하여 압수·수색하는 것은, 압수·수색영장의 집행을 원활하고 적정하게 행하기 위하여 필요한 최소한도의 범위 내에서 이루어지며 그 수단과 목적에 비추어 사회통념상 타당하다고 인정되는 대물적 강제처분 행위로서 허용되며, 형사소송법 제120조 제1항에서 정한 압수·수색영장의 집행에 필요한 처분에 해당한다(대판 2017도9747).

영장의 유효기간
영장의 유효기간은 7일로 한다. 다만, 법원 또는 법관이 상당하다고 인정하는 때에는 7일을 넘는 기간을 정할 수 있다(규칙 제178조).

- 수색할 장소 · 신체 · 물건
- 영장 발부 연월일
- 영장의 유효기간과 그 기간이 지나면 집행에 착수할 수 없으며 영장을 반환하여야 한다는 취지
- 그 밖에 대법원규칙으로 정하는 사항

ⓒ 영장집행
- 압수 · 수색영장은 검사의 지휘에 의하여 사법경찰관리가 집행한다. 단, 필요한 경우에는 재판장은 법원사무관등에게 그 집행을 명할 수 있다(법 제115조).
- 압수 · 수색영장을 집행할 때에는 타인의 비밀을 보호하여야 하며 처분받은 자의 명예를 해하지 아니하도록 주의하여야 한다(법 제116조).
- 영장의 제시 : 압수 · 수색영장은 처분을 받는 자에게 반드시 제시하여야 한다(법 제118조).
- 압수와 수색의 참여 : 법원이 압수수색을 할 때에는 법원사무관등을 참여하게 하여야 한다. 법원사무관등 또는 사법경찰관리가 압수수색영장에 의하여 압수수색을 할 때에는 다른 법원사무관등 또는 사법경찰관리를 참여하게 하여야 한다(규칙 제60조).
- 검사 또는 사법경찰관이 압수, 수색, 검증을 함에는 검찰청수사관 또는 서기관이나 서기, 사법경찰관리를 각 참여하게 하여야 한다(규칙 제110조).
- 영장집행과 당사자의 참여 : 검사, 피고인 또는 변호인은 압수 · 수색영장의 집행에 참여할 수 있다(법 제121조).
- 영장의 집행과 책임자의 참여 : 공무소, 군사용의 항공기 또는 선박 · 차량 안에서 압수 · 수색영장을 집행하려면 그 책임자에게 참여할 것을 통지하여야 한다(법 제123조 제1항).
- 여자의 수색과 참여 : 여자의 신체에 대하여 수색할 때에는 성년의 여자를 참여하게 하여야 한다(법 제124조).
- 야간집행의 제한 : 일출 전, 일몰 후에는 압수 · 수색영장에 야간집행을 할 수 있는 기재가 없으면 그 영장을 집행하기 위하여 타인의 주거, 간수자 있는 가옥, 건조물, 항공기 또는 선차 내에 들어가지 못한다(법 제125조).
- 압수목록의 교부 : 압수한 경우에는 목록을 작성하여 소유자, 소지자, 보관자 기타 이에 준할 자에게 교부하여야 한다(법 제129조).

> **관련 판례** 압수처분에 관한 권리행사

공무원인 수사기관이 작성하여 피압수자 등에게 교부해야 하는 압수물 목록에는 작성연월일을 기재하고, 그 내용은 사실에 부합하여야 한다. 압수물 목록은 피압수자 등이 압수물에 대한 환부 · 가환부신청을 하거나 압수처분에 대한 준항고를 하는 등 권리행사절차를 밟는 가장 기초적인 자료가 되므로, 이러한 권리행사에 지장이 없도록 압수 직후 현장에서 바로 작성하여 교부해야 하는 것이 원칙이다(대판 2008도763).

⑥ 압수 · 수색 · 검증과 영장주의의 예외

SEMI-NOTE

관련 판례

압수 · 수색영장을 집행하는 수사기관은 피압수자로 하여금 법관이 발부한 영장에 의한 압수 · 수색이라는 사실을 확인함과 동시에 형사소송법이 압수 · 수색영장에 필요적으로 기재하도록 정한 사항이나 그와 일체를 이루는 사항을 충분히 알 수 있도록 압수 · 수색영장을 제시하여야 한다(대판 2015도12400).

야간집행제한의 예외
- 도박 기타 풍속을 해하는 행위에 상용된다고 인정하는 장소
- 여관, 음식점 기타 야간에 공중이 출입할 수 있는 장소. 단, 공개한 시간 내에 한함

| SEMI-NOTE |

구속영장집행과 수색
검사, 사법경찰관리 또는 법원사무관등이 구속영장을 집행할 경우에 필요한 때에는 미리 수색영장을 발부받기 어려운 긴급한 사정이 있는 경우에 한정하여 타인의 주거, 간수자있는 가옥, 건조물, 항공기, 선차 내에 들어가 피고인을 수색할 수 있다(법 제137조).

| 관련 판례 |

음란물 유포의 범죄혐의를 이유로 압수·수색영장을 발부받은 사법경찰리가 피고인의 주거지를 수색하는 과정에서 대마를 발견하자, 피고인을 마약류관리에 관한 법률 위반죄의 현행범으로 체포하면서 대마를 압수하였으나, 그 다음날 피고인을 석방하였음에도 사후 압수·수색영장을 발부받지 않은 사안에서, 위 압수물과 압수조서는 형사소송법상 영장주의를 위반하여 수집한 증거로서 증거능력이 부정된다고 한 사례(대판 2008도10914).

사법경찰의 위탁보관
사법경찰관이 위탁보관을 하기 위해서는 미리 검사의 지휘를 받아야 함

압수목록의 교부
사법경찰관이 폐기처분을 하기 위해서는 미리 검사의 지휘를 받아야 한다(법 제219조 단서).

㉠ 영장에 의하지 아니한 강제처분(법 제216조) ★ 빈출개념
  - 검사 또는 사법경찰관은 피의자를 체포 또는 구속하는 경우에 필요한 때에는 영장없이 다음 처분을 할 수 있다.
    – 타인의 주거나 타인이 간수하는 가옥, 건조물, 항공기, 선차 내에서의 피의자 수색. 다만, 피의자를 체포 또는 구속하는 경우의 피의자 수색은 미리 수색영장을 발부받기 어려운 긴급한 사정이 있는 때에 한정한다.
    – 체포현장에서의 압수, 수색, 검증
  - 검사 또는 사법경찰관이 피고인에 대한 구속영장의 집행의 경우에 준용한다.
  - 범행 중 또는 범행직후의 범죄 장소에서 긴급을 요하여 법원판사의 영장을 받을 수 없는 때에는 영장없이 압수, 수색 또는 검증을 할 수 있다. 이 경우에는 사후에 지체 없이 영장을 받아야 한다.

㉡ 영장에 의하지 아니하는 강제처분(법 제217조)
  - 검사 또는 사법경찰관은 체포된 자가 소유·소지 또는 보관하는 물건에 대하여 긴급히 압수할 필요가 있는 경우에는 체포한 때부터 24시간 이내에 한하여 영장없이 압수·수색 또는 검증을 할 수 있다.
  - 검사 또는 사법경찰관은 압수한 물건을 계속 압수할 필요가 있는 경우에는 지체 없이 압수수색영장을 청구하여야 한다. 이 경우 압수수색영장의 청구는 체포한 때부터 48시간 이내에 하여야 한다.
  - 검사 또는 사법경찰관은 청구한 압수수색영장을 발부받지 못한 때에는 압수한 물건을 즉시 반환하여야 한다.

㉢ 영장에 의하지 아니한 압수 : 검사, 사법경찰관은 피의자 기타인의 유류한 물건이나 소유자, 소지자 또는 보관자가 임의로 제출한 물건을 영장없이 압수할 수 있다(법 제218조).

㉣ 법원의 공판정 내에서의 압수·수색 : 법원의 공판정 내에서의 압수·수색에는 영장이 필요 없고, 사후영장도 필요 없음

㉤ 검시로 범죄의 혐의를 인정하고 긴급을 요할 때에는 영장없이 검증할 수 있다(법 제222조 제2항).

⑦ 압수물의 처리
  ㉠ 원칙 : 압수물은 압수한 기관이 운반하여 보관하는 것이 원칙이다. 압수물에 대하여는 그 상실 또는 파손 등의 방지를 위하여 상당한 조치를 하여야 한다(법 제131조).
  ㉡ 압수물의 보관 : 운반 또는 보관에 불편한 압수물에 관하여는 간수자를 두거나 소유자 또는 적당한 자의 승낙을 얻어 보관하게 할 수 있다(법 제130조 제1항).
  ㉢ 압수물의 대가보관(법 제132조)
    - 몰수하여야 할 압수물로서 멸실·파손·부패 또는 현저한 가치 감소의 염려가 있거나 보관하기 어려운 압수물은 매각하여 대가를 보관할 수 있다.
    - 환부하여야 할 압수물 중 환부를 받을 자가 누구인지 알 수 없거나 그 소재가 불명한 경우로서 그 압수물의 멸실·파손·부패 또는 현저한 가치 감소

의 염려가 있거나 보관하기 어려운 압수물은 매각하여 대가를 보관할 수 있다.
- 압수물처분과 당사자에의 통지 : 대가보관의 결정을 함에는 검사, 피해자, 피고인 또는 변호인에게 미리 통지하여야 한다(법 제134조).

② 폐기처분
- 위험발생의 염려가 있는 압수물은 폐기할 수 있다(법 제130조 제2항).
- 법령상 생산·제조·소지·소유 또는 유통이 금지된 압수물로서 부패의 염려가 있거나 보관하기 어려운 압수물은 소유자 등 권한 있는 자의 동의를 받아 폐기할 수 있다(법 제130조 제3항).

⑥ 가환부(假還付) : 압수의 효력을 존속시키면서 압수물을 소유자, 소지자, 보관자, 제출인에게 잠정적으로 환부하는 제도
- 압수물의 환부, 가환부(법 제133조)
  - 압수를 계속할 필요가 없다고 인정되는 압수물은 피고사건 종결 전이라도 결정으로 환부하여야 하고 증거에 공할 압수물은 소유자, 소지자, 보관자 또는 제출인의 청구에 의하여 가환부할 수 있다.
  - 증거에만 공할 목적으로 압수한 물건으로서 그 소유자 또는 소지자가 계속 사용하여야 할 물건은 사진촬영 기타 원형보존의 조치를 취하고 신속히 가환부하여야 한다.
- 가환부의 결정을 함에는 검사, 피해자, 피고인 또는 변호인에게 미리 통지하여야 한다(법 제135조).
- 가환부한 장물에 대하여 별단의 선고가 없는 때에는 환부의 선고가 있는 것으로 간주한다(법 제333조 제3항).

⑭ 환부(還付) : 압수물을 종국적으로 소유자, 소지자, 보관자, 제출인에게 반환하는 법원이나 수사기관의 처분
- 압수를 계속할 필요가 없다고 인정되는 압수물은 피고사건 종결 전이라도 결정으로 환부하여야 한다(법 제133조 제1항).
- 검사는 사본을 확보한 경우 등 압수를 계속할 필요가 없다고 인정되는 압수물 및 증거에 사용할 압수물에 대하여 공소제기 전이라도 소유자, 소지자, 보관자 또는 제출인의 청구가 있는 때에는 환부하여야 한다(법 제218조의2 제1항).
- 사법경찰관의 환부의 경우 사법경찰관은 검사의 지휘를 받아야 한다(법 제218조의2 제4항).
- 환부에 의하여 압수의 효력은 상실함

관련 판례 환부의무와 압수물의 환부

피압수자 등 압수물을 환부 받을 자가 수사기관에 대하여 형사소송법상의 환부청구권을 포기한다는 의사표시를 한 경우에 있어서도, 그 효력이 없어 그에 의하여 수사기관의 필요적 환부의무가 면제된다고 볼 수는 없으므로, 그 환부의무에 대응하는 압수물의 환부를 청구할 수 있는 절차법상의 권리가 소멸하는 것은 아니다(대결 94모51).

SEMI-NOTE

관련 판례
증거에 공할 압수물을 가환부할 것인지의 여부는 범죄의 태양, 경중, 압수물의 증거로서의 가치, 압수물의 은닉, 인멸, 훼손될 위험, 수사나 공판수행상의 지장 유무, 압수에 의하여 받는 피압수자 등의 불이익의 정도 등 여러 사정을 검토하여 종합적으로 판단하여야 할 것이다(대결 94모42).

사건에 관련된 압수물
검사가 사건을 불기소 처분하는 경우에 당해 사건에 관하여 압수한 압수물은 피해자에게 환부할 이유가 명백한 경우를 제외하고는 피압수자나 제출인 이외의 누구에게도 환부할 수 없다(대판 68다824).

몰수의 선고와 압수물
압수한 서류 또는 물품에 대하여 몰수의 선고가 없는 때에는 압수를 해제한 것으로 간주한다(법 제332조).

- 압수장물의 피해자환부 : 압수한 장물은 피해자에게 환부할 이유가 명백한 때에는 피고사건의 종결 전이라도 결정으로 피해자에게 환부할 수 있다(법 제134조).
- 압수한 장물로서 피해자에게 환부할 이유가 명백한 것은 판결로써 피해자에게 환부하는 선고를 하여야 한다(법 제333조 제1항).
- 장물을 처분하였을 때에는 판결로써 그 대가로 취득한 것을 피해자에게 교부하는 선고를 하여야 한다(법 제333조 제2항).

⑧ 압수처분에 대한 불복
㉠ 법원의 압수나 압수물의 환부에 관한 결정에 대해서는 항고할 수 있다(법 제403조 제2항).
㉡ 재판장 또는 수명법관이 압수 또는 압수물환부에 관한 재판에 불복이 있으면 그 법관소속의 법원에 재판의 취소 또는 변경을 청구할 수 있다(법 제416조 제1항 제2호).
㉢ 압수물의 환부 및 가환부 청구를 검사가 이를 거부하는 경우에는 신청인은 해당 검사의 소속 검찰청에 대응한 법원에 압수물의 환부 또는 가환부 결정을 청구할 수 있다(법 제218조의2 제2항).
㉣ 검사 또는 사법경찰관의 구금, 압수 또는 압수물의 환부에 관한 처분과 변호인의 참여 등에 관한 처분에 대하여 불복이 있으면 그 직무집행지의 관할법원 또는 검사의 소속검찰청에 대응한 법원에 그 처분의 취소 또는 변경을 청구할 수 있다(법 제417조).

(2) 수사상 검증

① 검증의 의의
㉠ 의의 : 수사 기관이 어떤 장소나 물건, 신체 등에 대하여 그 상태를 직접 실험, 인식하는 강제 처분
㉡ 법원은 사실을 발견함에 필요한 때에는 검증을 할 수 있다(법 제139조).
㉢ 영장주의 : 수사기관의 검증은 영장주의가 적용되나 법원의 검증은 증거조사의 일종으로 영장을 요하지 아니한다.

② 검증절차
㉠ 영장발부
- 검사는 범죄수사에 필요한 때에는 피의자가 죄를 범하였다고 의심할 만한 정황이 있고 해당 사건과 관계가 있다고 인정할 수 있는 것에 한정하여 지방법원판사에게 청구하여 발부받은 영장에 의하여 검증을 할 수 있다(법 제215조 제1항).
- 사법경찰관이 범죄수사에 필요한 때에는 피의자가 죄를 범하였다고 의심할 만한 정황이 있고 해당 사건과 관계가 있다고 인정할 수 있는 것에 한정하여 검사에게 신청하여 검사의 청구로 지방법원판사가 발부한 영장에 의하여 검증을 할 수 있다(법 제215조 제2항).
㉡ 검증과 필요한 처분 : 검증을 함에는 신체의 검사, 사체의 해부, 분묘의 발굴, 물건의 파괴 기타 필요한 처분을 할 수 있다(법 제140조).

SEMI-NOTE

관련 판례
장물을 처분하여 그 대가로 취득한 압수물은 몰수할 것이 아니라 피해자에게 교부하여야 할 것이다(대판 68도1672).

압수물의 환부, 가환부
법원이 환부 또는 가환부를 결정하면 검사는 신청인에게 압수물을 환부 또는 가환부하여야 한다(법 제218조의2 제3항).

검증의 범위
검증은 사람의 신체는 물론 사체, 장소 등 어떠한 것이라도 가능하며 물건의 소유관계도 불문함

검증의 대상
검증의 목적물에는 제한이 없음. 인식 가능한 것이면 유체물이든 무체물이든 불문함

영장주의의 예외
압수와 수색과 마찬가지로 긴급을 요하는 경우 영장없이 이를 할 수 있다(법 제216조, 제217조, 제218조).

ⓒ 검증 등의 조서(법 제49조)
- 검증에 관하여는 조서를 작성하여야 한다.
- 검증조서에는 검증목적물의 현장을 명확하게 하기 위하여 도화나 사진을 첨부할 수 있다.

③ 신체검사 : 신체 자체를 대상으로 하는 강제처분
ⓐ 신체검사에 관한 주의(법 제141조)
- 신체의 검사에 관하여는 검사를 받는 사람의 성별, 나이, 건강상태, 그 밖의 사정을 고려하여 그 사람의 건강과 명예를 해하지 아니하도록 주의하여야 한다.
- 피고인 아닌 사람의 신체검사는 증거가 될 만한 흔적을 확인할 수 있는 현저한 사유가 있는 경우에만 할 수 있다.
- 여자의 신체를 검사하는 경우에는 의사나 성년 여자를 참여하게 하여야 한다.

ⓑ 신체검사와 소환 : 법원은 신체를 검사하기 위하여 피고인 아닌 자를 법원 기타 지정한 장소에 소환할 수 있다(법 제142조).

④ 감정의 처분
ⓐ 의의 : 감정인이 감정에 관한 필요한 때에 판사의 허가를 얻어 신체검사, 사체해부 등의 강제처분을 하는 것
ⓑ 감정의 위촉과 감정유치의 청구(법 제221조의3)
- 검사는 감정을 위촉하는 경우에 유치처분이 필요할 때에는 판사에게 이를 청구하여야 한다.
- 판사는 청구가 상당하다고 인정할 때에는 유치처분을 하여야 한다.
ⓒ 감정에 필요한 처분(법 제221조의4)
- 감정의 위촉을 받은 자는 판사의 허가를 얻어 처분을 할 수 있다.
- 허가의 청구는 검사가 하여야 한다.
- 판사는 청구가 상당하다고 인정할 때에는 허가장을 발부하여야 한다.

관련 판례 감정의 처분과 유형력 행사 ★ 빈출개념

압수·수색의 방법으로 소변을 채취하는 경우 압수대상물인 피의자의 소변을 확보하기 위한 수사기관의 노력에도 불구하고, 피의자가 인근 병원 응급실 등 소변 채취에 적합한 장소로 이동하는 것에 동의하지 않거나 저항하는 등 임의동행을 기대할 수 없는 사정이 있는 때에는 수사기관으로서는 소변 채취에 적합한 장소로 피의자를 데려가기 위해서 필요 최소한의 유형력을 행사하는 것이 허용된다(대판 2018도6219).

(3) 통신비밀보호법상 통신제한조치

① 의의 : 수사기관이 범죄수사라는 공익을 달성하기 위하여 부득이하게 도청, 감청 등을 할 필요성이 발생하는데 국민의 통신의 비밀보호와 공익상의 도청과 감청에 관한 법적 절차를 규율하기 위하여 제정된 법률이 통신비밀보호법
② 통신 및 대화비밀의 보호 : 누구든지 이 법과 형사소송법 또는 군사법원법의 규정에 의하지 아니하고는 우편물의 검열·전기통신의 감청 또는 통신사실확인자

SEMI-NOTE

사체 해부와 분묘 발굴시
사체의 해부 또는 분묘의 발굴을 하는 때에는 예(禮)에 어긋나지 아니하도록 주의하고 미리 유족에게 통지하여야 함

감정(鑑定)
재판에 도움을 주기 위해, 재판에 관련된 특정 사항을 다루는 전문가가 의견과 지식을 보고하는 일

목적
통신 및 대화의 비밀과 자유에 대한 제한은 그 대상을 한정하고 엄격한 법적 절차를 거치도록 함으로써 통신비밀을 보호하고 통신의 자유를 신장함을 목적으로 한다(통신비밀보호법 제1조).

SEMI-NOTE

범죄수사를 위한 통신제한조치의 허가요건

통신제한조치는 범죄를 계획 또는 실행하고 있거나 실행하였다고 의심할만한 충분한 이유가 있고 다른 방법으로는 그 범죄의 실행을 저지하거나 범인의 체포 또는 증거의 수집이 어려운 경우에 한하여 허가할 수 있다(통신비밀보호법 제5조 제1항).

국가안보를 위한 통신제한조치

정보수사기관의 장은 국가안전보장에 상당한 위험이 예상되는 경우 또는 대테러활동에 필요한 경우에 한하여 그 위해를 방지하기 위하여 이에 관한 정보수집이 특히 필요한 때에는 통신제한조치를 할 수 있다(통신비밀보호법 제7조 제1항).

료의 제공을 하거나 공개되지 아니한 타인간의 대화를 녹음 또는 청취하지 못한다(통신비밀보호법 제3조 제1항).

③ **불법검열에 의한 우편물의 내용과 불법감청에 의한 전기통신내용의 증거사용 금지** : 불법검열에 의하여 취득한 우편물이나 그 내용 및 불법감청에 의하여 지득 또는 채록된 전기통신의 내용은 재판 또는 징계절차에서 증거로 사용할 수 없다(통신비밀보호법 제4조).

④ **범죄수사를 위한 통신제한조치의 허가절차(통신비밀보호법 제6조)**
  ㉠ 검사는 요건이 구비된 경우에는 법원에 대하여 각 피의자별 또는 각 피내사자별로 통신제한조치를 허가하여 줄 것을 청구할 수 있다.
  ㉡ 사법경찰관은 요건이 구비된 경우에는 검사에 대하여 각 피의자별 또는 각 피내사자별로 통신제한조치에 대한 허가를 신청하고, 검사는 법원에 대하여 그 허가를 청구할 수 있다.
  ㉢ 통신제한조치 청구사건의 관할법원은 그 통신제한조치를 받을 통신당사자의 쌍방 또는 일방의 주소지·소재지, 범죄지 또는 통신당사자와 공범관계에 있는 자의 주소지·소재지를 관할하는 지방법원 또는 지원으로 한다.
  ㉣ 통신제한조치청구는 필요한 통신제한조치의 종류·그 목적·대상·범위·기간·집행장소·방법 및 당해 통신제한조치가 허가요건을 충족하는 사유등의 청구이유를 기재한 서면으로 하여야 하며, 청구이유에 대한 소명자료를 첨부하여야 한다.
  ㉤ 법원은 청구가 이유 있다고 인정하는 경우에는 각 피의자별 또는 각 피내사자별로 통신제한조치를 허가하고, 이를 증명하는 서류를 청구인에게 발부한다.
  ㉥ 허가서에는 통신제한조치의 종류·그 목적·대상·범위·기간 및 집행장소와 방법을 특정하여 기재하여야 한다.
  ㉦ 통신제한조치의 기간은 2개월을 초과하지 못하고, 그 기간 중 통신제한조치의 목적이 달성되었을 경우에는 즉시 종료하여야 한다.
  ㉧ 검사 또는 사법경찰관이 통신제한조치의 연장을 청구하는 경우에 통신제한조치의 총 연장기간은 1년을 초과할 수 없다.

⑤ **긴급통신제한조치** : 검사, 사법경찰관 또는 정보수사기관의 장은 국가안보를 위협하는 음모행위, 직접적인 사망이나 심각한 상해의 위험을 야기할 수 있는 범죄 또는 조직범죄 등 중대한 범죄의 계획이나 실행 등 긴박한 상황에 있고 요건을 구비한 자에 대하여 절차를 거칠 수 없는 긴급한 사유가 있는 때에는 법원의 허가없이 통신제한조치를 할 수 있다(통신비밀보호법 제8조 제1항).

⑥ **통신제한조치의 집행** : 통신제한조치는 이를 청구 또는 신청한 검사·사법경찰관 또는 정보수사기관의 장이 집행한다. 이 경우 체신관서 기타 관련기관 등에 그 집행을 위탁하거나 집행에 관한 협조를 요청할 수 있다(통신비밀보호법 제9조 제1항).

⑦ **범죄수사를 위한 통신사실 확인자료 제공의 통지** : 검사 또는 사법경찰관은 제13조에 따라 통신사실 확인자료 제공을 받은 사건에 관하여 정한 기간 내에 통신사실 확인자료 제공을 받은 사실과 제공요청기관 및 그 기간 등을 통신사실 확

인자료 제공의 대상이 된 당사자에게 서면으로 통지하여야 한다(통신비밀보호법 제13조의3 제1항).

(4) 판사에 의한 강제처분

① 수사상 증거보전
  ㉠ 개념 : 수사개시 후 제1회 공판기일 전 판사가 증거조사 또는 증인신문을 하여 그 결과를 보전하는 것
  ㉡ 증거보전의 요건과 청구시기
    • 요건 : 미리 증거를 보전하지 아니하면 그 증거를 사용하기 곤란한 사정이 있는 때
    • 청구시기 : 제1회 공판기일 전
  ㉢ 증거보전의 절차
    • 청구권자 : 검사, 피고인, 피의자 또는 변호인이 지방법원판사에게 하여야 한다(규칙 제91조 제1항).
    • 방식 : 청구는 서면으로 한다(규칙 제92조 제1항).
    • 청구의 내용 : 압수, 수색, 검증, 증인신문 또는 감정을 청구할 수 있다(법 제184조 제1항).
    • 증거보전청구서에 사항을 기재할 사항(규칙 제92조 제1항)
      - 사건의 개요
      - 증명할 사실
      - 증거 및 보전의 방법
      - 증거보전을 필요로 하는 사유
  ㉣ 증거보전의 처분
    • 청구를 기각하는 결정에 대하여는 3일 이내에 항고할 수 있다(법 제184조 제4항).
    • 청구를 받은 판사는 그 처분에 관하여 법원 또는 재판장과 동일한 권한이 있다(법 제184조 제2항).
    • 청구를 함에는 서면으로 그 사유를 소명하여야 한다(법 제184조 제3항).
  ㉤ 증거보전 후의 절차
    • 서류의 열람 등 : 검사, 피고인, 피의자 또는 변호인은 판사의 허가를 얻어 전조의 처분에 관한 서류와 증거물을 열람 또는 등사할 수 있다(법 제185조).
    • 증거보전절차에서 작성된 조서는 법관의 조서로 당연히 증거능력이 인정된다(법 제311조 후단).

② 참고인에 대한 증인신문
  ㉠ 의의 : 참고인이 출석 또는 진술을 거부할 경우 제1회 공판기일 전에 검사의 청구에 의하여 판사가 그를 증인으로 신문하는 것
  ㉡ 증인신문의 청구 : 범죄의 수사에 없어서는 아니 될 사실을 안다고 명백히 인정되는 자가 전조의 규정에 의한 출석 또는 진술을 거부한 경우에는 검사는 제1회 공판기일 전에 한하여 판사에게 그에 대한 증인신문을 청구할 수 있다(법 제221조의2 제1항).

SEMI-NOTE

관련 판례
형사소송법 제184조에 의한 증거보전은 피고인 또는 피의자가 형사입건도 되기 전에는 청구할 수 없고, 또 피의자신문에 해당하는 사항을 증거보전의 방법으로 청구할 수 없다(대판 79도792).

피의자 진술의 증명력
피의자 신문을 증거보전 방법으로 청구할 수 없으며 증거보전기록중에 있는 피의자 진술기재는 증거능력이 없고 그 외 증인들의 진술은 증명력이 없음에도 불구하고 이를 유죄로 인정하였다면 채증법칙의 위배 및 심리미진의 잘못이 있다(대판 77도2770).

관련 판례
제1회 공판기일 전에 형사소송법 제184조에 의한 증거보전절차에서 증인신문을 하면서, 위 증인신문의 일시와 장소를 피의자 및 변호인에게 미리 통지하지 아니하여 증인신문에 참여할 수 있는 기회를 주지 아니하였고, 또 변호인이 제1심 공판기일에 위 증인신문조서의 증거조사에 관하여 이의신청을 하였다면, 위 증인신문조서는 증거능력이 없다 할 것이고, 그 증인이 후에 법정에서 그 조서의 진정 성립을 인정한다 하여 다시 그 증거능력을 취득한다고 볼 수도 없다(대판 91도2337).

SEMI-NOTE

ⓒ 증인신문청구의 요건과 청구시기
- 증인신문청구의 요건 : 범죄의 수사에 없어서는 아니 될 사실을 안다고 명백히 인정되는 자가 전조의 규정에 의한 출석 또는 진술을 거부한 경우
- 증인신문청구의 시기 : 제1회 공판기일 전에 한하여 판사에게 그에 대한 증인신문 청구

관련 판례 **증인신문청구의 요건과 피의사실**

검사의 증인신문청구는 수사단계에서의 피의자 이외의 자의 진술이 범죄의 증명에 없어서는 안 될 것으로 인정되는 경우에 공소유지를 위하여 이를 보전하려는데 그 목적이 있으므로 이 증인신문청구를 하려면 증인의 진술로서 증명할 대상인 피의사실이 존재하여야 하고, 피의사실은 수사기관이 어떤 자에 대하여 내심으로 혐의를 품고 있는 정도의 상태만으로는 존재한다고 할 수 없고 고소, 고발 또는 자수를 받거나 또는 수사기관 스스로 범죄의 혐의가 있다고 보아 수사를 개시하는 범죄의 인지 등 수사의 대상으로 삼고 있음을 외부적으로 표현한 때에 비로소 그 존재를 인정할 수 있다(대판 89도648).

ⓔ 증인신문의 절차
- 청구권자 : 검사는 제1회 공판기일 전에 한하여 판사에게 그에 대한 증인신문을 청구할 수 있다(법 제221조의2 제1항).
- 방식 : 청구를 함에는 서면으로 그 사유를 소명하여야 한다(법 제221조의2 제3항).
- 제1회 공판기일 전 증인신문청구서의 기재사항(규칙 제111조)
 - 증인의 성명, 직업 및 주거
 - 피의자 또는 피고인의 성명
 - 죄명 및 범죄사실의 요지
 - 증명할 사실
 - 신문사항
 - 증인신문청구의 요건이 되는 사실
 - 피의자 또는 피고인에게 변호인이 있는 때에는 그 성명

판사의 증인신문 실시
판사가 증인신문을 실시할 경우에는 피고인, 피의자 또는 변호인에게 신문기일과 장소 및 증인신문에 참여할 수 있다는 취지를 통지하여야 한다(규칙 제112조).

ⓕ 증인신문
- 청구를 받은 판사는 증인신문에 관하여 법원 또는 재판장과 동일한 권한이 있다(법 제221조의2 제4항).
- 판사는 청구에 따라 증인신문기일을 정한 때에는 피고인·피의자 또는 변호인에게 이를 통지하여 증인신문에 참여할 수 있도록 하여야 한다(법 제221조의2 제5항).

증인신문 후의 절차
- 판사는 청구에 의한 증인신문을 한 때에는 지체없이 이에 관한 서류를 검사에게 송부하여야 한다(법 제221조의2 제6항).
- 증인신문조서는 법관의 면전조서로 당연히 증거능력이 인정된다(법 제311조 후단).

03절 수사종결

1. 검사의 수사종결

(1) 수사종결

① 수사종결의 의의 : 수사를 계속할 필요가 없을 경우에 종결되는 것으로 공소의 제기, 불기소의 형태로 나타남
② 사법경찰관의 수사종결
　㉠ 사법경찰관의 송치와 불송치
　　• 사법경찰관의 송치 : 범죄의 혐의가 있다고 인정되는 경우에는 지체 없이 검사에게 사건을 송치하고, 관계 서류와 증거물을 검사에게 송부하여야 한다(법 제245조의5 제1호).
　　• 사법경찰관의 불송치 : 범죄의 혐의가 있다고 인정되는 경우 외에는 그 이유를 명시한 서면과 함께 관계 서류와 증거물을 지체 없이 검사에게 송부하여야 한다. 이 경우 검사는 송부 받은 날부터 90일 이내에 사법경찰관에게 반환하여야 한다(법 제245조의5 제2호).
　㉡ 검사의 재수사요청(법 제245조의8)
　　• 검사는 사법경찰관이 사건을 송치하지 아니한 것이 위법 또는 부당한 때에는 그 이유를 문서로 명시하여 사법경찰관에게 재수사를 요청할 수 있다.
　　• 사법경찰관은 요청이 있는 때에는 사건을 재수사하여야 한다.
　㉢ 고소인 등의 이의신청(법 제245조의7)
　　• 불송치의 통지를 받은 사람은 해당 사법경찰관의 소속 관서의 장에게 이의를 신청할 수 있다.
　　• 사법경찰관은 신청이 있는 때에는 지체 없이 검사에게 사건을 송치하고 관계 서류와 증거물을 송부하여야 하며, 처리결과와 그 이유를 신청인에게 통지하여야 한다.
　㉣ 수사중지 결정에 대한 이의제기 등 : 사법경찰관으로부터 수사중지 결정의 통지를 받은 사람은 해당 사법경찰관이 소속된 바로 위 상급경찰관서의 장에게 이의를 제기할 수 있다.
③ 검사의 수사종결 : 검사는 직접 수사한 사건이나 사법경찰관으로부터 송치 받은 사건을 공소제기 또는 불기소처분 등으로 수사종결처분을 한다.
④ 서류와 증거물의 송부 : 사법경찰관이 고소 또는 고발을 받은 때에는 신속히 조사하여 관계서류와 증거물을 검사에게 송부하여야 한다(법 제238조).

(2) 검사의 사건처리

① 공소제기 : 공소는 검사가 제기하여 수행한다(법 제246조).
② 불기소처분 : 피의자에 대하여 공소를 제기하지 아니하는 처분으로, 협의의 불기소처분, 기소중지, 참고인중지가 있음
　㉠ 불기소처분 사유(검찰사건사무규칙 제115조 제3항)
　　• 기소유예 : 피의사실이 인정되나 양형의 사항을 참작하여 소추할 필요가 없는 경우
　　• 혐의없음
　　　- 혐의없음(범죄인정안됨) : 피의사실이 범죄를 구성하지 않거나 피의사실

SEMI-NOTE

공소제기 후 수사가능여부
공소제기 후 검사의 공소유지를 위하여 필요한 경우 수사를 할 수 있으며, 불기소처분 후에도 수사를 재개할 수 있음

사법경찰관의 사건 수사에 대한 결정
법원송치, 검찰송치, 불송치(혐의 없음, 죄가 안 됨, 공소권 없음, 각하), 수사중지(피의자중지, 참고인중지), 이송

고소인 등에 대한 송부통지
사법경찰관은 불송치의 경우에는 그 송부한 날부터 7일 이내에 서면으로 고소인·고발인·피해자 또는 그 법정대리인(피해자가 사망한 경우에는 그 배우자·직계친족·형제자매를 포함한다)에게 사건을 검사에게 송치하지 아니하는 취지와 그 이유를 통지하여야 한다(법 제245조의6).

공소의 수행주체
공소는 검사가 제기하여 수행한다(법 제246조).

약식명령
약식명령의 청구는 공소의 제기와 동시에 서면으로 하여야 한다(법 제449조).

이 인정되지 않는 경우
- 혐의없음(증거불충분) : 피의사실을 인정할 만한 충분한 증거가 없는 경우
- 죄가안됨 : 피의사실이 범죄구성요건에는 해당하지만 법률상 범죄의 성립을 조각하는 사유가 있어 범죄를 구성하지 않는 경우
- 공소권없음
- 각하

ⓒ 기소중지의 결정 : 검사가 피의자의 소재불명 또는 참고인중지사유가 아닌 사유로 수사를 종결할 수 없는 경우에는 그 사유가 해소될 때까지 불기소 사건기록 및 불기소 결정서, 불기소 사건기록 및 불기소 결정서에 따라 기소중지의 결정을 할 수 있다(검찰사건사무규칙 제120조).

③ **송치(送致)** : 수사기관에서 다른 기관으로 사건을 보내는 것

㉠ 타관송치 : 검사는 사건이 그 소속검찰청에 대응한 법원의 관할에 속하지 아니한 때에는 사건을 서류와 증거물과 함께 관할법원에 대응한 검찰청검사에게 송치하여야 한다(법 제256조).

㉡ 군검사에의 사건송치 : 검사는 사건이 군사법원의 재판권에 속하는 때에는 사건을 서류와 증거물과 함께 재판권을 가진 관할 군검찰부 군검사에게 송치하여야 한다. 이 경우에 송치 전에 행한 소송행위는 송치 후에도 그 효력에 영향이 없다(법 제256조의2).

㉢ 소년부송치 : 검사는 소년에 대한 피의사건을 수사한 결과 보호처분에 해당하는 사유가 있다고 인정한 경우에는 사건을 관할 소년부에 송치하여야 한다(소년법 제49조 제1항).

㉣ 가정보호사건의 송치(가정폭력범죄의 처벌 등에 관한 특례법 제11조)
- 검사는 가정보호사건으로 처리하는 경우에는 그 사건을 관할 가정법원 또는 지방법원에 송치하여야 한다.
- 검사는 가정폭력범죄와 그 외의 범죄가 경합하는 경우에는 가정폭력범죄에 대한 사건만을 분리하여 관할 법원에 송치할 수 있다.

㉤ 성매매보호사건의 송치 : 검사는 성매매를 한 사람에 대하여 사건의 성격·동기, 행위자의 성행 등을 고려하여 이 법에 따른 보호처분을 하는 것이 적절하다고 인정할 때에는 특별한 사정이 없으면 보호사건으로 관할법원에 송치하여야 한다(성매매알선 등 행위의 처벌에 관한 법률 제12조 제1항).

(3) 검사의 처분통지

① 고소인, 고발인에 대한 통지

㉠ 고소등에 의한 사건의 처리 : 검사가 고소 또는 고발에 의하여 범죄를 수사할 때에는 고소 또는 고발을 수리한 날로부터 3월 이내에 수사를 완료하여 공소제기여부를 결정하여야 한다(법 제257조).

㉡ 고소인등에의 처분고지 : 검사는 고소 또는 고발있는 사건에 관하여 공소를 제기하거나 제기하지 아니하는 처분, 공소의 취소 또는 타관송치를 한 때에는 그 처분한 날로부터 7일 이내에 서면으로 고소인 또는 고발인에게 그 취지를 통지하여야 한다(법 제258조 제1항).

참고인중지의 결정
검사가 참고인·고소인·고발인 또는 같은 사건 피의자의 소재불명으로 수사를 종결할 수 없는 경우에는 그 사유가 해소될 때까지 불기소 사건기록 및 불기소 결정서, 불기소 사건기록 및 불기소 결정서에 따라 참고인중지의 결정을 할 수 있다(검찰사건사무규칙 제121조).

보호처분 및 송치여부
법원은 성매매 사건의 심리 결과 이 법에 따른 보호처분을 하는 것이 적절하다고 인정할 때에는 결정으로 사건을 보호사건의 관할법원에 송치할 수 있다(성매매알선 등 행위의 처벌에 관한 법률 제12조 제2항).

ⓒ 고소인 등에의 공소불제기이유고지 : 검사는 고소 또는 고발있는 사건에 관하여 공소를 제기하지 아니하는 처분을 한 경우에 고소인 또는 고발인의 청구가 있는 때에는 7일 이내에 고소인 또는 고발인에게 그 이유를 서면으로 설명하여야 한다(법 제259조).
② 피의자에 대한 통지 : 검사는 불기소 또는 타관송치의 처분을 한 때에는 피의자에게 즉시 그 취지를 통지하여야 한다(법 제258조 제2항).
③ 피해자 등에 대한 통지 : 검사는 범죄로 인한 피해자 또는 그 법정대리인(피해자가 사망한 경우에는 그 배우자·직계친족·형제자매를 포함한다)의 신청이 있는 때에는 당해 사건의 공소제기여부, 공판의 일시·장소, 재판결과, 피의자·피고인의 구속·석방 등 구금에 관한 사실 등을 신속하게 통지하여야 한다(법 제259조의2).

2. 불기소처분에 대한 불복

(1) 검찰항고제도

① 의의 : 검사의 불기소처분에 대하여 고소인, 고발인이 그 검사 소속 고등검찰청 검사장 또는 대검찰청 검찰청장에게 불복을 신청하는 제도
② 항고의 내용
　ⓐ 검사의 불기소처분에 불복하는 고소인이나 고발인은 그 검사가 속한 지방검찰청 또는 지청을 거쳐 서면으로 관할 고등검찰청 검사장에게 항고할 수 있다. 이 경우 해당 지방검찰청 또는 지청의 검사는 항고가 이유 있다고 인정하면 그 처분을 경정하여야 한다(검찰청법 제10조 제1항).
　ⓑ 고등검찰청 검사장은 항고가 이유 있다고 인정하면 소속 검사로 하여금 지방검찰청 또는 지청 검사의 불기소처분을 직접 경정하게 할 수 있다. 이 경우 고등검찰청 검사는 지방검찰청 또는 지청의 검사로서 직무를 수행하는 것으로 본다(검찰청법 제10조 제2항).
　ⓒ 항고는 불기소처분에 따른 통지를 받은 날부터 30일 이내에 하여야 한다(검찰청법 제10조 제5항). 항고를 한 자가 자신에게 책임이 없는 사유로 정하여진 기간 이내에 항고를 하지 못한 것을 소명하면 그 항고 기간은 그 사유가 해소된 때부터 기산한다(검찰청법 제10조 제6항).
③ 재항고의 내용
　ⓐ 항고를 한 자는 그 항고를 기각하는 처분에 불복하거나 항고를 한 날부터 항고에 대한 처분이 이루어지지 아니하고 3개월이 지났을 때에는 그 검사가 속한 고등검찰청을 거쳐 서면으로 검찰총장에게 재항고할 수 있다. 이 경우 해당 고등검찰청의 검사는 재항고가 이유 있다고 인정하면 그 처분을 경정하여야 한다(검찰청법 제10조 제3항).
　ⓑ 재항고는 항고기각 결정을 통지받은 날 또는 항고 후 항고에 대한 처분이 이루어지지 아니하고 3개월이 지난 날부터 30일 이내에 하여야 한다(검찰청법 제10조 제5항). 재항고를 한 자가 자신에게 책임이 없는 사유로 정하여진 기

SEMI-NOTE

관련 판례

검사는 불기소처분을 하는 경우 모든 피의자에게 불기소처분의 취지를 통지하여야 할 것이다(헌재 2001헌마39).

관련 판례

검찰청법상 항고제도의 인정 여부는 기본적으로 입법정책에 속하는 문제로서 그 주체, 대상의 범위 등의 제한도 그것이 현저히 불합리하지 아니하는 이상 헌법에 위반되는 것이라 할 수 없고, 고소인·고발인과 피의자는 기본적으로 대립적 이해관계에서 기소유예처분에 불복할 이익을 지니며, 검찰청법상 항고제도의 성격과 취지 및 한정된 인적·물적 사법자원의 측면, 그리고 이 사건 법률조항이 헌법소원심판청구 등 피의자의 다른 불복수단까지 원천적으로 봉쇄하는 것은 아닌 점 등을 종합하면, 이 사건 법률조항이 피의자를 고소인·고발인에 비하여 합리적 이유 없이 차별하는 것이라 할 수 없다(헌재 2010헌마642).

간 이내에 재항고를 하지 못한 것을 소명하면 그 재항고 기간은 그 사유가 해소된 때부터 기산한다(검찰청법 제10조 제6항).

> **실력UP 기간이 지난 후 접수한 항고 및 재항고**
> 기간이 지난 후 접수된 항고 또는 재항고는 기각하여야 한다. 다만, 중요한 증거가 새로 발견된 경우 고소인이나 고발인이 그 사유를 소명하였을 때에는 그러하지 아니하다(검찰청법 제10조 제7항).

(2) 재정신청(裁定申請)

① **재정신청의 의의** : 고소나 고발이 있는 특정범죄사건을 검사가 불기소처분하였을 때, 고등법원이 고소인 또는 고발인의 재정신청에 의하여 그 사건을 관할지방법원의 심판에 부하는 결정을 하면 그 사건에 대하여 공소가 제기된 것으로 보는 절차

② **재정신청의 절차**
  ㉠ **재정신청권자** : 고소권자로서 고소를 한 자(형법 직권남용부터 피의사실공표까지의 죄에 대하여는 고발을 한 자를 포함한다.)는 검사로부터 공소를 제기하지 아니한다는 통지를 받은 때에는 그 검사 소속의 지방검찰청 소재지를 관할하는 고등법원에 그 당부에 관한 재정을 신청할 수 있다. 다만, 형법 피의사실공표의 죄에 대하여는 피공표자의 명시한 의사에 반하여 재정을 신청할 수 없다(법 제260조 제1항).
  ㉡ **재정신청의 대상** : 불기소처분에 대하여 재정신청을 할 수 있고 기소유예에 대해서도 할 수 있다.

③ **재정신청의 기간과 방법**
  ㉠ **전치주의** : 재정신청을 하려면 검찰청법 제10조에 따른 항고를 거쳐야 한다. 다만, 다음의 어느 하나에 해당하는 경우에는 그러하지 아니하다(법 제260조 제2항).
   • 항고 이후 재기수사가 이루어진 다음에 다시 공소를 제기하지 아니한다는 통지를 받은 경우
   • 항고 신청 후 항고에 대한 처분이 행하여지지 아니하고 3개월이 경과한 경우
   • 검사가 공소시효 만료일 30일 전까지 공소를 제기하지 아니하는 경우
  ㉡ **재정신청의 기간** : 재정신청을 하려는 자는 항고기각 결정을 통지받은 날 또는 사유가 발생한 날부터 10일 이내에 지방검찰청검사장 또는 지청장에게 재정신청서를 제출하여야 한다. 다만, 검사가 공소시효 만료일 30일 전까지 공소를 제기하지 아니하는 경우에는 공소시효 만료일 전날까지 재정신청서를 제출할 수 있다(법 제260조 제3항).
  ㉢ **재정신청서 기재사항** : 재정신청서에는 재정신청의 대상이 되는 사건의 범죄사실 및 증거 등 재정신청을 이유있게 하는 사유를 기재하여야 한다(법 제260조 제4항).
  ㉣ **재정신청의 효력**
   • 재정신청이 있으면 재정결정이 확정될 때까지 공소시효의 진행이 정지된다

관련 판례
검사의 불기소처분 당시에 공소시효가 완성되어 공소권이 없는 경우에는 위 불기소처분에 대한 재정신청은 허용되지 않는다(대결 90모34).

내사종결처리의 재정신청
내사종결처리는 불기소처분이 아니므로 재정신청의 대상이 아님

관련 판례
재정신청 제기기간이 경과된 후에 재정신청보충서를 제출하면서 원래의 재정신청에 재정신청 대상으로 포함되어 있지 않은 고발사실을 재정신청의 대상으로 추가한 경우, 그 재정신청보충서에서 추가한 부분에 관한 재정신청은 법률상 방식에 어긋난 것으로서 부적법하다(대결 97모30).

(법 제262조의4 제1항).
- 재정신청은 대리인에 의하여 할 수 있으며 공동신청권자 중 1인의 신청은 그 전원을 위하여 효력을 발생한다(법 제264조 제1항).

ⓜ 재정신청의 취소
- 재정신청은 결정이 있을 때까지 취소할 수 있다. 취소한 자는 다시 재정신청을 할 수 없다(법 제264조 제2항).
- 취소는 다른 공동신청권자에게 효력을 미치지 아니한다(법 제264조 제3항).

ⓑ 지방검찰청검사장 등의 처리 : 재정신청서를 제출받은 지방검찰청검사장 또는 지청장은 재정신청서를 제출받은 날부터 7일 이내에 재정신청서·의견서·수사 관계 서류 및 증거물을 관할 고등검찰청을 경유하여 관할 고등법원에 송부하여야 한다. 다만, 검찰전치주의를 거치지 않아도 되는 경우에는 지방검찰청검사장 또는 지청장은 다음의 구분에 따른다(법 제261조).
- 신청이 이유 있는 것으로 인정하는 때에는 즉시 공소를 제기하고 그 취지를 관할 고등법원과 재정신청인에게 통지한다.
- 신청이 이유 없는 것으로 인정하는 때에는 30일 이내에 관할 고등법원에 송부한다.

④ 심리와 결정
㉠ 신청인에게 통지 : 법원은 재정신청서를 송부받은 때에는 송부 받은 날부터 10일 이내에 피의자에게 그 사실을 통지하여야 한다(법 제262조 제1항).
㉡ 결정 : 법원은 재정신청서를 송부받은 날부터 3개월 이내에 항고의 절차에 준하여 다음의 구분에 따라 결정한다. 이 경우 필요한 때에는 증거를 조사할 수 있다(법 제262조 제2항).
- 신청이 법률상의 방식에 위배되거나 이유 없는 때에는 신청을 기각한다.
- 신청이 이유 있는 때에는 사건에 대한 공소제기를 결정한다.
㉢ 심리의 비공개 : 재정신청사건의 심리는 특별한 사정이 없는 한 공개하지 아니한다(법 제262조 제3항).
㉣ 결정에 대한 즉시항고 : 결정에 대하여는 기각의 경우 즉시항고를 할 수 있고, 공소제기의 결정에 대하여는 불복할 수 없다. 기각의 결정이 확정된 사건에 대하여는 다른 중요한 증거를 발견한 경우를 제외하고는 소추할 수 없다(법 제262조 제4항).
㉤ 검사의 공소제기 : 재정결정서를 송부받은 관할 지방검찰청 검사장 또는 지청장은 지체 없이 담당 검사를 지정하고 지정받은 검사는 공소를 제기하여야 한다(법 제262조 제6항).

> **관련 판례** 공소제기결정과 재항고의 불허
>
> 공소제기결정에 잘못이 있는 경우에는 그 공소제기에 따른 본안사건의 절차가 개시되어 본안사건 자체의 재판을 통하여 대법원의 최종적인 판단을 받는 길이 열려 있으므로, 이와 같은 공소제기의 결정에 대한 재항고를 허용하지 않는다고 하여 재판에 대하여 최종적으로 대법원의 심사를 받을 수 있는 권리가 침해되는 것은 아니고, 따라서 공소제기결정에 대하여는 법 제415조의 재항고가 허용되지 않는다고 보아야 한다(대결 2012모1090).

SEMI-NOTE

관련 판례
공소를 제기하지 아니하는 검사의 처분의 당부에 관한 재정신청이 있는 경우에 법원은 검사의 무혐의 불기소처분이 위법하다 하더라도 기록에 나타난 여러 가지 사정을 고려하여 기소유예의 불기소처분을 할 만한 사건이라고 인정되는 경우에는 재정신청을 기각할 수 있다(대결 97모30).

결정의 송부
법원은 결정을 한 때에는 즉시 그 정본을 재정신청인·피의자와 관할 지방검찰청검사장 또는 지청장에게 송부하여야 한다. 이 경우 공소제기의 결정을 한 때에는 관할 지방검찰청검사장 또는 지청장에게 사건기록을 함께 송부하여야 한다(법 제262조 제5항).

| SEMI-NOTE |

관련 서류, 증거물의 열람 및 등사 여부
- 재정신청사건의 심리 중에는 관련 서류 및 증거물을 열람 또는 등사(謄寫)할 수 없음
- 다만, 법원은 증거조사과정에서 작성된 서류의 전부 또는 일부의 열람 또는 등사를 허가할 수 있음

재정신청과 헌법소원
재정신청을 제기할 수 있는 자는 헌법소원을 청구할 수 없고, 피해자이지만 고소하지 않은 자는 검찰항고나 재정신청을 제기할 수 없으므로 헌법소원을 청구할 수 있음

검사의 내사종결처리
검사의 내사종결처리는 공권력의 행사에 해당하지 않아 헌법소원의 대상이 되지 않음

헌법소원 청구의 효과
- 인용결정 : 헌법소원을 인용할 때에는 인용결정서의 주문에 침해된 기본권과 침해의 원인이 된 공권력의 행사 또는 불행사를 특정하여야 한다(헌법재판소법 제75조 제2항).
- 인용결정의 효력 : 헌법재판소는 기본권 침해의 원인이 된 공권력의 행사를 취소하거나 그 불행사가 위헌임을 확인할 수 있다(헌법재판소법 제75조 제3항).

ⓗ 공소취소의 제한 : 공소제기의 결정이 있는 때에는 공소시효에 관하여 그 결정이 있는 날에 공소가 제기된 것으로 본다(법 제262조의4 제2항).

⑤ 비용부담 등
 ㉠ 법원은 재정신청기각의 결정 또는 재정신청의 취소가 있는 경우에는 결정으로 재정신청인에게 신청절차에 의하여 생긴 비용의 전부 또는 일부를 부담하게 할 수 있다(법 제262조의3 제1항).
 ㉡ 법원은 직권 또는 피의자의 신청에 따라 재정신청인에게 피의자가 재정신청절차에서 부담하였거나 부담할 변호인선임료 등 비용의 전부 또는 일부의 지급을 명할 수 있다(법 제262조의3 제2항).

(3) 헌법소원

① 헌법소원의 의의 : 공권력의 행사 또는 불행사로 인하여 헌법상 보장된 기본권을 침해받은 자는 헌법상 보장된 국민의 기본권이 침해된 경우에 헌법재판소에 제소하여 그 침해된 기본권의 구제를 청구하는 제도

② 헌법소원의 절차
 ㉠ 청구권자 : 헌법상 기본권을 직접 침해받은 자로 고소하지 않은 범죄피해자, 피의자이다. 고소된 범죄피해자는 검찰항고와 재정신청을 할 수 있어 헌법소원이 허용되지 않음. 피의자인 경우 검사의 기소유예에 대하여 헌법소원을 청구할 수 있음

> **관련 판례** 피의자의 헌법소원심판의 청구
> 범죄피해자는 그가 고소를 제기한 바 없었어도 검사의 불기소처분에 대하여 헌법소원심판을 청구할 자격이 있는 한편, 그는 고소인이 아니므로 불기소처분에 대하여 검찰청법에 정한 항고, 재항고의 제기에 의한 구제를 받을 방법이 없고, "고소권자로서 고소한 자"에 해당하지 않아 형사소송법 제260조 제1항 소정의 재정신청 절차를 취할 수도 없으므로 곧바로 헌법소원심판을 청구할 수 있다(헌재 2008헌마399).

 ㉡ 청구의 대상
  - 공권력의 행사 또는 불행사
  - 검사의 불기소처분
  - 기소유예와 기소중지
 ㉢ 청구절차
  - 청구기간 : 헌법소원의 심판은 그 사유가 있음을 안 날부터 90일 이내에, 그 사유가 있는 날부터 1년 이내에 청구하여야 한다. 다만, 다른 법률에 따른 구제절차를 거친 헌법소원의 심판은 그 최종결정을 통지받은 날부터 30일 이내에 청구하여야 한다(헌법재판소법 제69조 제1항).
  - 청구와 공소시효 : 헌법소원심판이 청구되더라도 심판대상인 피의사실에 대한 공소시효는 정지되지 아니하므로 헌법소원심판청구 후 공소시효가 완성된 경우에도 그 심판청구는 권리보호의 이익이 없다(헌재 2003헌마882).

3. 공소제기 후의 수사

(1) 개념

수사결과, 검사가 피의자의 혐의를 인정하여 공소를 제기하면 수사는 종결됨. 그러나 공소제기 후에도 공소유지 또는 공소유지 여부를 결정하기 위하여 수사를 할 필요성이 있음

(2) 공소제기 후 강제수사

① 피고인 구속 : 공소제기 후의 피고인 구속은 법원의 권한에 속하므로 수사기관은 피고인을 구속할 수 없고 법원이 구속한다(법 제70조).

② 압수, 수색, 검증 : 공소제기 후 사건은 법원에 계속되므로 압수, 수색, 검증도 법원의 권한에 속한다. 따라서 수사기관에 의한 압수, 수색, 검증은 허용되지 않음

> **관련 판례** 압수 · 수색과 유죄 증거 판단여부
>
> 형사소송법은 제215조에서 검사가 압수 · 수색 영장을 청구할 수 있는 시기를 공소제기 전으로 명시적으로 한정하고 있지는 아니하나, 헌법상 보장된 적법절차의 원칙과 재판받을 권리, 공판중심주의 · 당사자주의 · 직접주의를 지향하는 현행 형사소송법의 소송구조, 관련 법규의 체계, 문언 형식, 내용 등을 종합하여 보면, 일단 공소가 제기된 후에는 피고사건에 관하여 검사로서는 형사소송법 제215조에 의하여 압수 · 수색을 할 수 없다고 보아야 하며, 그럼에도 검사가 공소제기 후 형사소송법 제215조에 따라 수소법원 이외의 지방법원 판사에게 청구하여 발부받은 영장에 의하여 압수 · 수색을 하였다면, 그와 같이 수집된 증거는 기본적 인권 보장을 위해 마련된 적법한 절차에 따르지 않은 것으로서 원칙적으로 유죄의 증거로 삼을 수 없다(대판 2009도10412).

③ 예외 : 피고인에 대한 구속영장을 집행하는 수사기관은 체포현장에서 영장없이 압수, 수색, 검증을 할 수 있고 피의자 기타인의 유류한 물건이나 소유자, 소지자 또는 보관자가 임의로 제출한 물건을 영장없이 압수할 수 있다(법 제216조, 제218조).

(3) 공소제기 후 임의수사

① 피고인조사 : 검사작성의 피고인에 대한 진술조서가 공소제기 후에 작성된 것이라는 이유만으로는 곧 그 증거능력이 없다고 할 수 없다(대판 84도1646).

② 참고인 조사 : 형사소송법 제316조 제2항은 "피고인 아닌 자의 공판준비 또는 공판기일에서의 진술이 피고인 아닌 타인의 진술을 그 내용으로 하는 것인 때에는 원진술자가 사망, 질병, 외국거주, 소재불명, 그 밖에 이에 준하는 사유로 인하여 진술할 수 없고, 그 진술이 특히 신빙할 수 있는 상태하에서 행하여졌음이 증명된 때에 한하여 이를 증거로 할 수 있다"고 규정하고 있고, 같은 조 제1항에 따르면 위 '피고인 아닌 자'에는 공소제기 전에 피고인 아닌 타인을 조사하였거나 그 조사에 참여하였던 자(이하 '조사자'라고 한다)도 포함된다. 따라서 조사자의 증언에 증거능력이 인정되기 위해서는 원진술자가 사망, 질병, 외국거주, 소재불명, 그 밖에 이에 준하는 사유로 인하여 진술할 수 없어야 하는 것이라서, 원진술자가 법정에 출석하여 수사기관에서 한 진술을 부인하는 취지로 증언한 이상 원진술자의 진술을 내용으로 하는 조사자의 증언은 증거능력이 없다(대판 2008도6985).

SEMI-NOTE

공소제기 후 수사의 인정
공소제기 후 수사는 법원의 심리(審理)에 영향을 줄 수 있고, 피고인의 당사자적 지위를 위협할 수 있어 무제한 허용할 수 있는 것이 아님

수소법원(受訴法院)
특정 사건의 판결 절차가 현재, 과거, 앞으로 계속될 법원으로 판결절차 이외에 증거 보전, 가압류, 가처분 등에 대한 직무를 행함

감정, 통역, 번역의 위촉 과 공무소 조회
감정, 통역, 번역의 위촉 과 공무소 조회는 임의수사로 공소제기 후에도 인정됨

9급공무원
형사소송법개론

나두공

03장 증거

01절 증거의 의의와 종류

02절 증명의 기본원칙

03절 자백배제법칙

04절 위법수집증거배제법칙

05절 전문법칙

06절 증거동의

07절 탄핵증거

08절 자백의 보강법칙

09절 공판조서의 증명력

03장 증거

SEMI-NOTE

증명
자료가 증거이고, 증거를 통해 사실관계의 존부를 법관이 심증을 형성하거나 또는 소송관계인이 법관으로 심증을 형성하게 하는 것

증거재판주의
사실의 인정은 증거에 의하여야 한다 (법 제307조 제1항).

01절 증거의 의의와 종류

1. 증거의 의의

(1) 증거의 개념

① 증거 : 사실인정에 사용되는 객관적인 자료로 법관의 자의적인 심증형성에 따른 사실을 인정해서는 안 되는 것이므로 객관적인 자료를 기초로 해야 함
② 증거방법과 증거자료 : 증거는 증거방법과 증거자료를 포함하는 개념
  ㉠ 증거방법 : 증거로 사용되는 유형물 자체로 피고인, 증인, 증거물 등
  ㉡ 증거자료 : 증거방법으로 조사하여 알게 된 내용을 말하는 것으로 자백, 증언, 증거물의 성질, 형상 등
③ 증거법의 이념 : 증거법의 이념은 실체적 진실의 발견으로 증거법은 사실을 합리적으로 인정하기 위한 제도

(2) 증거의 종류

① 직접증거와 간접증거
  ㉠ 직접증거 : 범죄사실을 직접 증명하는데 사용되는 증거로 피고인의 자백, 범행목격자의 증언 등
  ㉡ 간접증거 : 범죄사실을 간접적으로 추인하게 하는 증거로 정황증거라고 하며 범죄현장에서 채취된 피고인의 지문, 상해사건의 진단서, 피고인 옷에 묻은 피해자의 혈흔 등
  ㉢ 증거의 증명력은 법관의 자유판단에 의하므로(법 제308조) 직접증거와 간접증거 간의 증명력에는 우열이 없음

> **관련 판례** 상해사건의 증거
>
> 상해사건의 경우 상처를 진단한 의사의 진술이나 진단서는 폭행, 상해 등의 사실자체에 대한 직접적인 증거가 되는 것은 아니고, 다른 증거에 의하여 폭행, 상해의 가해행위가 인정되는 경우에 그에 대한 상해의 부위나 정도의 점에 대한 증거가 된다 할 것이므로 의사의 진술이나 그가 작성한 진단서는 의사로서 피해자를 진찰한 결과 외력에 의하여 상처가 있었다는 소견을 나타낸데 불과하고 그것만으로 상해의 원인이 피고인의 폭행에 의한 것이라고 단정할 수 없다(대판 82도3021).

② 인증, 물증, 서증
  ㉠ 인증 : 사람의 구두진술이 증거가 되는 것으로 인적증거 또는 구술증거라고도 하며 증인의 증언, 감정인의 감정, 피고인의 자백 및 진술 등
  ㉡ 물증 : 물건의 존재 및 성질과 형상이 증거가 되는 것으로 물적증거 또는 증거물이라 하며 범행에 사용된 흉기, 장물, 지문 등

ⓒ 서증 : 증거물인 서면과 증거서류로 구분
- 증거물인 서면 : 서류의 존재나 의미 및 내용이 증거가 되는 것으로 위조죄에 있어서 위조문서, 손괴죄에 있어서 손괴문서, 협박죄에 있어서 협박문서, 명예훼손죄에 있어서 명예훼손문서 등
- 증거서류 : 서류의 존재 자체가 증거가 되지 아니하나 서류의 의미, 내용이 증거가 되는 것으로 증인신문조서, 검증조서, 법관작성 공판조서 등

관련 판례 증거물인 서면

본래 증거물이지만 증거서류의 성질도 가지고 있는 이른바 '증거물인 서면'을 조사하기 위해서는 증거서류의 조사방식인 낭독·내용고지 또는 열람의 절차와 증거물의 조사방식인 제시의 절차가 함께 이루어져야 하므로, 원칙적으로 증거신청인으로 하여금 그 서면을 제시하면서 낭독하게 하거나 이에 갈음하여 그 내용을 고지 또는 열람하도록 하여야 한다(대판 2013도2511).

③ 본증과 반증
  ㉠ 본증 : 거증책임을 부담하는 당사자가 제출하는 증거로 형사소송의 거증책임은 검사가 부담하므로 검사가 제출하는 증거가 본증
  ㉡ 반증 : 본증의 의하여 증명될 사실을 부정하기 위하여 그에 반대되는 근거를 들어 증명하는 증거로 피고인이 제출하는 증거

실력up 피고인에게 거증책임이 있는 경우

예외적으로 피고인에게 거증책임이 있는 경우 피고인이 제출하는 증거가 본증

④ 진술증거와 비진술증거
  ㉠ 진술증거 : 사람의 진술내용이 증거가 되는 것으로 구두로 진술하는 진술증거와 서면에 의한 진술증거가 있으며 피고인의 자백, 증인의 증언, 진술서, 피의자신문조서 등
  ㉡ 비진술증거 : 진술증거 외의 서증, 물증으로 흉기, 장물, 지문 등
⑤ 실질증거와 보조증거
  ㉠ 실질증거 : 범죄사실의 존부를 증명하는데 사용되는 증거로 범행을 목격한 증인의 증언이 해당
  ㉡ 보조증거 : 실질증거와 증명력을 다투거나 보강하기 위한 증거로 보강증거와 탄핵증거로 나눔
    - 보강증거 : 실질증거를 보강하기 위한 보조증거
    - 탄핵증거 : 실질증거의 증명력을 다투기 위한 보조증거

2. 증거능력과 증명력

(1) 증거능력

① 개념 : 엄격한 증명의 자료로 사용될 수 있는 법률상의 자격으로 증거능력이 없

SEMI-NOTE

증거서류에 대한 조사방식
증거서류에 대한 증거조사방법은 원칙적으로 낭독이다. 즉 검사, 피고인 또는 변호인의 신청에 따라 증거서류를 조사하는 때에는 신청인이 이를 낭독하여야 한다. 법원이 직권으로 증거서류를 조사하는 때에는 소지인 또는 재판장이 이를 낭독하여야 한다(법 제292조 제1항, 제2항).

거증책임
거증책임은 소송상 어느 사항이 증명되지 않기 때문에 자기에게 불이익한 판단을 받을 우려가 있는 당사자가 그 불이익을 면하기 위하여 당해 사실을 증명할 증거를 제출해야 할 부담을 말하며 입증책임임

진술증거와 비진술증거의 차이
진술증거는 전문법칙이 적용되고, 비진술증거는 전문법칙이 적용되지 않음

는 증거는 사실인정의 자료가 될 수 없는데 증거능력은 법률에 의하여 형식적으로 규정되어 있기 때문임

② 증거능력과 관련된 증거법칙
- ⊙ **증거재판주의** : 사실의 인정은 증거에 의하여야 한다(법 제307조 제1항)고 하여 증거능력이 없는 증거는 사실인정의 자료가 될 수 없으며 법관의 자유심증은 허용되지 않음
- ⓒ **자백배제법칙** : 피고인의 자백이 고문, 폭행, 협박, 신체구속의 부당한 장기화 또는 기망 기타의 방법으로 임의로 진술한 것이 아니라고 의심할 만한 이유가 있는 때에는 이를 유죄의 증거로 하지 못한다(법 제309조)고 하여 임의성에 의심이 있는 자백의 증거능력 배제
- ⓒ **위법수집증거배제법칙** : 적법한 절차에 따르지 아니하고 수집한 증거는 증거로 할 수 없다(법 제308조의2)고 하여 위법하게 수집된 증거의 증거능력 배제
- ⓔ **당사자의 동의와 증거능력** : 검사와 피고인이 증거로 할 수 있음을 동의한 서류 또는 물건은 진정한 것으로 인정한 때에는 증거로 할 수 있다(법 제318조 제1항)고 하여 당사자가 동의하면 증거능력 인정
- ⓜ **전문법칙** : 공판준비 또는 공판기일에서의 진술에 대신하여 진술을 기재한 서류나 공판준비 또는 공판기일 외에서의 타인의 진술을 내용으로 하는 진술(전문증거)은 이를 증거로 할 수 없다(법 제310조의2).

(2) 증명력

① **개념** : 증거가 가지는 실질적인 가치로 신빙성 또는 증거가치라고도 하며, 증거의 증명력은 법관의 자유판단에 의한다(법 제308조).

② 증명력과 관련 있는 증거법칙
- ⊙ **자유심증주의** : 증거의 증명력은 법관의 자유판단에 의한다(법 제308조).
- ⓒ **자백의 보강법칙** : 피고인의 자백이 그 피고인에게 불이익한 유일의 증거인 때에는 이를 유죄의 증거로 하지 못한다(법 제310조).
- ⓒ **탄핵증거** : 진술증거의 증명력을 탄핵하기 위하여 제출하는 증거이다(법 제318조의2 제1항).
- ⓔ **공판조서의 증명력** : 공판기일의 소송절차로서 공판조서에 기재된 것은 그 조서만으로써 증명한다(법 제56조).

> **실력UP 공판조서의 증명력**
>
> 공판조서에 기재된 소송절차에 관한 사항은 증명력이 인정됨

(3) 증거능력과 증명력의 관계

증명력은 법관의 자유판단에 의하고(법 제308조), 증거능력은 법률에 형식적으로 규정되어 있음

관련 판례

피고인이 피의자신문조서에 기재된 피고인의 진술의 임의성을 다투면서 그것이 허위자백이라고 다투는 경우, 법원은 구체적인 사건에 따라 피고인의 학력, 경력, 직업, 사회적 지위, 지능정도, 진술의 내용, 피의자신문조서의 경우 그 조서의 형식 등 제반 사정을 참작하여 자유로운 심증으로 위 진술이 임의로 된 것인지의 여부를 판단하면 된다(대판 2007도4959).

02절 증명의 기본원칙

1. 증거재판주의

(1) 증거재판주의의 의의

① **의의** : 사실의 인정은 증거에 의하여야 한다(법 제307조 제1항). 또한 범죄사실의 인정은 합리적인 의심이 없는 정도의 증명에 이르러야 한다(법 제307조 제2항).

> **관련 판례** 증거능력
>
> 구성요건에 해당하는 사실은 엄격한 증명에 의하여 이를 인정하여야 하고, 증거능력이 없는 증거는 구성요건 사실을 추인하게 하는 간접사실이나 구성요건 사실을 입증하는 직접증거의 증명력을 보강하는 보조사실의 인정자료로도 사용할 수 없다(대판 2008도7112).

② **엄격한 증명과 자유로운 증명**
- ㉠ **엄격한 증명** : 증거재판주의의 원칙상 주요사실은 증거능력이 있고, 정식의 증거조사를 거친 증거에 의하여야 한다는 증명
- ㉡ **자유로운 증명** : 주요 사실 이외의 사실은 증거능력이 있는 증거에 의하지 않거나 정식의 증거조사에 의하지 아니하고 증명하는 것
- ㉢ 범죄사실의 인정은 합리적인 의심이 없는 정도의 증명에 이르러야 한다(법 제307조 제2항).

> **관련 판례** 범죄사실의 인정
>
> 형사재판에서 범죄사실의 인정은 법관으로 하여금 합리적인 의심을 할 여지가 없을 정도의 확신을 가지게 하는 증명력을 가진 엄격한 증거에 의하여야 하므로, 검사의 증명이 위와 같은 확신을 가지게 하는 정도에 충분히 이르지 못한 경우에는 비록 피고인의 주장이나 변명이 모순되거나 석연치 않은 면이 있는 등 유죄의 의심이 간다고 하더라도 피고인의 이익으로 판단하여야 한다(대판 2012도231).

③ **증명과 소명**
- ㉠ **증명** : 범죄사실의 인정은 합리적인 의심이 없는 정도의 증명
- ㉡ **소명** : 법관이 대략 납득 또는 수긍할 정도의 입증
- ㉢ **소명절차** : 소명절차에 관한 명문의 규정이 없으므로 법원이 적당하다고 인정하는 방법으로 하면 되고 엄격한 증명과 같은 형식이나 방식으로 하지 않아도 됨
- ㉣ **소명대상** : 기피사유(법 제19조 제2항), 증언거부사유(법 제150조), 정식재판청구권회복청구사유(법 제458조), 증거보전청구사유(법 제184조), 증인신문청구사유(법 제221조의2 제3항) 등

(2) 엄격한 증명의 대상

① **범죄사실** : 공소장에 기재된 범죄사실은 엄격한 증명의 대상이 됨

관련 판례

살인죄 등과 같이 법정형이 무거운 범죄의 경우에도 직접증거 없이 간접증거만으로 유죄를 인정할 수 있으나, 그러한 유죄 인정에는 공소사실에 대한 관련성이 깊은 간접증거들에 의하여 신중한 판단이 요구되므로, 간접증거에 의하여 주요사실의 전제가 되는 간접사실을 인정할 때에는 증명이 합리적인 의심을 허용하지 않을 정도에 이르러야 하고, 하나하나의 간접사실 사이에 모순, 저촉이 없어야 하는 것은 물론 간접사실이 논리와 경험칙, 과학법칙에 의하여 뒷받침되어야 한다(대판 2011도1902).

SEMI-NOTE

고의
고의에 관하여는 자유로운 증명으로도 족하다는 판례와 엄격한 증명의 대상이라는 판례가 혼재함

파산범죄
파산범죄에 있어서 파산선고의 확정, 사전수뢰죄에서 공무원이 된 사실, 친족상도례가 적용되는 재산범죄에서 일정한 친족관계의 존부사실은 엄격한 증명의 대상이 됨

㉠ 구성요건해당사실
- 객관적 구성요건요소 : 주체, 객체, 행위, 결과, 인과관계, 수단, 방법 등 엄격한 증명의 대상
- 주관적 구성요건요소 : 고의, 과실, 목적, 불법영득의사 등 엄격한 증명의 대상

> **관련 판례** 범죄의 상습성
>
> 범죄의 상습성이란 범죄자의 어떤 버릇, 범죄의 경향을 의미하는 것으로서 행위의 본질을 이루는 성질이 아니고 행위자의 특성을 이루는 성질을 의미하는 것이므로, 상습성의 유무는 행위자의 연령·성격·직업·환경·전과, 범행의 동기·수단·방법 및 장소, 전에 범한 범죄와의 시간적 간격, 그 범행의 내용과 유사성 등 여러 사정을 종합하여 판단하여야 하는 것이다(대판 2007도3820).

> **관련 판례** 뇌물수수의 범의
>
> 뇌물수수죄에서 공무원의 직무에 관하여 수수하였다는 범의를 인정하기 위해서는 엄격한 증명이 요구되지만, 피고인이 금품 등을 수수한 사실을 인정하면서도 범의를 부인하는 경우에는, 범의와 상당한 관련성이 있는 간접 사실을 증명하는 방법에 의하여 이를 입증할 수밖에 없는데, 간접 사실에 비추어 수수하는 금품이 공무원의 직무에 대한 대가로서의 성질을 가진다는 사정을 피고인이 미필적으로라도 인식하면서 묵인한 채 이를 수수한 것으로 볼 수 있다면 뇌물수수의 범의는 충분히 인정된다(대판 2017도11616).

㉡ 위법성과 책임에 관한 사실 : 구성요건해당사실이 증명되면 위법성과 책임이 추정되지만 피고인이 위법성조각사유 또는 책임조각사유를 주장하는 경우 엄격한 증명의 대상이 됨

> **관련 판례** 심신장애의 유무 및 정도의 판단
>
> 형법 제10조에 규정된 심신장애의 유무 및 정도의 판단은 법률적 판단으로서 반드시 전문감정인의 의견에 기속되어야 하는 것은 아니고, 정신질환의 종류와 정도, 범행의 동기, 경위, 수단과 태양, 범행 전후의 피고인의 행동, 반성의 정도 등 여러 사정을 종합하여 법원이 독자적으로 판단할 수 있다(대판 2007도8333).

㉢ 처벌조건 : 형벌권 발생의 기초가 되는 사실이 처벌조건이므로 엄격한 증명의 대상이 됨

㉣ 형의 가중·감면이 이유되는 사실 : 형의 가중·감면이 이유되는 사실은 범죄사실 그 자체는 아니지만 범죄사실에 준하는 엄격한 증명의 대상이 되는 것으로 누범, 중지미수, 방조범 등이다. 몰수와 추징은 자유로운 증명의 대상으로 봄

> **관련 판례** 몰수·추징의 사유
>
> 몰수대상이 되는지 여부나 추징액의 인정 등 몰수·추징의 사유는 범죄구성요건 사실에 관한 것이 아니어서 엄격한 증명은 필요 없지만 역시 증거에 의하여 인정되어야 한다(대판 2005도9858).

③ 간접사실 : 범죄성립에 관한 주요사실의 존부를 간접적으로 추인하게 하는 사실로 엄격한 증명의 대상임
④ 법규의 존재와 경험칙
  ㉠ 법규의 존재와 내용은 엄격한 증명의 대상이 되지 아니하나 외국법, 관습법, 자치법규는 엄격한 증명의 대상이 됨
  ㉡ 경험칙은 사실판단의 전제가 되는 지식으로 일반적인 경험법칙은 증명을 요하지 아니하나 특정한 사람에게만 알려진 특별한 경험법칙은 엄격한 증명의 대상이 됨

(3) 자유로운 증명의 대상

① 소송법적 사실 : 범죄사실이 아니기 때문에 자유로운 증명으로 족함. 고소의 유무, 각종 소송조건의 존부, 피고인의 구속기간, 공소제기, 자백의 임의성의 기초가 되는 사실 등
② 양형 관계사실 : 양형의 기초가 되는 정상관계 사실은 비유형적이고 법관의 재량에 속하므로 자유로운 증명의 대상이 됨. 범인의 연령·성행·지능·환경, 피해자에 대한 관계, 범행의 동기·수단·결과, 범행 후의 정황, 선고유예·집행유예의 사유가 되는 사실 등

> **관련 판례** 자유로운 증명의 대상
> 친고죄에서 적법한 고소가 있었는지는 자유로운 증명의 대상이 되고, 일죄의 관계에 있는 범죄사실 일부에 대한 고소의 효력은 일죄 전부에 대하여 미친다(대판 2011도4451).

> **관련 판례** 임의성의 유무
> 피고인의 검찰 진술의 임의성의 유무가 다투어지는 경우, 법원은 구체적인 사건에 따라 피고인의 학력, 경력, 직업, 사회적 지위, 지능 정도, 진술의 내용, 피의자신문조서의 형식 등 제반 사정을 참작하여 자유로운 심증으로 위 진술이 임의로 된 것인지의 여부를 판단하면 된다(대판 2003도8077).

③ 보조사실 : 증거의 증명력에 영향을 미치는 사실로 증거의 증명력을 탄핵하는 사실은 자유로운 증명으로 족하지만 증명력을 보강하는 사실은 엄격한 증명력을 요함

(4) 불요증사실

① 개념 : 그 성질에 비추어 증명이 필요없는 사실
② 공지의 사실 : 보통의 지식과 경험있는 사람이면 누구나 아는 사실
③ 사실상 추정된 사실 : A라는 사실이 있으면 논리와 경험칙에 의하여 사실상 B라는 사실이 추정되는 것으로 구성요건해당성이 인정되면 사실상 위법성과 책임성이 추정된다는 것
④ 거증금지사실 : 소송법적 이익보다 초소송법적 이익이 크기 때문에 증명이 금지

SEMI-NOTE

관련 판례
구성요건에 해당하는 사실은 엄격한 증명에 의하여 이를 인정하여야 하고, 증거능력이 없는 증거는 구성요건 사실을 추인하게 하는 간접사실이나 구성요건 사실을 입증하는 직접증거의 증명력을 보강하는 보조사실의 인정자료로도 사용할 수 없다(대판 2008도2344).

불요증사실
불요증사실은 엄격한 증명도 자유로운 증명도 필요로 하지 않는 사실임

된 사실로 공무원의 증언거부권이 이에 해당

> **법 령** 형사소송법
>
> 제147조(공무상 비밀과 증인자격) ① 공무원 또는 공무원이었던 자가 그 직무에 관하여 알게 된 사실에 관하여 본인 또는 당해 공무소가 직무상 비밀에 속한 사항임을 신고한 때에는 그 소속공무소 또는 감독관공서의 승낙 없이는 증인으로 신문하지 못한다.

(5) 거증책임

① **의의** : 요증사실의 존부가 증명되지 않을 경우 불이익을 받게 될 당사자의 지위
② **거증책임의 분배** : 무죄추정의 원칙과 의심스러울 때에는 피고인의 이익으로(in dubio pro reo) 원칙이 적용되므로 거증책임은 검사가 부담
  ㉠ **공소범죄사실** : 공소범죄사실에 대한 거증책임은 검사에게 있고, 구성요건해당성, 위법성, 책임성에 대한 거증책임도 검사가 부담
  ㉡ **처벌조건** : 인적처벌조각사유, 객관적 처벌조건에 관한 거증책임은 검사가 부담
  ㉢ **형의 가중, 감면사유** : 형의 가중이나 감면의 이유가 되는 사실에 대한 거증책임은 검사가 부담
  ㉣ **소송조건의 존재** : 소송조건은 공소제기의 적법 · 유효요건으로 소송조건의 존부에 대한 거증책임은 검사가 부담
  ㉤ **증거능력의 전제가 되는 사실** : 증거능력의 전제가 되는 사실에 대한 거증책임은 검사가 부담
③ **거증책임의 전환** : 거증책임은 원칙적으로 검사가 부담하지만 예외적으로 피고인이 부담하는 경우를 말함
  ㉠ **상해죄의 동시범특례** : 상해죄의 동시범에 관하여 형법은 독립행위가 경합하여 상해의 결과를 발생하게 한 경우에 있어서 원인된 행위가 판명되지 아니한 때에는 공동정범의 예에 의한다(형법 제263조)고 하여 자기의 행위로 인하여 상해가 발생하지 않았다는 것을 증명하지 않으면 공동정범으로 처벌하므로 거증책임이 피고인에게 있다는 것
  ㉡ **명예훼손죄의 진실성과 공공성 증명** : 명예훼손죄의 진실성과 공공성 증명에 관한 형법은 진실한 사실로서 오로지 공공의 이익에 관한 때에는 처벌하지 아니한다(형법 제310조)고 하여 거증책임이 피고인에게 있다는 것이 판례의 입장

> **관련 판례** 명예훼손죄의 공공성 증명
>
> 공연히 사실을 적시하여 사람의 명예를 훼손한 행위가 형법 제310조의 규정에 따라서 위법성이 조각되어 처벌 대상이 되지 않기 위하여는 그것이 진실한 사실로서 오로지 공공의 이익에 관한 때에 해당된다는 점을 행위자가 증명하여야 하는 것이고, 법원이 적법하게 증거를 채택하여 조사한 다음 형법 제310조 소정의 위법성조각사유의 요건이 입증되지 않는다면 그 불이익은 피고인이 부담하는 것이다(대판 2004도1497).

관련 판례

형사재판에서 공소가 제기된 범죄사실에 대한 증명책임은 검사에게 있고, 유죄의 인정은 법관으로 하여금 합리적인 의심을 할 여지가 없을 정도로 공소사실이 진실한 것이라는 확신을 가지게 하는 증명력을 가진 증거에 의하여야 하므로, 그와 같은 증거가 없다면 설령 피고인에게 유죄의 의심이 간다 하더라도 피고인의 이익으로 판단할 수밖에 없다(대판 2009도1151).

2. 자유심증주의

(1) 자유심증주의의 의의

증거의 증명력은 법관의 자유판단에 의한다(법 제308조)고 하여 증거의 증명력을 적극적 또는 소극적으로 법률에 규정하지 않고 법관의 자유로운 판단에 맡긴다는 것이 자유심증주의임

(2) 자유심증주의의 내용

① **자유판단의 주체** : 증거의 증명력은 법관의 자유판단에 의하므로 자유판단의 주체는 개개의 법관이고 합의부인 경우 구성원인 법관 각자 증거의 증명력을 판단
② **자유판단의 대상** : 자유판단의 대상은 증거의 증명력으로 증명력은 증거가 가지는 실질적인 가치로서 신용력과 협의 증명력을 포함하는 개념
③ **자유판단의 의미** : 자유심증은 법관이 증명력을 어떤 법적 제한을 받지 않고 자신의 주관적 확신에 따라 자유롭게 판단하는 것
  ㉠ **자백** : 피고인이 자백한 경우 법관은 다른 사실을 인정할 수 있고 공판정에서 피고인이 부인해도 자백을 믿을 수 있음

> **관련 판례** 자백
>
> 검찰에서의 피고인의 자백이 법정진술과 다르다거나 피고인에게 지나치게 불리한 내용이라는 사유만으로는 그 자백의 신빙성이 의심스럽다고 할 수는 없는 것이고, 자백의 신빙성 유무를 판단할 때에는 자백의 진술 내용 자체가 객관적으로 합리성을 띠고 있는지, 자백의 동기나 이유가 무엇이며, 자백에 이르게 된 경위는 어떠한지 그리고 자백 이외의 정황증거 중 자백과 저촉되거나 모순되는 것이 없는지 하는 점 등을 고려하여 피고인의 자백에 형사소송법 제309조에 정한 사유 또는 자백의 동기나 과정에 합리적인 의심을 갖게 할 상황이 있었는지를 판단하여야 한다(대판 2009도1151).

  ㉡ **증언** : 증인의 성년과 미성년자, 책임능력, 선서 유무에 관계없이 법관의 자유로운 선택에 의해 증명력 판단

> **관련 판례** 자백의 신빙성 유무
>
> 피고인의 제1심법정에서의 자백이 항소심에서의 법정진술과 다르다는 사유만으로는 그 자백의 증명력 내지 신빙성이 의심스럽다고 할 수는 없는 것이고, 자백의 신빙성 유무를 판단함에 있어서는 자백의 진술 내용 자체가 객관적으로 합리성을 띠고 있는지, 자백의 동기나 이유가 무엇이며, 자백에 이르게 된 경위는 어떠한지 그리고 자백 이외의 정황증거 중 자백과 저촉되거나 모순되는 것이 없는지 하는 점 등을 고려하여 피고인의 자백에 형사소송법 제309조 소정의 사유 또는 자백의 동기나 과정에 합리적인 의심을 갖게 할 상황이 있었는지를 판단하여야 한다(대판 2001도4091).

  ㉢ **감정** : 법관은 감정인의 감정 결과에 구속당하지 않음

SEMI-NOTE

> **관련 판례**
>
> 자유심증주의를 규정한 형사소송법 제308조가 증거의 증명력을 법관의 자유판단에 의하도록 한 것은 그것이 실체적 진실발견에 적합하기 때문이라 할 것이므로, 증거판단에 관한 전권을 가지고 있는 사실심 법관은 사실인정에 있어 공판절차에서 획득된 인식과 조사된 증거를 남김없이 고려하여야 한다(대판 2004도2221).

SEMI-NOTE

> 관련 판례 **감정의견의 판단**
>
> 감정의견의 판단과 그 채부여부는 법원의 자유심증에 따르며 법원이 감정결과를 전문적으로 비판할 능력을 가지지 못하는 경우에는 그 결과가 사실상 존중되는 수가 많게 된다 해도 감정의견은 법원이 가지고 있지 못한 경험칙 등을 보태준다는 이유로 항상 따라야 하는 것도 아니고 감정의견이 상충된 경우 다수 의견을 안 따르고 소수 의견을 채용해도 되고 여러 의견 중에서 그 일부씩을 채용하여도 무방하며 여러 개의 감정의견이 일치되어 있어도 이를 배척하려면 특별한 이유를 밝히거나 또는 반대감정의견을 구하여야 된다는 법리도 없다(대판 75도2068).

  ② 물증과 서증 : 물증이나 서증도 법관이 자유롭게 판단할 수 있음

> 관련 판례 **진술조서의 기재**
>
> 진술조서의 기재 중 일부분을 믿고 다른 부분을 믿지 아니한다고 하여도 그것이 곧 부당하다고 할 수 없다(대판 80도145).

  ⑩ 간접증거 : 법관은 직접증거만 아니라 간접증거 내지 정황증거에 의해서도 사실을 인정할 수 있음. 법관은 전체를 믿을 수도 있고 일부분만 믿을 수도 있음

(3) 자유판단의 기준

① **개념** : 자유판단은 법관의 자의에 의한 판단이 아니라 일반인이라면 누구도 의심하지 않을 정도의 보편타당성을 가져야 함. 법관의 사실인정은 논리와 경험칙에 부합해야 함
② **자유판단의 논리** : 논리는 자명한 사고법칙 또는 수학적 공이를 의미하는 것으로 법관의 심증은 모순없는 논증에 의하여 형성되어야 한다는 것
③ **자유판단의 경험칙** : 경험칙은 일반인이 경험을 통하여 알게 된 지식으로 보편타당한 경험칙은 법관을 구속

(4) 각종 증거의 증명력 판단

① **증언** : 피해자를 비롯한 증인들의 진술이 대체로 일관되고 공소사실에 부합하는 경우 객관적으로 보아 도저히 신빙성이 없다고 볼 만한 별도의 신빙성 있는 자료가 없는 한 이를 함부로 배척하여서는 안 된다(대판 2012도2631).
② **확정판결** : 동일한 사실관계에 관하여 이미 확정된 형사판결이 인정한 사실은 유력한 증거 자료가 되므로, 그 형사재판의 사실 판단을 채용하기 어렵다고 인정되는 특별한 사정이 없는 한 이에 배치되는 사실은 인정할 수 없는 것이다(대판 2009도11349).
③ **범인인식절차** : 범죄 발생 직후 목격자의 기억이 생생하게 살아있는 상황에서 현장이나 그 부근에서 범인식별 절차를 실시하는 경우에는, 목격자에 의한 생생하고 정확한 식별의 가능성이 열려 있고 범죄의 신속한 해결을 위한 즉각적인 대면의 필요성도 인정할 수 있으므로, 용의자와 목격자의 일대일 대면도 허용된다(대판 2008도12111).

> 관련 판례
>
> 자유심증주의를 규정한 형사소송법 제308조가 증거의 증명력을 법관의 자유판단에 의하도록 한 것은 그것이 실체적 진실발견에 적합하기 때문이지 법관의 자의적인 판단을 인용한다는 것은 아니므로, 증거판단에 관한 전권을 가지고 있는 사실심 법관은 사실인정에 있어 공판절차에서 획득된 인식과 조사된 증거를 남김없이 고려하여야 한다. 그리고 증거의 증명력은 법관의 자유판단에 맡겨져 있으나 그 판단은 논리와 경험법칙에 합치하여야 하고, 형사재판에서 유죄로 인정하기 위한 심증형성의 정도는 합리적인 의심을 할 여지가 없을 정도여야 한다(대판 2009도5858).

④ **음주측정** : 운전자에 대한 음주측정시 구강 내 잔류 알코올 등으로 인한 과다측정을 방지하기 위한 조치를 전혀 취하지 않았고, 위드마크(Widmark) 공식에 따라 혈중알코올농도를 산출하면서 적합하지 아니한 체중 관련 위드마크인수를 적용한 점 등에 비추어, 혈중알코올농도 측정치가 0.062%로 나왔다는 사실만으로는 운전자가 혈중알코올농도 0.05% 이상의 상태에서 자동차를 운전하였다고 단정할 수 없다고 한 사례(대판 2008도5531).

⑤ **과학적 증거** : 유전자, 혈액형, 소변, 수질 등

> **관련 판례** **과학적 증거**
>
> 피고인 모발에서 메스암페타민 성분이 검출되었다는 국립과학수사연구소장의 사실조회회보가 있는 경우, 그 회보의 기초가 된 감정에 있어서 실험물인 모발이 바뀌었다거나 착오나 오류가 있었다는 등의 구체적인 사정이 없는 한, 피고인으로부터 채취한 모발에서 메스암페타민 성분이 검출되었다고 인정하여야 하고, 따라서 논리와 경험의 법칙상 피고인은 감정의 대상이 된 모발을 채취하기 이전 언젠가에 메스암페타민을 투약한 사실이 있다고 인정하여야 할 것이다(대판 94도1680).

(5) 자유심증주의의 합리성을 위한 제도

① **상소** : 법관의 심증형성이 논리와 경험칙에 반하는 경우 이유불비, 이유모순, 판결에 영향을 미치는 사실오인이 될 수 있어 항소이유가 되고, 채증법칙위반 또는 심리미진의 위법으로 상고이유가 됨
② **판결이유의 명시** : 형의 선고를 하는 때에는 판결이유에 범죄될 사실, 증거의 요지와 법령의 적용을 명시하여야 한다(법 제323조 제1항)고 하여 법관의 증거판단에 대한 재고의 기회를 주어 오류를 시정할 수 있는 계기를 줌
③ **증거능력의 제한** : 임의성 없는 자백의 증거능력을 부정하고 전문증거의 증거능력을 제한하고 있어 증거능력 없는 증거를 증거평가의 대상에서 제외하여 간접적으로 합리적 자유심증주의 도모

(6) 자유심증주의 예외

① **자백의 보강법칙** : 피고인의 자백이 그 피고인에게 불이익한 유일의 증거인 때에는 이를 유죄의 증거로 하지 못한다(법 제310조). 피고인의 자백에 의하여 유죄의 심증을 얻었더라도 이에 대한 보강증거가 없으면 법관은 무죄판결을 선고할 수밖에 없음
② **공판조서의 증명력** : 공판기일의 소송절차로서 공판조서에 기재된 것은 그 조서만으로써 증명한다(법 제56조). 법관의 심증 여하를 불문하고 공판조서에 기재된 내용대로 인정해야 함
③ **진술거부권의 행사** : 피고인이 진술거부권을 행사하더라도 법관은 이를 불리하게 심증해서는 안됨

SEMI-NOTE

채증법칙위반
증거에 대한 사실의 인정 문제는 법관의 자유심증주의에 따르도록 되어 있으나 증거를 채택하는데 있어서 기본적인 원칙에 위배된 것

| SEMI-NOTE |

관련 판례

피고인이 수사기관에서 가혹행위 등으로 인하여 임의성 없는 자백을 하고 그 후 법정에서도 임의성 없는 심리상태가 계속되어 동일한 내용의 자백을 하였다면 법정에서의 자백도 임의성 없는 자백이라고 보아야 한다(대판 2010도3029).

관련 판례

자백의 신빙성 유무를 판단함에 있어서는 첫째로 자백의 진술내용 자체가 객관적인 합리성을 띠고 있는가, 둘째로 자백의 동기나 이유 및 자백에 이르게 된 경위가 어떠한가, 셋째로 자백 외의 정황증거 중 자백과 저촉되거나 모순되는 것이 없는가 하는 점 등을 고려하여 판단하여야 한다(대판 83도712).

03절 자백배제법칙

1. 자백배제법칙 개념

(1) 자백배제법칙 개념

① 피고인의 자백이 고문·폭행·협박·구속의 부당한 장기화 또는 기망 기타의 방법에 의하여 자의로 진술된 것이 아니라고 인정될 때 또는 정식재판에 있어서 피고인의 자백이 그에게 불리한 유일한 증거일 때에는 이를 유죄의 증거로 삼거나 이를 이유로 처벌할 수 없다(헌법 제12조 제7항).
② 피고인의 자백이 고문, 폭행, 협박, 신체구속의 부당한 장기화 또는 기망 기타의 방법으로 임의로 진술한 것이 아니라고 의심할 만한 이유가 있는 때에는 이를 유죄의 증거로 하지 못한다(법 제309조).
③ 고문 등 강제에 의하여 임의성이 의심스러운 자백의 증거능력을 부정하는 것

(2) 자백배제법칙의 이론적 근거

① 인권옹호설 : 피고인의 인권을 보호하기 위하여 진술거부권을 인정하고 임의성 없는 자백의 증거능력이 부정된다는 것
② 허위배제설 : 임의성 없는 자백은 허위가 숨어들 위험성이 크므로 이를 증거로 사용하는 것은 실체 진실발견을 저해하기 때문에 증거능력이 부정된다는 것
③ 위법배제설 : 자백의 취득과정에서 적법절차를 보장하기 위하여 임의성 없는 자백의 증거능력을 부정하는 것
④ 절충설 : 허위배제설과 인권옹호설의 절충적 입장에서 임의성 없는 자백은 허위일 위험성이 클 뿐만 아니라 자백강요의 방지를 통하여 인권을 보장하기 위해 증거능력을 부정하는 입장

(3) 입증방법

자백의 임의성은 소송법적 사실이므로 자유로운 증명으로 족하다고 봄. 자백의 임의성을 의심케 하는 사유가 존재하는 경우 입증책임은 검사에게 있다고 보는 입장(판례)

관련 판례 임의성의 의문점

임의성 없는 진술의 증거능력을 부정하는 취지는, 허위진술을 유발 또는 강요할 위험성이 있는 상태하에서 행하여진 진술은 그 자체가 실체적 진실에 부합하지 아니하여 오판을 일으킬 소지가 있을 뿐만 아니라 그 진위를 떠나서 진술자의 기본적 인권을 침해하는 위법·부당한 압박이 가하여지는 것을 사전에 막기 위한 것이므로, 그 임의성에 다툼이 있을 때에는 그 임의성을 의심할 만한 합리적이고 구체적인 사실을 피고인이 증명할 것이 아니라 검사가 그 임의성의 의문점을 없애는 증명을 하여야 하며, 검사가 그 임의성의 의문점을 없애는 증명을 하지 못한 경우에는 그 진술증거는 증거능력이 부정된다(대판 2010도3029).

(4) 자백배제법칙의 효과

임의성 없는 자백은 절대적으로 증거능력이 부정됨. 당사자가 동의하더라도 증거능력이 인정되지 않고 탄핵증거로도 사용할 수 없음. 정식 공판절차는 물론 약식명령절차, 즉결심판절차에서도 증거로 사용될 수 없음

2. 자백배제법칙의 적용범위와 관련 문제

(1) 자백배제법칙의 적용범위

형사소송법 제309조는 "피고인의 자백이 고문, 폭행, 협박, 신체구속의 부당한 장기화 또는 기망 기타의 방법으로 임의로 진술한 것이 아니라고 의심할 만한 이유가 있을 때에는 이를 유죄의 증거로 하지 못 한다"고 규정하고 있는 바, 위 법조에서 규정된 피고인의 진술의 자유를 침해하는 위법사유는 원칙적으로 예시사유로 보아야 한다(대판 82도2413).

(2) 관련 문제

고문, 폭행, 협박, 신체구속의 장기화와 임의성 없는 자백 사이의 인과관계를 요구하는지가 문제가 됨

04절 위법수집증거배제법칙

1. 위법수집증거배제법칙의 의의 ★빈출개념

(1) 위법수집증거의 배제

적법한 절차에 따르지 아니하고 수집한 증거는 증거로 할 수 없다(법 제308조의2).

(2) 이론적 근거

① 적법절차의 보장 : 실체적 진실발견은 적법한 절차에 의하여 행하여져야 하므로 허용될 수 없는 절차에 의하여 수집된 증거의 증거능력을 부정하여 적법절차의 원리를 실현하여야 한다는 것
② 위법한 수사의 억제 : 위법한 수사를 억제하기 위하여 위법수집증거의 증거능력을 배제한다는 것

2. 위법수집증거배제법칙의 효과

(1) 증거능력의 배제

위법하게 수집된 증거의 증거능력은 부정되고 당사자가 동의하더라도 증거능력이 인정되지 않음

SEMI-NOTE

관련 판례

기록상 진술증거의 임의성에 관하여 의심할 만한 사정이 나타나 있는 경우에는 법원은 직권으로 그 임의성 여부에 관하여 조사를 하여야 하고, 임의성이 인정되지 아니하여 증거능력이 없는 진술증거는 피고인이 증거로 함에 동의하더라도 증거로 삼을 수 없다(대판 2004도7900).

관련 판례

피고인의 자백이 임의성이 없다고 의심할 만한 사유가 있는 때에 해당한다 할지라도 그 임의성이 없다고 의심하게 된 사유들과 피고인의 자백과의 사이에 인과관계가 존재하지 않은 것이 명백한 때에는 그 자백은 임의성이 있는 것으로 인정된다(대판 84도2252).

(2) 탄핵증거의 배제

탄핵증거로도 사용할 수 없음. 정식 공판절차는 물론 약식명령절차, 즉결심판절차에서도 증거로 사용될 수 없음

> **관련 판례** 위법하게 수집된 증거
>
> 헌법과 형사소송법이 정한 절차에 따르지 아니하고 수집한 증거는 기본적 인권 보장을 위해 마련된 적법한 절차에 따르지 않은 것으로서 원칙적으로 유죄 인정의 증거로 삼을 수 없다. 수사기관의 위법한 압수수색을 억제하고 재발을 방지하는 가장 효과적이고 확실한 대응책은 이를 통하여 수집한 증거는 물론 이를 기초로 하여 획득한 2차적 증거를 유죄 인정의 증거로 삼을 수 없도록 하는 것이다(대판 2007도3061).

> **관련 판례** 지문채취 대상물
>
> 범행 현장에서 지문채취 대상물에 대한 지문채취가 먼저 이루어진 이상, 수사기관이 그 이후에 지문채취 대상물을 적법한 절차에 의하지 아니한 채 압수하였다고 하더라도 채취된 지문은 위법하게 압수한 지문채취 대상물로부터 획득한 2차적 증거에 해당하지 아니함이 분명하여, 이를 가리켜 위법수집증거라고 할 수 없으므로, 원심이 이를 증거로 채택한 것이 위법하다고 할 수 없다(대판 2008도7471).

3. 일반 사인의 위법수집증거

(1) 위법수집증거배제법칙의 대상

위법수집증거배제법칙은 국가기관이 위법하게 수집한 증거의 증거능력을 부정하는 일반원칙

(2) 일반 사인

일반 사인이 불법적으로 수집한 증거에 대하여 판례는 형사소추 및 실체적 진실발견인 공익과 개인의 인격적 이익인 사익을 비교형량하여 결정하여야 한다고 봄

05절 전문법칙

1. 전문법칙과 전문증거

(1) 전문법칙의 개념

전문법칙은 전문증거의 증거능력을 부정하는 법칙

SEMI-NOTE

관련 판례

그것이 제3자에 의하여 절취된 것으로서 소송사기 등의 피해자측이 이를 수사기관에 증거자료로 제출하기 위하여 대가를 지급하였다 하더라도, 공익의 실현을 위하여는 이 사건 업무일지를 범죄의 증거로 제출하는 것이 허용되어야 하고, 이로 말미암아 피고인의 사생활 영역을 침해하는 결과가 초래된다 하더라도 이는 피고인이 수인하여야 할 기본권의 제한에 해당된다(대판 2008도1584).

관련 판례

국민의 인간으로서의 존엄과 가치를 보장하는 것은 국가기관의 기본적인 의무에 속하고 이는 형사절차에서도 당연히 구현되어야 하지만, 국민의 사생활 영역에 관계된 모든 증거의 제출이 곧바로 금지되는 것으로 볼 수는 없으므로 법원으로서는 효과적인 형사소추 및 형사소송에서 진실발견이라는 공익과 개인의 인격적 이익 등 보호이익을 비교형량하여 그 허용 여부를 결정하여야 한다(대판 2010도12244).

> **법 령** 형사소송법
>
> **제310조의2(전문증거와 증거능력의 제한)** 제311조(법원 또는 법관의 조서) 내지 제316조(전문의 진술)에 규정한 것 이외에는 공판준비 또는 공판기일에서의 진술에 대신하여 진술을 기재한 서류나 공판준비 또는 공판기일 외에서의 타인의 진술을 내용으로 하는 진술은 이를 증거로 할 수 없다.

(2) 전문증거의 의의

① **개념** : 사실인정의 기초가 되는 사실을 체험자 자신이 직접 공판정에서 진술하는 대신에 다른 형태(타인의 증언이나 진술서)로 간접적으로 법원에 보고하는 증거
② **전문증거의 종류**
  ㉠ **전문진술** : 요증사실을 경험한 자로부터 그 경험내용을 전해들은 자가 그 내용을 법원에 한 진술
  ㉡ **진술서** : 요증사실을 경험자 자신이 서면에 기재하여 법원에 제출한 서면
  ㉢ **진술녹취서** : 요증사실을 경험자로부터 등은 자가 그 내용을 서면에 기재하여 법원에 제출한 서면
③ **재전문증거** : 원진술자가 다시 공판 기일 또는 심문 기일에 행한 진술 이외의 진술로, 그 주장 사실이 진실임을 입증하기 위하여 제출된 것

> **관련 판례** 재전문증거
>
> 형사소송법은 전문진술에 대하여 제316조에서 실질상 단순한 전문의 형태를 취하는 경우에 한하여 예외적으로 그 증거능력을 인정하는 규정을 두고 있을 뿐, 재전문진술이나 재전문진술을 기재한 조서에 대하여는 달리 그 증거능력을 인정하는 규정을 두고 있지 아니하고 있으므로, 피고인이 증거로 하는 데 동의하지 아니하는 한 형사소송법 제310조의2의 규정에 의하여 이를 증거로 할 수 없다(대판 2000도159).

(3) 전문법칙의 적용범위

① **요증사실과의 관계** : 어떤 증거가 전문증거이고 원본증거인지의 여부는 요증사실과의 관련성을 검토하여 결정해야 한다.
② **진술증거** : 전문증거는 요증사실을 직접 경험한 자의 진술을 내용으로 하는 진술증거로 진술증거가 아닌 흉기, 위조문서, 장물, 검증의 대상이 되는 장소, 물건 등의 비진술증거는 전문증거가 아님

(4) 전문법칙의 이론적 근거

① **반대신문권의 결여** : 전문증거는 원진술의 진정성을 당사자의 반대신문으로 할 수 없기 때문에 증거능력이 부정된다고 봄
② **직접주의의 요청** : 법관의 심증형성은 직접 조사한 원본증거에 의하여야 하므로 직접주의에 반함
③ **신용성의 결여** : 전문증거는 선서가 결여되어 있고, 전달과정에 오류나 와전의

SEMI-NOTE

증거능력이 있는 원본증거
전문증거에 대립하는 개념은 원본증거 또는 본래증거로 전문법칙에 의할 때 원본증거만 증거능력이 있음

관련 판례
증거로 제출된 녹음파일이 대화 내용을 녹음한 원본이거나 혹은 복사과정에서 편집되는 등 인위적 개작 없이 원본 내용을 그대로 복사한 사본이라는 점은 녹음파일의 생성과 전달 및 보관 등의 절차에 관여한 사람의 증언이나 진술, 원본이나 사본 파일 생성 직후의 해쉬(Hash)값과의 비교, 녹음파일에 대한 검증·감정 결과 등 제반 사정을 종합하여 판단할 수 있다(대판 2014도10978).

가능성이 있기 때문에 신용성이 결여되므로 증거능력 부정

2. 전문법칙에 대한 예외

(1) 전문법칙 예외를 인정할 필요성
① 전문법칙을 엄격하게 적용하면 범인을 처벌하지 못할 가능성이 발생
② 실체적 진실의 발견과 소송경제를 위해서 일정한 조건하에서 전문증거도 증거능력을 인정하는 것이 필요함

(2) 예외인정의 기준
① 필요성 : 실체적 진실발견을 위하여 원진술과 같은 가치 있는 증거를 얻는 것이 어렵기 때문에 전문증거도 사용할 필요성 있음
② 신용성의 정황적 보장 : 원진술자의 진술 당시 여러 정황상 진술의 진실성을 담보할 수 있는 경우로 진술 당시 상황에 비추어 허위개입의 위험성이 없는 경우

3. 전문법칙 예외의 구체적 내용

(1) 법원 또는 법관의 조서
공판준비 또는 공판기일에 피고인이나 피고인 아닌 자의 진술을 기재한 조서와 법원 또는 법관의 검증의 결과를 기재한 조서는 증거로 할 수 있다. 제184조(증거보전) 및 제221조의2(증인신문)의 규정에 의하여 작성한 조서도 또한 같다(법 제311조).

(2) 피의자신문조서
① 피의자신문조서 : 수사기관이 피의자를 신문하고 작성한 조서

> **관련 판례** 피의자신문조서
> 피의자의 진술을 녹취 내지 기재한 서류 또는 문서가 수사기관에서의 조사과정에서 작성된 것이라면, 그것이 '진술조서, 진술서, 자술서'라는 형식을 취하였다고 하더라도 피의자신문조서와 달리 볼 수 없다(대판 2010도1755).

> **실력up 진술조서, 진술서**
> 수사기관이 피의자를 신문하고 피의자의 진술을 기재한 서류는 명칭이 진술조서, 진술서라고 하더라도 피의자신문조서로 봄

② 검사작성 피의자신문조서 ★ 빈출개념
　㉠ 피고인이 된 피의자신문조서 : 검사가 작성한 피의자신문조서는 적법한 절차와 방식에 따라 작성된 것으로서 공판준비, 공판기일에 그 피의자였던 피고인 또는 변호인이 그 내용을 인정할 때에 한정하여 증거로 할 수 있다(법 제312조 제1항).

SEMI-NOTE

관련 판례
공판조서의 기재가 명백한 오기인 경우를 제외하고는 공판기일의 소송절차로서 공판조서에 기재된 것은 조서만으로써 증명하여야 하고, 그 증명력은 공판조서 이외의 자료에 의한 반증이 허용되지 않는 절대적인 것이다(대판 2003도3282).

ⓒ **피고인이 되지 않은 피의자신문조서** : 검사 또는 사법경찰관이 피고인이 아닌 자의 진술을 기재한 조서는 적법한 절차와 방식에 따라 작성된 것으로서 그 조서가 검사 또는 사법경찰관 앞에서 진술한 내용과 동일하게 기재되어 있음이 원진술자의 공판준비 또는 공판기일에서의 진술이나 영상녹화물 또는 그 밖의 객관적인 방법에 의하여 증명되고, 피고인 또는 변호인이 공판준비 또는 공판기일에 그 기재 내용에 관하여 원진술자를 신문할 수 있었던 때에는 증거로 할 수 있다. 다만, 그 조서에 기재된 진술이 특히 신빙할 수 있는 상태하에서 행하여졌음이 증명된 때에 한한다(법 제312조 제4항).

ⓒ **사법경찰관 작성 피의자신문조서** : 검사 이외의 수사기관이 작성한 피의자신문조서는 적법한 절차와 방식에 따라 작성된 것으로서 공판준비 또는 공판기일에 그 피의자였던 피고인 또는 변호인이 그 내용을 인정할 때에 한하여 증거로 할 수 있다(법 제312조 제3항).

> **관련 판례** 사법경찰관 작성 검증조서
>
> 사법경찰관이 작성한 검증조서에 피의자이던 피고인이 검사 이외의 수사기관 앞에서 자백한 범행내용을 현장에 따라 진술·재연한 내용이 기재되고 그 재연 과정을 촬영한 사진이 첨부되어 있다면, 그러한 기재나 사진은 피고인이 공판정에서 그 진술내용 및 범행재연의 상황을 모두 부인하는 이상 증거능력이 없다(대판 2003도6548).

(3) 진술조서

① **진술조서** : 검사 또는 사법경찰관이 피의자 아닌 자의 진술을 기재한 조서
② **진술조서의 증거능력 인정요건** : 검사 또는 사법경찰관이 피고인이 아닌 자의 진술을 기재한 조서는 적법한 절차와 방식에 따라 작성된 것으로서 그 조서가 검사 또는 사법경찰관 앞에서 진술한 내용과 동일하게 기재되어 있음이 원진술자의 공판준비 또는 공판기일에서의 진술이나 영상녹화물 또는 그 밖의 객관적인 방법에 의하여 증명되고, 피고인 또는 변호인이 공판준비 또는 공판기일에 그 기재 내용에 관하여 원진술자를 신문할 수 있었던 때에는 증거로 할 수 있다. 다만, 그 조서에 기재된 진술이 특히 신빙할 수 있는 상태하에서 행하여졌음이 증명된 때에 한한다(법 제312조 제4항).

> **관련 판례** 진술조서
>
> 검사 또는 사법경찰관이 피의자 아닌 자의 진술을 기재한 조서에 대하여 그 원진술자가 공판기일에서 간인, 서명, 날인한 사실과 그 조서의 내용이 자기가 진술한대로 작성된 것이라는 점을 인정하면 그 조서는 원진술자의 공판기일에서의 진술에 의하여 성립의 진정함이 인정된 서류로서 증거능력이 있다 할 것이고, 원진술자가 공판기일에서 그 조서의 내용과 다른 진술을 하였다 하여 증거능력을 부정할 사유가 되지 못한다(대판 5도1843,265).

(4) 검증조서

① **법원 또는 법관의 조서** : 공판준비 또는 공판기일에 피고인이나 피고인 아닌 자

SEMI-NOTE

> **관련 판례** ★ 빈출개념
>
> 형사소송법 제312조 제4항은 검사 또는 사법경찰관이 피고인이 아닌 자의 진술을 기재한 조서의 증거능력이 인정되려면 '적법한 절차와 방식에 따라 작성된 것'이어야 한다고 규정하고 있다. 여기서 적법한 절차와 방식이라 함은 피의자 또는 제3자에 대한 조서 작성 과정에서 지켜야 할 진술거부권의 고지 등 형사소송법이 정한 제반 절차를 준수하고 조서의 작성방식에도 어긋남이 없어야 한다는 것을 의미한다(대판 2011도7757).

> **관련 판례**
>
> 녹음테이프에 대한 검증의 내용이 그 진술 당시 진술자의 상태 등을 확인하기 위한 것인 경우에는, 검증조서는 법원의 검증의 결과를 기재한 조서로서 형사소송법 제311조에 의하여 당연히 증거로 할 수 있다(대판 2007도10755).

의 진술을 기재한 조서와 법원 또는 법관의 검증의 결과를 기재한 조서는 증거로 할 수 있다(법 제311조).
② **수사기관 작성의 검증조서** : 검사 또는 사법경찰관이 검증의 결과를 기재한 조서는 적법한 절차와 방식에 따라 작성된 것으로서 공판준비 또는 공판기일에서의 작성자의 진술에 따라 그 성립의 진정함이 증명된 때에는 증거로 할 수 있다(법 제312조 제6항).

> 관련 판례 검찰관 작성의 검증조서
>
> 검찰서기가 아닌 군사법경찰관이 참여한 검찰관 작성의 검증조서는 그 형식적 참여자에 흠결이 있다 하더라도 피고인이 제1심법정에서 증거로 함에 동의한 이상 증거능력은 있다고 보아야 한다(대판 94도1943).

(5) 진술서

① 진술서 : 법원이나 수사기관 이외의 일반 사인이 스스로 자기의 의사나 사상 및 관념 또는 사실관계를 기재한 서면
② 진술서의 증거능력
   ㉠ 수사과정에서 작성한 진술서 : 피고인 또는 피고인이 아닌 자가 수사과정에서 작성한 진술서는 수사기관 작성 피의자신문조서 또는 참고인진술조서에 준하여 증거능력을 판단
   ㉡ 수사과정 이외의 절차에서 작성한 진술서 : 피고인 또는 피고인이 아닌 자가 작성한 진술서나 그 진술을 기재한 서류로서 그 작성자 또는 진술자의 자필이거나 그 서명 또는 날인이 있는 것은 공판준비나 공판기일에서의 그 작성자 또는 진술자의 진술에 의하여 그 성립의 진정함이 증명된 때에는 증거로 할 수 있다. 단, 피고인의 진술을 기재한 서류는 공판준비 또는 공판기일에서의 그 작성자의 진술에 의하여 그 성립의 진정함이 증명되고 그 진술이 특히 신빙할 수 있는 상태하에서 행하여 진 때에 한하여 피고인의 공판준비 또는 공판기일에서의 진술에 불구하고 증거로 할 수 있다(법 제313조 제1항).

(6) 감정서

① 감정서 : 감정의 경과와 결과를 기재한 서류
② 감정서의 증거능력 인정요건 : 공판기일에 감정인의 진술에 성립의 진정성이 증명되면 증거능력이 있음

> 관련 판례 과학적 증거방법
>
> 공소사실을 뒷받침하는 과학적 증거방법은 전제로 하는 사실이 모두 진실인 것이 입증되고 추론의 방법이 과학적으로 정당하여 오류 가능성이 전혀 없거나 무시할 정도로 극소한 것으로 인정되는 경우라야 법관이 사실인정을 하는 데 상당한 정도로 구속력을 가진다 할 것이다(대판 2011도1902).

진술서의 종류
진술서에는 자술서, 전말서, 시말서, 메모, 일기장, 수첩, 진술녹취서 등이 있음

(7) 증거능력에 대한 예외

공판준비 또는 공판기일에 진술을 요하는 자가 사망·질병·외국거주·소재불명 그 밖에 이에 준하는 사유로 인하여 진술할 수 없는 때에는 그 조서 및 그 밖의 서류를 증거로 할 수 있다. 다만, 그 진술 또는 작성이 특히 신빙할 수 있는 상태하에서 행하여졌음이 증명된 때에 한한다(법 제314조).

(8) 당연히 증거능력이 있는 서류(법 제315조)

① 가족관계기록사항에 관한 증명서, 공정증서등본 기타 공무원 또는 외국공무원의 직무상 증명할 수 있는 사항에 관하여 작성한 문서
② 상업장부, 항해일지 기타 업무상 필요로 작성한 통상문서
③ 기타 특히 신용할 만한 정황에 의하여 작성된 문서

> **관련 판례** 상업장부, 항해일지 기타 업무상 필요로 작성한 통상문서
>
> 상업장부나 항해일지, 진료일지 또는 이와 유사한 금전출납부 등과 같이 범죄사실의 인정 여부와는 관계없이 자기에게 맡겨진 사무를 처리한 내역을 그때그때 계속적, 기계적으로 기재한 문서는 사무처리 내역을 증명하기 위하여 존재하는 문서로서 형사소송법 제315조 제2호에 의하여 당연히 증거능력이 인정된다(대판 2017도12671).

(9) 전문의 진술 ★빈출개념

① **피고인의 진술을 그 내용으로 하는 때** : 피고인이 아닌 자의 공판준비 또는 공판기일에서의 진술이 피고인의 진술을 그 내용으로 하는 것인 때에는 그 진술이 특히 신빙할 수 있는 상태하에서 행하여졌음이 증명된 때에 한하여 이를 증거로 할 수 있다(법 제316조 제1항).
② **피고인이 아닌 타인의 진술을 그 내용으로 하는 때** : 피고인 아닌 자의 공판준비 또는 공판기일에서의 진술이 피고인 아닌 타인의 진술을 그 내용으로 하는 것인 때에는 원진술자가 사망, 질병, 외국거주, 소재불명 그 밖에 이에 준하는 사유로 인하여 진술할 수 없고, 그 진술이 특히 신빙할 수 있는 상태하에서 행하여졌음이 증명된 때에 한하여 이를 증거로 할 수 있다(법 제316조 제2항).

4. 전문법칙과 관련된 문제

(1) 녹음테이프의 증거능력

녹음테이프는 기록과 재생이 뛰어나 높은 증거가치를 지니지만 녹음자에 의한 조작 가능성이 있음

> **관련 판례** 녹음테이프의 증거능력
>
> 피고인이 그 녹음테이프를 증거로 할 수 있음에 동의하지 않은 이상 그 녹음테이프 검증조서의 기재 중 피고인의 진술내용을 증거로 사용하기 위해서는 형사소송법 제313조 제1항 단서에 따라 공판준비 또는 공판기일에서 그 작성자인 고소인의 진술에 의하여 녹음테이프에 녹음된

SEMI-NOTE

관련 판례

형사소송법 제314조에 의하면, 같은 법 제312조 소정의 조서와 같은 법 제313조 소정의 서류 등을 증거로 하기 위해서는, 첫째로 진술을 요할 자가 사망, 질병, 외국거주 기타 사유로 인하여 공판준비 또는 공판기일에 진술할 수 없는 경우('필요성의 요건')이어야 하고, 둘째로 그 진술 또는 서류의 작성이 특히 신빙할 수 있는 상태하에서 행하여진 것('신용성 정황적 보장의 요건')이어야 한다(대판 2004도3619).

관련 판례

피고인 아닌 자의 공판기일에서의 진술이 피고인의 진술을 그 내용으로 하는 것인 때에는 형사소송법 제316조 제1항의 규정에 따라 피고인의 진술이 특히 신빙할 수 있는 상태하에서 행하여진 때에는 이를 증거로 할 수 있고, 그 전문진술이 기재된 조서는 형사소송법 제312조 내지 제314조의 규정에 의하여 증거능력이 인정되어야 할 뿐만 아니라, 형사소송법 제316조 제1항의 규정에 따른 위와 같은 조건을 갖추고 있는 때에 한하여 증거능력이 있다(대판 2005도5831).

피고인의 진술내용이 피고인이 진술한 대로 녹음된 것이라는 점이 증명되고 그 진술이 특히 신빙할 수 있는 상태하에서 행하여진 것으로 인정되어야 한다(대판 2001도3106).

(2) 비디오테이프와 컴퓨터디스켓 등의 증거능력

비디오테이프도 녹음테이프에 관한 증거능력을 가짐. 컴퓨터디스켓에 들어있는 내용이 증거가 되는 경우에도 전문증거와 같이 증거능력의 유무를 검토하면 되고 smartphone, MP3, USB, CD, PMP 등도 동일하게 취급하면 됨

(3) 진술녹음의 증거능력

진술녹음은 피고인이나 피고인 아닌 자의 진술이 녹음되어 그 진술내용의 진실성이 증명의 대상이 되는 경우로, 법원, 수사기관, 일반 사인이 녹음할 수 있음. 진술녹음은 진술증거로 전문법칙이 적용된다는 것이 판례의 입장

(4) 현장녹음의 증거능력

현장녹음은 범죄현장에서 범행에 수반하여 발생된 말이나 음성을 녹음한 것으로 음향상황이 증명의 대상이 되는 것임. 현장녹음은 녹음자의 진술에 진정이 인정되면 증거능력이 있음

(5) 거짓말탐지기와 거짓말탐지기 검사결과

① 거짓말탐지기 : 사람이 진실을 말하는지 거짓말을 하는지를 알아내는 기계로 검사를 받는 사람의 맥박, 혈압, 호흡, 땀 같은 신체 기능의 변화를 측정하여 그래프로 나타내는 기계
② 거짓말탐지기 검사결과 : 판례는 거짓말탐지기 검사결과의 증거능력을 부정하는 입장이나 엄격한 요건을 충족하는 경우에 한하여 정황증거로 사용할 수 있다고 봄

> **관련 판례** 거짓말탐지기의 검사결과
>
> 거짓말탐지기의 검사결과에 대하여 사실적 관련성을 가진 증거로서 증거능력을 인정할 수 있으려면, 첫째로 거짓말을 하면 반드시 일정한 심리상태의 변동이 일어나고, 둘째로 그 심리상태의 변동은 반드시 일정한 생리적 반응을 일으키며, 셋째로 그 생리적 반응에 의하여 피검사자의 말이 거짓인지 아닌지가 정확히 판정될 수 있다는 세 가지 전제요건이 충족되어야 할 것이며, 특히 마지막 생리적 반응에 대한 거짓 여부 판정은 거짓말탐지기가 검사에 동의한 피검사자의 생리적 반응을 정확히 측정할 수 있는 장치이어야 하고, 질문사항의 작성과 검사의 기술 및 방법이 합리적이어야 하며, 검사자가 탐지기의 측정내용을 객관성 있고 정확하게 판독할 능력을 갖춘 경우라야만 그 정확성을 확보할 수 있는 것이므로, 이상과 같은 여러 가지 요건이 충족되지 않는 한 거짓말탐지기 검사 결과에 대하여 형사소송법상 증거능력을 부여할 수는 없다(대판 2005도130).

SEMI-NOTE

관련 판례

압수물인 디지털 저장매체로부터 출력한 문건을 증거로 사용하기 위해서는 디지털 저장매체 원본에 저장된 내용과 출력한 문건의 동일성이 인정되어야 하고, 이를 위해서는 디지털 저장매체 원본이 압수 시부터 문건 출력 시까지 변경되지 않았음이 담보되어야 한다. 그리고 압수된 디지털 저장매체로부터 출력한 문건을 진술증거로 사용하는 경우, 그 기재 내용의 진실성에 관하여는 전문법칙이 적용되므로 형사소송법 제313조 제1항에 따라 공판준비나 공판기일에서의 그 작성자 또는 진술자의 진술에 의하여 그 성립의 진정함이 증명된 때에 한하여 이를 증거로 사용할 수 있다(대판 2012도16001).

06절 증거동의

1. 증거동의의 개설

검사와 피고인이 증거로 할 수 있음을 동의한 서류 또는 물건은 진정한 것으로 인정한 때에는 증거로 할 수 있다(법 제318조 제1항). 따라서 전문법칙에 의하여 증거능력이 없는 전문증거도 당사자가 동의한 경우에는 증거능력이 있음

> **관련 판례** 증거동의
>
> 형사소송법 제318조 제1항은 "검사와 피고인이 증거로 할 수 있음을 동의한 서류 또는 물건은 진정한 것으로 인정한 때에는 증거로 할 수 있다."고 규정하고 있을 뿐 진정한 것으로 인정하는 방법을 제한하고 있지 아니하므로, 증거동의가 있는 서류 또는 물건은 법원이 제반 사정을 참작하여 진정한 것으로 인정하면 증거로 할 수 있다. 그리고 증거동의의 의사표시는 증거조사가 완료되기 전까지 취소 또는 철회할 수 있으나, 일단 증거조사가 완료된 뒤에는 취소 또는 철회가 인정되지 아니하므로 취소 또는 철회 전에 이미 취득한 증거능력은 상실되지 아니한다(대판 2015도3467).

2. 증거동의의 주체, 상대방, 대상

(1) 증거동의의 주체

동의의 주체는 당사자인 검사와 피고인이고, 법원이 직권으로 수집한 증거는 양 당사자의 동의가 있어야 하고 당사자 일방이 신청한 증거는 다른 당사자의 동의가 있으면 됨. 변호인은 피고인의 명시한 의사에 반하지 않으면 피고인을 대리하여 동의할 수 있다는 것이 판례의 입장임

> **관련 판례** 증거동의의 주체
>
> 형사소송법 제318조에 규정된 증거동의의 주체는 소송 주체인 검사와 피고인이고, 변호인은 피고인을 대리하여 증거동의에 관한 의견을 낼 수 있을 뿐이므로 피고인의 명시한 의사에 반하여 증거로 함에 동의할 수는 없다. 따라서 피고인이 출석한 공판기일에서 증거로 함에 부동의한다는 의견이 진술된 경우에는 그 후 피고인이 출석하지 아니한 공판기일에 변호인만이 출석하여 종전 의견을 번복하여 증거로 함에 동의하였다 하더라도 이는 특별한 사정이 없는 한 효력이 없다고 보아야 한다(대판 2013도3).

(2) 증거동의의 상대방

증거동의는 반대신문권의 포기이고 증거능력이 없는 전문증거에 증거능력을 부여하는 소송행위로서 증거동의의 상대방은 법원임

(3) 증거동의의 대상

① **증거동의의 대상이 되는 경우**: 증거동의의 대상은 증거능력이 없는 전문증거로 제318조 제1항은 서류와 물건으로 규정하고 있으나 전문증거인 이상 서류 외에도

SEMI-NOTE

> **관련 판례**
>
> 형사소송법 제318조 제1항은 전문증거금지의 원칙에 대한 예외로서 반대신문권을 포기하겠다는 피고인의 의사표시에 의하여 서류 또는 물건의 증거능력을 부여하려는 규정이므로 피고인의 의사표시가 위와 같은 내용을 적극적으로 표시하는 것이라고 인정되는 경우이면 증거동의로서의 효력이 있다(대판 82도73).

| SEMI-NOTE |

관련 판례

유죄의 자료가 되는 것으로 제출된 증거의 반대증거 서류에 대하여는 그것이 유죄사실을 인정하는 증거가 되는 것이 아닌 이상 반드시 그 진정성립이 증명되지 아니하거나 이를 증거로 함에 있어서의 상대방의 동의가 없다고 하더라도 증거판단의 자료로 할 수 있다(대판 80도1547).

증거동의의 대상이 됨. 진단서, 사진, 진술조서, 압수조서, 검증조서, 감정서 등

② 증거동의의 대상이 되지 않는 경우 : 탄핵증거는 증거능력을 요하지 아니하므로 증거동의의 대상이 아니고, 증거능력이 있는 전문증거와 비진술증거는 증거동의의 대상이 아님. 증거능력이 있는 전문증거, 비진술증거, 임의성이 없는 자백, 위법하게 수집된 증거 등

관련 판례 유죄의 자료인 증거

검사가 유죄의 자료로 제출한 증거들이 그 진정성립이 인정되지 아니하고 이를 증거로 함에 상대방의 동의가 없더라도, 이는 유죄사실을 인정하는 증거로 사용하는 것이 아닌 이상 공소사실과 양립할 수 없는 사실을 인정하는 자료로 쓸 수 있다고 보아야 한다(대판 94도1159).

3. 증거동의의 시기 및 방식

(1) 증거동의의 시기

증거동의의 시기는 일반적으로 증거조사 전에 하여야 하나 증거조사 도중이나 증거조사 후에도 가능함. 이러한 동의가 있으면 그 하자가 치유되어 증거능력이 소급하여 인정되고 사후동의는 변론종결시까지 가능

(2) 증거동의의 방식

① 명시적 동의 : 동의는 증거능력을 부여하는 소송행위이므로 명시적으로 동의하여야 하는 것이나 판례는 묵시적 동의로도 족하다고 봄

관련 판례 묵시적 동의

피고인이 신청한 증인의 증언이 피고인 아닌 타인의 진술을 그 내용으로 하는 전문진술이라고 하더라도 피고인이 그 증언에 대하여 별 의견이 없다고 진술하였다면 그 증언을 증거로 함에 동의한 것으로 볼 수 있으므로 이는 증거능력 있다(대판 83도516).

관련 판례

형사소송법 제318조 제2항의 입법취지가 재판의 필요성 및 신속성, 즉 피고인의 불출정으로 인한 소송행위의 지연 방지 내지 피고인 불출정의 경우 전문증거의 증거능력을 결정하지 못함에 따른 소송지연 방지에 있는 점 등에 비추어, 피고인이 공시송달의 방법에 의한 공판기일의 소환을 2회 이상 받고도 출석하지 아니하여 법원이 피고인의 출정 없이 증거조사를 하는 경우에는 형사소송법 제318조 제2항에 따른 피고인의 증거동의가 있는 것으로 간주된다고 할 것이다(대판 2010도15977).

② 개별적 동의 : 증거동의는 개개의 증거에 대하여 개별적으로 이루어져야 하는 것이 원칙이지만 판례는 포괄적인 동의도 가능하다고 봄

관련 판례 개별적 동의

개개의 증거에 대하여 개별적인 증거조사방식을 거치지 아니하고 검사가 제시한 모든 증거에 대하여 피고인이 증거로 함에 동의한다는 방식으로 이루어진 것이라 하여도 증거동의로서의 효력을 부정할 이유가 되지 못한다(대판 82도2873).

4. 동의의 의제

(1) 피고인의 불출석

① 동의의 의제 : 피고인의 출정없이 증거조사를 할 수 있는 경우에 피고인이 출정

하지 아니한 때에는 동의가 있는 것으로 간주한다. 단, 대리인 또는 변호인이 출정한 때에는 예외로 한다(법 제318조 제2항).
② 퇴정과 동의의 의제 : 피고인이 퇴정한 경우와 피고인이 퇴정명령을 받은 경우 판례는 피고인이 반대신문권을 포기한 것으로 보아 증거동의가 의제된다고 봄

(2) 간이공판절차에서의 증거능력에 관한 특례
간이공판절차의 결정이 있는 사건의 증거에 관하여는 불이익한 자백의 증거능력, 검사 또는 사법경찰관의 조서 내지 증거능력에 대한 예외 및 전문의 진술에 의한 증거에 대하여 동의가 있는 것으로 간주한다. 단, 검사, 피고인 또는 변호인이 증거로 함에 이의가 있는 때에는 그러하지 아니하다(법 제319조의3).

5. 증거동의의 효과와 동의의 철회

(1) 증거능력의 인정
당사자가 동의한 서류와 물건은 법원이 진정한 것으로 인정하면 증거능력이 인정되고, 당사자가 동의하더라도 법원이 진정한 것으로 인정하지 않으면 증거능력이 인정되지 않음

> **관련 판례** 증거능력의 인정
>
> 피고인이 공소사실 및 이를 뒷받침하는 수사기관이 원진술자의 진술을 기재한 조서 내용을 부인하였음에도 불구하고, 원진술자의 법정 출석과 피고인에 의한 반대신문이 이루어지지 못하였다면, 그 조서에 기재된 진술이 직접 경험한 사실을 구체적인 경위와 정황의 세세한 부분까지 정확하고 상세하게 묘사하고 있어 구태여 반대신문을 거치지 않더라도 진술의 정확한 취지를 명확히 인식할 수 있고 그 내용이 경험칙에 부합하는 등 신빙성에 의문이 없어 조서의 형식과 내용에 비추어 강한 증명력을 인정할 만한 특별한 사정이 있거나, 그 조서에 기재된 진술의 신빙성과 증명력을 뒷받침할 만한 다른 유력한 증거가 따로 존재하는 등의 예외적인 경우가 아닌 이상, 그 조서는 진정한 증거가치를 가진 것으로 인정받을 수 없는 것이어서 이를 주된 증거로 하여 공소사실을 인정하는 것은 원칙적으로 허용될 수 없다. 이는 원진술자의 사망이나 질병 등으로 인하여 원진술자의 법정 출석 및 반대신문이 이루어지지 못한 경우는 물론 수사기관의 조서를 증거로 함에 피고인이 동의한 경우에도 마찬가지이다(대판 2005도9730).

(2) 증거동의의 범위
① **물적 범위** : 동의의 대상인 서류 및 물건에 대하여 일부에 대한 동의는 원칙상 허용되지 않으며 다만 증거가 가분할 수 있으면 일부동의 가능
② **인적 범위** : 증거동의는 동의한 피고인에게만 미치고 다른 공동피고인에게는 미치지 않음
③ **시간적 범위** : 증거동의의 효력은 공판절차의 갱신이 있는 경우나 심급을 달리하는 경우에도 소멸되지 않음

(3) 동의의 철회

관련 판례
형사소송법 제318조에 규정된 증거동의의 의사표시는 증거조사가 완료되기 전까지 취소 또는 철회할 수 있으나, 일단 증거조사가 완료된 뒤에는 취소 또는 철회가 인정되지 아니하므로 취소 또는 철회 이전에 이미 취득한 증거능력은 상실되지 않는다(대판 2008도7546).

동의의 철회는 절차의 안정성을 해치지 않는 범위에서 허용되고 증거조사 완료 전까지 철회할 수 있다는 것이 판례의 입장

07절 탄핵증거

1. 탄핵증거의 개설

(1) 의의

진술증거의 증명력을 다투기 위한 증거를 말한다. 증거로 할 수 없는 서류나 진술이라도 공판준비 또는 공판기일에서의 피고인 또는 피고인이 아닌 자의 진술의 증명력을 다투기 위하여 증거로 할 수 있다(법 제318조의2 제1항).

(2) 탄핵증거와 전문법칙

탄핵증거는 진술의 증명력을 다투기 위한 증거이므로 증거능력을 요하지 않고 전문법칙에 의하여 증거능력이 없는 전문증거도 증거로 사용될 수 있음. 따라서 탄핵증거는 전문법칙의 예외가 아니고 처음부터 전문법칙이 적용되지 않는 경에 해당한다고 보는 것이 판례의 입장

> **관련 판례** 탄핵증거
>
> 형사소송법 제318조의 2에 규정된 소위 탄핵증거는 범죄사실을 인정하는 증거가 아니므로 그것이 증거서류이던 진술이던간에 유죄증거에 관한 소송법상의 엄격한 증거능력을 요하지 아니한다(대판 85도441).

2. 탄핵증거의 범위

(1) 탄핵증거의 사용제한

① 탄핵증거를 간접사실을 인정하기 위한 증거로 사용 여부 : 탄핵증거는 진술의 증명력을 다투기 위한 증거이므로 범죄사실이나 간접사실을 인정하는 증거로 사용 불가
② 임의성 없는 자백 : 임의성 없는 자백의 증거능력은 절대적으로 부정되기 때문에 탄핵증거로 사용 불가
③ 성립에 진정이 인정되지 않는 증거 : 기명날인나 서명이 없는, 즉 형식적 진정성립이 인정되지 않는 전문증거는 탄핵증거로 사용될 수 있다는 것이 판례의 입장
④ 증거능력 없는 사법경찰관 작성 피의자신문조서 : 피고인이 부인하여 증거능력이 없는 사법경찰관 작성의 피의자신문조서를 탄핵증거로 사용할 수 있다는 것이 판례의 입장

> **관련 판례**
>
> 탄핵증거는 진술의 증명력을 감쇄하기 위하여 인정되는 것이고 범죄사실 또는 그 간접사실의 인정의 증거로서는 허용되지 않는다(대판 2011도5459).

> **관련 판례**
>
> 형사소송법 제318조의 2에 규정된 소위 탄핵증거는 범죄사실을 인정하는 증거가 아니므로 그것이 증거서류이던 진술이던간에 유죄증거에 관한 소송법상의 엄격한 증거능력을 요하지 아니한다(대판 85도441).

| 관련 판례 | 사법경찰관 작성 피의자신문조서 |

사법경찰이 작성의 피고인에 대한 피의자신문조서와 피고인이 작성한 자술서들은 모두 검사가 유죄의 자료로 제출한 증거들로서 피고인이 각 그 내용을 부인하는 이상 증거능력이 없으나 그러한 증거라 하더라도 그것이 임의로 작성된 것이 아니라고 의심할 만한 사정이 없는 한 피고인의 법정에서의 진술을 탄핵하기 위한 반대증거로 사용할 수 있다(대판 97도1770).

(2) 영상녹화물의 탄핵증거 사용제한

① 영상녹화물은 탄핵증거로 사용할 수 없음
② 피고인 또는 피고인이 아닌 자의 진술을 내용으로 하는 영상녹화물은 공판준비 또는 공판기일에 피고인 또는 피고인이 아닌 자가 진술함에 있어서 기억이 명백하지 아니한 사항에 관하여 기억을 환기시켜야 할 필요가 있다고 인정되는 때에 한하여 피고인 또는 피고인이 아닌 자에게 재생하여 시청하게 할 수 있다(법 제318조의2 제2항).
③ 기억 환기를 위한 영상녹화물의 조사 : 영상녹화물의 재생은 검사의 신청이 있는 경우에 한하고, 기억의 환기가 필요한 피고인 또는 피고인 아닌 자에게만 이를 재생하여 시청하게 하여야 한다(규칙 제134조의5 제1항).

3. 탄핵대상과 범위

(1) 탄핵대상

탄핵의 대상은 진술의 증명력임. 진술은 구두에 의한 진술뿐만 아니라 진술을 기재한 서류도 포함하는 것으로 증인의 증언, 피고인의 진술도 탄핵의 대상임

(2) 탄핵범위

탄핵증거는 진술의 증명력을 다투기 위한 경우에만 허용되고 처음부터 증명력을 지지하거나 보강하는 것은 불허용

4. 탄핵증거의 제출과 조사방법

(1) 탄핵증거의 제출시기

탄핵증거는 증명력이 다투어질 진술이 행하여진 후에 제출할 수 있다. 증인의 경우 증인신문이 종료한 후 탄핵증거 제출

(2) 조사방법

정식의 조사절차를 거칠 필요는 없고 공판중심주의의 원칙상 공판정에서 탄핵증거로서의 증거조사가 행하여져야 함

| 관련 판례 |

증거목록에 기재되지 않았고 증거결정이 있지 아니하였다 하더라도 공판과정에서 그 입증취지가 구체적으로 명시되고 제시까지 된 이상 위 각 서증들에 대하여 탄핵증거로서의 증거조사는 이루어졌다고 보아야 할 것이다(대판 2005도6271).

| 관련 판례 |

탄핵증거는 범죄사실을 인정하는 증거가 아니므로 엄격한 증거조사를 거쳐야 할 필요가 없음은 형사소송법 제318조의2의 규정에 따라 명백하다고 할 것이나, 법정에서 이에 대한 탄핵증거로서의 증거조사는 필요하다(대판 97도1770).

08절 자백의 보강법칙

1. 자백의 보강법칙 개설

(1) 의의

피고인의 자백이 그 피고인에게 불이익한 유일의 증거인 때에는 이를 유죄의 증거로 하지 못한다(법 제310조). 피고인이 임의로 한 자백이 증거능력이 있고 신빙성이 있어 법관이 유죄의 심증을 얻었다 하더라도 보강증거가 없으면 유죄판결을 선고할 수 없다는 원칙

(2) 자유심증주의의 예외

법관이 유죄의 심증을 얻었다 하더라도 보강증거가 없으면 유죄판결을 선고할 수 없다는 것이 자유심증주의에 대한 예외에 해당

(3) 자백의 보강법칙의 입법취지

① 오판의 금지 : 자백이 항상 진실하다고 할 수 없고 고문이나 강용에 의한 자백이 오판을 일으키기 쉬우므로 오판을 방비하기 위하여 도입
② 인권침해의 방비 : 자백만으로도 유죄선고를 할 수 있다면 수사기관은 자백편중 수사를 하게 되고 자백을 받아내기 위하여 강압수사를 할 가능성이 높아지므로 피고인의 인권을 위하여 도입

2. 자백의 보강법칙이 적용되는 절차

(1) 적용되는 절차

자백의 보강법칙은 정식의 형사사건에 적용되고 간이공판절차, 약식명령절차에도 적용

(2) 적용되지 않는 절차

즉결심판절차에 있어서는 형사소송법 제310조(불이익한 자백의 증거능력), 제312조 제3항(사법경찰관 작성 피의자신문조서) 및 제313조(진술서)의 규정은 적용하지 아니한다(즉결심판에 관한 절차법 제10조).

3. 보강이 필요한 자백

(1) 당해 피고인의 자백

당해 피고인의 자백은 공판정이든 공판정 외이든 자백의 보강법칙이 당연히 적용

(2) 공범자의 자백

공범자의 자백을 피고인의 자백으로 보면 자백의 보강증거가 없으면 유죄를 선고할

관련 판례

형사소송절차가 아닌 소년보호사건에 있어서는 비행사실의 일부에 관하여 자백이외의 다른 증거가 없다 하더라도 법령적용의 착오나 소송절차의 법령위반이 있다고 할 수 없다(대결 82모36).

관련 판례

형사소송법 제310조 소정의 피고인의 자백에는 다른 공동피고인(공범인 여부를 불문)의 자백은 포함되지 아니한다(대판 80도2722).

수 없게 됨. 그러나 공범자의 자백을 피고인의 자백으로 보지 않으면 보강증거 없이 유죄선고를 할 수 있다는 것으로 판례의 입장

> **관련 판례** 공동피고인의 진술
>
> 형사소송법 제310조의 피고인의 자백에는 공범인 공동피고인의 진술이 포함되지 아니하므로 공범인 공동피고인의 진술은 다른 공동피고인에 대한 범죄사실을 인정하는데 있어서 증거로 쓸 수 있고 그에 대한 보강증거의 여부는 법관의 자유심증에 맡긴다(대판 85도951).

4. 보강증거의 자격

(1) 의의

자백에 대한 보강증거는 증거능력이 있고 자백과는 실질적으로 독립된 증거여야 할 증거능력이 없으면 보강증거가 될 수 없음

(2) 보강증거가 될 수 없는 증거방법

① 피고인의 자백 : 보강증거는 증명력을 보강하는 것으로 자백을 자백으로 보강할 수는 없음. 공판정 외의 자백을 공판정에서 자백으로 보강할 수 없고, 구두에 의한 자백을 서면에 의한 자백으로 보강할 수 없음

> **관련 판례** 피고인 아닌 자의 진술내용
>
> 피고인이 범행을 자인하는 것을 들었다는 피고인 아닌 자의 진술내용은 형사소송법 제310조의 피고인의 자백에는 포함되지 아니하나 이는 피고인의 자백의 보강증거로 될 수 없다(대판 2007도10937).

② 독립된 증거이지만 보강증거가 될 수 없는 경우 : 독립된 증거이지만 그 증거와 피고인의 자백이 진실한 것이라고 인정하기 어려운 경우 자백의 보강증거가 될 수 없음

(3) 보강증거가 될 수 있는 증거방법

① 증거능력이 있고 독립된 증거 : 증거능력이 있고 독립된 증거는 물증, 서증, 직접증거, 간접증거를 불문하고 자백의 보강증거 인정

> **관련 판례** 자백에 대한 보강증거
>
> 자백에 대한 보강증거는 범죄사실의 전부 또는 중요부분을 인정할 수 있는 정도가 되지 아니하더라도 피고인의 자백이 가공적인 것이 아닌 진실한 것임을 인정할 수 있는 정도만 되면 족한 것으로서, 자백과 서로 어울려서 전체로서 범죄사실을 인정할 수 있으면 유죄의 증거로 충분하고, 나아가 사람의 기억에는 한계가 있는 만큼 자백과 보강증거 사이에 어느 정도의 차이가 있어도 중요부분이 일치하고 그로써 진실성이 담보되면 보강증거로서의 자격이 있다(대판 2008도2343).

관련 판례

실체적 경합범은 실질적으로 수죄이므로 각 범죄사실에 관하여 자백에 대한 보강증거가 있어야 한다(대판 2007도10937).

관련 판례

필로폰 매수 대금을 송금한 사실에 대한 증거가 필로폰 매수와 실체적 경합범 관계에 있는 필로폰 투약행위에 대한 보강증거가 될 수 없다고 한 사례(대판 2007도10937).

SEMI-NOTE

관련 판례 사무처리 내역을 증명하기 위한 문서

상법장부나 항해일지, 진료일지 또는 이와 유사한 금전출납부 등과 같이 범죄사실의 인정 여부와는 관계없이 자기에게 맡겨진 사무를 처리한 사무 내역을 그때그때 계속적, 기계적으로 기재한 문서 등의 경우는 사무처리 내역을 증명하기 위하여 존재하는 문서로서 그 존재 자체 및 기재가 그러한 내용의 사무가 처리되었음의 여부를 판단할 수 있는 별개의 독립된 증거자료이고, 설사 그 문서가 우연히 피고인이 작성하였고 그 문서의 내용 중 피고인의 범죄사실의 존재를 추론해 낼 수 있는, 즉 공소사실에 일부 부합되는 사실의 기재가 있다고 하더라도, 이를 일컬어 피고인이 범죄사실을 자백하는 문서라고 볼 수는 없다(대판 94도2865).

② **공범자의 자백** : 공범자 모두 자백한 경우 그들의 자백은 상호간의 보강증거가 될 수 있다는 것이 판례의 입장

관련 판례 공동피고인의 자백

공동피고인의 자백은 이에 대한 피고인의 반대신문권이 보장되어 있어 증인으로 신문한 경우와 다를 바 없으므로 독립한 증거능력이 있는 것이다(대판 2007도5577).

관련 판례

공범의 자백도 보강증거가 될 수 있는 것이므로 원심이 이를 보강증거로 하여 위 각 공소사실을 유죄로 인정한 것은 적법하고, 여기에 보강증거 없이 자백만으로 위 각 공소사실을 유죄로 인정한 위법이 있다고 할 수 없다(대판 96도2715).

5. 보강증거의 범위

(1) 범위

자백에 대한 보강증거는 자백의 진실성을 담보하는 정도면 족하는 것이 판례의 입장

관련 판례 자백에 대한 보강증거

자백에 대한 보강증거는 범죄사실의 전부 또는 중요 부분을 인정할 수 있는 정도가 되지 아니하더라도 피고인의 자백이 가공적인 것이 아닌 진실한 것임을 인정할 수 있는 정도만 되면 족한 것으로서, 자백과 서로 어울려서 전체로서 범죄사실을 인정할 수 있으면 유죄의 증거로 충분하다(대판 2011도8015).

(2) 보강증거의 필요성 여부

① 자백과 보강증거를 종합하여 자백이 진실한 것임을 인정할 수 있으면 족하기 때문에 어느 부분을 보강할 것인지는 일률적으로 정할 수 없음
② **보강이 필요 없는 경우** : 고의나 목적 등 주관적 구성요건요소는 보강증거 없이 자백만으로 인정할 수 있다는 것이 판례의 입장

관련 판례 자백에 대한 보강증거

자백에 대한 보강증거는 범죄사실의 전부 또는 중요 부분을 인정할 수 있는 정도가 되지 아니하더라도 피고인의 자백이 가공적인 것이 아닌 진실한 것임을 인정할 수 있는 정도만 되면 족할 뿐만 아니라, 직접증거가 아닌 간접증거나 정황증거도 보강증거가 될 수 있고, 또한 자백과 보강증거가 서로 어울려서 전체로서 범죄사실을 인정할 수 있으면 유죄의 증거로 충분하다(대판 2010도11272).

| 관련 판례 | 전과에 관한 사실의 인정

전과에 관한 사실은 엄격한 의미에서의 범죄사실과는 구별되는 것으로서 피고인의 자백만으로서도 이를 인정할 수 있다(대판 79도1528).

③ **죄수와 보강증거의 필요성** : 실체적 경합범은 실질적으로 수죄이므로 각 범죄사실에 관하여 자백에 대한 보강증거가 있어야 한다(대판 2007도10937).

실력up 자백의 보강법칙 위반의 효과

- 자백을 유일한 증거로 유죄판결을 한 경우 헌법위반이나 법률위반으로 상소의 이유가 되고 판결이 확정된 경우에는 비상상고의 이유가 됨
- 피고인의 자백이 그 피고인에게 불이익한 유일의 증거인 때에는 이를 유죄의 증거로 하지 못하는 것이므로, 보강증거가 없이 피고인의 자백만을 근거로 공소사실을 유죄로 판단한 경우에는 그 자체로 판결 결과에 영향을 미친 위법이 있는 것으로 보아야 한다(대판 2007도7835).

SEMI-NOTE

관련 판례

피고인의 습벽을 범죄구성요건으로 하며 포괄1죄인 상습범에 있어서도 이를 구성하는 각 행위에 관하여 개별적으로 보강증거를 요구하고 있는 점에 비추어 보면 투약습성에 관한 정황증거만으로 향정신성의약품관리법위반죄의 객관적 구성요건인 각 투약행위가 있었다는 점에 관한 보강증거로 삼을 수는 없다고 본 사례(대판 95도1794).

09절 공판조서의 증명력

1. 공판조서의 증명력 의의

(1) 공판조서

① **공판조서** : 공판기일의 소송절차를 기재한 조서
② **공판조서의 증명력** : 공판기일의 소송절차로서 공판조서에 기재된 것은 그 조서만으로써 증명한다(법 제56조).
③ 공판준비 또는 공판기일에 피고인이나 피고인 아닌 자의 진술을 기재한 조서와 법원 또는 법관의 검증의 결과를 기재한 조서는 증거로 할 수 있다(법 제311조).

(2) 공판조서의 증명력

공판기일의 소송절차로서 공판조서에 기재된 것은 그 조서만으로써 증명한다(법 제56조). 이는 공판조서의 절대적 또는 배타적 증명력임

(3) 공판조서에 배타적 증명력인 인정하는 취지

상소심에서 원심 공판절차의 적법 여부에 대한 다툼이 있는 경우 원심 법관이나 법원사무관을 증인으로 신문하는 불합리하기 때문이고 심리가 지연되는 것을 방지하는데 목적

2. 배타적 증명력의 범위

관련 판례

공판조서의 기재가 명백한 오기인 경우를 제외하고는 공판기일의 소송절차로서 공판조서에 기재된 것은 조서만으로써 증명하여야 하고, 그 증명력은 공판조서 이외의 자료에 의한 반증이 허용되지 않는 절대적인 것이다(대판 2005도6557).

배타적 증명력

배타적 증명력은 공판기일의 소송절차로서 공판조서에 기재된 것에 한정됨

SEMI-NOTE

(1) 공판기일의 절차
공판조서의 증명력은 공판기일의 절차에 한정하므로 공판준비절차, 공판기일 외의 절차를 기재한 조서는 배타적 증명력이 인정되지 않음

(2) 소송절차
공판기일의 절차 중 소송절차에 대해서만 배타적 증명력이 인정되는 것으로 공판을 행한 일시와 법원, 피고인의 출석여부, 재판의 공개여부, 판결선고의 유무와 일시 등이 이에 해당함

> **실력UP 배타적 증명력이 인정되지 않는 경우**
>
> 피고인의 자백, 증인의 증언, 감정인의 감정은 배타적 증명력이 인정되지 않음

(3) 공판조서에 기재된 것
배타적 증명력은 공판조서에 기재된 것에 한정됨. 공판조서에 오기가 있는 경우 정확한 내용대로 배타적 증명력 인정

관련 판례 증거 동의

형사소송법 제318조에 규정된 증거 동의는 소송 주체인 검사와 피고인이 하는 것이고, 변호인은 피고인을 대리하여 증거 동의에 관한 의견을 낼 수 있을 뿐이므로, 피고인이 변호인과 함께 출석한 공판기일의 공판조서에 검사가 제출한 증거에 대하여 동의한다는 기재가 되어 있다면 이는 피고인이 증거 동의를 한 것으로 보아야 하고, 그 기재는 절대적인 증명력을 가진다(대판 2015도19139).

관련 판례 공판조서에 기재된 것

공판조서의 기재가 명백한 오기인 경우를 제외하고는 공판기일의 소송절차로서 공판조서에 기재된 것은 조서만으로써 증명하여야 하고 그 증명력은 공판조서 이외의 자료에 의한 반증이 허용되지 않는 절대적인 것이므로, 검사 제출의 증거에 관하여 동의 또는 진정성립 여부 등에 관한 피고인의 의견이 증거목록에 기재된 경우에는 그 증거목록의 기재는 공판조서의 일부로서 명백한 오기가 아닌 이상 절대적인 증명력을 가지게 된다(대판 2012도2496).

04장 소송주체와 소송행위

01절 소송주체

02절 소송행위

04장 소송주체와 소송행위

01절 소송주체

1. 법원

(1) 법원(法院)의 개설

① 법원의 의의
  ㉠ 국법상 의미의 법원
   - 법원 : 국법상 의미의 법원은 사법행정상 의미에서의 법원으로 관청으로서의 법원과 관서로서의 법원으로 구분함. 관청으로서의 법원은 사법행정상 의사표시의 주체로서의 의미를 가지고, 관서로서의 법원은 그 자체로는 아무런 권한이 없는 법관과 직원을 포괄하는 사법행정상 단위임 법원이라 할 때 보통 관서로서의 법원을 말함
   - 법원의 종류 : 일반법원과 특별법원
     - 일반법원 : 대법원, 고등법원, 지방법원, 행정법원, 특허법원, 가정법, 회생법원(법원조직법 제3조 제1항)이 있음. 형사재판은 대법원, 고등법원, 지방법원이 담당
     - 특별법원 : 군인 등에 관한 재판을 관할하기 위하여 설치하는 법원으로 대법원의 하급심으로 고등군사법원, 보통군사법원이 있다(군사법원법 제5조).
  ㉡ 소송법상 의미의 법원 : 구체적 사건에 대하여 재판권을 행사하는 법원을 말하는 것으로 형사소송법상 법원은 보통 이 법원을 말함
② 법원의 구성과 법관 ★ 빈출개념
  ㉠ 단독판사 : 1인의 법관으로 구성되는 법원으로 지방법원·가정법원·회생법원과 지방법원 및 가정법원의 지원, 가정지원 및 시·군법원의 심판권은 단독판사가 행사한다(법원조직법 제7조 제4항). 행정법원의 경우 단독판사가 심판할 것으로 행정법원 합의부가 결정한 사건의 심판권은 단독판사가 행사한다(법원조직법 제7조 제3항 단서).
  ㉡ 합의부 : 합의심판을 하여야 하는 경우에는 판사 3명으로 구성된 합의부에서 심판권을 행사한다(법원조직법 제7조 제5항). 제1심은 예외적으로 합의부에서 관할하고 제2심과 제3심은 언제나 합의부에서 관할함
  ㉢ 재판장 : 법원의 합의부인 경우 구성원 중 1인을 말하고, 재판장 이외의 법관을 합의부원 또는 배석판사라 함. 재판장은 공판기일의 소송을 지휘하고 법정경찰권을 행사한다(법 제279조, 제281조).
  ㉣ 수명법관 : 합의부 법원이 그 구성원인 법관에게 특정한 소송행위를 하도록 명하는 경우 명을 받은 법관으로 압수, 수색, 법정 외의 증인신문 등의 명을 받은 법관

SEMI-NOTE

소송주체
소송주체는 소송법상 권리의무의 주체로 법원, 검사, 피고인임

수소법원
검사로부터 공소제기를 받은 단독판사 또는 합의부를 말하고 소송법상의 법원과 같은 의미로 사용되며 경찰서장으로부터 즉결심판의 청구를 받은 시·군법원의 판사도 수소법원이 됨

재판장
재판장은 소송절차를 진행하는 경우 다른 합의부원보다 우월한 권한을 지니지만 사건의 심리나 합의에 관해서는 다른 합의부원의 권한과 동등

ⓑ **수탁판사** : 소송이 계속되어 있는 수소법원의 촉탁을 받아 일정 사항(증거조사·구속·압수·수색, 화해의 권고 등)을 처리하는 수탁법원의 판사로 수탁판사는 증인이 관할구역 내에 현재하지 아니한 때에는 그 현재지의 지방법원 판사에게 전촉할 수 있고(법 제167조 제2항), 압수 또는 수색의 목적물이 그 관할구역 내에 없는 때에는 그 목적물 소재지지방법원 판사에게 전촉할 수 있다(법 제136조 제2항).

실력up 수임판사

수소법원과 독립하여 소송법상 일정한 권한을 행사하는 개개의 법관으로 각종 영장을 발부하는 판사(법 제201조), 증거보전을 하는 판사(법 제184조), 증인신문을 행하는 판사(법 제221조의2), 피의자에 대하여 감정유치처분을 행하는 판사(법 제221조의3) 등

(2) 법관의 제척, 기피, 회피제도

① 제도의 의의
  ㉠ 의의 : 법관이 구체적 사건에 대하여 소송관계인과 특수관계나 선입관 등이 있을 경우 법관도 사람인 이상 재판이 불공평해질 수 있으므로 불공평한 재판을 행할 수 있는 법관을 직무집행에 배제시킬 필요가 있는데 이 제도가 제척, 기피, 회피임
  ㉡ 적용절차 : 제척, 기피, 회피는 일반 공판절차뿐만 아니라 <u>약식절차, 즉결심판절차, 재심절차에서도 적용</u>
  ㉢ 적용대상 : 제척, 기피, 회피는 수명법관, 수탁판사, 법원사무관, 통역인, 배심원, 전문심리위원에게도 적용되나 검사에게는 적용되지 않는다는 것이 판례의 입장

② 제척
  ㉠ 제척의 의의 : 구체적 사건의 심판에서 법관이 불공평한 재판을 할 우려가 현저한 경우 그 사유를 정해 두고 그 사유에 해당하는 법관을 직무집행에서 당연히 배제시키는 제도

> **관련 판례** 불공정한 재판을 할 염려가 있는 때
>
> 기피원인에 관한 형사소송법 제18조 제1항 제2호 소정의 '불공정한 재판을 할 염려가 있는 때'라고 함은 당사자가 불공평한 재판이 될지도 모른다고 추측할 만한 주관적인 사정이 있는 때를 말하는 것이 아니라, 통상인의 판단으로서 법관과 사건과의 관계상 불공평한 재판을 할 것이라는 의혹을 갖는 것이 합리적이라고 인정할 만한 객관적인 사정이 있는 때를 말한다(대결 2001모2).

  ㉡ 제척원인(법 제17조)
  • 법관이 피해자인 때 : 법관이 직접적인 피해자인 경우에 한정함, 간접피해의 경우는 범위가 불분명해지기 때문
  • 법관이 피고인 또는 피해자의 친족 또는 친족관계가 있었던 자인 때 : 친족

SEMI-NOTE

관련 판례

범죄의 피해자인 검사가 그 사건의 수사에 관여하거나, 압수·수색영장의 집행에 참여한 검사가 다시 수사에 관여하였다는 이유만으로 바로 그 수사가 위법하다거나 그에 따른 참고인이나 피의자의 진술에 임의성이 없다고 볼 수는 없다(대판 2011도12918).

관련 판례

형사소송법 제17조 제2호는 '법관이 피고인 또는 피해자의 친족 또는 친족관계가 있었던 자인 때에는 직무집행에서 제척된다'고 규정하고 있고, 위 규정은 형사소송법 제25조 제1항에 의하여 통역인에게 준용되나, 사실혼관계에 있는 사람은 민법에서 정한 친족이라고 할 수 없어 형사소송법 제17조 제2호에서 말하는 친족에 해당하지 않으므로, 통역인이 피해자의 사실혼 배우자라고 하여도 통역인에게 형사소송법 제25조 제1항, 제17조 제2호에서 정한 제척사유가 있다고 할 수 없다(대판 2010도13583).

SEMI-NOTE

의 범위는 민법에 따른 친족에 한함
- 법관이 피고인 또는 피해자의 법정대리인, 후견감독인인 때 : 법정대리인, 피성년후견인의 후견인은 민법상의 규정 준용
- 법관이 사건에 관하여 증인, 감정인, 피해자의 대리인으로 된 때 : 사건은 형사사건을 말하고 피의사건도 포함됨, 실제로 증언, 감정을 한 경우만을 말함

관련 판례 제척

통역인 갑이 피고인들에 대한 특정경제범죄 가중처벌 등에 관한 법률 위반 사건의 제1심 공판기일에 증인으로 출석하여 진술한 다음, 같은 기일에 위 사건의 피해자로서 자신의 사실혼 배우자인 증인 을의 진술을 통역한 사안에서, 제척사유 있는 갑이 통역한 을의 증인신문조서는 유죄 인정의 증거로 사용할 수 없는데도 원심이 이를 증거로 삼은 것은 잘못이라고 한 사례 (대판 2010도13583).

- 법관이 사건에 관하여 피고인의 대리인, 변호인, 보조인으로 된 때 : 대리인에는 임의대리인은 물론 특별대리인도 포함되고 법인의 대표도 포함됨. 변호인은 사선 변호인뿐만 아니라 국선변호인도 포함
- 법관이 사건에 관하여 검사 또는 사법경찰관의 직무를 행한 때 : 법관으로 임용되기 전의 검사 또는 사법경찰관리로서 당해 사건에 관하여 수사 또는 소추 등을 행한 경우

관련 판례 법관이 사건에 관하여 사법경찰관의 직무를 행한 때

선거관리위원장은 형사소송법 제197조나 사법경찰관리의직무를행할자와그직무범위에관한법률에 사법경찰관의 직무를 행할 자로 규정되어 있지 아니하고 그 밖에 달리 사법경찰관에 해당한다고 볼 근거가 없으므로 선거관리위원장으로서 공직선거및선거부정방지법위반혐의사실에 대하여 수사기관에 수사의뢰를 한 법관이 당해 형사피고사건의 재판을 하는 경우 그것이 적절하다고는 볼 수 없으나 형사소송법 제17조 제6호의 제척원인인 '법관이 사건에 관하여 사법경찰관의 직무를 행한 때'에 해당한다고 할 수 없다(대판 99도155.)

관련 판례
- 약식명령을 한 판사가 그 정식재판 절차의 항소심판결에 관여함은 형사소송법 제17조 제7호 소정의 "법관이 사건에 관하여 전심재판 또는 그 기초되는 조사, 심리에 관여한 때"에 해당하여 제척의 원인이 된다(대판 2011도17).
- 제1심판결에서 피고인에 대한 유죄의 증거로 사용된 증거를 조사한 판사는 형사소송법 제17조 제7호 소정의 전심재판의 기초가 되는 조사, 심리에 관여하였다 할 것이고, 그와 같이 전심재판의 기초가 되는 조사, 심리에 관여한 판사는 직무집행에서 제척되어 항소심 재판에 관여할 수 없다(대판 99도3534).

- 법관이 사건에 관하여 전심재판 또는 그 기초되는 조사, 심리에 관여한 때 : 전심재판은 상소에 의하여 불복이 신청된 재판을 말하고, 그 기초되는 조사, 심리에 관여한 때는 전심재판의 내용형성에 사용된 자료의 수집, 조사에 관여하여 그 결과가 전심재판의 사실인정 자료로 쓰인 경우
- 법관이 사건에 관하여 피고인의 변호인이거나 피고인 · 피해자의 대리인인 법무법인, 법무법인(유한), 법무조합, 법률사무소, 외국법자문사법 제2조 제9호에 따른 합작법무법인에서 퇴직한 날부터 2년이 지나지 아니한 때
- 법관이 피고인인 법인 · 기관 · 단체에서 임원 또는 직원으로 퇴직한 날부터 2년이 지나지 아니한 때
ⓒ **제척효과** : 제척사유가 있는 법관은 법률의 규정에 의하여 당연히 직무집행에서 배제
③ **기피**

㉠ 기피의 의의 : 법관이 제척사유가 있음에도 재판에 관여하거나 불공평한 재판을 염려가 있을 때 당사자의 신청에 의하여 법원의 결정으로 법관을 직무집행에서 배제시키는 제도

㉡ 기피사유(법 제18조 제1항)
- 법관이 제척의 사유에 해당되는 때 : 제척사유를 기피사유로 규정한 것은 제척사유의 존부가 불분명하거나 법원이 이를 간과할 경우에 대비하여 제척사유를 심사하도록 의무를 부과하는 것
- 법관이 불공평한 재판을 할 염려가 있을 때 : 합리적이고 인정할만한 객관적인 사정으로 불공평한 재판을 할 염려가 있을 것

관련 판례 불공정한 재판을 할 염려가 있는 때

기피원인에 관한 형사소송법 제18조 제1항 제2호 소정의 '불공정한 재판을 할 염려가 있는 때'라고 함은 당사자가 불공평한 재판이 될지도 모른다고 추측할 만한 주관적인 사정이 있는 때를 말하는 것이 아니라, 통상인의 판단으로서 법관과 사건과의 관계상 불공평한 재판을 할 것이라는 의혹을 갖는 것이 합리적이라고 인정할 만한 객관적인 사정이 있는 때를 말한다(대결 2001모2).

㉢ 기피신청의 절차
- 검사 또는 피고인은 법관의 기피를 신청할 수 있고(법 제18조 제1항), 변호인은 피고인의 명시한 의사에 반하지 아니하는 때에 한하여 법관에 대한 기피를 신청할 수 있다(법 제18조 제2항).
- 대상 : 불공평한 재판을 염려가 있는 법관이다(법 제18조).

 기피

기피는 재판부 자체에 대한 신청은 인정되지 않음

㉣ 기피신청 재판
- 간이기각결정 : 피신청이 소송의 지연을 목적으로 함이 명백하거나 관할위반인 경우, 3일 이내에 기피사유를 소명하지 않은 경우를 위배된 때에는 신청을 받은 법원 또는 법관은 결정으로 이를 기각한다(법 제20조 제1항).
- 의견서 제출 : 기피당한 법관은 간이기각결정의 경우를 제한 외에는 지체 없이 기피신청에 대한 의견서를 제출하여야 한다(법 제20조 제2항).
- 기피신청에 대한 재판 : 기피신청에 대한 재판은 기피당한 법관의 소속법원합의부에서 결정으로 하여야 한다. 기피당한 법관은 결정에 관여하지 못한다. 기피당한 판사의 소속법원이 합의부를 구성하지 못하는 때에는 직근 상급법원이 결정하여야 한다(법 제21조).
- 기피신청과 소송의 정지 : 기피신청이 있는 때에는 간이기각결정의 경우를 제한 외에는 소송진행을 정지하여야 한다. 단, 급속을 요하는 경우에는 예외로 한다(법 제22조).

㉤ 기피신청에 대한 재판

SEMI-NOTE

관련 판례

법관이 심리 중 피고인으로 하여금 유죄를 예단하는 취지로 미리 법률판단을 한 때에는 경우에 따라서 불공평한 재판을 할 염려가 있는 경우에도 해당될 수 있다(대결 74모68).

기피신청의 절차
- 방법 : 기피신청은 서면 또는 구술로 할 수 있다(규칙 제176조 제1항).
- 관할 : 합의법원의 법관에 대한 기피는 그 법관의 소속법원에 신청하고 수명법관, 수탁판사 또는 단독판사에 대한 기피는 당해 법관에게 신청하여야 한다. 기피사유는 신청한 날로부터 3일 이내에 서면으로 소명하여야 한다(법 제19조).

관련 판례

법관에 대한 기피신청이 있는 경우 형사소송법 제22조에 따라 정지되는 소송진행에 판결의 선고는 포함되지 아니한다(대판 2002도4893).

- 기피신청이 이유없다고 인정하는 때에는 결정으로 기피신청을 기각한다. 이때 기피신청을 기각한 결정에 대하여는 즉시항고를 할 수 있다(법 제23조 제1항).
- 기피신청이 이유 있다고 인정하는 경우 결정을 기피당한 법관을 당해 사건에서 배제시키는 결정을 한다. 소송절차에 관한 결정에 대하여는 특히 즉시항고를 할 수 있는 경우 외에는 항고하지 못한다(법 제403조).
- ㉥ **기피효과** : 기피신청이 이유 있다고 인정하는 경우 결정을 기피당한 법관을 당해 사건에서 배제시키는 결정을 한다. 당해 법관이 재판에 관여한 때에는 상소이유가 된다(법 제361조의5 제7호, 제383조 제1호).

④ 회피
㉠ 의의 : 법관 스스로 당해 사건에 관하여 제척 또는 기피의 원인이 있다고 생각하여 스스로 사건의 취급을 피하는 것으로 자발적으로 직무집행에서 탈퇴하는 제도
㉡ 절차(법 제24조)
- 법관이 기피의 규정에 해당하는 사유가 있다고 사료한 때에는 회피하여야 한다.
- 회피는 소속법원에 서면으로 신청하여야 한다.
- 기피신청에 대한 재판의 규정은 회피에 준용한다.

(3) 법원의 관할

① 법원관할의 의의
㉠ 의의 : 관할은 각 법원에 대한 재판권의 분배, 즉 특정법원이 특정사건을 재판을 할 수 있는 권한
㉡ 불시비 효과 : 재판권이 없으면 공소기각판결을 하고(법 제327조 제1호), 관할권이 없으면 관할위반의 판결을 한다(법 제319조).

② 관할의 종류
㉠ **사건관할, 직무관할** : 피고사건 자체의 심판에 관한 관할을 시간관할이라 하고, 특수절차의 심판에 관한 직무관할로 구별되고 보통 관할은 사건관할을 말함
㉡ **법정관할, 재정관할** : 법정관할은 법률의 규정에 의해 정해지는 관할이고, 재정관할은 법원의 재판을 통해서 정해지는 관할

> **실력up 재정관할**
> 재정관할에는 관할의 지정과 이송이 있음

③ 법정관할
㉠ 토지관할
- 의의 : 동등법원 사이에 지역적·장소적 관계에 의한 제1심 법원의 관할분배로 재판적이라 함

SEMI-NOTE

법원사무관 등에 대한 제척, 기피, 회피
- 의의 : 법원사무관 등에 통역인에 대해서도 제척, 기피, 회피에 관한 규정을 준용한다(법 제25조 제1항). 그러나 전심재판 또는 그 기초되는 심리조사에 관여한 때에 관한 규정은 준용되지 않는다.
- 제척, 기피, 회피에 관한 규정은 전문심리위원에게 준용한다(법 제279조의5 제1항).
- 관할 : 법원사무관 등과 통역인에 대한 기피재판은 그 소속법원이 결정으로 하여야 한다. 단, 간이재판의 결정은 기피당한 자의 소속법관이 한다(법 제25조 제2항).

토지관할
토지관할의 결정기준은 우열이 없으므로 하나의 사건에 관하여 수개의 법원이 토지관할을 가질 수 있음

- 토지관할의 기준(법 제4조)
  - 토지관할은 범죄지, 피고인의 주소, 거소 또는 현재지로 한다.
  - 국외에 있는 대한민국 선박, 항공기 내에서 범한 죄에 관하여는 전항에 규정한 곳 외에 선적지 또는 범죄 후의 선착지로 한다.

> **관련 판례** 토지관할의 기준
>
> 형사소송법 제4조 제1항은 토지관할을 범죄지, 피고인의 주소, 거소 또는 현재지로 하고 있으므로, 제1심 법원이 피고인의 현재지인 이상, 그 범죄지나 주소지가 아니더라도 그 판결에 토지관할 위반의 위법은 없다(대판 83도3333).

ⓒ **사물관할** : 사건의 경중이나 성질에 의한 제1심법원의 관할 분배
- 단독판사 관할 : 제1심은 원칙적으로 단독판사의 관할임
- 합의부 관할(법원조직법 제32조 제1항) : 제1심 관할을 합의부가 관할하는 사건
  - 합의부에서 심판할 것으로 합의부가 결정한 사건
  - 민사사건에 관하여는 대법원규칙으로 정하는 사건
  - 사형, 무기 또는 단기 1년 이상의 징역 또는 금고에 해당하는 사건
  - 사형, 무기 또는 단기 1년 이상의 징역 또는 금고에 해당하는 사건과 동시에 심판할 공범사건
  - 지방법원판사에 대한 제척·기피사건
  - 다른 법률에 따라 지방법원 합의부의 권한에 속하는 사건

> **관련 판례** 보석보증금몰수신청기각에대한재항고
>
> 보증금몰수사건은 그 성질상 당해 형사본안 사건의 기록이 존재하는 법원 또는 그 기록을 보관하는 검찰청에 대응하는 법원의 토지관할에 속하고, 그 법원이 지방법원인 경우에 있어서 사물관할은 법원조직법 제7조 제4항의 규정에 따라 지방법원 단독판사에게 속하는 것이지 소송절차 계속중에 보석허가결정 또는 그 취소결정 등을 본안 관할법원인 제1심 합의부 또는 항소심인 합의부에서 한 바 있었다고 하여 그러한 법원이 사물관할을 갖게 되는 것은 아니다(대결 2001모53).

ⓒ **심급관할** : 상소관계에 있어서의 관할로 상소심법원의 심판권
- 판결에 대한 상소 : 제1심법원의 판결에 대하여 불복이 있으면 지방법원 단독판사가 선고한 것은 지방법원 본원합의부에 항소할 수 있으며 지방법원 합의부가 선고한 것은 고등법원에 항소할 수 있다(법 357조). 제2심판결에 대하여 불복이 있으면 대법원에 상고할 수 있다(법 제371조).
- 결정에 대한 항고 : 지방법원 단독판사가 결정한 것은 지방법원 본원합의부에 항고할 수 있으며 지방법원 합의부가 결정한 것은 고등법원에 항고할 수 있다(법원조직법 28조). 항고법원 또는 고등법원의 결정에 대하여는 재판에 영향을 미친 헌법·법률·명령 또는 규칙의 위반이 있음을 이유로 하는 때에 한하여 대법원에 즉시항고를 할 수 있다(법 제415조).
ⓔ **관련사건의 관할** : 관할이 인정된 하나의 사건을 전제로 그 사건과 주관적 또

SEMI-NOTE

토지관할의 기준
- 범죄지 : 범죄사실의 전부 또는 일부가 발생한 장소
- 주소 : 생활의 근거가 되는 곳
- 거소 : 어느 정도 계속적으로 거주하지만 아직 주소의 단계에 이르지 못한 곳
- 현재지 : 피고인이 현재 있는 장소

준항고
재판장 또는 수명법관이 기피신청을 기각한 재판 등에 해당한 재판을 고지한 경우에 불복이 있으면 그 법관소속의 법원에 재판의 취소 또는 변경을 청구할 수 있다(법 제416조 제1항).

는 객관적 관련성이 인정되는 사건을 관련사건이라 하고 관련사건을 이유로 인정한 관할
- 관련사건의 정의(법 제11조)
  - 1인이 범한 수죄
  - 수인이 공동으로 범한 죄
  - 수인이 동시에 동일장소에서 범한 죄
  - 범인은닉죄, 증거인멸죄, 위증죄, 허위감정통역죄 또는 장물에 관한 죄와 그 본범의 죄
- 관련사건의 병합
  - 토지관할의 병합 : 토지관할을 달리하는 수개의 사건이 관련된 때에는 1개의 사건에 관하여 관할권 있는 법원은 다른 사건까지 관할할 수 있다(법 제5조).
  - 사물관할의 병합 : 사물관할을 달리하는 수개의 사건이 관련된 때에는 법원합의부는 병합관할한다. 단, 결정으로 관할권 있는 법원단독판사에게 이송할 수 있다(법 제9조).
- 관련사건의 병합심리
  - 토지관할의 병합심리 : <u>토지관할이 다른 여러 개의 관련사건이 각각 다른 법원에 계속된 때에는 공통되는 바로 위의 상급법원은 검사나 피고인의 신청에 의하여 결정(決定)으로 한 개 법원으로 하여금 병합심리하게 할 수 있다(법 제6조).</u>
  - 사물관할의 병합심리 : 사물관할을 달리하는 수개의 관련사건이 각각 법원합의부와 단독판사에 계속된 때에는 합의부는 결정으로 단독판사에 속한 사건을 병합하여 심리할 수 있다(법 제10조).
- 토지관할의 심리분리 : 토지관할을 달리하는 수개의 관련사건이 동일법원에 계속된 경우에 병합심리의 필요가 없는 때에는 법원은 결정으로 이를 분리하여 관할권 있는 다른 법원에 이송할 수 있다(법 제7조).

④ 재정관할 : 법원의 재판에 의하여 정해지는 관할
  ㉠ 관할의 지정 : 관할법원이 없거나 관할법원이 명확하지 않는 경우 상급법원이 심판할 법원 지정
  - 관할지정의 청구 : 검사는 다음의 경우 관계있는 제1심법원에 공통되는 바로 위의 상급법원에 관할지정을 신청하여야 한다(법 제14조).
    - 법원의 관할이 명확하지 아니한 때
    - 관할위반을 선고한 재판이 확정된 사건에 관하여 다른 관할법원이 없는 때
  - 관할지정의 절차
    - 검사는 관계있는 제1심법원에 공통되는 바로 위의 상급법원에 관할지정을 신청하여야 한다(법 제14조).
    - 신청을 받은 직근 상급법원은 이유 있다고 인정하면 관할법원을 결정으로 정하고 이유 없을 경우 기각결정을 함
  ㉡ <u>관할의 이전</u> : <u>관할법원이 재판권을 행사할 수 없거나 재판의 공정을 유지하</u>

SEMI-NOTE

관련 판례

형사소송법 제5조에 정한 관련 사건의 관할은, 이른바 고유관할사건 및 그 관련 사건이 반드시 병합기소되거나 병합되어 심리될 것을 전제요건으로 하는 것은 아니고, 고유관할사건 계속 중 고유관할 법원에 관련사건이 계속된 이상 그 후 양 사건이 병합되어 심리되지 아니한 채 고유사건에 대한 심리가 먼저 종결되었다 하더라도 관련 사건에 대한 관할권은 여전히 유지된다(대판 2006도8568).

관련 판례

토지관할을 달리하는 수개의 제1심법원들에 관련 사건이 계속된 경우에 그 소속 고등법원이 같은 경우에는 그 고등법원이, 그 소속 고등법원이 다른 경우에는 대법원이 제1심법원들의 공통되는 직근상급법원으로서 토지관할 병합심리 신청사건의 관할법원이 된다(대결 2006초기335).

소송절차의 정지

법원은 그 계속 중인 사건에 관하여 토지관할의 병합심리신청, 관할지정신청 또는 관할이전신청이 제기된 경우에는 그 신청에 대한 결정이 있기까지 소송절차를 정지하여야 한다. 다만, 급속을 요하는 경우에는 그러하지 아니하다(규칙 제7조).

기 어려운 경우 당사자의 신청에 의해 법원의 결정으로 관할권이 없는 법원으로 옮기는 것
- 관할이전의 신청 : 검사는 다음 경우에는 직근 상급법원에 관할이전을 신청하여야 한다. 피고인도 이 신청을 할 수 있다(법 제15조).
  - 관할법원이 법률상의 이유 또는 특별한 사정으로 재판권을 행할 수 없는 때
  - 범죄의 성질, 지방의 민심, 소송의 상황 기타 사정으로 재판의 공평을 유지하기 어려운 염려가 있는 때

> **관련 판례** 관할이전의 신청
>
> 법원이 검사의 공소장변경을 허용하였다 하여 재판의 공평을 유지하기 어려울 염려가 있다고 인정되지 아니하므로 이를 이유로 한 관할이전신청은 이유없다(대결 84초45).

- 관할이전의 절차
  - 검사는 직근 상급법원에 관할이전을 신청하여야 한다. 피고인도 이 신청을 할 수 있다(법 제15조).
  - 공소를 제기한 후 관할의 이전을 신청할 때에는 즉시 공소를 접수한 법원에 통지하여야 한다(법 제16조 제2항).
  - 소송절차의 정지 : 법원은 그 계속 중인 사건에 관하여 토지관할의 병합심리신청, 관할지정신청 또는 관할이전신청이 제기된 경우에는 그 신청에 대한 결정이 있기까지 소송절차를 정지하여야 한다. 다만, 급속을 요하는 경우에는 그러하지 아니하다(규칙 제7조).

⑤ **관할경합** : 동일사건에 대하여 2이상의 법원이 관할권을 가지고 있거나 이중으로 기소되는 경우가 관할의 경합
  ㉠ 동일사건과 수개의 소송계속 : 동일사건이 사물관할을 달리하는 수개의 법원에 계속된 때에는 법원합의부가 심판한다(법 제12조).
  ㉡ 관할의 경합 : 같은 사건이 사물관할이 같은 여러 개의 법원에 계속된 때에는 먼저 공소를 받은 법원이 심판한다. 다만, 각 법원에 공통되는 바로 위의 상급법원은 검사나 피고인의 신청에 의하여 결정으로 뒤에 공소를 받은 법원으로 하여금 심판하게 할 수 있다(법 제13조)
  ㉢ 관할경합의 효과 : 관할경합으로 심판할 수 없는 경우 공소기각의 결정을 하여야 한다(법 제328조 제1항). 동일사건이 수개의 법원에서 확정된 경우 나중에 확정된 판결은 무효가 됨

⑥ **관할권부존재의 효과** : 토지관할은 공소제기에 존재하면 족하고, 사물관할은 공소제기시부터 판결종결시까지 구비되어야 함
  ㉠ 관할위반의 판결 : 피고사건이 법원의 관할에 속하지 아니한 때에는 판결로써 관할위반의 선고를 하여야 한다(법 제319조).
  ㉡ 토지관할 위반 : 법원은 피고인의 신청이 없으면 토지관할에 관하여 관할위반의 선고를 하지 못한다. 관할위반의 신청은 피고사건에 대한 진술 전에 하여야 한다(법 제320조).

SEMI-NOTE

형사소송법의 우선순위 규정
형사소송법은 이중심리나 모순판결을 방지하기 위하여 일정한 우선순위를 규정하고 있음

관할의 직권조사
법원은 직권으로 관할을 조사하여야 한다(법 제1조).

SEMI-NOTE

ⓒ 관할구역 외에서의 집무 : 법원은 사실발견을 위하여 필요하거나 긴급을 요하는 때에는 관할구역 외에서 직무를 행하거나 사실조사에 필요한 처분을 할 수 있다. 수명법관에게도 준용한다(법 제3조).
ⓒ 관할위반과 소송행위의 효력 : 소송행위는 관할위반인 경우에도 그 효력에 영향이 없다(법 제2조).
ⓒ 관할위반과 상소
- 관할을 위반하여 선고한 판결한 항소와 상고의 이유가 된다.
- 원심법원에의 환송 : 공소기각 또는 관할위반의 재판이 법률에 위반됨을 이유로 원심판결을 파기하는 때에는 판결로써 사건을 원심법원에 환송하여야 한다(법 제366조).
- 관할법원에의 이송 : 관할인정이 법률에 위반됨을 이유로 원심판결을 파기하는 때에는 판결로써 사건을 관할법원에 이송하여야 한다. 단, 항소법원이 그 사건의 제1심관할권이 있는 때에는 제1심으로 심판하여야 한다(법 제367조).

⑦ 사건의 이송 : 수소법원이 소송계속중인 사건을 다른 법원이 심판하도록 소송계속을 이전시키는 것
  ㉠ 사건의 직권이송(법 제8조)
    - 법원은 피고인이 그 관할구역 내에 현재하지 아니하는 경우에 특별한 사정이 있으면 결정으로 사건을 피고인의 현재지를 관할하는 동급 법원에 이송할 수 있다.
    - 단독판사의 관할사건이 공소장변경에 의하여 합의부 관할사건으로 변경된 경우에 법원은 결정으로 관할권이 있는 법원에 이송한다.
  ㉡ 사건의 군사법원 이송 : 법원은 공소가 제기된 사건에 대하여 군사법원이 재판권을 가지게 되었거나 재판권을 가졌음이 판명된 때에는 결정으로 사건을 재판권이 있는 같은 심급의 군사법원으로 이송한다. 이 경우에 이송전에 행한 소송행위는 이송후에도 그 효력에 영향이 없다(법 제16조의2).
  ㉢ 국민참여재판의 관할법원 이송 : 피고인이 국민참여재판을 원하는 의사를 표시한 경우 지방법원 지원 합의부가 배제결정을 하지 아니하는 경우에는 국민참여재판절차 회부결정을 하여 사건을 지방법원 본원 합의부로 이송하여야 한다(국민의 형사재판 참여에 관한 법률 제10조 제1항).

합격UP 소년부 송치

법원은 소년에 대한 피고사건을 심리한 결과 보호처분에 해당할 사유가 있다고 인정하면 결정으로써 사건을 관할 소년부에 송치하여야 한다(소년법 제50조).

2. 검사

(1) 검사의 의의 및 성격

관련 판례

항소심에서 공소장변경에 의하여 단독판사의 관할사건이 합의부 관할사건으로 된 경우에도 법원은 사건을 관할권이 있는 법원에 이송하여야 하고, 항소심에서 변경된 위 합의부 관할사건에 대한 관할권이 있는 법원은 고등법원이라고 봄이 상당하다(대판 97도2463).

관련 판례

일반 국민이 범한 수 개의 죄 가운데 특정 군사범죄와 그 밖의 일반 범죄가 형법 제37조 전단의 경합범 관계에 있다고 보아 하나의 사건으로 기소된 경우, 특정 군사범죄에 대하여는 군사법원이 전속적인 재판권을 가지므로 일반 법원은 이에 대하여 재판권을 행사할 수 없다. 반대로 그 밖의 일반 범죄에 대하여 군사법원이 재판권을 행사하는 것도 허용될 수 없다. 이 경우 어느 한 법원에서 기소된 모든 범죄에 대해 재판권을 행사한다면 재판권이 없는 법원이 아무런 법적 근거 없이 임의로 재판권을 창설하여 재판권이 없는 범죄에 대한 재판을 하는 것이 되므로, 결국 기소된 사건 전부에 대하여 재판권을 가지지 아니한 일반 법원이나 군사법원은 사건 전부를 심판할 수 없다(대결 2016초기318).

① 검사의 의의 : 검사는 검찰권을 행사하는 국가기관으로 수사권, 공소권, 형집행권 등은 검찰권의 핵심임
② 검사는 공익의 대표자로서 직무와 권한(검찰청법 제4조 제1항)
  ㉠ 범죄수사, 공소의 제기 및 그 유지에 필요한 사항
  ㉡ 범죄수사에 관한 특별사법경찰관리 지휘 · 감독
  ㉢ 법원에 대한 법령의 정당한 적용 청구
  ㉣ 재판 집행 지휘 · 감독
  ㉤ 국가를 당사자 또는 참가인으로 하는 소송과 행정소송 수행 또는 그 수행에 관한 지휘 · 감독
  ㉥ 다른 법령에 따라 그 권한에 속하는 사항
③ 검사의 성격 : 검사는 행정부 소속이므로 사법기관이 아니고 준사법기관에 속함
  ㉠ 사법기관적 성격
    • 단독제 : 검사는 자기의 책임과 명의로 검찰권을 행사하는 단독제 관청의 성격을 지니고 합의제는 존재하지 않음
    • 검사는 법관에 준하는 자격과 신분보장을 하고 있음
    • 검사의 처분에 대한 불복은 행정소송으로 할 수 없고 검찰항고, 재정신청, 헌법소원 등을 통하여 할 수 있음

관련 판례 **공소내용취소**

형사소송법에 의하면 검사가 공소를 제기한 사건은 기본적으로 법원의 심리대상이 되고 피의자 및 피고인은 수사의 적법성 및 공소사실에 대하여 형사소송절차를 통하여 불복할 수 있는 절차와 방법이 따로 마련되어 있으므로 검사의 공소제기가 적법절차에 의하여 정당하게 이루어진 것이냐의 여부에 관계없이 검사의 공소에 대하여는 형사소송절차에 의하여서만 이를 다툴 수 있고 행정소송의 방법으로 공소의 취소를 구할 수는 없다(대판 99두11264).

  ㉡ 행정기관적 성격
    • 법무부소속 : 검사의 임명과 보직은 법무부장관의 제청으로 대통령이 한다(검찰청법 제34조 제1항).
    • 검찰사무에 관한 지휘 · 감독 : 검사는 검찰사무에 관하여 소속 상급자의 지휘 · 감독에 따른다(검찰청법 제7조 제1항).
    • 법무부장관의 지휘 · 감독 : 법무부장관은 검찰사무의 최고 감독자로서 일반적으로 검사를 지휘 · 감독하고, 구체적 사건에 대하여는 검찰총장만을 지휘 · 감독한다(검찰청법 제8조).
    • 검사처분에 관한 기판력 : 검사의 불기소 처분 등에 관하여 기판력이나 일사부재리의 효력이 인정되지 않음
④ 검사의 자격과 신분보장
  ㉠ 검사의 임명자격 : 검사는 다음의 사람 중에서 임명한다(검찰청법 제29조).
    • 사법시험에 합격하여 사법연수원 과정을 마친 사람
    • 변호사 자격이 있는 사람
  ㉡ 검사의 임명과 보직은 법무부장관의 제청으로 대통령이 한다(검찰청법 제34

SEMI-NOTE

관련 판례

검사의 불기소처분에는 확정재판에 있어서의 확정력과 같은 효력이 없어 일단 불기소처분을 한 후에도 공소시효가 완성되기 전이면 언제라도 공소를 제기할 수 있으므로, 세무공무원 등의 고발이 있어야 공소를 제기할 수 있는 조세범처벌법 위반죄에 관하여 일단 불기소처분이 있었더라도 세무공무원 등이 종전에 한 고발은 여전히 유효하다. 따라서 나중에 공소를 제기함에 있어 세무공무원 등의 새로운 고발이 있어야 하는 것은 아니다(대판 2009도6614).

심신장애로 인한 퇴직

검사가 중대한 심신상의 장애로 인하여 직무를 수행할 수 없을 때 대통령은 법무부장관의 제청에 의하여 그 검사에게 퇴직을 명할 수 있다(검찰청법 제39조의2).

조 제1항).
ⓒ **신분보장** : 검사는 탄핵이나 금고 이상의 형을 선고받은 경우를 제외하고는 파면되지 아니하며, 징계처분이나 적격심사에 의하지 아니하고는 해임·면직·정직·감봉·견책 또는 퇴직의 처분을 받지 아니한다(검찰청법 제37조).
ⓔ **검사의 직무대리(검찰청법 제32조)**
- 검찰총장은 사법연수원장이 요청하면 사법연수생으로 하여금 일정 기간 지방검찰청 또는 지청 검사의 직무를 대리할 것을 명할 수 있다.
- 검찰총장은 필요하다고 인정하면 검찰수사서기관, 검찰사무관, 수사사무관 또는 마약수사사무관으로 하여금 지방검찰청 또는 지청 검사의 직무를 대리하게 할 수 있다.
- 검사의 직무를 대리하는 사람은 법원조직법에 따른 합의부의 심판사건은 처리하지 못한다.

> **관련 판례** 검사의 직무대리
>
> 검사직무대리자는 법원조직법에 규정된 합의부의 심판사건에 관하여서는 기소, 불기소등의 최종적 결정을 할 수 없음은 물론 수사도 할 수 없으므로 검사직무대리자가 작성한 합의부사건의 피고인에 대한 피의자신문조서는 증거로 할 수 없다(대판 78도49).

(2) 검찰청
① **검찰청의 의의** : 검찰청은 검사의 사무를 총괄하는 기관으로 단독제 관청
② **검찰청의 설치와 관할구역(검찰청법 제3조)**
ⓐ 대검찰청은 대법원에, 고등검찰청은 고등법원에, 지방검찰청은 지방법원과 가정법원에 대응하여 각각 설치한다.
ⓑ 지방법원 지원 설치지역에는 이에 대응하여 지방검찰청 지청을 둘 수 있다.
ⓒ 각급 검찰청과 지청의 관할구역은 각급 법원과 지방법원 지원의 관할구역에 따른다.

(3) 검찰사무에 관한 지휘와 감독
① **검찰사무에 관한 지휘와 감독(검찰청법 제7조)**
ⓐ 검사는 검찰사무에 관하여 소속 상급자의 지휘·감독에 따른다.
ⓑ 검사는 구체적 사건과 관련된 제1항의 지휘·감독의 적법성 또는 정당성에 대하여 이견이 있을 때에는 이의를 제기할 수 있다.
② **검사 직무의 위임·이전 및 승계(검찰청법 제7조의2)**
ⓐ 검찰총장, 각급 검찰청의 검사장 및 지청장은 소속 검사로 하여금 그 권한에 속하는 직무의 일부를 처리하게 할 수 있다.
ⓑ 검찰총장, 각급 검찰청의 검사장 및 지청장은 소속 검사의 직무를 자신이 처리하거나 다른 검사로 하여금 처리하게 할 수 있다.
③ **직무대리** : 차장검사는 검찰총장을 보좌하며, 검찰총장이 부득이한 사유로 직무를 수행할 수 없을 때에는 그 직무를 대리한다(검찰청법 제13조 제2항).

관련 판례

범죄의 피해자인 검사가 그 사건의 수사에 관여하거나, 압수·수색영장의 집행에 참여한 검사가 다시 수사에 관여하였다는 이유만으로 바로 그 수사가 위법하다거나 그에 따른 참고인이나 피의자의 진술에 임의성이 없다고 볼 수는 없다(대판 2011도12918).

④ **검사교체의 효과** : 판사의 경질이 있는 때에는 공판절차를 갱신하여야 하지만(법 제301조) 검사가 교체된 경우에는 소송법상 효력에 영향이 없음

(4) 검사의 소송법상 지위

① 검사의 지위
  ㉠ **검사의 수사** : 검사는 범죄의 혐의가 있다고 사료하는 때에는 범인, 범죄사실과 증거를 수사한다(법 제196조).
  ㉡ **검사와 사법경찰관의 관계 등** : 검사와 사법경찰관은 수사, 공소제기 및 공소유지에 관하여 서로 협력하여야 한다(법 제195조 제1항).
  ㉢ **보완수사요구** : 검사는 필요한 경우에 사법경찰관에게 보완수사를 요구할 수 있다(법 제197조의2 제1항).
  ㉣ **시정조치요구 등** : 검사는 사법경찰관리의 수사과정에서 법령위반, 인권침해 또는 현저한 수사권 남용이 의심되는 사실의 신고가 있거나 그러한 사실을 인식하게 된 경우에는 사법경찰관에게 사건기록 등본의 송부를 요구할 수 있음
  ㉤ **수사종결권** : 검사는 공소의 제기여부를 결정하는 수사종결권을 가진다(법 제246조 참조).
  ㉥ **공소권 주체** : 검사는 공소를 제기할 수 있는 독점적 담당자로 공소제기권과 공소취소권을 가짐
  ㉦ **재판 집행지휘** : 재판의 집행은 그 재판을 한 법원에 대응한 검찰청검사가 지휘한다(법 제460조 제1항).

② 검사의 의무
  ㉠ **권한과 의무** : 검사에게 인정되는 권한은 동시에 의무가 됨, 검사의 의무는 수사의무, 공소제기와 유지의무, 재판집행지휘 의무 등
  ㉡ **검사의 객관의무** : 검사는 피고인에 대립하는 당사자이지만 동시에 공익의 대표자이자 준사법기관으로 그 직무를 수행할 때 국민 전체에 대한 봉사자로서 헌법과 법률에 따라 국민의 인권을 보호하고 적법절차를 준수하며, 정치적 중립을 지켜야 하고 주어진 권한을 남용하여서는 아니 된다(검찰청법 제4조 제2항). 피고인의 이익을 위한 상소와 재심청구, 피의자신문시 이익사실 진술 기회부여, 피고인을 위한 비상상고, 검사의 고소권자 지정 등

관련 판례 검사의 직무상 의무

검사는 공익의 대표자로서 실체적 진실에 입각한 국가 형벌권의 실현을 위하여 공소제기와 유지를 할 의무뿐만 아니라 그 과정에서 피고인의 정당한 이익을 옹호하여야 할 의무가 있다. 그리고 법원이 형사소송절차에서 피고인의 권리를 실질적으로 보장하기 위하여 마련되어 있는 형사소송법 등 관련 법령에 근거하여 검사에게 어떠한 조치를 이행할 것을 명하였고, 관련 법령의 해석상 그러한 법원의 결정에 따르는 것이 당연하고 그와 달리 해석될 여지가 없는 경우라면, 법에 기속되는 검사로서는 법원의 결정에 따라야 할 직무상 의무도 있다. 그런데도 그와 같은 상황에서 검사가 관련 법령의 해석에 관하여 대법원판례 등의 선례가 없다는 이유 등으로 법원의 결정에 어긋나는 행위를 하였다면 특별한 사정이 없는 한 당해 검사에게 직무상 의무를 위반한 과실이 있다고 보아야 한다(대판 2011다48452).

SEMI-NOTE

검찰청 직원
사법경찰관의 직무를 행하는 검찰청 직원은 검사의 지휘를 받아 수사하여야 한다(법 제245조의9 제2항).

검사동일체의 원칙
- 검사는 검찰권의 행사에 있어서 검찰총장을 정점으로 상하복종관계에 있다는 원칙으로 검찰조직의 피라미드형 계층구조 원리를 말함. 검사동일체의 원칙은 상명하복, 직무승계권, 직무이전권으로 이루어짐
- 상명하복 관계에 따라 검사는 전국적으로 통일적 계층제를 구성하는 조직체임
- 검찰총장은 직무승계권에 따라 소속 검사의 직무를 자신이 처리할 수 있으며, 직무이전권에 따라 다른 검사로 하여금 처리하도록 할 수 있음

인권옹호의무
검사·사법경찰관리와 그 밖에 직무상 수사에 관계있는 자는 피의자 또는 다른 사람의 인권을 존중하고 수사과정에서 취득한 비밀을 엄수하며 수사에 방해되는 일이 없도록 하여야 한다(법 제198조 제2항).

3. 피고인 ★ 빈출개념

(1) 피고인의 의의와 종류

① 피고인의 의의 : 피고인은 검사에 의하여 형사책임을 져야 할 자로 공소가 제기된 자와 경찰서장에 의하여 즉결심판이 청구된 자

② 피고인의 종류
  ㉠ 단독피고인과 공동피고인 : 단독으로 심판을 받는 피고인이 단독피고인이고, 동일한 소송절차에서 심판을 받고 있는 수인의 피고인이 공동피고인이다. 피고인을 위하여 원심판결을 파기하는 경우에 파기의 이유가 항소한 공동피고인에게 공통되는 때에는 그 공동피고인에게 대하여도 원심판결을 파기하여야 한다(법 제364조의2).
  ㉡ 일반피고인과 재심피고인 : 일반피고인은 통상의 공판절차에서 심판을 받고 있는 피고인이고, 재심피고인은 유죄의 확정판결을 받았으나 그 판결에 중대한 사실오인을 이유로 재심을 청구하여 재심심판을 받고 있는 피고인임. 일반피고인이 심신상실이 되면 공판절차가 정지되고 사망하면 공소기각결정을 함. 재심피고인이 심신상실이나 사망하더라도 재심심판절차에 영향을 주지 못함
  ㉢ 구속피고인과 불구속피고인 : 피고인의 구속여부에 따른 분류로 소환방법, 궐석재판, 보석청구, 구속취소청구 등에 차이가 있음

③ 피고인 특정
  ㉠ 피고인의 특정기준 : 형사소송법 제248조에 의하여 공소는 검사가 피고인으로 지정한 이외의 다른 사람에게 그 효력이 미치지 아니하는 것이므로 공소제기의 효력은 검사가 피고인으로 지정한 자에 대하여만 미치는 것이고, 따라서 피의자가 다른 사람의 성명을 모용한 탓으로 공소장에 피모용자가 피고인으로 표시되었다 하더라도 이는 당사자의 표시상의 착오일 뿐이고, 검사는 모용자에 대하여 공소를 제기한 것이므로 모용자가 피고인이 되고 피모용자에게 공소의 효력이 미친다고는 할 수 없다(대판 97도2215).

> **실력up 피고인표시를 정정하여 바로 잡은 경우**
>
> 검사가 공소장의 피고인표시를 정정하여 바로 잡은 경우에는 처음부터 모용자에 대한 공소의 제기가 있었고, 피모용자에 대한 공소의 제기가 있었던 것은 아니므로 법원은 모용자에 대하여 심리하고 재판을 하면 될 것이지, 원칙적으로는 피모용자에 대하여 심판할 것은 아님

  ㉡ 성명모용 : 수사절차에서 수사를 받는 피의자가 다른 사람의 성명을 모용함으로써 고소장에 다른 사람이 기재되어 그대로 공소가 제기되는 경우
   • 공소제기의 효력은 모용자에게만 미치고 피모용자에게는 미치지 않음
   • 피모용자 성명은 공소장기재의 착오에 불과하므로 검사는 공소장정정으로 모용관계를 바로 잡으면 족함
   • 공소장정정이 이루어지지 않은 경우는 무효이므로 법원은 공소기각판결을 선고하여야 한다(법 제327조 제2호).

SEMI-NOTE

피고인
피고인은 공소제기 후 확정판결 전까지의 개념이고 공소제기 전 수사기관으로부터 수사를 받고 있는 자는 피의자에 해당함, 판결이 확정되어 형집행을 받고 있는 자는 수형자임

성년피고인과 소년피고인
소년피고인은 만 19세 미만인 피고인이고, 성년피고인은 만 19세 이상인 피고인임. 성년피고인은 형사소송법이 적용되고, 소년피고인은 소년법이 적용됨

관련 판례
피의자가 다른 사람의 성명을 모용한 탓으로 공소장에 피모용자가 피고인으로 표시되었다 하더라도 이는 당사자의 표시상의 착오일 뿐이고 검사는 모용자에 대하여 공소를 제기한 것이므로 모용자가 피고인이 되고 피모용자에게 공소의 효력이 미친다고 할 수 없고, 이와 같은 경우 검사는 공소장의 인적 사항의 기재를 정정하여 피고인의 표시를 바로잡아야 하는 것인바, 이는 피고인의 표시상의 착오를 정정하는 것이지 공소장을 변경하는 것이 아니므로 형사소송법 제298조에 따른 공소장변경의 절차를 밟을 필요가 없고 법원의 허가도 필요로 하지 아니한다(대판 92도2554).

ⓒ 피모용자가 공판정에 출석한 경우
- 공소제기의 효력은 실질적 피고인에 대해서만 발생
- 피모용인이 출석하면 퇴정시키고 모용인을 소환하여 소송절차 진행
- 판결의 효력은 피모용인에게 미침

> **관련 판례** 피모용자가 약식명령에 대하여 정식재판을 청구한 경우
>
> 피모용자가 약식명령을 송달받고 이에 대하여 정식재판의 청구를 하여 피모용자를 상대로 심리를 하는 과정에서 성명모용 사실이 발각되고 검사가 공소장을 정정하는 등 사실상의 소송계속이 발생하고 형식상 또는 외관상 피고인의 지위를 갖게 된 경우에는 법원으로서는 피모용자에게 적법한 공소의 제기가 없었음을 밝혀주는 의미에서 형사소송법 제327조 제2호를 유추적용하여 공소기각의 판결을 함으로써 피모용자의 불안정한 지위를 명확히 해소해 주어야 할 것이지만, 진정한 피고인인 모용자에게는 아직 약식명령의 송달이 없었다고 할 것이므로 검사는 공소장에 기재된 피고인 표시를 정정하고 법원은 이에 따라 약식명령의 피고인 표시를 정정하여 본래의 약식명령과 함께 이 경정결정을 모용자인 피고인에게 송달하면 이때야 비로소 위 약식명령은 적법한 송달이 있다고 볼 것이고, 이에 대하여 소정의 기간 내에 정식재판의 청구가 없으면 이 약식명령은 확정된다(대판 97도2215).

(2) 피고인의 소송법상 지위

① **당사자로서의 지위** : 피고인은 소송주체로 검사와 함께 당사자에 해당하고, 검사의 공격에 자기를 방어하여야 하는 수동적 당사자
② **피고인의 방어권과 참여권**
  ㉠ 방어권 : 공판기일의 변경신청권, 소송서류 열람·복사권, 진술거부권, 진술권, 의견진술권, 접견교통권, 국선변호인제도, 변호인선임권 등
  ㉡ 참여권 : 기피신청권, 관할이전신청권, 관할위반신청권, 증인신문에의 참여권, 공판준비절차에서의 증거조사, 증거보전신청권, 압수·수색영장 집행에의 참여권 등
③ **증거방법으로서의 지위** : 피고인은 소송주체로서 당사자의 지위를 가지지만 증거방법으로서의 지위도 가짐, 증거방법으로서의 지위는 보조적 지위에 불과
  ㉠ 인적 증거방법 : 피고인신문을 통하여 임의로 행한 진술 또는 자백은 피고인에게 유리하거나 불리한 증거가 될 수 있음

> **관련 판례** 증인적격 인정
>
> 형사소송절차상 피고인의 증인적격이 부정되고 있어 피고인의 진술거부권이 침해될 소지는 없다고 보여질 뿐 아니라, 피고인은 증인이 아닌 당사자로서 그 법정진술이 직접 자신을 위한 유리한 증거로 사용될 수 있다는 점에서 경찰공무원에 대한 증인적격 인정이 바로 피고인에 대한 증인적격 인정으로 귀결된다고 볼 아무런 근거가 없고, 그밖에 이 사건 법률조항에 의한 경찰 공무원의 증인적격 인정과 피고인의 진술거부권 침해와의 연관성을 인정할 만한 사정도 없다(헌재 2001헌바41).

  ㉡ 물적 증거방법 : 피고인의 신체가 감정의 대상이 될 수 있음
④ **절차대상으로서의 지위** : 피고인은 소환, 구속, 수색, 압수의 대상이 되며 피고인

국민의 권리
모든 국민은 고문을 받지 아니하며, 형사상 자기에게 불리한 진술을 강요당하지 아니한다(헌법 제12조 제2항).

은 이를 거부할 수 없음

(3) 무죄추정의 원칙

① 의의 : 형사피고인은 유죄의 판결이 확정될 때까지는 무죄로 추정된다(헌법 제27조 제4항). 피고인은 유죄의 판결이 확정될 때까지는 무죄로 추정된다(법 제275조의2).

② 주요 내용
  ㉠ 주체 : 무죄추정의 원칙은 피고인은 물론 피의자에게도 인정
  ㉡ 시간적 범위 : 무죄추정의 원칙은 유죄판결이 확정될 때까지이므로 제1심과 제2심에서 유죄가 선고되더라도 이 원칙은 깨지지 않음
  ㉢ 인신구속의 제한 : 피의자에 대한 수사는 불구속 상태에서 함을 원칙으로 한다(법 제198조 제1항).
  ㉣ 의심스러울 때에는 피고인의 이익으로(in dubio pro reo) : 무죄추정의 원칙상 법관이 유죄에 대한 확신을 가질 수 없을 때에는 피고인에게 유리하게 무죄판결을 선고하여야 한다는 것으로 이에 대한 거증책임은 검사가 부담
  ㉤ 불이익한 처우의 금지 : 공소장에는 사건에 관하여 법원에 예단이 생기게 할 수 있는 서류 기타 물건을 첨부하거나 그 내용을 인용하여서는 아니된다(규칙 제118조 제2항).

> **관련 판례** 무죄추정의 원칙
>
> 무죄추정의 원칙은 수사를 하는 단계뿐만 아니라 판결이 확정될 때까지 형사절차와 형사재판 전반을 이끄는 대원칙으로서, '의심스러우면 피고인의 이익으로'라는 오래된 법언에 내포된 이러한 원칙은 우리 형사법의 기초를 이루고 있다(대판 2016도21231).

(4) 진술거부권 ★빈출개념

① 진술거부권의 의의 : 피고인 또는 피의자가 공판절차나 수사절차에서 법원이나 수사기관의 신문에 진술을 거부할 수 있는 권리로 헌법은 모든 국민은 고문을 받지 아니하며, 형사상 자기에게 불리한 진술을 강요당하지 아니한다(헌법 제12조 제2항)고 하고 형사소송법은 피고인은 진술하지 아니하거나 개개의 질문에 대하여 진술을 거부할 수 있다(법 제283조의2 제1항)고 하고 있음

> **관련 판례** 진술거부권조항에 위배되지 아니한 경우
>
> 주취운전의 혐의자에게 호흡측정기에 의한 주취여부의 측정에 응할 것을 요구하고 이에 불응할 경우 처벌한다고 하여도 이는 형사상 불리한 "진술"을 강요하는 것에 해당한다고 할 수 없으므로 헌법 제12조 제2항의 진술거부권조항에 위배되지 아니한다(헌재 96헌가11).

② 진술거부권의 내용
  ㉠ 진술거부권의 주체 : 모든 국민은 고문을 받지 아니하며, 형사상 자기에게 불리한 진술을 강요당하지 아니한다(헌법 제12조 제2항)고 하고 있으므로 피의

SEMI-NOTE

관련 판례

미결구금일수 산입범위의 결정을 법관의 자유재량에 맡기는 이유는 피고인이 고의로 부당하게 재판을 지연시키는 것을 막아 형사재판의 효율성을 높이고, 피고인의 남상소를 방지하여 상소심 법원의 업무부담을 줄이는데 있다. 그러나 미결구금을 허용하는 것 자체가 헌법상 무죄추정의 원칙에서 파생되는 불구속수사의 원칙에 대한 예외인데, 형법 제57조 제항 중 "또는 일부 부분"은 그 미결구금일수 중 일부만을 본형에 산입할 수 있도록 규정하여 그 예외에 대하여 사실상 다시 특례를 설정함으로써, 기본권 중에서도 가장 본질적인 신체의 자유에 대한 침해를 가중하고 있다(헌재 2007헌바25).

자기부죄거부특권

자신에게 불리한 진술을 거부할 수 있는 특권으로 우리나라의 헌법과 형사소송법상의 피고인이나 피의자의 진술거부권과 증인이 가지는 증언 거부권을 포함하는 특권을 이름

자, 피고인도 진술거부권을 가짐
ⓒ 진술거부권의 내용
- 진술의 강요금지 : 형사상 자기에게 불리한 진술을 강요당하지 않는다는 것은 진술의 거부로 형벌, 과태료를 과할 수 없고 진술을 강요하기 위한 고문도 금지

> **관련 판례** 거짓 진술 처벌규정
>
> 헌법상 보장된 진술거부권에 관한 법리에 비추어 살펴보면, 처벌규정은 적어도 새마을금고의 임직원이 장차 특정경제범죄법에 규정된 죄로 처벌받을 수도 있는 사항에 관한 질문을 받고 거짓 진술을 한 경우에는 특별한 사정이 없는 한 적용되지 않는다. 이러한 경우까지 항상 처벌규정으로 처벌될 수 있다고 본다면, 이는 실질적으로 장차 형사피의자나 피고인이 될 가능성이 있는 자로 하여금 수사기관 앞에서 자신의 형사책임을 자인하도록 강요하는 것과 다르지 않기 때문이다(대판 2015도3136).

- 진술 : 진술은 생각이나 지식, 경험 등을 언어를 통하여 표출하는 것으로 진술인 이상 서면에 의한 진술도 포함됨, 지문의 채취, 음주측정, 사진촬영 등은 대상이 아님
- 진술의 범위 : 피고인은 진술하지 아니하거나 개개의 질문에 대하여 진술을 거부할 수 있다(법 제283조의2 제1항). 진술은 불리한 진술뿐만 아니라 유리한 진술도 포함

③ 진술거부권의 고지
㉠ 고지 : 수사기관과 재판장은 피의자 또는 피고인에게 진술을 거부할 수 있음을 미리 고지하여야 한다(법 제244조의3 제1항, 제283조의2 제2항).
㉡ 고지방법 : 피의자 또는 피고인에게 진술을 거부할 수 있음을 적극적이고 명시적으로 고지해 주어야 한다. 공판절차의 갱신에 따라 재판장은 피고인에게 진술거부권 등을 고지한 후 법 제284조에 따른 인정신문을 하여 피고인임에 틀림없음을 확인하여야 한다(규칙 제144조 제1항 제1호).

> **관련 판례** 진술거부권의 고지
>
> 형사소송법이 보장하는 피의자의 진술거부권은 헌법이 보장하는 형사상 자기에 불리한 진술을 강요당하지 않는 자기부죄거부의 권리에 터 잡은 것이므로 수사기관이 피의자를 신문함에 있어서 피의자에게 미리 진술거부권을 고지하지 않은 때에는 그 피의자의 진술은 위법하게 수집된 증거로서 진술의 임의성이 인정되는 경우라도 증거능력이 부인되어야 한다(대판 2010도8294).

㉢ 진술거부권 고지에 관한 명문의 규정이 없는 경우 : 명문의 규정이 없는 경우는 수사기관의 고지의무가 없다는 것이 판례의 입장

> **관련 판례** 진술거부권의 보장
>
> 헌법 제12조는 제1항에서 적법절차의 원칙을 선언하고, 제2항에서 "모든 국민은 고문을 받지 아니하며, 형사상 자기에게 불리한 진술을 강요당하지 아니한다."고 규정하여 진술거부권을 국민의 기본적 권리로 보장하고 있다. 이는 형사책임과 관련하여 비인간적인 자백의 강요와

SEMI-NOTE

관련 판례

주취운전의 혐의자에게 호흡측정기에 의한 주취 여부의 측정에 응할 것을 요구하고 이에 불응할 경우에는 같은 법 제150조 제2호에 따라 처벌한다고 하여도 이를 형사상 불리한 "진술"을 비인간적으로 강요하는 것에 해당한다고 볼 수는 없으므로, 도로교통법의 위 조항들이 자기부죄금지의 원칙을 규정한 헌법 제12조 제2항에 위반된다고 할 수 없다(대판 2009도7924).

관련 판례

진술거부권 고지에 관한 형사소송법 규정내용 및 진술거부권 고지가 갖는 실질적인 의미를 고려하면 수사기관에 의한 진술거부권 고지 대상이 되는 피의자 지위는 수사기관이 조사대상자에 대한 범죄혐의를 인정하여 수사를 개시하는 행위를 한 때 인정되는 것으로 보아야 한다(대판 2011도8125).

불고지의 효과
진술거부권을 고지하지 않으면 진술거부권의 침해가 되므로 이때 얻은 자백이나 진술은 증거능력이 부정됨

진술거부권의 효력
증거능력의 부정, 불이익추정의 금지, 양형에서의 고려 여부 등

고문을 근절하고 인간의 존엄성과 가치를 보장하려는 데에 그 취지가 있다. 그러나 진술거부권이 보장되는 절차에서 진술거부권을 고지받을 권리가 헌법 제12조 제2항에 의하여 바로 도출된다고 할 수는 없고, 이를 인정하기 위해서는 입법적 뒷받침이 필요하다(대판 2013도5441).

(5) 서류 등의 열람·등사권

① **공소제기 전 서류 등의 열람·등사** : 수사 비공개의 원칙에 의하여 공소제기 전에는 수사서류에 대한 열람·등사는 인정되지 않는 것이 원칙

> **관련 판례** 서류 등의 열람
> 고소장과 피의자신문조서에 대한 열람은 기소전의 절차인 구속적부심사에서 피구속자를 변호하기 위하여 필요한 것인데, 그 열람불허를 구제받기 위하여 행정소송을 제기하더라도 그 심판에 소요되는 통상의 기간에 비추어 볼 때 이에 의한 구제가 기소전에 이루어질 가능성이 거의 없고 오히려 기소된 후에 이르러 권리보호이익의 흠결을 이유로 행정소송이 각하될 것이 분명한 만큼, 변호인인 청구인에게 이러한 구제절차의 이행을 요구하는 것은 불필요한 우회절차를 강요하는 셈이 되어 부당하다(헌재 2000헌마474).

② **공소제기 후 법원에 제출되지 않은 서류 등의 열람·등사** : 피고인 또는 변호인은 검사에게 공소제기 된 사건에 관한 서류 또는 물건의 목록과 공소사실의 인정 또는 양형에 영향을 미칠 수 있는 서류 등의 열람·등사 또는 서면의 교부를 신청할 수 있다. 다만, 피고인에게 변호인이 있는 경우에는 피고인은 열람만을 신청할 수 있다(법 제266조의3 제1항).
③ **공소제기 후 법원에 제출된 서류 등의 열람·등사** : 피고인과 변호인은 소송계속 중의 관계 서류 또는 증거물을 열람하거나 복사할 수 있다(법 제35조 제1항).
④ **판결확정 후 서류 등의 열람·복사** : 누구든지 권리구제·학술연구 또는 공익적 목적으로 재판이 확정된 사건의 소송기록을 보관하고 있는 검찰청에 그 소송기록의 열람 또는 등사를 신청할 수 있다(법 제59조의2 제1항).

(6) 당사자능력과 소송능력

① **당사자능력**
  ㉠ **당사자능력의 의의** : 소송법상 당사자가 될 수 있는 능력으로 일반적·추상적 능력임
  ㉡ **당사자능력이 있는 사람** : 살아 있는 사람인 자연인은 당연히 당사자능력을 가지나 태어나 사망하면 당사자능력이 없음, 법인의 경우 법률에 처벌규정이 있는 경우에 한하여 당사자능력을 가짐
  ㉢ **당사자능력의 소멸** : 자연인은 사망으로 당사자능력이 소멸되고, 법인은 존속하지 않게 되었을 경우 당사자능력 소멸됨

> **관련 판례** 당사자능력의 상실 여부
> 법인은 그 청산결료의 등기가 경료되었다면 특단의 사정이 없는 한 법인격이 상실되어 법인의 당사자능력 및 권리능력이 상실되었다고 추정할 것이나 법인세체납 등으로 공소제기되어

SEMI-NOTE

관련 판례
피청구인은 법원의 수사서류 열람·등사 허용 결정 이후 해당 수사서류에 대한 열람은 허용하고 등사만을 거부하였는데, 변호인이 수사서류를 열람은 하였지만 등사가 허용되지 않는다면, 변호인은 형사소송절차에서 청구인들에게 유리한 수사서류의 내용을 법원에 현출할 수 있는 방법이 없어 불리한 지위에 놓이게 되고, 그 결과 청구인들을 충분히 조력할 수 없음이 명백하므로, 피청구인이 수사서류에 대한 등사만을 거부하였다 하더라도 청구인들의 신속·공정한 재판을 받을 권리 및 변호인의 조력을 받을 권리가 침해되었다고 보아야 한다(헌재 2015헌마632).

서류·증거물의 열람·복사
피고인의 법정대리인, 특별대리인, 보조인 또는 피고인의 배우자·직계친족·형제자매로서 피고인의 위임장 및 신분관계를 증명하는 문서를 제출한 자도 소송계속 중의 관계 서류 또는 증거물을 열람하거나 복사할 수 있다(법 제35조 제2항).

당사자
당사자는 검사와 피고인임. 검사는 법률로 자격과 지위가 규정되어 있어 문제가 되지 않으나 피고인에게 당사자 문제가 발생할 수 있음

관련 판례
피고인인 법인이 존속하지 아니하게 되었을 때 공소기각결정의 사유로 규정하고 있는 것은 형사책임이 승계되지 않음을 전제로 한 것이라고 볼 수 있는 점 등에 비추어 보면, 합병으로 인하여 소멸한 법인이 그 종업원 등의 위법행위에 대해 양벌규정에 따라 부담하던 형사책임은 그 성질상 이전을 허용하지 않는 것으로서 합병으로 인하여 존속하는 법인에 승계되지 않는다(대판 2005도4471).

그 피고사건의 공판계속중에 그 법인의 청산결료의 등기가 경료되었다고 하더라도 동 사건이 종결되지 아니하는 동안 법인의 청산사무는 종료된 것이라 할 수 없고 형사소송법상 법인의 당사자능력도 그대로 존속한다(대판 84도693).

　　　ⓔ 당사자능력의 소멸 효과 : 피고인이 사망하거나 피고인인 법인이 존속하지 아니하게 되었을 때에는 공소기각 결정을 하여야 한다(법 제328조 제1항 제2호).
　　　ⓜ 재심청구는 사망하거나 심신장애가 있는 경우에도 청구할 수 있고, 재심심판절차에서 재심피고인이 사망하더라도 절차는 진행된다(법 제438조 제2항).
　　② 소송능력
　　　㉠ 소송능력의 의의 : 피고인으로서 유효하게 소송행위를 할 수 있는 정신능력

> **관련 판례** 형사소송법상 소송능력
>
> 형사소송법상 소송능력이라 함은 소송당사자가 유효하게 소송행위를 할 수 있는 능력이라 함은 소송당사자가 유효하게 소송행위를 할 수 있는 능력, 즉 피고인 또는 피의자가 자기의 소송상의 지위와 이해관계를 이해하고 이에 따라 방어행위를 할 수 있는 의사능력을 의미한다. 의사능력이 있으면 소송능력이 있다는 원칙은 피해자 등 제3자가 소송행위를 하는 경우에도 마찬가지라고 보아야 한다(대판 2009도6058).

　　　㉡ 소송능력 흠결의 효과
　　　　• 소송행위의 무효 : 소송능력이 없는 자의 소송행위는 무효
　　　　• 공판절차의 정지 : 피고인이 사물의 변별 또는 의사의 결정을 할 능력이 없는 상태에 있는 때에는 법원은 검사와 변호인의 의견을 들어서 결정으로 그 상태가 계속하는 기간 공판절차를 정지하여야 한다(법 제306조 제1항).
　　　　• 피고사건에 대하여 무죄, 면소, 형의 면제 또는 공소기각의 재판을 할 것으로 명백한 때에는 공판절차의 정지의 사유있는 경우에도 피고인의 출정없이 재판할 수 있다(법 제306조 제4항).

4. 변호인

(1) 변호인의 의의

　　형사소송에서 피의자나 피고인의 이익을 보호하는 보조자로서 변호를 담당하는 사람

> **실력up** 변호인제도
>
> 변호인제도는 검사와 법률전문가인 변호인을 피의자나 피고인을 보조하게 하여 무기평등의 원칙을 실현하고 공정한 재판을 하기 위함임

(2) 변호인의 선임

　　① 사선변호인
　　　㉠ 사선변호인의 의의 : 피의자 또는 피고인 등 사인이 선임하는 변호인
　　　㉡ 변호인선임권자 : 피고인 또는 피의자는 변호인을 선임할 수 있고, 피고인 또

SEMI-NOTE

> **관련 판례**
>
> 피해자가 제1심 법정에서 피고인들에 대한 처벌희망 의사표시를 철회할 당시 비록 14세 10개월의 어린 나이였다고는 하나, 피해자의 의사표시가 당해 사건 범행의 의미, 본인이 피해를 당한 정황, 자신이 하는 처벌희망 의사표시 철회의 의미 및 효과 등을 충분히 이해하고 분별할 수 있는 등 의사능력이 있는 상태에서 행해졌다면 법정대리인의 동의가 없었더라도 그 철회의 의사표시는 유효하다(대판 2009도6058).

소송능력 흠결의 효과
- 피고인 또는 피의자가 의사무능력자인 경우에는 그 법정대리인이 소송행위를 대리한다(법 제26조).
- 피고인 또는 피의자가 법인인 때에는 그 대표자가 소송행위를 대표한다(법 제27조 제1항).
- 재심의 청구는 형의 집행을 정지하는 효력이 없다. 단 관할법원에 대응한 검찰청검사는 재심청구에 대한 재판이 있을 때까지 형의 집행을 정지할 수 있다(법 제428조).

> **관련 판례**
>
> 형사소송에 있어서 변호인을 선임할 수 있는 자는 피고인 및 피의자와 형사소송법 제30조 제2항에 규정된 자에 한정되는 것이고, 피고인 및 피의자로부터 그 선임권을 위임받은 자가 피고인이나 피의자를 대리하여 변호인을 선임할 수는 없는 것이므로, 피고인이 법인인 경우에는 형사소송법 제27조 제1항 소정의 대표자가 피고인인 당해 법인을 대표하여 피고인을 위한 변호인을 선임하여야 하며, 대표자가 제3자에게 변호인 선임을 위임하여 제3자로 하여금 변호인을 선임하도록 할 수는 없다(대결 94모25).

는 피의자의 법정대리인, 배우자, 직계친족과 형제자매는 독립하여 변호인을 선임할 수 있다(법 제30조).

> **실력up 변호인의 선임**
>
> 피고인 또는 피의자의 법정대리인, 배우자, 직계친족과 형제자매는 피의자나 피고인의 명시한 의사에 반하여서도 변호인을 선임할 수 있고, 의사에 반한 변호인 선임도 본인에게 효력이 있음

- ㉢ **변호인의 자격** : 변호인은 변호사 중에서 선임하여야 한다. 단, 대법원 이외의 법원은 특별한 사정이 있으면 변호사 아닌 자를 변호인으로 선임함을 허가할 수 있다(법 제31조).
- ㉣ **변호인의 수** : 피의자 또는 피고인이 선임할 수 있는 변호인의 수는 제한이 없음
- ㉤ **변호인선임의 방식** : 변호인의 선임은 심급마다 변호인과 연명날인한 서면으로 제출하여야 한다(법 제32조 제1항).
- ㉥ **변호인선임의 성질** : 변호인선임은 사법상 계약으로 이루어지는 반면 국선변호인 선정은 법원의 재판행위

> **관련 판례** 변호인선임
>
> 피고인들의 제1심 변호인에게 변호사법 제31조 제1호의 수임제한 규정을 위반한 위법이 있다 하여도, 피고인들 스스로 위 변호사를 변호인으로 선임한 이 사건에 있어서 다른 특별한 사정이 없는 한 위와 같은 위법으로 인하여 변호인의 조력을 받을 피고인들의 권리가 침해되었다거나 그 소송절차가 무효로 된다고 볼 수는 없다(대판 2008도9812).

- ㉦ **변호인선임의 효력** : 변호인의 선임은 심급마다 변호인과 연명날인한 서면으로 제출하여야 한다. 공소제기 전의 변호인선임은 제1심에도 그 효력이 있다(법 제32조).
- ㉧ **변호인선임과 심급과의 관계** ★빈출개념
  - 변호인의 선임은 심급마다 변호인과 연명날인한 서면으로 제출하여야 한다(법 제32조 제1항).
  - 공소제기 전의 변호인선임은 제1심에도 그 효력이 있다(법 제32조 제2항).
  - 원심법원에서의 변호인 선임은 환송 또는 이송이 있은 후에도 효력이 있다(규칙 제158조).
- ㉨ **대표변호인**(법 제32조의2)
  - 수인의 변호인이 있는 때에는 재판장은 피고인·피의자 또는 변호인의 신청에 의하여 대표변호인을 지정할 수 있고 그 지정을 철회 또는 변경할 수 있다.
  - 신청이 없는 때에는 재판장은 직권으로 대표변호인을 지정할 수 있고 그 지정을 철회 또는 변경할 수 있다.
  - 대표변호인은 3인을 초과할 수 없다.

사건이 병합되었을 경우의 변호인선임의 효력

하나의 사건에 관하여 한 변호인선임은 동일법원의 동일피고인에 대하여 병합된 다른 사건에 관하여도 그 효력이 있다. 다만, 피고인 또는 변호인이 이와 다른 의사표시를 한 때에는 그러하지 아니하다(규칙 제13조).

관련 판례

환송전 원심에서 선임된 변호인의 변호권은 사건이 환송된 뒤에는 항소심에서 다시 생긴다(대판 68도64).

- 대표변호인에 대한 통지 또는 서류의 송달은 변호인 전원에 대하여 효력이 있다.
- 피의자에게 수인의 변호인이 있는 때에 검사가 대표변호인을 지정하는 경우에 이를 준용한다.

② 국선변호인
  ㉠ 국선변호인의 의의 : 법원에 의해 선정된 변호인으로 국선변호인제도는 사선변호인제도를 보충하기 위한 제도이자 피고인의 방어권을 보강하기 위한 제도

관련 판례 변호인의 조력을 받을 권리

헌법상 보장되는 '변호인의 조력을 받을 권리'는 변호인의 '충분한 조력'을 받을 권리를 의미하므로, 일정한 경우 피고인에게 국선변호인의 조력을 받을 권리를 보장하여야 할 국가의 의무에는 형사소송절차에서 단순히 국선변호인을 선정하여 주는 데 그치지 않고 한 걸음 더 나아가 피고인이 국선변호인의 실질적인 조력을 받을 수 있도록 필요한 업무 감독과 절차적 조치를 취할 책무까지 포함된다고 할 것이다(대판 2009모1044).

  ㉡ 국선변호인의 선정사유
    - 체포되거나 구속된 피의자에게 변호인이 없는 때에는 법원은 국선변호인을 선정하여야 한다(법 제214조의2 제10항).
    - 심문할 피의자에게 변호인이 없는 때에는 지방법원판사는 직권으로 변호인을 선정하여야 한다. 이 경우 변호인의 선정은 피의자에 대한 구속영장 청구가 기각되어 효력이 소멸한 경우를 제외하고는 제1심까지 효력이 있다(법 제201조의2 제8항).
  ㉢ 필요적 변호사건
    - 법원은 피고인이 구속된 때, 피고인이 미성년자인 때, 피고인이 70세 이상인 때, 피고인이 듣거나 말하는 데 모두 장애가 있는 사람인 때, 피고인이 심신장애가 있는 것으로 의심되는 때, 피고인이 사형, 무기 또는 단기 3년 이상의 징역이나 금고에 해당하는 사건으로 기소된 때에는 법원은 직권으로 변호인을 선정하여야 한다(법 제33조 제1항).
    - 법원은 피고인이 빈곤이나 그 밖의 사유로 변호인을 선임할 수 없는 경우에 피고인이 청구하면 변호인을 선정하여야 한다(법 제33조 제2항).

관련 판례 필요적 변호사건에서 제1심 공판절차가 변호인 없이 이루어진 경우

필요적 변호사건에 해당하는 사건에서 제1심의 공판절차가 변호인 없이 이루어져 증거조사와 피고인신문 등 심리가 이루어졌다면, 그와 같은 위법한 공판절차에서 이루어진 증거조사와 피고인신문 등 일체의 소송행위는 모두 무효이다(대판 2011도6325).

  ㉣ 공판준비기일 출석 : 법원은 공판준비기일이 지정된 사건에 관하여 변호인이 없는 때에는 직권으로 변호인을 선정하여야 한다(법 제266조의8 제4항).
  ㉤ 재심절차와 변호인선임 : 재심을 청구한 자가 변호인을 선임하지 아니한 때에는 재판장은 직권으로 변호인을 선임하여야 한다(법 제438조 제4항).
  ㉥ 국선변호인의 자격과 수

SEMI-NOTE

관련 판례

국선변호인 제도는 구속영장실질심사, 체포·구속 적부심사의 경우를 제외하고는 공판절차에서 피고인의 지위에 있는 자에게만 인정되고 이 사건과 같이 집행유예의 취소청구 사건의 심리절차에서는 인정되지 않는다(대결 2018모3621).

필요적 변호사건
법원은 피고인의 나이·지능 및 교육 정도 등을 참작하여 권리보호를 위하여 필요하다고 인정하면 피고인의 명시적 의사에 반하지 아니하는 범위에서 변호인을 선정하여야 한다(법 제33조 제3항).

국선변호인의 사임
- 국선변호인은 다음의 어느 하나에 해당하는 경우에는 법원 또는 지방법원판사의 허가를 얻어 사임할 수 있다(규칙 제20조).
  - 질병 또는 장기여행으로 인하여 국선변호인의 직무를 수행하기 곤란할 때
  - 피고인 또는 피의자로부터 폭행, 협박 또는 모욕을 당하여 신뢰관계를 지속할 수 없을 때
  - 피고인 또는 피의자로부터 부정한 행위를 할 것을 종용받았을 때
  - 그 밖에 국선변호인으로서의 직무를 수행하는 것이 어렵다고 인정할 만한 상당한 사유가 있을 때

SEMI-NOTE

- 국선변호인은 법원의 관할구역안에 사무소를 둔 변호사, 그 관할구역안에서 근무하는 공익법무관 또는 그 관할구역안에서 수습 중인 사법연수생 중에서 이를 선정한다(규칙 제14조 제1항).
- 국선변호인은 피고인 또는 피의자마다 1인을 선정한다. 다만, 사건의 특수성에 비추어 필요하다고 인정할 때에는 1인의 피고인 또는 피의자에게 수인의 국선변호인을 선정할 수 있다(규칙 제15조 제1항).
- Ⓐ 국선변호인의 선정취소
  - 필요적 취소 : 법원 또는 지방법원 판사는 다음의 어느 하나에 해당하는 때에는 국선변호인의 선정을 취소하여야 한다(규칙 제18조 제1항).
    - 피고인 또는 피의자에게 변호인이 선임된 때
    - 국선변호인이 자격을 상실한 때
    - 법원 또는 지방법원 판사가 국선변호인의 사임을 허가한 때
  - 임의적 취소 : 법원 또는 지방법원 판사는 다음의 어느 하나에 해당하는 때에는 국선변호인의 선정을 취소할 수 있다(규칙 제18조 제2항).
    - 국선변호인이 그 직무를 성실하게 수행하지 아니하는 때
    - 피고인 또는 피의자의 국선변호인 변경신청이 상당하다고 인정하는 때
    - 그 밖에 국선변호인의 선정결정을 취소할 상당한 이유가 있는 때

(3) 변호인의 지위

① **보호자적 지위** : 변호인은 피고인의 정당한 법적 이익을 보호해 주는 보호자로서의 지위가 주된 지위이고 존재이유이기도 함. 변호인은 피고인의 이익을 위하지만 피고인에게 종속되지 않고 자신의 권한 행사

② **공익적 지위** : 변호사는 그 직무를 수행할 때에 진실을 은폐하거나 거짓 진술을 하여서는 아니 된다(변호사법 제24조 제2항). 변호인이 방어권을 남용하거나 자신의 변호권을 남용해서도 안 됨. 변호인은 피고인에게 불리한 증거를 발견해도 이를 제출할 의무가 없고, 피고인의 유죄를 알고 있어도 무죄를 주장할 수 있음

(4) 변호인의 권한

① 변호인은 독립하여 소송행위를 할 수 있다. 단, 법률에 다른 규정이 있는 때에는 예외로 한다(법 제36조). 변호인은 피의자나 피고인의 소송행위를 대리하는 대리권과 변호인에게 인정되는 고유권 있음

② **독립대리권**
  ㉠ **명시한 의사에 반해서 행사할 있는 권리** : 보석청구권, 체포·구속취소청구, 증거보전청구, 증거조사에 대한 이의청구, 재판장 처분에 대한 이의신청 등
  ㉡ **명시한 의사에 반할 수 없으나 묵시적 의사에 반하여 행사할 수 있는 권리** : 기피신청, 증거동의, 상소제기 등

③ **종속대리권** : 피고인의 의사에 종속되어 행사하는 대리권으로 관할위반신청, 관할이전신청, 상소의 취소 등

④ **고유권** : 변호인의 권리로 특별히 규정된 것으로 대리권으로 볼 수 없는 것
  ㉠ **변호인만 가지는 권리** : 피고인신문권, 피의자·피고인과의 접견교통권, 피고

관련 판례

변호사인 변호인에게는 변호사법이 정하는 바에 따라서 이른바 진실의무가 인정되는 것이지만, 변호인이 신체구속을 당한 사람에게 법률적 조언을 하는 것은 그 권리이자 의무이므로 변호인이 적극적으로 피고인 또는 피의자로 하여금 허위진술을 하도록 하는 것이 아니라 단순히 헌법상 권리인 진술거부권이 있음을 알려 주고 그 행사를 권고하는 것을 가리켜 변호사로서의 진실의무에 위배되는 것이라고는 할 수 없다(대결 2006모656).

변호인의 권한

변호인은 피의자나 피고인이 할 수 있는 소송행위로서 대리가 허용되는 모든 소송행위에 포괄적 대리권을 가짐

인신문권 등
ⓛ 피고인과 중복해서 가지는 권리 : 증인신문권, 공판기일출석권, 서류 등 열람·복사권, 감정에의 참여권, 최종의견진술권 등

5. 보조인

(1) 보조인의 의의

보조인은 피의자 또는 피고인과 일정한 신분관계에 있는 사람으로 변호인 외의 보조자를 말함

(2) 보조인의 자격(법 제29조)

① 피고인 또는 피의자의 법정대리인, 배우자, 직계친족과 형제자매는 보조인이 될 수 있다.
② 보조인이 될 수 있는 자가 없거나 장애 등의 사유로 보조인으로서 역할을 할 수 없는 경우에는 피고인 또는 피의자와 신뢰관계 있는 자가 보조인이 될 수 있다.
③ 보조인이 되고자 하는 자는 심급별로 그 취지를 신고하여야 한다.

> **보조인의 권한**
> 보조인은 독립하여 피고인 또는 피의자의 명시한 의사에 반하지 아니하는 소송행위를 할 수 있다. 단, 법률에 다른 규정이 있는 때에는 예외로 한다 (법 제29조 제4항).

02절 소송행위

1. 소송행위의 의의 및 분류

(1) 의의

소송절차를 형성하는 소송주체나 소송관계인 등의 행위로서 일정한 소송법적 효과가 발생하는 행위

> **실력UP 소송행위**
> 법관의 임면, 사법사무의 분배, 법정경찰의 법정정리, 공판개정준비는 소송행위가 아님

(2) 분류

① 주체에 의한 분류
 ㉠ 법원의 소송행위 : 법원이 행하는 소송행위로 심리와 재판, 강제처분과 증거조사, 재판장·수명법관·수탁판사의 소송행위, 법원사무관 등의 소송행위 등
 ㉡ 당사자의 소송행위 : 당사자인 검사와 피고인이 행하는 소송행위로 피고인의 변호인·대리인·보조인의 소송행위, 각종 청구와 신청, 입증, 진술 등
 ㉢ 제3자의 소송행위 : 법원 또는 당사자가 아닌 제2자의 소송행위로 고소인의 고소, 증인의 증언, 감정인의 감정 등
② 기능에 의한 분류

성질에 의한 분류
- 법률행위적 소송행위
  - 일정한 소송법적 효과를 내용으로 의사표시를 요소로 하는 소송행위로 고소, 기피신청, 영장발부, 상소의 제기, 법원의 재판, 공소의 제기 등
- 사실행위적 소송행위
  - 행위자의 의사와 관계없이 소송법적 효과가 발생하는 소송행위로 논고, 구형, 변론, 증언, 감정, 체포, 구속, 압수, 수색 등

㉠ **취효적 소송행위** : 행위 자체로만 소송상황을 형성하지 않고 법원의 재판이 있을 때 비로소 법적 효과가 발생하는 소송행위로 공소제기, 증거조사신청, 관할위반신청 등
㉡ **여효적 소송행위** : 행위 그 자체로 직접적으로 소송절차를 형성하는 소송행위로 고소취소, 상소취소, 정식재판청구 등
③ 목적에 의한 분류
㉠ **실체형성행위** : 피고사건에 대한 법관의 심증형성을 직접 목적으로 하는 소송행위로 피고인의 진술, 증거조사, 당사자의 진술·변론·증언, 법원의 검증 등
㉡ **절차형성행위** : 형사절차를 진행시키는 소송행위로 공소제기, 공판기일의 지정, 소송관계인의 소환, 증거조사의 신청, 상소의 제기 등

2. 소송행위의 요소

(1) 소송행위 주체

① **소송행위의 적격** : 소송행위의 주체가 자신의 이름으로 소송행위를 할 수 있는 자격
② **소송행위의 대리**
㉠ 개념 : 본인 이외의 제3자가 본인을 위하여 소송행위를 하고 그 효과가 본인에게 직접 미치도록 하는 것
㉡ 대리의 허용범위
• 포괄대리 허용규정 : 경미사건에 대한 피고인 대리, 의사무능력자에 대한 법정대리, 법인의 대표자 대리, 특별대리인, 변호인·보조인에 의한 대리 등
• 개별대리
  - 명문의 허용규정이 있는 경우 : 고소 또는 고소취소의 대리, 재정신청의 대리, 변호인선임의 대리, 상소의 대리 등
  - 명문의 허용규정이 없는 경우 : 법적 안정성을 고려하여 명문의 허용 규정이 없는 경우 대리를 허용하지 않음, 고발, 자수, 자백, 증언, 감정의 대리는 인정하지 않음

(2) 소송행위의 방식

① **소송행위의 방식**
㉠ 개념 : 형사절차의 형식적 확실성과 피고인의 방어권을 보장하기 이하여 법률에 규정한 소송행위의 개별적 방식으로 구두주의와 서면주의가 있음
㉡ 구두주의와 서면주의
• 구두주의 : 소송행위를 구두로 하는 주의로 표시내용이 신속·선명하고 표시와 표시자가 일치
• 서면주의 : 소송행위를 서면으로 하는 주의로 내용적·절차적으로 명확히 하여 장래의 분쟁 방지

소송행위의 대리
검사나 법원은 소송행위의 대리가 인정되지 않음

관련 판례
고발은 피해자 본인 및 고소권자를 제외하고는 누구나 할 수 있는 것이어서 고발의 대리는 허용되지 않는다(대판 88도1533).

구두주의, 서면주의 모두 허용되는 소송행위
고소·고발과 그 취소, 고소의 취소, 공소장변경, 상소의 포기와 취하, 기피신청, 증거조사신청과 이의신청 등

실력UP 소송행위의 방식

어느 방식에 의하든 국어를 사용하여야 하고 국어에 능통하지 아니하면 통역을 사용함

ⓒ 현행법상 소송행위의 방식
- 구두주의 : 검사·피고인의 모두진술, 피고인신문, 증인신문, 증거조사결과에 대한 피고인의 의견진술, 검사의 의견진술, 변호인의 최후변론과 피고인의 최후진술, 인정신문, 진술거부권의 고지, 불필요한 변론의 제한, 퇴정명령, 판결선고, 판결선고시 재판장의 훈계, 상소할 기간과 상소할 법원에 대한 재판장의 고지, 결정·명령의 고지의 원칙적 방법 등
- 서면주의 : 체포·구속시 가족·친지 등에 서면통지, 공소제기, 약식명령청구, 정식재판의 청구, 상소제기, 준항고의 제기, 재심청구, 비상상고, 영장발부, 변호인선임신고, 불기소처분통지 및 이유통지, 재정신청, 판결정정의 신청 등

② 소송서류
 ㉠ 소송서류의 의의 : 특정한 소송과 관련하여 일체의 서류로 법원이 작성한 서류는 물론 소송관계인이 작성하여 제출한 서류도 포함
 ㉡ 소송서류의 분류
- 성질에 의한 분류
  - 의사표시적 서류 : 일방적인 의사표시를 내용으로 하는 서류로 공소장, 변호인선임계 재판서 등
  - 보고적 서류 : 일정한 사실을 보고하는 서류로 검증조서, 공판조서, 피의자신문조서, 참고인진술조서 등
- 작성자에 의한 분류
  - 공무원의 서류 : 공무원이 서류를 작성함에는 문자를 변개하지 못한다. 삽입, 삭제 또는 난외기재를 할 때에는 이 기재한 곳에 날인하고 그 자수를 기재하여야 한다. 단, 삭제한 부분은 해독할 수 있도록 자체를 존치하여야 한다(법 제58조).
  - 비공무원의 서류 : 공무원 아닌 자가 작성하는 서류에는 연월일을 기재하고 기명날인 또는 서명하여야 한다. 인장이 없으면 지장으로 한다(법 제59조).

관련 판례 검사의 서명날인이 되어 있지 아니한 경우

검사 작성의 피의자신문조서에 작성자인 검사의 서명날인이 되어 있지 아니한 경우 그 피의자신문조서는 공무원이 작성하는 서류로서의 요건을 갖추지 못한 것으로서 위 법규정에 위반되어 무효이고 따라서 이에 대하여 증거능력을 인정할 수 없다고 보아야 할 것이다(대판 2001도4091).

 ㉢ 조서 ★빈출개념
- 조서의 의의 : 보고적 문서 중 일정한 절차와 사실을 인증하기 위하여 작성

SEMI-NOTE

소송에 관한 서류
소송에 관한 서류는 공판의 개정 전에는 공익상 필요 기타 상당한 이유가 없으면 공개하지 못한다(법 제47조).

관련 판례
검사의 공소장은 법원에 대하여 형사재판을 청구하는 서류로서 그 기재내용이 실체적 사실인정의 증거자료가 될 수는 없다(대판 78도575).

관련 판례
공판조서에 그 공판에 관여한 법관의 성명이 기재되어 있지 아니하다면 공판절차가 법명에 위반되어 판결에 영향을 미친 위법이 있다 할 것이다(대판 70도1312).

된 공권적 문서로 공판조서, 진술조서, 검증조서, 압수·수색조서 등
- 조서의 작성방법 : 피고인, 피의자, 증인, 감정인, 통역인 또는 번역인을 신문하는 때에는 신문에 참여한 법원사무관 등이 조서를 작성하여야 한다(법 제48조 제1항).
- 조서의 기재요건 : 조서에는 서면, 사진, 속기록, 녹음물, 영상녹화물, 녹취서 등 법원이 적당하다고 인정한 것을 인용하고 소송기록에 첨부하거나 전자적 형태로 보관하여 조서의 일부로 할 수 있다(규칙 제29조 제1항).
- 공판조서 : 공판기일에 참여한 법원사무관등이 작성한 조서
- 공판조서의 기재사항(법 제51조 제2항)
  - 공판을 행한 일시와 법원
  - 법관, 검사, 법원사무관등의 관직, 성명
  - 피고인, 대리인, 대표자, 변호인, 보조인과 통역인의 성명
  - 피고인의 출석여부
  - 공개의 여부와 공개를 금한 때에는 그 이유
  - 공소사실의 진술 또는 그를 변경하는 서면의 낭독
  - 피고인에게 그 권리를 보호함에 필요한 진술의 기회를 준 사실과 그 진술한 사실
  - 조서에 기재한 사항
  - 증거조사를 한 때에는 증거될 서류, 증거물과 증거조사의 방법
  - 공판정에서 행한 검증 또는 압수
  - 변론의 요지
  - 재판장이 기재를 명한 사항 또는 소송관계인의 청구에 의하여 기재를 허가한 사항
  - 피고인 또는 변호인에게 최종 진술할 기회를 준 사실과 그 진술한 사실
  - 판결 기타의 재판을 선고 또는 고지한 사실
- 공판조서의 서명 : 공판조서에는 재판장과 참여한 법원사무관등이 기명날인 또는 서명하여야 한다(법 제53조 제1항).
- 피고인의 공판조서열람권등사 : 피고인은 공판조서의 열람 또는 등사를 청구할 수 있다. 피고인이 공판조서를 읽지 못하는 때에는 공판조서의 낭독을 청구할 수 있다. 청구에 응하지 아니한 때에는 그 공판조서를 유죄의 증거로 할 수 없다(법 제55조).
- 공판조서의 증명력 : 공판기일의 소송절차로서 공판조서에 기재된 것은 그 조서만으로써 증명한다(법 제56조).

㉣ 공판정에서의 속기·녹음 및 영상녹화(법 제56조의2)
- 법원은 검사, 피고인 또는 변호인의 신청이 있는 때에는 특별한 사정이 없는 한 공판정에서의 심리의 전부 또는 일부를 속기사로 하여금 속기하게 하거나 녹음장치 또는 영상녹화장치를 사용하여 녹음 또는 영상녹화하여야 하며, 필요하다고 인정하는 때에는 직권으로 이를 명할 수 있다.
- 법원은 속기록·녹음물 또는 영상녹화물을 공판조서와 별도로 보관하여야

SEMI-NOTE

공판조서의 정리
공판조서는 각 공판기일 후 신속히 정리하여야 한다. 다음 회의 공판기일에 있어서는 전회의 공판심리에 관한 주요사항의 요지를 조서에 의하여 고지하여야 한다(법 제54조 제1항, 제2항).

관련 판례
피고인이 공판조서의 열람 또는 등사를 청구하였음에도 법원이 불응하여 피고인의 열람 또는 등사청구권이 침해된 경우에는 공판조서를 유죄의 증거로 할 수 없을 뿐만 아니라 공판조서에 기재된 당해 피고인이나 증인의 진술도 증거로 할 수 없다고 보아야 한다(대판 2011도15869).

한다.
- 검사, 피고인 또는 변호인은 비용을 부담하고 속기록·녹음물 또는 영상녹화물의 사본을 청구할 수 있다.

③ 소송서류의 송달
㉠ 검사에 대한 송달 : 검사에 대한 송달은 서류를 소속검찰청에 송부하여야 한다(법 제62조).
㉡ 피고인에 대한 송달
- 교부송달 : 송달은 특별한 규정이 없으면 송달받을 사람에게 서류의 등본 또는 부본을 교부하여야 한다(법 제65조).
- 우체에 부치는 송달 : 주거, 사무소 또는 송달영수인의 선임을 신고하여야 할 자가 그 신고를 하지 아니하는 때에는 법원사무관등은 서류를 우체에 부치거나 기타 적당한 방법에 의하여 송달할 수 있다(법 제61조 제1항).
- 재감자에 대한 송달 : 교도소, 구치소 또는 국가경찰관서의 유치장에 체포·구속 또는 유치된 사람에 대한 송달은 교도소, 구치소 또는 국가경찰관서의 장에게 한다(법 제65조).
- 공시송달 : 피고인의 주거, 사무소와 현재지를 알 수 없는 때에는 공시송달을 할 수 있다(법 제63조 제1항).

> **관련 판례** 공시송달
>
> 공시송달은 피고인의 주거, 사무소와 현재지를 알 수 없는 때에 한하여 할 수 있을 뿐이고 피고인의 주거, 사무소, 현재지 등이 기록상 나타나 있는 경우에는 이를 할 수 없다(대결 85모6).

(3) 소송행위의 일시와 장소
① 소송행위의 일시 : 소송행위의 일시에는 기일과 기간이 있음
㉠ 기일 : 소송행위를 하기로 법률이나 재판에 의해 정해진 때로 공판기일, 증인신문기일, 검증기일 등
㉡ 기간 : 시기와 종기가 법률이나 재판에 의해 정해진 시간의 길이
㉢ 기간의 종류
- 행위기간 : 일정한 기간 내에만 적법한 소송행위를 할 수 있는 기간으로 고소기간, 상소기간, 즉시항고 제출기간, 상고이유서 제출기간 등
- 불행위기간 : 일정기간 내에는 소송행위를 할 수 없는 기간으로 제1회 공판기일 유예기간, 소환장 송달의 유예기간 등
- 제한기간 : 그 기간을 넘어서는 소송행위가 계속될 수 없는 기간으로 구속기간, 감정유치기간 등
- 법정기간 : 기간의 길이가 법률로 정하여져 있는 기간으로 구속기간, 상소제기기간 등
- 재정기간 : 재판에 의해 정하여지는 기간으로 구속기간 연장, 영장의 유효기간, 감정유치기간 등
- 효력기간(불변기간) : 기간경과 후에 행한 소송행위가 무효로 되는 경우로

SEMI-NOTE

관련 판례

교도소 또는 구치소에 구속된 자에 대한 송달은 그 소장에게 송달하면 구속된 자에게 전달된 여부와 관계없이 효력이 생기는 것이다(대판 94도2687).

공시송달의 방식(법 제64조)
- 공시송달은 대법원규칙의 정하는 바에 의하여 법원이 명한 때에 한하여 할 수 있다.
- 공시송달은 법원사무관등이 송달할 서류를 보관하고 그 사유를 법원게시장에 공시하여야 한다.
- 법원은 전항의 사유를 관보나 신문지상에 공고할 것을 명할 수 있다.
- 최초의 공시송달은 제2항의 공시를 한 날로부터 2주일을 경과하면 그 효력이 생긴다. 단, 제2회 이후의 공시송달은 5일을 경과하면 그 효력이 생긴다.

| SEMI-NOTE |

법정기간의 연장
법정기간은 소송행위를 할 자의 주거 또는 사무소의 소재지와 법원 또는 검찰청 소재지와의 거리 및 교통통신의 불편 정도에 따라 대법원규칙으로 이를 연장할 수 있다(법 제67조).

서 연장이 허용되지 않는 기간으로 고소기간, 구속기간, 재정신청기간 등
• 훈시기간 : 기간경과 후에 소송행위를 하더라도 그 효력에 영향이 없는 기간으로 고소 · 고발사건처리기간, 재정결정기간, 재판기간, 사형집행기간 등

> **관련 판례** 훈시기간
>
> 형사소송법 제262조 제1항이 20일 이내에 재정결정을 하도록 규정한 것은 훈시적 규정에 불과하므로 그 기간이 지난 후에 재정결정을 하였다 하여 재정결정 자체가 위법한 것은 아니다(대결 90모58).

  ② 기간의 계산(법 제66조)
    • 기간의 계산에 관하여는 시로 계산하는 것은 즉시부터 기산하고 일, 월 또는 연으로 계산하는 것은 초일을 산입하지 아니한다. 다만, 시효와 구속기간의 초일은 시간을 계산하지 아니하고 1일로 산정한다.
    • 연 또는 월로 정한 기간은 연 또는 월 단위로 계산한다.
    • 기간의 말일이 공휴일이거나 토요일이면 그날은 기간에 산입하지 아니한다. 다만, 시효와 구속기간에 관하여는 예외로 한다.
  ② 소송행위의 장소 : 공판은 법정에서 하고, 법원장은 필요에 따라 법원 외의 장소에서 개정하게 할 수 있다(법원조직법 제56조).

3. 소송행위에 대한 가치판단

(1) 의의

해석에 의하여 소송행위의 내용을 확정한 후 그 소송행위의 소송법적 효과를 판단하는 것으로 성립과 불성립, 적법과 부적법, 이유 유무, 유효와 무효 등

(2) 소송행위의 성립과 불성립

  ① 의의 : 소송행위가 소송행위로서 본질적 구성요소를 전혀 구비하지 못한 경우가 불성립이고 형식과 외관을 갖춘 경우가 성립
  ② 법적 효과 : 소송행위가 성립하면 설령 무효라 하더라도 방치할 수 없고 법적 판단을 하여야 함. 불성립의 경우는 법원 및 소송관계인은 무시하거나 방치할 수 있음

> **관련 판례**
>
> 엄격한 형식과 절차에 따른 공소장의 제출은 공소제기라는 소송행위가 성립하기 위한 본질적 요소라고 할 것이므로, 공소의 제기에 현저한 방식 위반이 있는 경우에는 공소제기의 절차가 법률의 규정에 위반하여 무효인 경우에 해당하고, 위와 같은 절차위배의 공소제기에 대하여 피고인과 변호인이 이의를 제기하지 아니하고 변론에 응하였다고 하여 그 하자가 치유되지는 않는다(대판 2008도11813).

> **관련 판례** 소송행위의 성립
>
> 소송행위로서 요구되는 본질적인 개념요소가 결여되어 소송행위로 성립되지 아니한 경우에는 소송행위가 성립되었으나 무효인 경우와는 달리 하자의 치유문제는 발생하지 않으나, 추후 당해 소송행위가 적법하게 이루어진 경우에는 그 때부터 위 소송행위가 성립된 것으로 볼 수 있다(대판 2003도2735).

(3) 소송행위의 적법과 부적법

  ① 의의 : 소송행위의 성립을 전제로 소송행위가 법률에 합치되는가에 대한 가치판단

② 법적 효과 : 법률의 효력규정에 위반한 소송행위는 부적법, 무효가 되지만 훈시규정을 위반한 행위는 부적법하지만 무효는 아님

(4) 소송행위의 이유 유무

① 의의 : 소송행위가 적법한 것을 전제로 법률행위적 소송행위에 관하여 그 의사표시의 내용이 정당한가에 대한 가치판단
② 법적 효과 : 소송행위의 실질적 내용이 타당성을 가진 경우에는 법원은 당사자가 원하는 효과를 발생시키는 재판을 하여야 하고, 소송행위의 실질적 내용이 타당성이 없는 경우 재판을 기각하여야 함

(5) 소송행위의 유효와 무효

① 의의 : 소송행위가 성립한 것을 전제로 소송행위의 본래적 효력을 인정할 것인가에 대한 가치판단
② 법적 효과 : 본래의 효력이 발생하는 경우가 유효, 유효요건을 구비하지 못하여 그 본래의 효력이 발생하지 않는 경우 무효
③ 하자의 치유 : 하자의 치유는 무효인 소송행위가 사정변경에 의하여 유효한 소송행위가 될 수 있는가의 문제로 하자의 치유에는 공격방어방법의 소멸과 추완이 있음
　㉠ 공격방어방법의 소멸 : 토지관할 위반, 공소장부본송달의 하자, 공판기일지정의 하자, 제1회 공판기일의 유예기간의 하자, 증인신문 순서의 하자, 증인신문이 기일과 장소의 불통지의 하자 등

> **관련 판례** 증거능력
>
> 제1회 공판기일 전에 형사소송법 제184조에 의한 증거보전절차에서 증인신문을 하면서, 위 증인신문의 일시와 장소를 피의자 및 변호인에게 미리 통지하지 아니하여 증인신문에 참여할 수 있는 기회를 주지 아니하였고, 또 변호인이 제1심 공판기일에 위 증인신문조서의 증거조사에 관하여 이의신청을 하였다면, 위 증인신문조서는 증거능력이 없다 할 것이고, 그 증인이 후에 법정에서 그 조서의 진정성립을 인정한다 하여 다시 그 증거능력을 취득한다고 볼 수도 없다(대판 91도2337).

　㉡ 추완 : 상소권 회복, 약식명령에 대한 정식재판청구권의 회복, 변호인선임의 추완, 공소장불특정의 추완, 고소의 추완 등

> **관련 판례** 정식재판청구로서의 효력
>
> 변호인선임신고서를 제출하지 아니한 변호인이 변호인 명의로 정식재판청구서만 제출하고, 형사소송법 제453조 제1항이 정하는 정식재판청구기간 경과 후에 비로소 변호인선임신고서를 제출한 경우, 변호인 명의로 제출한 위 정식재판청구서는 적법·유효한 정식재판청구로서의 효력이 없다(대결 2003모429).

4. 소송조건

SEMI-NOTE

> **관련 판례**
>
> 착오에 의한 소송행위가 무효로 되기 위하여서는 첫째 통상인의 판단을 기준으로 하여 만일 착오가 없었다면 그러한 소송행위를 하지 않았으리라고 인정되는 중요한 점(동기를 포함)에 관하여 착오가 있고, 둘째 착오가 행위자 또는 대리인이 책임질 수 없는 사유로 인하여 발생하였으며, 셋째 그 행위를 유효로 하는 것이 현저히 정의에 반한다고 인정될 것 등 세 가지 요건을 필요로 한다(대결 92모1).

> **관련 판례**
>
> 강간죄는 친고죄로서 피해자의 고소가 있어야 죄를 논할 수 있고 기소 이후의 고소의 추완은 허용되지 아니한다 할 것이며 이는 비친고죄인 강간치사죄로 기소되었다가 친고죄인 강간죄로 공소장이 변경되는 경우에도 동일하다 할것이니, 강간치사죄의 공소사실을 강간죄로 변경한 후에 이르러 비로소 피해자의 부가 고소장을 제출한 경우에는 강간죄의 공소 제기절차는 법률의 규정에 위반하여 무효인때에 해당한다(대판 82도1504).

SEMI-NOTE

관할위반의 판결
피고사건이 법원의 관할에 속하지 아니한 때에는 판결로써 관할위반의 선고를 하여야 한다(법 제319조).

(1) 의의

형사절차의 허용조건, 즉 수사, 공판, 형집행의 허용조건으로 실체적 심판을 하기 위한 조건 또는 형사소송의 발생, 유지, 존속을 위한 기본조건

(2) 소송조건의 종류

① 일반적 소송조건과 특별 소송조건 : 일반적 소송조건은 일반사건에 공통으로 요구되는 소송조건(재판권, 관할권)이고, 특별소송조건은 특수한 사건에 한해서만 필요한 소송조건(친고죄에 있어서 고소)
② 절대적 소송조건과 상대적 소송조건 : 절대적 소송조건은 법원의 직권으로 조사해야 하는 소송조건으로 당사자능력과 형식재판사유가 있고, 상대적 소송조건은 당사자의 신청을 기다려 비로소 조사하는 소송조건으로 토지관할이 있음
③ 적극적 소송조건과 소극적 소송조건 : 적극적 소송조건은 일정한 사실의 존재가 소송조건으로 되어 있는 경우로 공소제기, 당사자능력의 존재, 재판권 및 관할권의 존재가 있음, 소극적 소송조건은 일정한 사실의 부존재가 소송조건으로 되어 있는 경우로 확정판결이 없을 것, 이중의 공소제기가 없을 것, 공소시효기간이 완성되지 않았을 것 등
④ 형식적 소송조건과 실체적 소송조건 : 관할위반사유, 공소기각판결사유, 공소기각결정사유는 형식적 소송조건에 해당하고, 실체적 소송조건은 면소판결사유가 됨

(3) 소송조건의 조사

① 직권조사 : 소송조건은 형사절차의 허용조건으로 수사절차에서는 수사기관이, 공판절차에서는 법원이 조사
② 소송조건의 증명 : 소송조건은 소송법적 사실로 자유로운 증명으로 족하다는 것이 판례의 입장

관련 판례

고발이 있어야 공소를 제기할 수 있는 범죄에서 그 고발은 적극적 소송조건으로서 직권조사사항에 해당하므로 당사자가 항소이유로 주장하지 않았다고 하더라도 원심은 이를 직권으로 조사·판단하여야 한다 (대판 2014도224).

(4) 소송조건 흠결의 법적 효과

① 불기소처분 및 형식재판 : 검사가 수사절차에서 소송조건에 흠결을 발견한 경우 불기소처분을 해야 하고, 검사가 이를 간과하여 공소를 제기한 경우 법원은 형식재판으로 소송 종결
② 소송조건 흠결의 경합 : 소송조건의 흠결이 경합하는 경우 하자의 중대성, 명백성을 기준으로 공소기각결정, 공소기각판결, 관할위반판결, 면소판결 순으로 재판

관련 판례	공소기각판결을 선고할 것인지의 여부

무죄의 제1심판결에 대하여 검사가 채증법칙 위배 등을 들어 항소하였으나 공소기각 사유가 있다고 인정될 경우, 항소심법원은 직권으로 판단하여 제1심판결을 파기하고 피고인에 대한 공소사실에 관하여 무죄라는 판단을 하기에 앞서 공소기각의 판결을 선고하여야 하고, 공소기각 사유가 있으나 피고인의 이익을 위한다는 이유로 검사의 항소를 기각하여 무죄의 제1심판결을 유지할 수 없다(대판 94도1818).

05장 공판

01절 공소의 제기

02절 공판절차

03절 재판

05장 공판

01절 공소의 제기

1. 공소제기

(1) 공소제기와 공소권

① **공소제기** : 공소는 검사가 법원이 특정 형사사건의 심판을 구하는 법률행위적 소송행위이고, 공소제기는 수사의 종결과 법원에 의한 심판개시의 특성을 가짐
② **공소권** : 공소권은 공소를 제기하여 수행하는 검사의 권리로 특정사건에 관한 구체적인 형벌권 존부의 확인인 유·무죄의 실체판결을 청구하는 권리
③ **공소권남용이론** : 공소권남용은 공소제기가 형식적으로는 적법하지만 실질적으로는 위법·부당한 경우이고, 공소권남용이론은 공소권의 남용이 있을 때 유·무죄의 실체판결을 하지 않고 공소기각판결 등 형식재판으로 소송을 종결하여야 한다는 것으로 검사의 공소권을 규제하자는 이론

> **관련 판례** 공소권의 남용 기준
>
> 검사가 자의적으로 공소권을 행사하여 피고인에게 실질적인 불이익을 줌으로써 소추재량권을 현저히 일탈한 것으로 보이는 경우에는 이를 공소권의 남용으로 판단하여 공소제기의 효력을 부인할 수 있으나, 이는 단순히 직무상의 과실에 의한 것만으로는 부족하고 적어도 미필적이나마 어떠한 의도가 있어야 한다(대판 2011도9243).

(2) 공소제기의 기본원칙

① **국가소추주의** : 공소는 검사가 제기하여 수행한다(법 제246조). 즉, 공소제기의 권한이 국가기관인 검사에게 전담시키는 제도
② **기소독점주의** : 공소는 검사가 제기하여 수행한다(법 제246조). 따라서 공소권의 행사는 검사만이 행사할 수 있는 것으로 일반 사인은 공소권 행사 불가능
  ㉠ **기소독점주의의 장·단점** : 공소제기의 공정성을 국가가 보장하고 국가적 입장에서 공평하고 획일적인 소추를 할 수 있는 반면, 공소권 행사가 검사의 자의와 독선에 빠질 위험이 있고 정치적 영향으로 공소권이 남용될 수 있음
  ㉡ **기소독점주의의 예외** : 즉결심판은 관할경찰서장 또는 관할해양경찰서장이 관할법원에 이를 청구한다(즉결심판에 관한 절차법 제3조 제1항).
③ **기소편의주의** : 검사는 형법 제51조(양형의 조건)의 사항을 참작하여 공소를 제기하지 아니할 수 있다(법 제247조). 따라서 검사에게 형사소추와 관련하여 기소·불기소의 재량권을 인정하는 제도
  ㉠ **기소편의주의의 장·단점** : 형사사법의 탄력성있는 운영으로 구체적인 정의 실현을 할 수 있고, 범인에게 조기 개선의 기회를 줄 수 있으며 불필요한 공소제기를 억제할 수 있다. 반면 형사사법의 투명성을 저해하여 법적 안정성

SEMI-NOTE

소송주체의 3대 기본권리
법원의 심판권, 피고인의 방어권, 검사의 공소권

관련 판례
어떤 사람에 대하여 공소가 제기된 경우 그 공소가 제기된 사람과 동일하거나 다소 중한 범죄구성요건에 해당하는 행위를 하였음에도 불기소된 사람이 있다는 사유만으로는 그 공소의 제기가 평등권 내지 조리에 반하는 것으로서 공소권 남용에 해당한다고 할 수 없다(대판 2006도1623).

기소법정주의
수사결과 공소를 제기할 수 있는 혐의가 인정되어 소송조건을 구비하면 반드시 소송을 제기하여야 하는 제도

을 해칠 우려 존재
  ⓒ **기소편의주의의 예외** : 법원은 재정신청의 결정을 한 때에는 즉시 그 정본을 재정신청인·피의자와 관할 지방검찰청검사장 또는 지청장에게 송부하여야 한다. 이 경우 공소제기의 결정을 한 때에는 관할 지방검찰청검사장 또는 지청장에게 사건기록을 함께 송부하여야 한다(법 제262조 제5항). 공소제기의 결정에 따른 재정결정서를 송부받은 관할 지방검찰청 검사장 또는 지청장은 지체 없이 담당 검사를 지정하고 지정받은 검사는 공소를 제기하여야 한다(법 제262조 제6항).
  ⓒ **기소편의주의의 내용**
    • 공소취소 인정 : 검사는 공소를 제기한 후에도 공소를 취소할 수 있다. 공소는 제1심판결의 선고 전까지 취소할 수 있다. 공소취소는 이유를 기재한 서면으로 하여야 한다. 단, 공판정에서는 구술로써 할 수 있다(법 제255조).
    • 기소유예의 인정 : 불기소처분을 기소유예라 하는데 기소편의주의는 기소유예를 인정하는 입법주의임. 범인의 연령, 성행, 지능과 환경, 피해자에 대한 관계, 범행의 동기, 수단과 결과, 범행 후의 정황 등을 고려하여 기소유예할 수 있음
④ **기소변경주의** : 공소취소는 검사가 공소제기를 철회하는 법률행위적 소송행위로 공소취소를 인정하는 입법주의가 기소변경주의
  ㉠ **기소변경주의의 예외** : 검사는 재정신청의 결정에 따라 공소를 제기한 때에는 이를 취소할 수 없다(법 제264조의2).
  ㉡ **공소장의 변경과 구별** : 공소장의 변경은 공소사실의 동일성을 해치지 아니하는 한도에서 철회하여야 하고(법 제298조 제1항), 공소의 취소는 동일성이 인정되지 않는 수개의 공소사실의 전부 또는 일부를 철회하는 것(법 제255조)

> **관련 판례** **공소장변경신청이 있는 경우**
>
> 실체적 경합관계에 있는 수개의 공소사실 중 어느 한 공소사실을 전부 철회하는 검찰관의 공판정에서의 구두에 의한 공소장변경신청이 있는 경우 이것이 그 부분의 공소를 취소하는 취지가 명백하다면 비록 공소취소신청이라는형식을 갖추지 아니하였더라도 이를 공소취소로 보아 공소기각결정을 하여야 한다(대판 91도1438).

  ㉢ **공소취소의 절차** : 공소취소는 검사만이 할 수 있고, 최소의 사유에는 법률상 제한이 없으며 공소제기 후 사정변경으로 불기소처분을 상당하다고 인정하는 경우면 족하다. 공소취소는 이유를 기재한 서면으로 하여야 하고 제1심판결의 선고 전까지 취소할 수 있다(법 제255조).
  ㉣ **고소인등에의 처분고지** : 검사는 고소 또는 고발있는 사건에 관하여 공소를 제기하거나 제기하지 아니하는 처분, 공소의 취소 또는 송치를 한 때에는 그 처분한 날로부터 7일 이내에 서면으로 고소인 또는 고발인에게 그 취지를 통지하여야 한다(법 제258조 제1항).
  ㉤ **공소취소의 효과**
    • 공소가 취소되었을 때 결정으로 공소를 기각하여야 한다(법 제328조 제1항

SEMI-NOTE

관련 판례

제1심판결이 선고된 이상 동 판결이 확정되어 이에 대한 재심소송절차가 진행중에 있다 하여 공소취소를 할 수 없다(대판 76도3203).

제1호).
- 공소취소와 재기소 : 공소취소에 의한 공소기각의 결정이 확정된 때에는 공소취소 후 그 범죄사실에 대한 다른 중요한 증거를 발견한 경우에 한하여 다시 공소를 제기할 수 있다(법 제329조).

> **관련 판례** 다시 공소를 제기할 수 있는 경우
>
> 형사소송법 제329조는 공소취소에 의한 공소기각의 결정이 확정된 때에는 공소취소 후 그 범죄사실에 대한 다른 중요한 증거를 발견한 경우에 한하여 다시 공소를 제기할 수 있다고 규정하고 있는바, 이는 단순일죄인 범죄사실에 대하여 공소가 제기되었다가 공소취소에 의한 공소기각결정이 확정된 후 다시 종전 범죄사실 그대로 재기소하는 경우뿐만 아니라 범죄의 태양, 수단, 피해의 정도, 범죄로 얻은 이익 등 범죄사실의 내용을 추가 변경하여 재기소하는 경우에도 마찬가지로 적용된다(대판 2008도9634).

2. 공소제기의 효과와 방식

(1) 공소제기의 방식 ★ 빈출개념

① **공소장 제출** : 공소를 제기함에는 공소장을 관할법원에 제출하여야 한다(법 제254조 제1항). 공소장에는 피고인수에 상응한 부본을 첨부하여야 하며(법 제254조 제2항), 법원은 공소의 제기가 있는 때에는 지체없이 공소장의 부본을 피고인 또는 변호인에게 송달하여야 한다. 단, 제1회 공판기일 전 5일까지 송달하여야 한다(법 제266조).

> **관련 판례** 공소제기일
>
> 공소제기는 공소장이 법원에 도달한 때 그 효력이 발생하므로 공소장의 제출일자와 법원직원이 접수인을 찍은 날짜가 다르다면 공소장 제출일자를 공소제기일로 보아야 하나 통상의 경우 공소장에 접수일로 찍혀 있는 날짜는 공소제기일로 추정된다(대판 2002도690).

② **공소장의 기재사항**
  ⊙ **필요적 기재사항** : 공소장에는 피고인의 성명 기타 피고인을 특정할 수 있는 사항, 죄명, 공소사실, 적용법조 사항을 기재하여야 한다(법 제254조 제3항).

> **관련 판례** 적용법조 기재
>
> 공소장에는 죄명·공소사실과 함께 적용법조를 기재하여야 하지만(형사소송법 제254조) 공소장에 적용법조를 기재하는 이유는 공소사실의 법률적 평가를 명확히 하여 공소의 범위를 확정하는 데 보조기능을 하도록 하고, 피고인의 방어권을 보장하고자 함에 있을 뿐이고, 법률의 해석 및 적용 문제는 법원의 전권이므로, 공소사실이 아닌 어느 처벌조항을 준용할지에 관한 해석 및 판단에 있어서는 법원은 검사의 공소장 기재 적용법조에 구속되지 않는다(대판 2018도3443).

SEMI-NOTE

공소의 제기
공소의 제기는 엄격한 서면주의가 적용되고 구두나 전보에 의한 공소제기는 허용되지 아니함

공소장의 기재요건
공소장에는 피고인이 구속되어 있는지 여부를 기재하여야 한다(규칙 제117조 제1항 제2호).

관련판례 **공소의 제기의 무효인 경우**

검사의 기명날인 또는 서명이 없는 상태로 관할법원에 제출된 공소장은 형사소송법 제57조 제1항에 위반된 서류라 할 것이다. 그리고 이와 같이 법률이 정한 형식을 갖추지 못한 공소장 제출에 의한 공소의 제기는 특별한 사정이 없는 한 그 절차가 법률의 규정에 위반하여 무효인 때(형사소송법 제327조 제2호)에 해당한다. 다만 이 경우 공소를 제기한 검사가 공소장에 기명날인 또는 서명을 추완하는 등의 방법에 의하여 공소의 제기가 유효하게 될 수 있다(대판 2010도17052).

ⓛ **임의적 기재사항** : 수개의 범죄사실과 적용법조를 예비적 또는 택일적으로 기재할 수 있다(법 제254조 제5항).

관련판례 **공소장의 임의적 기재사항**

형사소송법 제254조 제5항에 수개의 범죄사실과 적용법조를 예비적 또는 택일적으로 기재할 수 있다함은 수개의 범죄사실간에 범죄사실의 동일성이 인정되는 범위내에서는 물론 그들 범죄사실 상호간에 범죄의 일시, 장소, 수단 및 객체등이 달라서 수개의 범죄사실로 인정되는 경우에도 이들 수개의 범죄사실을 예비적 또는 택일적으로 기재할 수 있다는 취지다(대판 65도114).

③ **공소장일본주의** : 검사가 공소를 제기할 때 공소장 하나만을 법원에 제출하여야 하고 공소장에는 공소장 첨부서류 외에 사건에 관하여 법원에 예단이 생기게 할 수 있는 서류 기타 물건을 첨부하거나 그 내용을 인용하여서는 아니된다(규칙 제118조 제2항).
  ㉠ **이론적 근거** : 예단의 배제, 공판중심주의 요청, 위법수집증거의 차단 등
  ㉡ **공소장일본주의 내용**
    • 첨부의 금지, 인용의 금지 : 법원에 예단이 생기게 할 수 있는 서류 기타 물건을 첨부하거나 그 내용을 인용하여서는 아니된다(규칙 제118조 제2항).
    • 여사기재의 금지 : 필요적 기재사항 이외의 사항을 기재하는 것을 금지하는 말함
  ㉢ **적용범위**
    • 공소장일본주의는 공소제기에 한하여 적용되고, 공소제기 이후의 절차에는 적용되지 않음.
    • 약식명령의 청구는 공소의 제기와 동시에 서면으로 하여야 한다(법 제449조).

관련판례 **공소장일본주의 위반이 아닌 경우**

검사가 약식명령을 청구하는 때에는 약식명령의 청구와 동시에 약식명령을 하는 데 필요한 증거서류 및 증거물을 법원에 제출하여야 하는바(형사소송규칙 제170조), 이는 약식절차가 서면심리에 의한 재판이어서 공소장일본주의의 예외를 인정한 것이므로 약식명령의 청구와 동시에 증거서류 및 증거물이 법원에 제출되었다 하여 공소장일본주의를 위반하였다 할 수 없다(대판 2007도3906).

  • 약식명령에 대한 정식재판의 청구 : 약식명령에 대한 정식재판의 청구가 있는 때에는 공소장일본주의 적용

SEMI-NOTE

관련판례

공소장에는 법령이 요구하는 사항만 기재할 것이고 공소사실의 첫머리에 공소사실과 관계 없이 법원의 예단만 생기게 할 사유를 불필요하게 나열하는 것은 옳다고 할 수 없고, 공소사실과 관련이 있는 것도 원칙적으로 범죄의 구성요건에 적어야 할 것이고, 이를 첫머리 사실로서 불필요하게 길고 장황하게 나열하는 것을 적절하다고 할 수 없다(대판 2007도748).

| SEMI-NOTE |

- 즉결심판에 대한 정식재판의 청구 : 즉결심판에 대한 정식재판의 청구가 있는 때에는 공소장일본주의가 적용되지 않음

> **관련 판례** 공소장일본주의가 배제된 경우
>
> 즉결심판에 관한 절차법이 즉결심판의 청구와 동시에 판사에게 증거서류 및 증거물을 제출하도록 한 것은 즉결심판이 범증이 명백하고 죄질이 경미한 범죄사건을 신속·적정하게 심판하기 위한 입법적 고려에서 공소장일본주의가 배제되도록 한 것이라고 보아야 한다(대판 2008도7375).

관련 판례

공소장일본주의에 위배된 공소제기라고 인정되는 때에는, 그 절차가 법률의 규정에 위반하여 무효인 때에 해당하는 것으로 보아 공소기각의 판결을 선고하는 것이 원칙이다(대판 2012도2957).

② 공소장일본주의의 위반효과 : 공소제기의 절차가 법률의 규정에 위반하여 무효인 때에는 판결로써 공소기각의 선고를 하여야 한다(법 제327조 제2호).

(2) 공소제기의 효과

① 소송계속 : 공소제기에 의하여 사건이 법원의 심리와 재판의 대상이 되는 상태를 소송계속이라 하고 소송계속은 공소제기가 유효한 경우는 물론 무효인 경우에도 발생

불고불리의 원칙

법원은 공소제기가 없는 경우 사건을 심판하지 못함

② 공소시효의 정지 : 시효는 공소의 제기로 진행이 정지되고(법 제253조 제1항), 공범의 1인에 대한 시효정지는 다른 공범자에게 대하여 효력이 미친다(법 제253조 제2항).

③ 공소제기의 효력범위 : 공소제기의 효력은 공소장에 기재된 피고인, 공소사실과 동일성이 인정되는 사실에 전부 미침
   ㉠ 공소제기의 인적 효력범위 : 공소의 효력은 검사가 피고인으로 지정한 자에게만 미친다(법 제248조 제1항).
   ㉡ 공소제기의 물적 효력범위 : 범죄사실의 일부에 대한 공소의 효력은 범죄사실 전부에 미친다(법 제248조 제2항).

④ 지위의 전환 : 공소가 제기되면 피의자는 피고인의 지위를 취득하고 피의사건이 피고사건으로 된다. 강제처분의 권한이 검사에서 법원으로 전환되고 구속기간의 기준변경, 보석청구권 발생 등

⑤ 일죄의 일부 기소 문제 : 판례는 기소편의주의 원칙상 일죄의 일부에 대한 공소제기를 허용

> **관련 판례** 공소제기를 허용하는 경우
>
> 하나의 행위가 여러 범죄의 구성요건을 동시에 충족하는 경우 공소제기권자는 자의적으로 공소권을 행사하여 소추 재량을 현저히 벗어났다는 등의 특별한 사정이 없는 한 증명의 난이 등 여러 사정을 고려하여 그중 일부 범죄에 관해서만 공소를 제기할 수도 있다(대판 2017도13458).

3. 공소시효

(1) 공소시효의 의의

① 의의 : 공소시효는 검사가 일정기간 동안 공소를 제기하지 않고 방치하는 경우 국가소추권이 소멸되는 제도
② 도입의 의미
  ㉠ 시간의 경과에 따른 증거의 멸실 등으로 진실발견이 어려워짐
  ㉡ 피해자 처벌감정의 약화
  ㉢ 범인의 도피는 대체 형벌에 해당
  ㉣ 국가 태만에 대한 제재수단
③ 공소시효의 연장 : 공소시효를 연장하는 법률의 개정이 헌법적으로 허용되는지 여부에 관하여 판례는 공소시효가 완성되지 않은 경우 원칙적으로 허용할 수 있으나 공소시효가 완성된 경우는 예외적인 경우에 한하여 허용된다는 입장
④ 공소시효 규정의 배제
  ㉠ 사람을 살해한 범죄로 사형에 해당하는 범죄에 대하여는 공소시효를 적용하지 아니한다(법 제253조의2).
  ㉡ 13세 미만의 사람 및 신체적인 또는 정신적인 장애가 있는 사람에 대하여 다음의 죄를 범한 경우에는 공소시효를 적용하지 아니한다(성폭력범죄의 처벌 등에 관한 특례법 제21조 제3항).
    • 형법 제297조(강간), 제298조(강제추행), 제299조(준강간, 준강제추행), 제301조(강간등 상해·치상), 제301조의2(강간등 살인·치사) 또는 제305조(미성년자에 대한 간음, 추행)의 죄
    • 제6조 제2항, 제7조 제2항 및 제5항, 제8조, 제9조의 죄
    • 아동·청소년의 성보호에 관한 법률 제9조 또는 제10조의 죄
  ㉢ 헌정질서 파괴범죄, 집단살해에 해당하는 범죄에 대하여 공소시효를 적용하지 아니한다(헌정질서 파괴범죄의 공소시효 등에 관한 특례법 제3조).

(2) 공소시효 기간

① 형사소송법상 공소시효
  ㉠ 공소시효는 다음 기간의 경과로 완성한다(법 제249조 제1항).
    • 사형에 해당하는 범죄에는 25년
    • 무기징역 또는 무기금고에 해당하는 범죄에는 15년
    • 장기 10년 이상의 징역 또는 금고에 해당하는 범죄에는 10년
    • 장기 10년 미만의 징역 또는 금고에 해당하는 범죄에는 7년
    • 장기 5년 미만의 징역 또는 금고, 장기 10년 이상의 자격정지 또는 벌금에 해당하는 범죄에는 5년
    • 장기 5년 이상의 자격정지에 해당하는 범죄에는 3년
    • 장기 5년 미만의 자격정지, 구류, 과료 또는 몰수에 해당하는 범죄에는 1년
  ㉡ 공소가 제기된 범죄는 판결의 확정이 없이 공소를 제기한 때로부터 25년을 경과하면 공소시효가 완성한 것으로 간주한다(법 제249조 제2항).
② 특별법상 공소시효
  ㉠ 공직선거법에 규정한 죄의 공소시효는 당해 선거일 후 6개월을 경과함으로써 완성한다. 다만, 범인이 도피한 때나 범인이 공범 또는 범죄의 증명에 필요한 참

SEMI-NOTE

형의 시효
형을 선고하는 재판이 확정된 후에 그 집행이 이루어지지 않고 일정한 기간이 경과하면 형의 집행이 면제되는 제도

관련 판례
공소시효가 아직 완성되지 않은 경우 위 법률조항은 단지 진행중인 공소시효를 연장하는 법률로서 이른바 부진정소급효를 갖게 되나, 공소시효제도에 근거한 개인의 신뢰와 공시시효의 연장을 통하여 달성하려는 공익을 비교형량하여 공익이 개인의 신뢰보호이익에 우선하는 경우에는 소급효를 갖는 법률도 헌법상 정당화될 수 있다(헌재 96헌가2).

집단살해(genocide)
어느 특정한 종족이나 종교적 집단을 완전히 없앨 목적으로 그 구성원을 살해하거나 신체적·정신적 박해 등을 행하는 것을 말함

고인을 도피시킨 때에는 그 기간은 3년으로 한다(공직선거법 제268조 제1항).
ⓒ 정치운동의 금지에 위반한 죄에 대한 공소시효의 기간은 형사소송법 제249조 제1항에도 불구하고 10년으로 한다(국가공무원법 제84조 제2항).
ⓒ 조세범처벌법 제3조부터 제14조까지에 규정된 범칙행위의 공소시효는 7년이 지나면 완성된다. 다만, 행위자가 특정범죄가중처벌 등에 관한 법률 제8조의 적용을 받는 경우에는 법인에 대한 공소시효는 10년이 지나면 완성된다(조세범처벌법 제22조).

(3) 공소시효의 계산

① 기준이 되는 법정형 ★ 빈출개념
  ㉠ 두 개 이상의 형과 시효기간 : 두 개 이상의 형을 병과하거나 두 개 이상의 형에서 한 개를 과할 범죄에 대해서는 무거운 형을 적용한다(법 제250조).
  ㉡ 형의 가중, 감경과 시효기간 : 형법에 의하여 형을 가중 또는 감경한 경우에는 가중 또는 감경하지 아니한 형에 의하여 공소시효의 규정을 적용한다(법 제251조).

> **관련 판례** 형의 가중, 감경
> 형사소송법 제251조는 형법 이외의 법률에 의하여 형을 가중, 감경할 경우에는 적용되지 않는다(대판 72도2976).

  ㉢ 공소제기 후 법령개정으로 법정형이 변경된 경우 원칙적으로 구법이 적용되나 예외적으로 신법의 형이 가벼워진 경우에는 신법 적용

> **관련 판례** 신법 적용
> 범죄 후 법률의 개정에 의하여 법정형이 가벼워진 경우에는 형법 제1조 제2항에 의하여 당해 범죄사실에 적용될 가벼운 법정형(신법의 법정형)이 공소시효기간의 기준이 된다(대판 2008도4376).

  ㉣ 교사범과 방조범 : 교사범과 방조범은 정범의 법정형을 기준으로 공소시효기간을 계산하고, 필요적 공범의 경우 개별적으로 결정
  ㉤ 양벌규정 : 양벌규정의 경우는 행위자에 대한 법정형이 공소시효 기준

② 법정형의 기초인 범죄사실
  ㉠ 단순일죄 : 공소장에 기재된 범죄사실이 공소시효 기준
  ㉡ 예비적 · 택일적 기재한 경우 : 각각의 범죄사실을 분리하여 별도로 공소시효 계산
  ㉢ 상상적 경합범인 경우 : 과형상 일죄이지만 실질상 수죄이므로 각각의 범죄사실을 분리하여 별도로 공소시효 계산
  ㉣ 공소장이 변경된 경우 : 공소사실이 변경된 경우에는 변경된 공소시효에 대한 법정형이 공소시효 기준

SEMI-NOTE

공소시효기간
공소시효기간은 법정형을 기준으로 계산함

범죄의 성립과 처벌
범죄 후 법률이 변경되어 그 행위가 범죄를 구성하지 아니하게 되거나 형이 구법보다 가벼워진 경우에는 신법에 따른다(형법 제1조 제2항).

시효의 기산점
공범에는 최종행위가 종료한 때로부터 전공범에 대한 시효기간을 기산한다(법 제252조 제2항).

관련 판례
1개의 행위가 여러 개의 죄에 해당하는 경우 형법 제40조는 이를 과형상 일죄로 처벌한다는 것에 지나지 아니하고, 공소시효를 적용함에 있어서는 각 죄마다 따로 따져야 할 것인바, 공무원이 취급하는 사건에 관하여 청탁 또는 알선을 할 의사와 능력이 없음에도 청탁 또는 알선을 한다고 기망하여 금품을 교부받은 경우에 성립하는 사기죄와 변호사법 위반죄는 상상적 경합의 관계에 있으므로, 변호사법 위반죄의 공소시효가 완성되었다고 하여 그 죄와 상상적 경합관계에 있는 사기죄의 공소시효까지 완성되는 것은 아니다(대판 2006도6356).

> **관련 판례** 공소장변경 공소시효 기준
>
> 분묘발굴죄로 공소가 제기된 범죄사실에 대하여 예비적으로 매장및묘지등에관한법률위반죄를 추가하는 공소장변경이 된 경우에는 공소장 기재의 공소사실의 동일성에 관하여 아무런 소장이 없으므로 위 법률위반죄에 대한 공소시효의 완성 여부는 공소를 제기한 때를 기준으로 판단할 것이고, 공소장을 변경한 때를 기준으로 삼을 수 없다(대판 91도3150).

③ **공소시효의 기산점** : 시효는 범죄행위가 종료한 때로부터 진행한다(법 제252조 제1항).
  ㉠ **결과범, 결과적가중범, 과실범** : 경과가 발생한 때부터 공소시효 진행
  ㉡ **포괄일죄** : 최종 범죄행위가 종료한 때부터 진행
  ㉢ **거동범 또는 기타 범죄** : 범죄유형별로 구체적·개별적으로 공소시효 적용
  ㉣ **공소시효의 특칙** : 미성년자에 대한 성폭력범죄의 공소시효는 해당 성폭력범죄로 피해를 당한 미성년자가 성년에 달한 날부터 진행한다(성폭력범죄의 처벌 등에 관한 특례법 제21조 제1항).
  ㉤ **공법에 대한 특칙** : 공범에는 최종행위의 종료한 때로부터 전공범에 대한 시효기간을 기산한다(법 제252조 제2항).

> **관련 판례** 계속범의 공소시효 기산점
>
> 공유수면인 바닷가를 허가 없이 점·사용하는 행위는 그로 인하여 공유수면의 외부적 형상이 변경되었는지 여부와 관계없이 그 공유수면을 무단으로 점·사용하는 한 가벌적인 위법행위가 계속 반복되고 있는 계속범이라고 보아야 한다(대판 2008도7678).

> **관련 판례** 즉시범의 공소시효 기산점
>
> 도주죄는 도주상태가 계속되는 것이므로 도주중에는 시효가 진행 안된다는 소론을 채용할 수 없다(대판 79도622).

④ **공소시효의 계산** : 시효와 구속기간의 초일은 시간을 계산함이 없이 1일로 산정한다(법 제66조 제1항). 기간의 말일이 공휴일 또는 토요일에 해당하는 날은 기간에 산입하지 아니한다. 단, 시효와 구속의 기간에 관하여서는 예외로 한다(법 제66조 제3항).

(4) 공소시효의 정지

① **공소시효 정지의 의의** : 공소시효는 일정한 사유가 있으면 진행이 정지되고 그 사유가 없어지면 다시 진행
② **시효의 정지사유**
  ㉠ **공소제기** : 시효는 공소의 제기로 진행이 정지되고 공소기각 또는 관할위반의 재판이 확정된 때로부터 진행한다(법 제253조 제1항).

공소시효의 정지
공소시효는 정지만 있고 중단이 없음

| SEMI-NOTE |

> **관련 판례** 공소제기와 시효의 정지
>
> 피고인의 신병이 확보되기 전에 공소가 제기되었다고 하더라도 그러한 사정만으로 공소제기가 부적법한 것이 아니고, 공소가 제기되면 규정에 따라 공소시효의 진행이 정지된다(대판 2016도15526).

ⓒ **범인의 해외도피** : 범인이 형사처분을 면할 목적으로 국외에 있는 경우 그 기간 동안 공소시효는 정지된다(법 제253조 제3항). ★ 빈출개념

> **관련 판례** 형사처분을 면할 목적인 해외도피
>
> 형사소송법 제253조 제3항은 "범인이 형사처분을 면할 목적으로 국외에 있는 경우 그 기간 동안 공소시효는 정지된다."고 규정하여 공소시효의 정지를 위해서는 '형사처분을 면할 목적'이 있을 것을 요구한다. 여기에서 '형사처분을 면할 목적'은 국외 체류의 유일한 목적으로 되는 것에 한정되지 않고 범인이 가지는 여러 국외 체류 목적 중에 포함되어 있으면 족하고, 범인이 국외에 있는 것이 형사처분을 면하기 위한 방편이었다면 '형사처분을 면할 목적'이 있었다고 볼 수 있으며, '형사처분을 면할 목적'과 양립할 수 없는 범인의 주관적 의사가 명백히 드러나는 객관적 사정이 존재하지 않는 한 국외 체류기간 동안 '형사처분을 면할 목적'은 계속 유지된다(대판 2011도8462).

ⓒ **재정신청과 시효** : 재정신청이 있으면 재정결정이 확정될 때까지 공소시효의 진행이 정지된다(법 제262조의4 제1항).

ⓔ **소년보호사건의 심리개시결정** : 심리개시결정이 있었던 때로부터 그 사건에 대한 보호처분의 결정이 확정될 때까지 공소시효는 그 진행이 정지된다(소년법 제54조).

ⓜ **미성년자에 대하 성폭력범죄** : 미성년자에 대한 성폭력범죄의 공소시효는 해당 성폭력범죄로 피해를 당한 미성년자가 성년에 달한 날부터 진행한다(성폭력범죄의 처벌 등에 관한 특례법 제21조 제1항).

ⓗ **가정보호사건의 송치** : 가정폭력범죄에 대한 공소시효는 해당 가정보호사건이 법원에 송치된 때부터 시효 진행이 정지된다(가정폭력범죄의 처벌 등에 관한 특례법 제17조 제1항).

ⓐ **대통령으로 재직** : 대통령의 형사불소추특권에 따라 재직 중에는 공소시효가 정지된다는 것이 판례의 입장

> **관련 판례**
>
> 헌법규정은 바로 공소시효진행의 소극적 사유가 되는 국가의 소추권 행사의 법률상 장애사유에 해당하므로, 대통령의 재직중에는 공소시효의 진행이 당연히 정지되는 것으로 보아야 한다(헌재 94헌마246).

ⓞ **관세범에 대한 통고처분** : 관세청장이나 세관장은 관세범을 조사한 결과 범죄의 확증을 얻었을 때에는 그 대상이 되는 자에게 그 이유를 구체적으로 밝히고 해당하는 금액이나 물품을 납부할 것을 통고할 수 있다(관세법 제311조 제1항). 통고가 있는 때에는 공소의 시효는 정지된다(관세법 제311조 제3항).

③ **시효정지의 범위** : 공소제기로 인한 공소시효정지는 공소제기된 피고인에 대해서만 미치는 것이 원칙이다. 다만 공범의 1인에 대한 시효정지는 다른 공범자에게 대하여 효력이 미치고 당해 사건의 재판이 확정된 때로부터 진행한다(법 제253조 제2항).

관련 판례 공범의 시효정지 효력범위

형사소송법 제253조 제1항, 제2항에 의하면 공소시효는 공소의 제기로 진행이 정지되고, 공범의 1인에 대한 공소시효의 정지는 다른 공범자에 대하여 효력이 미치고 당해 사건의 재판이 확정된 때로부터 진행한다고 규정하고 있는바, 위 제2항 소정의 공범관계의 존부는 현재 시효가 문제되어 있는 사건을 심판하는 법원이 판단하는 것으로서 법원조직법 제8조의 경우를 제외하고는 다른 법원의 판단에 구속되는 것은 아니라고 할 것이고, 위 형사소송법 제253조 제2항 소정의 재판이라 함은 종국재판이면 그 종류를 묻지 않는다고 할 것이나, 공범의 1인으로 기소된 자가 구성요건에 해당하는 위법행위를 공동으로 하였다고 인정되기는 하나 책임조각을 이유로 무죄로 되는 경우와는 달리 범죄의 증명이 없다는 이유로 공범 중 1인이 무죄의 확정판결을 선고받은 경우에는 그를 공범이라고 할 수 없어 그에 대하여 제기된 공소로써는 진범에 대한 공소시효정지의 효력이 없다(대판 98도4621).

SEMI-NOTE

관련 판례

공범 중 1인에 대해 약식명령이 확정된 후 그에 대한 정식재판청구권 회복결정이 있었다고 하더라도 그 사이의 기간 동안에는, 특별한 사정이 없는 한, 다른 공범자에 대한 공소시효는 정지함이 없이 계속 진행한다고 보아야 할 것이다(대판 2011도15137).

공소시효 완성의 효과

공소의 시효가 완성되었을 때 판결로써 면소의 선고를 하여야 한다(법 제326조 제3호).

02절 공판절차

1. 공판절차의 원칙

(1) 공판절차의 개설

공판절차는 공소가 제기되어 사건이 법원에 계속된 후부터 소송절차가 종결될 때까지의 모든 절차로 공판준비절차와 공판기일절차가 있고, 협의의 공판절차는 공판기일절차만이 공판절차임

(2) 공판절차의 원칙

① **공판중심주의** : 공판절차는 공판기일에 공판정에서 행해져야 한다는 원칙으로 공판기일절차가 당해 사건과 관련된 모든 형사소송절차의 중심이 되어야 한다는 원칙
② **직접주의** : 법관의 심증형성은 공판정에서 직접 조사한 원본증거에 의하여야 한다는 원칙으로 판사결질시 공판절차의 갱신, 전문법칙, 공판정에 법관의 출석요구, 서류·물건의 개별적 지시설명, 증거신청에 대한 법원의 결정 등
③ **공개주의**
　㉠ **공개주의의 의의** : 재판의 심리와 판결은 공개한다(헌법 제109조). 따라서 일반국민에게 법원의 재판과정에 대한 방청을 허용하는 주의
　㉡ **녹화 등의 금지** : 누구든지 법정 안에서는 재판장의 허가 없이 녹화, 촬영, 중계방송 등의 행위를 하지 못한다(법원조직법 제59조).
　㉢ **심리의 비공개** : 재판의 심리와 판결은 공개한다. 다만, 심리는 국가의 안전보장 또는 안녕질서를 방해하거나 선량한 풍속을 해할 염려가 있을 때에는 법원의 결정으로 공개하지 아니할 수 있다(헌법 제109조).
　㉣ **개별적인 심리의 비공개**
　　• 피해자 진술의 비공개 : 법원은 범죄로 인한 피해자를 증인으로 신문하는

관련 판례

우리 형사소송법이 공판중심주의의 한 요소로서 채택하고 있는 실질적 직접심리주의의 정신에 따라 제1심과 항소심의 신빙성 평가 방법의 차이를 고려할 때, 제1심판결 내용과 제1심에서 적법하게 증거조사를 거친 증거들에 비추어 제1심 증인이 한 진술의 신빙성 유무에 관한 제1심의 판단이 명백하게 잘못되었다고 볼 만한 특별한 사정이 있거나, 제1심 증거조사 결과와 항소심 변론종결시까지 추가로 이루어진 증거조사 결과를 종합하면 제1심 증인이 한 진술의 신빙성 유무에 관한 제1심의 판단을 그대로 유지하는 것이 현저히 부당하다고 인정되는 예외적인 경우가 아니라면, 항소심으로서는 제1심 증인이 한 진술의 신빙성 유무에 관한 제1심의 판단이 항소심의 판단과 다르다는 이유만으로 이에 관한 제1심의 판단을 함부로 뒤집어서는 안 된다(대판 2011도5313).

SEMI-NOTE

심리의 비공개
판사는 가정보호사건을 심리할 때 사생활 보호나 가정의 평화와 안정을 위하여 필요하거나 선량한 풍속을 해칠 우려가 있다고 인정하는 경우에는 결정으로 심리를 공개하지 아니할 수 있다(가정폭력범죄의 처벌 등에 관한 특례법 제32조 제1항).

관련 판례
헌법 제109조에 규정된 재판공개의 원칙이 법원이 판결하기 전에 당사자에게 미리 그 내용을 알려줄 것을 의미하는 것은 아니다(대판 2006도1427).

판결
판결은 법률에 다른 규정이 없으면 구두변론을 거쳐서 하여야 한다(법 제37조 제1항).

경우 당해 피해자·법정대리인 또는 검사의 신청에 따라 피해자의 사생활의 비밀이나 신변보호를 위하여 필요하다고 인정하는 때에는 결정으로 심리를 공개하지 아니할 수 있다(법 제294조의3 제1항).
- 소년보호사건 : 심리는 공개하지 아니한다. 다만, 소년부 판사는 적당하다고 인정하는 자에게 참석을 허가할 수 있다(소년법 제24조 제2항).
- 성폭력사건 : 성폭력범죄에 대한 심리는 그 피해자의 사생활을 보호하기 위하여 결정으로써 공개하지 아니할 수 있다(성폭력범죄의 처벌 등에 관한 특례법 제31조 제1항).

ⓜ 공개주의의 배제
- 피고인등의 퇴정 : 재판장은 증인 또는 감정인이 피고인 또는 어떤 재정인의 면전에서 충분한 진술을 할 수 없다고 인정한 때에는 그를 퇴정하게 하고 진술하게 할 수 있다. 피고인이 다른 피고인의 면전에서 충분한 진술을 할 수 없다고 인정한 때에도 같다(법 제297조 제1항).
- 증인의 퇴정 : 신문하지 아니한 증인이 재정한 때에는 퇴정을 명하여야 한다(법 제162조 제2항).
- 법정의 질서유지 : 재판장은 법정의 존엄과 질서를 해칠 우려가 있는 사람의 입정금지 또는 퇴정을 명할 수 있고, 그 밖에 법정의 질서유지에 필요한 명령을 할 수 있다(법원조직법 제58조 제2항).

관련 판례 공개주의 위반되는 경우

공개금지사유가 없음에도 불구하고 재판의 심리에 관한 공개를 금지하기로 결정하였다면 그러한 공개금지결정은 피고인의 공개재판을 받을 권리를 침해한 것으로서 그 절차에 의하여 이루어진 증인의 증언은 증거능력이 없고, 변호인의 반대신문권이 보장되었더라도 달리 볼 수 없으며, 이러한 법리는 공개금지결정의 선고가 없는 등으로 공개금지결정의 사유를 알 수 없는 경우에도 마찬가지이다(대판 2013도2511).

④ 구두변론주의 : 법원은 당사자의 구두에 의한 변론을 근거로 재판을 하여야 한다는 원칙이다. 공판정에서의 변론은 구두로 하여야 한다(법 제275조의3).
⑤ 집중심리주의(법 제267조의2)
  ㉠ 공판기일의 심리는 집중되어야 한다.
  ㉡ 심리에 2일 이상이 필요한 경우에는 부득이한 사정이 없는 한 매일 계속 개정하여야 한다.
  ㉢ 재판장은 여러 공판기일을 일괄하여 지정할 수 있다.
  ㉣ 재판장은 부득이한 사정으로 매일 계속 개정하지 못하는 경우에도 특별한 사정이 없는 한 전회의 공판기일부터 14일 이내로 다음 공판기일을 지정하여야 한다.
  ㉤ 소송관계인은 기일을 준수하고 심리에 지장을 초래하지 아니하도록 하여야 하며, 재판장은 이에 필요한 조치를 할 수 있다.

2. 공판심리의 범위

(1) 심판의 대상

① **공소의 제기** : 법원은 공소가 제기되지 아니한 사실에 대하여 심판할 수 없다는 원칙이 불고불리의 원칙

> **관련 판례** 불고불리의 원칙
>
> 불고불리의 원칙상 검사의 공소제기가 없으면 법원이 심판할 수 없는 것이고, 법원은 검사가 공소제기한 사건에 한하여 심판을 하여야 하는 것이다(대판 2002도1855).

② **심판의 대상**
  ㉠ 심판대상의 판단방법 : 검사는 공소장의 공소사실과 적용법조 등을 명백히 함으로써 공소제기의 취지를 명확히 하여야 하는데, 검사가 어떠한 행위를 기소한 것인지는 기본적으로 공소장의 기재 자체를 기준으로 하되, 심리의 경과 및 검사의 주장내용 등도 고려하여 판단하여야 한다(대판 2017도3448).
  ㉡ 법원의 심판대상 : 형사재판에 있어서 법원의 심판대상이 되는 것은 공소장에 기재된 공소사실과 예비적 또는 택일적으로 기재된 공소사실, 그리고 소송의 발전에 따라 추가 또는 변경된 사실에 한하는 것이고, 공소사실과 동일성이 인정되는 사실이라 할지라도 위와 같은 공소장이나 공소장변경신청서에 공소사실로 기재되어 현실로 심판의 대상이 되지 아니한 사실은 법원이 그 사실을 인정하더라도 피고인의 방어에 실질적 불이익을 초래할 염려가 없는 경우가 아니면 법원이 임의로 공소사실과 다르게 인정할 수 없는 것이며, 이와 같은 사실을 인정하려면 공소장변경을 요한다(대판 90도1977).

(2) 공소장변경

① **공소장변경의 의의**
  ㉠ 공소장의 변경 : 검사는 법원의 허가를 얻어 공소장에 기재한 공소사실 또는 적용법조의 추가, 철회 또는 변경을 할 수 있다(법 제298조 제1항).
  ㉡ 공소장변경의 취지 : 공소장의 변경은 적정한 형벌권의 발동을 가능하게 하고 법원은 동일성이 인정되는 사실일지라도 공소장변경이 있는 경우에만 이를 심판할 수 있게 하는 것으로 이는 피고인의 방어권을 보장하는 기능을 함
  ㉢ 다른 개념과 구별
    • 추가기소, 공소취소 : 공소장변경은 공소사실의 동일성이 인정되는 범위에서 허용되므로 추가기소와 공소취소는 공소장변경으로 할 수 없음
    • 공소장정정 : 공소장정정은 공소장에 기재된 내용의 명백한 오류를 시정하는 것이므로 공소장변경과는 다르고 법원의 허가가 필요없음

> **관련 판례** 공소장의 오기와 누락
>
> 공소장에는 공소사실의 법률적 평가를 명확히 하여 공소의 범위를 확정하는 데 보조기능을 하기 위하여 적용법조를 기재하여야 하는데(형사소송법 제254조 제3항), 적용법조의 기재에 오기 · 누락이 있거나 또는 적용법조에 해당하는 구성요건이 충족되지 않을 때에는 공소사실의 동일성이 인정되는 범위 내로서 피고인의 방어에 실질적인 불이익을 주지 않는 한도에서

SEMI-NOTE

관련 판례

공소가 제기되지 않은 특수절도의 범죄사실을 공소제기된 것으로 보아 이에 대하여 면소를 선고한 원심의 조치는 불고불리의 원칙에 위배된다고 한 사례(대판 2001도5304).

공소장변경의 필요성

공소사실과 심리중 밝혀진 사실 간에 차이가 있는 경우 법원이 어느 범위에서 공소장변경 없이 사실을 인정할 수 있는가의 문제

공소장의 변경 ★ 빈출개념

공소장변경의 경우 법원은 공소사실의 동일성을 해하지 아니하는 한도에서 허가하여야 한다(법 제298조 제1항 후단).

> 법원이 공소장 변경의 절차를 거침이 없이 직권으로 공소장 기재와 다른 법조를 적용할 수 있지만, 공소장에 기재된 적용법조를 단순한 오기나 누락으로 볼 수 없고 구성요건이 충족됨에도 법원이 공소장 변경의 절차를 거치지 아니하고 임의적으로 다른 법조를 적용하여 처단할 수는 없다(대판 2015도12372).

② **이중기소와 공소장변경** : 검사가 포괄일죄를 이루는 일부사실을 단순일죄로 먼저 기소하고 이후 그 포괄일죄를 다시 기소하는 것이므로 이중기소가 되는데 실체판결을 할 것인가 공소기각판결을 할 것인가의 문제

관련 판례 실체판결

> 검사가 수 개의 협박 범행을 먼저 기소하고 다시 별개의 협박 범행을 추가로 기소하였는데 이를 병합하여 심리하는 과정에서 전후에 기소된 각각의 범행이 모두 포괄하여 하나의 협박죄를 구성하는 것으로 밝혀진 경우, 이중기소에 대하여 공소기각판결을 하도록 한 형사소송법 제327조 제3호의 취지는 동일사건에 대하여 피고인으로 하여금 이중처벌의 위험을 받지 아니하게 하고 법원이 2개의 실체판결을 하지 아니하도록 함에 있으므로, 위와 같은 경우 법원이 각각의 범행을 포괄하여 하나의 협박죄를 인정한다고 하여 이중기소를 금하는 위 법의 취지에 반하는 것이 아닌 점과 법원이 실체적 경합범으로 기소된 범죄사실에 대하여 그 범죄사실을 그대로 인정하면서 다만 죄수에 관한 법률적인 평가만을 달리하여 포괄일죄로 처단하는 것이 피고인의 방어에 불이익을 주는 것이 아니어서 공소장변경 없이도 포괄일죄로 처벌할 수 있는 점에 비추어 보면, 비록 협박죄의 포괄일죄로 공소장을 변경하는 절차가 없었다거나 추가로 공소장을 제출한 것이 포괄일죄를 구성하는 행위로서 기존의 공소장에 누락된 것을 추가·보충하는 취지의 것이라는 석명절차를 거치지 아니하였다 하더라도, 법원은 전후에 기소된 범죄사실 전부에 대하여 실체판단을 할 수 있고, 추가기소된 부분에 대하여 공소기각판결을 할 필요는 없다(대판 2007도2595).

③ **공소장변경의 한계**
  ㉠ **공소장변경의 허용범위** : 공소사실과 동일성이 인정되는 범위 내
  ㉡ **공소사실 동일성의 기준** : 원칙적으로 공소사실을 기초가 되는 사회적 사실로 환원하여 그러한 사실 사이에 다소의 차이가 있더라도 기본적인 점에서 동일하면 동일성을 인정하는 것이 판례의 입장

관련 판례 공소사실 동일성 여부의 판단기준

> 공소사실의 동일성은 그 사실의 기초가 되는 사회적 사실관계가 기본적인 점에서 동일하면 그대로 유지되는 것이나, 이러한 기본적 사실관계의 동일성을 판단함에 있어서는 그 사실의 동일성이 갖는 법률적 기능을 염두에 두고 피고인의 행위와 그 사회적인 사실관계를 기본으로 하되 규범적 요소도 아울러 고려하여야 한다(대판 2011도14986).

④ **공소장변경의 필요성**
  ㉠ 공소장에 기재된 내용과 조금만 달라도 공소장변경이 필요한가가 문제인데 공소장변경은 소송이 지연되는 결과가 발생하여 피고인에게 불리할 수도 있음
  ㉡ 피고인의 방어권 행사에 실질적으로 불이익을 초래할 염려가 없을 경우 공소장변경 없이 법원이 사실과 다른 판단을 할 수 있다는 것이 판례의 입장
  ㉢ **구성요건이 동일한 경우** : 구성요건이 동일하더라도 범행의 일시, 장소 등 사

관련 판례

포괄적 1죄의 관계에 있는 위증죄의 일부 범죄사실에 대한 기판력은 현실적으로 심판대상이 되지 않는 다른 부분에까지도 미치므로, 그 일부의 범죄사실에 대하여 공소가 제기된 뒤에 항소심에서 나머지 부분을 추가하였다고 하여 공소사실의 동일성을 해하는 것이라고 볼 수 없다(대판 92도2047).

실의 변경이 있으면 공소장변경을 요하지만 피고인의 방어권 행사에 실질적으로 불이익을 초래할 염려가 없을 경우 공소장변경 없이 법원이 사실과 다른 판단을 할 수 있다는 것이 판례의 입장

| 관련 판례 | **공소장변경을 요하는 경우**

범행일시가 1991.5.14.이라는 공소사실에 대하여 1991.6.14.로 인정한 조치에 대하여 피해자의 수차례에 걸친 진술과 피고인의 변소내용을 대조하여 볼 때 오기 기타 단순한 오류로 볼 수 없어 위법하다고 본 사례(대판 92도2588).

| 관련 판례 | **공소장변경을 요하지 않는 경우**

세무서직원인 피고인(갑)(을)이 공소외 관광회사 부사장으로부터 동 회사의 갑종근로소득세 등을 선처해 달라는 부탁과 함께 금 4천5백만원을 수뢰하여 그 중 5백만원을 상인 피고인(병)에게 전달한 경우 피고인(병)이 그 금전이 위 선처의 의미로 교부된 것임을 알고 있었다면 피고인(병)에 대한 뇌물수수 공소장에는 증뢰물전달자가 공범자중의 1인(을)로 되어 있었으나 원심판결에서 (갑)으로 바꾸어 인정하였다 하여도 이를 가리켜 불고불리의 원칙위배라거나 사건의 동일성과 필요적 공범의 법리오해가 있다고 할 수 없다(대판 84도682).

ⓔ **구성요건이 다른 경우** : 구성요건이 달라지면 사실의 변경과 함께 적용법조까지 달라지므로 피고인의 방어권 행사에 중대한 영향을 미치므로 원칙적으로 공소장변경을 요함. 또한 형이 더 무거운 조항을 적용하는 경우에는 공소장변경을 요함. 그러나 축소사실을 인정하는 경우, 형이 무겁지 않게 법률적용만 달리하는 경우에는 변경을 요하지 않음

| 관련 판례 | **공소장변경을 요하는 경우**

상습특수협박죄는 특수협박죄보다 가중하여 처벌하도록 규정되어 있으므로, 특별한 사정이 없는 한 불고불리의 원칙상 법원이 특수협박죄로 공소가 제기된 범죄사실을 공소장변경 없이 상습특수협박죄로 처벌할 수 없다(대판 2016도11880).

| 관련 판례 | **공소장변경을 요하지 않는 경우**

특수절도죄로 공소제기한 사실을 법원이 검사의 공소장변경절차없이 절도죄로 인정하더라도 공소원인 사실의 동일성에 변경이 없으므로 위법이라 할 수 없다(대판 73도1256).

ⓜ **축소사실의 인정** : 구성요건이 달라지는 경우 축소사실을 인정하는 경우 대(大)는 소(小)를 포함한다는 이론에 의하면 공소장변경이 필요없음. 축소사실의 인정은 의무가 아니라 법원의 재량이라는 것과 법원의 의무라는 판례가 있음

| 관련 판례 | **법원의 재량**

피고인과 갑이 공동하여 피해자에게 폭행을 가하여 동인을 사망케 하였다고 상해치사죄로 공소가 제기된 사건에서 피해자의 사망은 갑의 폭행으로 인한 것이며 피고인이 폭행한 사실은

SEMI-NOTE

관련 판례
피고인의 방어권 행사에 실질적인 불이익을 초래할 염려가 없는 경우에는 공소사실과 기본적 사실이 동일한 범위 내에서 법원이 공소장변경절차를 거치지 아니하고 다르게 사실을 인정하더라도 불고불리 원칙에 위배되지 아니한다(대판 2011도1651).

인정되나 사망과는 관련이 없고 갑의 범행에 공동가공한 바도 없는 경우 공소장변경절차가 없었다면 피고인에게 상해죄 또는 폭행죄를 인정하지 아니하였다 하여 위법하다 할 수 없다(대판 90도1090).

관련 판례 | 법원의 의무

"야간에 흉기를 휴대하여 형법 제319조(주거침입 퇴거불응)의 죄를 범한 자"라고 하여 폭력행위등처벌에관한법률 제3조 제2항, 제1항, 제2조 제1항, 형법 제319조 제1항 위반으로 공소를 제기한 공소사실 중에는 형법 제319조 제1항의 주거침입죄의 공소사실도 포함되어 있는 것이라고 보아야 할 것이고, 이 경우 법원이 주거침입의 사실을 인정하더라도 피고인의 방어에 실질적 불이익을 초래할 염려는 없는 것이므로 흉기휴대사실이 인정되지 아니할 때에는 법원은 공소장 변경절차없이도 형법 제319조 제1항 위반의 공소사실에 관하여 심리, 판단하여야 할 것이다(대판 90도401).

⑤ 검사신청에 의한 공소장변경
  ㉠ 신청의 주체와 방식 : 공소장변경은 검사의 신청에 의하고 피고인은 공소장변경을 신청할 수 없다. 검사가 공소장에 기재한 공소사실 또는 적용법조의 추가, 철회 또는 변경을 하고자 하는 때에는 그 취지를 기재한 공소장변경허가신청서를 법원에 제출하여야 한다(규칙 제142조 제1항).
  ㉡ 신청시기 : 공소장변경은 법원의 공판심리 종결 전에 하여야 함
  ㉢ 법원의 허가 : 법원은 공소사실의 동일성을 해하지 아니하는 한도에서 허가하여야 한다(법 제298조 제1항 후단).

관련 판례 | 공소장변경 의무적 허가

형사소송법 제298조 제1항의 규정에 의하면, '검사는 법원의 허가를 얻어 공소장에 기재한 공소사실 또는 적용법조의 추가 · 철회 또는 변경을 할 수 있고', '법원은 공소사실의 동일성을 해하지 아니하는 한도에서 이를 허가하여야 한다'고 되어 있으므로, 위 규정의 취지는 검사의 공소장 변경신청이 공소사실의 동일성을 해하지 아니하는 한 법원은 이를 허가하여야 한다는 뜻으로 해석하여야 할 것이다(대판 98도1438).

  ㉣ 피고인에 대한 고지 : 법원은 공소사실 또는 적용법조의 추가, 철회 또는 변경이 있을 때에는 그 사유를 신속히 피고인 또는 변호인에게 고지하여야 한다(법 제298조 제3항).

관련 판례 | 공소장변경허가신청서 불송달의 효과

원심의 공판절차에서는 공소장변경 허가 직후 검사가 공소장변경 요지를 진술하였을 뿐 공소장변경허가신청서를 송달받지 못해 그 내용을 자세히 파악하고 있는지 의문스러운 피고인에게는 그 변경허가에 관하여 의견을 진술할 기회도 부여되지 않았으며, 추가된 공소사실을 피고인이 인정하는지 여부 기타 아무 심리도 없이 변론이 종결된 상태에서 바로 피고인에게 불리한 판결이 선고되고 말았으니 이로 인해 피고인의 방어권은 본질적으로 침해되었다고 볼 것이고, 따라서 원심판결에는 소송절차가 법령에 위반되어 판결에 영향을 미친 위법이 있다 할 것이다(대판 2009도1830).

[SEMI-NOTE]

공소장의 변경
법원은 피고인이 재정하는 공판정에서는 피고인에게 이익이 되거나 피고인이 동의하는 경우 구술에 의한 공소장변경을 허가할 수 있다(규칙 제142조 제5항).

관련 판례
공소장의 변경은 그 변경사유가 변론종결 이후에 발생하는 등 특별한 사정이 없는 한 법원에서 공판의 심리를 종결하기 전에 한 신청에 한하여 공소사실의 동일성을 해하지 아니하는 한도에서 허가하여야 하는 것이지, 법원이 적법하게 공판의 심리를 종결한 뒤에 이르러 검사가 공소장변경허가신청을 한 경우에는 반드시 공판의 심리를 재개하여 공소장변경을 허가하여야 하는 것은 아니다(대판 2007도6553).

⑤ 공소장변경 허가 후의 절차 : 공소장의 변경이 허가된 때에는 검사는 공판기일에 공소장변경허가신청서에 의하여 변경된 공소사실·죄명 및 적용법조를 낭독하여야 한다. 재판장은 필요하다고 인정하는 때에는 공소장변경의 요지를 진술하게 할 수 있다(규칙 제142조 제4항).

> **관련 판례** 공소장변경허가의 취소
>
> 공소사실의 동일성이 인정되지 않는 등의 사유로 공소장변경허가결정에 위법사유가 있는 경우에는 공소장변경허가를 한 법원이 스스로 이를 취소할 수 있다(대판 2001도116).

⑥ 법원의 공소장변경 요구
  ㉠ 의의 : 법원은 심리의 경과에 비추어 상당하다고 인정할 때에는 공소사실 또는 적용법조의 추가 또는 변경을 요구하여야 한다(법 제298조 제2항).
  ㉡ 제도의 취지 : 국가형벌권의 적정한 실현을 위하여 인정하는 제도로 법원은 공소사실 또는 적용법조의 추가 또는 변경만을 요구할 수 있는 제도
  ㉢ 공소장변경 요구의 의무성 : 법원은 검사가 제기한 공소사실의 범위 안에서 판결을 하면 족하므로 공소장변경을 요구할 의무는 없다는 것이 판례의 입장
  ㉣ 공소장변경요구의 구속력 : 법원이 검사에게 공소장변경을 요구하였으나 검사가 불응하는 경우 공소장변경의 효력은 발생하지 않음

⑦ 상소심에서 공소장변경
  ㉠ 항소심 : 항소심은 속심이므로 항소심에서도 공소장변경이 인정된다는 것이 판례의 입장

> **관련 판례** 항소심에서 공소장변경
>
> 법원이 종결된 변론을 재개하여 다시 공판심리를 하게 된 경우에도 검사는 적법하게 공소장변경 신청을 할 수 있고 항소심 절차에서도 이를 할 수 있으며 법원은 필요한 경우 직권으로 증거조사를 할 수 있다고 할 것이므로, 항소심법원이 변론기일에 변론을 종결하였다가 그 후 변론을 재개하여 심리를 속행한 다음 직권으로 증인을 심문한 뒤 검사의 공소장변경 신청을 허가하였다고 하더라도 이와 같은 항소심의 조처는 형사소송법의 절차나 규정에 위반하였다고 볼 수 없다(대판 94도1520).

  ㉡ 상고심 : 상고심은 법률심이고 사후심이므로 원칙적으로 공소장변경이 허용되지 않으나 파기환송 또는 파기이송의 경우 허용

⑧ 기타 절차에서 공소장변경
  ㉠ 재심심판절차 : 재심절차에서는 제한적으로 허용된다는 설과 전면 허용된다는 설이 대립
  ㉡ 간이공판절차 : 통상의 공판절차와 동일하므로 당연히 인정
  ㉢ 약식명령절차 : 공판절차가 아니므로 인정되지 않음

3. 공판준비절차

(1) 공판준비절차의 의의

SEMI-NOTE

공소장의 변경
법원은 공소사실 또는 적용법조의 추가, 철회 또는 변경이 피고인의 불이익을 증가할 염려가 있다고 인정한 때에는 직권 또는 피고인이나 변호인의 청구에 의하여 피고인으로 하여금 필요한 방어의 준비를 하게 하기 위하여 결정으로 필요한 기간 공판절차를 정지할 수 있다(법 제298조 제4항).

관련 판례
법원이 검사에게 공소장 변경을 요구할 것인지 여부는 재량에 속하는 것이므로, 법원이 검사에게 공소장의 변경을 요구하지 아니하였다고 하여 위법하다고 할 수 없다(대판 2010도5994).

공판준비절차란 공판기일에 있어서의 심리를 충분히 능률적으로 행하기 위한 준비로서, 수소법원에 의하여 행하여지는 절차를 말함

(2) 공판준비절차의 내용

① **공소장부본의 송달** : 법원은 공소의 제기가 있는 때에는 지체없이 공소장의 부본을 피고인 또는 변호인에게 송달하여야 한다. 단, 제1회 공판기일 전 5일까지 송달하여야 한다(법 제266조).

② **의견서의 제출**(법 제266조의2)
  ㉠ 피고인 또는 변호인은 공소장 부본을 송달받은 날부터 7일 이내에 공소사실에 대한 인정 여부, 공판준비절차에 관한 의견 등을 기재한 의견서를 법원에 제출하여야 한다. 다만, 피고인이 진술을 거부하는 경우에는 그 취지를 기재한 의견서를 제출할 수 있다.
  ㉡ 법원은 의견서가 제출된 때에는 이를 검사에게 송부하여야 한다.

③ **공소제기 후 검사가 보관하고 있는 서류 등의 열람 · 등사** : 피고인 또는 변호인은 검사에게 공소제기된 사건에 관한 서류 또는 물건의 목록과 공소사실의 인정 또는 양형에 영향을 미칠 수 있는 서류등의 열람 · 등사 또는 서면의 교부를 신청할 수 있다. 다만, 피고인에게 변호인이 있는 경우에는 피고인은 열람만을 신청할 수 있다(법 제266조의3 제1항).

④ **협의의 공판준비절차**
  ㉠ 재판장은 효율적이고 집중적인 심리를 위하여 사건을 공판준비절차에 부칠 수 있다(법 제266조의5 제1항). 공판준비절차는 주장 및 입증계획 등을 서면으로 준비하게 하거나 공판준비기일을 열어 진행한다(법 제266조의5 제2항).
  ㉡ **공판준비를 위한 서면의 제출** : 검사, 피고인 또는 변호인은 법률상 · 사실상 주장의 요지 및 입증취지 등이 기재된 서면을 법원에 제출할 수 있다(법 제266조의6 제1항). 재판장은 검사, 피고인 또는 변호인에 대하여 서면의 제출을 명할 수 있다(법 제266조의6 제2항).
  ㉢ **공판준비기일**(법 제266조의7) ★ 빈출개념
    • 법원은 검사, 피고인 또는 변호인의 의견을 들어 공판준비기일을 지정할 수 있다.
    • 검사, 피고인 또는 변호인은 법원에 대하여 공판준비기일의 지정을 신청할 수 있다. 이 경우 당해 신청에 관한 법원의 결정에 대하여는 불복할 수 없다.
    • 법원은 합의부원으로 하여금 공판준비기일을 진행하게 할 수 있다. 이 경우 수명법관은 공판준비기일에 관하여 법원 또는 재판장과 동일한 권한이 있다.
    • 공판준비기일은 공개한다. 다만, 공개하면 절차의 진행이 방해될 우려가 있는 때에는 공개하지 아니할 수 있다.
  ㉣ **공판준비에 관한 사항** : 법원은 공판준비절차에서 다음 행위를 할 수 있다(법 제266조의9 제1항).
    • 공소사실 또는 적용법조를 명확하게 하는 행위
    • 공소사실 또는 적용법조의 추가 · 철회 또는 변경을 허가하는 행위
    • 공소사실과 관련하여 주장할 내용을 명확히 하여 사건의 쟁점을 정리하는

SEMI-NOTE

열람 · 등사 또는 서면의 교부를 신청할 수 있는 서류 등(법 제266조의3 제1항)
• 검사가 증거로 신청할 서류등
• 검사가 증인으로 신청할 사람의 성명 · 사건과의 관계 등을 기재한 서면 또는 그 사람이 공판기일 전에 행한 진술을 기재한 서류등
• 위의 서면 또는 서류등의 증명력과 관련된 서류등
• 피고인 또는 변호인이 행한 법률상 · 사실상 주장과 관련된 서류등

행위
- 계산이 어렵거나 그 밖에 복잡한 내용에 관하여 설명하도록 하는 행위
- 증거신청을 하도록 하는 행위
- 신청된 증거와 관련하여 입증 취지 및 내용 등을 명확하게 하는 행위
- 증거신청에 관한 의견을 확인하는 행위
- 증거 채부(採否)의 결정을 하는 행위
- 증거조사의 순서 및 방법을 정하는 행위
- 서류등의 열람 또는 등사와 관련된 신청의 당부를 결정하는 행위
- 공판기일을 지정 또는 변경하는 행위
- 그 밖에 공판절차의 진행에 필요한 사항을 정하는 행위

ⓜ **공판준비기일 결과의 확인** : 법원은 공판준비기일을 종료하는 때에는 검사, 피고인 또는 변호인에게 쟁점 및 증거에 관한 정리결과를 고지하고, 이에 대한 이의의 유무를 확인하여야 한다(법 제266조의10 제1항).

ⓗ **공판준비절차의 종결사유** : 법원은 다음의 어느 하나에 해당하는 사유가 있는 때에는 공판준비절차를 종결하여야 한다. 다만, 사건을 공판준비절차에 부친 뒤 3개월이 지난 때 또는 검사·변호인 또는 소환받은 피고인이 출석하지 아니한 때에 해당하는 경우로서 공판의 준비를 계속하여야 할 상당한 이유가 있는 때에는 그러하지 아니하다(법 제266조의12 제1항).
- 쟁점 및 증거의 정리가 완료된 때
- 사건을 공판준비절차에 부친 뒤 3개월이 지난 때
- 검사·변호인 또는 소환받은 피고인이 출석하지 아니한 때

ⓢ **공판준비기일 종결의 효과** : 공판준비기일에서 신청하지 못한 증거는 다음의 어느 하나에 해당하는 경우에 한하여 공판기일에 신청할 수 있다(법 제266조의13 제1항).
- 그 신청으로 인하여 소송을 현저히 지연시키지 아니하는 때
- 중대한 과실 없이 공판준비기일에 제출하지 못하는 등 부득이한 사유를 소명한 때

ⓞ **기일간 공판준비절차** : 법원은 쟁점 및 증거의 정리를 위하여 필요한 경우에는 제1회 공판기일 후에도 사건을 공판준비절차에 부칠 수 있다. 이 경우 기일전 공판준비절차에 관한 규정을 준용한다(법 제266조의15).

⑤ **공판기일의 지정과 변경**
ⓐ **공판기일의 지정** : 재판장은 공판기일을 정하여야 한다(법 제267조 제1항).
ⓑ **제1회 공판기일의 유예기간** : 제1회 공판기일은 소환장의 송달 후 5일 이상의 유예기간을 두어야 한다(법 제269조 제1항).
ⓒ **공판기일의 변경** : 재판장은 직권 또는 검사, 피고인이나 변호인의 신청에 의하여 공판기일을 변경할 수 있다(법 제270조 제1항).

⑥ **피고인의 소환과 통지**
ⓐ 공판기일에는 피고인, 대표자 또는 대리인을 소환하여야 한다(법 제267조 제2항).

SEMI-NOTE

공판준비기일 결과의 확인
법원은 쟁점 및 증거에 관한 정리결과를 공판준비기일조서에 기재하여야 한다(법 제266조의10 제2항).

공판기일의 변경
공판기일 변경신청을 기각한 명령은 송달하지 아니한다(법 제270조 제2항).

> **SEMI-NOTE**

> **관련 판례**
> 피고인에 대한 공판기일 소환은 형사소송법이 정한 소환장의 송달 또는 이와 동일한 효력이 있는 방법에 의하여야 하고, 그 밖의 방법에 의한 사실상의 기일의 고지 또는 통지 등은 적법한 피고인 소환이라고 할 수 없다(대판 2018도13377).

> **관련 판례**
> 검찰청이 보관하고 있는 불기소처분기록에 포함된 불기소결정서는 형사피의자에 대한 수사의 종결을 위한 검사의 처분 결과와 이유를 기재한 서류로서, 작성 목적이나 성격 등에 비추어 이는 수사기관 내부의 의사결정과정 또는 검토과정에 있는 사항에 관한 문서도 아니고, 그 공개로써 수사에 관한 직무의 수행을 현저하게 곤란하게 하는 것도 아니므로, 달리 특별한 사정이 없는 한 변호인의 열람·지정에 의한 공개의 대상이 된다(대판 2012도1284).

> **관련 판례**
> 검사가 공판기일의 통지를 받고 2회나 출석하지 아니하여 검사의 출석 없이 개정하였다고 하여 위법하다 할 수 없고 동 공판에서 다음 기일을 고지한 이상 그 명령을 받은 소송관계인 전원에 대하여 효력이 있다 할 것이다(대판 66도1710).

  ㉡ 피고인을 소환하려면 소환장을 발부하여야 하고 이를 송달하여야 함
  ㉢ 소환장송달의 의제 : 법원의 구내에 있는 피고인에 대하여 공판기일을 통지한 때에는 소환장송달의 효력이 있다(법 제268조).
  ㉣ 공판기일의 통지 : 공판기일은 검사, 변호인과 보조인에게 통지하여야 한다(법 제267조 제3항).
  ㉤ 불출석사유, 자료의 제출 : 공판기일에 소환 또는 통지서를 받은 자가 질병 기타의 사유로 출석하지 못할 때에는 의사의 진단서 기타의 자료를 제출하여야 한다(법 제271조).
⑦ 공판기일 전의 증거제출과 증거조사
  ㉠ 당사자의 공판기일 전의 증거제출 : 검사, 피고인 또는 변호인은 공판기일 전에 서류나 물건을 증거로 법원에 제출할 수 있다(법 제274조).
  ㉡ 공판기일 전의 증거조사(법 제273조)
    • 법원은 검사, 피고인 또는 변호인의 신청에 의하여 공판준비에 필요하다고 인정한 때에는 공판기일 전에 피고인 또는 증인을 신문할 수 있고 검증, 감정 또는 번역을 명할 수 있다.
    • 재판장은 부원으로 하여금 전항의 행위를 하게 할 수 있다.
    • 신청을 기각함에는 결정으로 하여야 한다.
⑧ 공무소 등에 대한 조회(법 272조)
  ㉠ 법원은 직권 또는 검사, 피고인이나 변호인의 신청에 의하여 공무소 또는 공사단체에 조회하여 필요한 사항의 보고 또는 그 보관서류의 송부를 요구할 수 있다.
  ㉡ 신청을 기각함에는 결정으로 하여야 한다.

4. 공판정의 구성과 심리

(1) 공판정의 구성(법 제275조)

① 공판기일에는 공판정에서 심리한다.
② 공판정은 판사와 검사, 법원사무관등이 출석하여 개정한다.
③ 검사의 좌석과 피고인 및 변호인의 좌석은 대등하며, 법대의 좌우측에 마주 보고 위치하고, 증인의 좌석은 법대의 정면에 위치한다. 다만, 피고인신문을 하는 때에는 피고인은 증인석에 좌석한다.

(2) 소송주체의 출석

① 판사의 출석 : 공판기일에 판사가 출석하여야 심리를 진행할 수 있으므로 사건의 심리에 관여하지 아니한 판사가 그 사건의 판결에 관여한 때에는 항소의 이유가 된다(법 제361조의5 제8호).
② 검사의 출석 ★ 빈출개념
  ㉠ 공판정은 판사와 검사, 법원사무관등이 출석하여 개정한다(법 제275조 제2항).
  ㉡ 검사의 불출석 : 검사가 공판기일의 통지를 2회 이상받고 출석하지 아니하거나 판결만을 선고하는 때에는 검사의 출석 없이 개정할 수 있다(법 제278조).

관련 판례 검사 출석 없는 개정

판결 선고기일에는 검사의 출석 없이 개정할 수 있으므로(형사소송법 제278조), 검사에게 선고기일 통지를 하지 아니하였다고 판결에 영향을 미친 절차법규의 위반이 있다고 보기 어렵다(대판 2008도3435).

③ 피고인의 출석
  ㉠ 피고인의 출석권 : 피고인이 공판기일에 출석하지 아니한 때에는 특별한 규정이 없으면 개정하지 못한다. 단, 피고인이 법인인 경우에는 대리인을 출석하게 할 수 있다(법 제276조).
  ㉡ 피고인의 재정의무, 법정경찰권(법 제281조)
    • 피고인은 재판장의 허가없이 퇴정하지 못한다.
    • 재판장은 피고인의 퇴정을 제지하거나 법정의 질서를 유지하기 위하여 필요한 처분을 할 수 있다.
  ㉢ 예외
    • 피고인이 의사무능력자인 경우 : 범죄사건에 관하여 피고인 또는 피의자가 의사능력이 없는 때에는 그 법정대리인이 소송행위를 대리하므로(법 제26조) 법정대리인이나 특별대리인의 출석 요함
    • 피고인이 법인인 경우 : 피고인 또는 피의자가 법인인 때에는 그 대표자가 소송행위를 대표한다(법 제27조 제1항). 피고인이 법인인 경우에는 대리인을 출석하게 할 수 있다(법 제276조 단서).
    • 경미사건 등과 피고인의 불출석 : 다음의 어느 하나에 해당하는 사건에 관하여는 피고인의 출석을 요하지 아니한다. 이 경우 피고인은 대리인을 출석하게 할 수 있다(법 제277조).
      – 다액 500만원 이하의 벌금 또는 과료에 해당하는 사건
      – 공소기각 또는 면소의 재판을 할 것이 명백한 사건
      – 장기 3년 이하의 징역 또는 금고, 다액 500만원을 초과하는 벌금 또는 구류에 해당하는 사건에서 피고인의 불출석허가신청이 있고 법원이 피고인의 불출석이 그의 권리를 보호함에 지장이 없다고 인정하여 이를 허가한 사건. 다만, 인증신문에 따른 절차를 진행하거나 판결을 선고하는 공판기일에는 출석하여야 함
      – 피고인만이 정식재판의 청구를 하여 판결을 선고하는 사건
    • 즉결심판절차상 불출석 : 벌금 또는 과료를 선고하는 경우에는 피고인이 출석하지 아니하더라도 심판할 수 있다(즉결심판에 관한 절차법 제8조의2 제1항).
    • 무죄, 면소, 형의 면제 또는 공소기각의 재판을 할 것으로 명백한 때 : 피고사건에 대하여 무죄, 면소, 형의 면제 또는 공소기각의 재판을 할 것으로 명백한 때에는 피고인의 출정없이 재판할 수 있다(법 제306조 제4항).
    • 피고인의 진술없이 하는 판결 : 피고인이 진술하지 아니하거나 재판장의 허가없이 퇴정하거나 재판장의 질서유지를 위한 퇴정명령을 받은 때에는

SEMI-NOTE

관련 판례

필요적 변호사건이라 하여도 피고인이 재판거부의 의사를 표시하고 재판장의 허가 없이 퇴정하고 변호인마저 이에 동조하여 퇴정해 버린 것은 모두 피고인측의 방어권의 남용 내지 변호권의 포기로 볼 수밖에 없는 것이므로 수소법원으로서는 형사소송법 제330조에 의하여 피고인이나 변호인의 재정 없이도 심리판결 할 수 있다(대판 91도865).

SEMI-NOTE

피고인의 출석거부와 공판절차
피고인이 출석을 거부하는 경우 공판절차를 진행할 경우에는 출석한 검사 및 변호인의 의견을 들어야 한다(법 제277조의2 제2항).

관련 판례
피고인이 항소심 공판기일에 출정하지 아니한 때에는 다시 기일을 정하고 피고인이 정당한 사유 없이 다시 정한 기일에도 출정하지 아니한 때에는 피고인의 진술 없이 판결할 수 있도록 되어 있으나, 이는 피고인의 해태에 의하여 본안에 대한 변론권을 포기한 것으로 보는 일종의 제재적 규정이므로 그 2회 불출석의 책임을 피고인에게 귀속시키려면 그가 2회에 걸쳐 적법한 공판기일소환장을 받고서 정당한 사유 없이 출정하지 아니함을 필요로 한다(대판 2010도16538).

피고인의 진술없이 판결할 수 있다(법 제330조).
- **피고인의 출석거부와 공판절차**: 피고인이 출석하지 아니하면 개정하지 못하는 경우에 구속된 피고인이 정당한 사유없이 출석을 거부하고, 교도관에 의한 인치가 불가능하거나 현저히 곤란하다고 인정되는 때에는 피고인의 출석 없이 공판절차를 진행할 수 있다(법 제277조의2 제1항). ★빈출개념

> **관련 판례** 피고인의 출석 없이 공판절차를 진행하기 위한 요건
>
> 형사소송법 제277조의2의 규정에 의하여 피고인의 출석 없이 공판절차를 진행하기 위해서는 단지 구속된 피고인이 정당한 사유 없이 출석을 거부하였다는 것만으로는 부족하고 더 나아가 교도관리에 의한 인치가 불가능하거나 현저히 곤란하다고 인정되어야 하는 것이므로, 구속된 피고인이 출석하지 않는 경우에 법원이 위 조문에 따라 피고인의 출석 없이 공판절차를 진행하기 위해서는 피고인의 출석거부사유가 정당한 것인지 여부뿐만 아니라 교도관에 의한 인치가 불가능하거나 현저히 곤란하였는지 여부 등 위 조문에 규정된 사유가 존재하는가의 여부를 조사하여야 한다(대판 2001도114).

- 피고인의 출정(법 제365조)
  - 피고인이 공판기일에 출정하지 아니한 때에는 다시 기일을 정하여야 한다.
  - 피고인이 정당한 사유없이 다시 정한 기일에 출정하지 아니한 때에는 피고인의 진술없이 판결을 할 수 있다.
- 상고심의 공판기일에는 피고인의 소환을 요하지 아니한다(법 제389조의2).
- 소송촉진특례법상 제1심 공판의 특례: 제1심 공판절차에서 피고인에 대한 송달불능보고서가 접수된 때부터 6개월이 지나도록 피고인의 소재를 확인할 수 없는 경우에는 대법원규칙으로 정하는 바에 따라 피고인의 진술 없이 재판할 수 있다(소송촉진 등에 관한 특례법 제23조).
- 피치료감호청구인의 불출석: 법원은 피치료감호청구인 심신장애로 공판기일에의 출석이 불가능한 경우에는 피치료감호청구인의 출석 없이 개정할 수 있다(치료감호 등에 관한 법률 제9조).

④ 변호인의 출석
  ㉠ 변호인은 소송의 주체가 아니므로 개정요건이 아님.
  ㉡ 필요적 변호사건에 관하여는 변호인 없이 개정하지 못한다. 단, 판결만을 선고할 경우에는 예외로 한다(법 제282조). 필요적 변호사건에 변호인이 출석하지 아니한 때에는 법원은 직권으로 변호인을 선정하여야 한다(법 제283조).

(3) 전문심리위원

① 전문심리위원의 참여: 법원은 소송관계를 분명하게 하거나 소송절차를 원활하게 진행하기 위하여 필요한 경우에는 직권으로 또는 검사, 피고인 또는 변호인의 신청에 의하여 결정으로 전문심리위원을 지정하여 공판준비 및 공판기일 등 소송절차에 참여하게 할 수 있다(법 제279조의2 제1항).
② 전문심리위원의 권한
  ㉠ 전문심리위원은 전문적인 지식에 의한 설명 또는 의견을 기재한 서면을 제출하거나 기일에 전문적인 지식에 의하여 설명이나 의견을 진술할 수 있다. 다

만, 재판의 합의에는 참여할 수 없다(법 제279조의2 제2항).
ⓒ 전문심리위원은 기일에 재판장의 허가를 받아 피고인 또는 변호인, 증인 또는 감정인 등 소송관계인에게 소송관계를 분명하게 하기 위하여 필요한 사항에 관하여 직접 질문할 수 있다(법 제279조의2 제3항).
ⓒ 법원은 전문심리위원이 제출한 서면이나 전문심리위원의 설명 또는 의견의 진술에 관하여 검사, 피고인 또는 변호인에게 구술 또는 서면에 의한 의견진술의 기회를 주어야 한다(법 제279조의2 제4항).
③ 전문심리위원 참여결정의 취소(법 제279조의3)
  ㉠ 법원은 상당하다고 인정하는 때에는 검사, 피고인 또는 변호인의 신청이나 직권으로 결정을 취소할 수 있다.
  ㉡ 법원은 검사와 피고인 또는 변호인이 합의하여 결정을 취소할 것을 신청한 때에는 그 결정을 취소하여야 한다.
④ 전문심리위원의 지정 등 : 전문심리위원을 소송절차에 참여시키는 경우 법원은 검사, 피고인 또는 변호인의 의견을 들어 각 사건마다 1인 이상의 전문심리위원을 지정한다(법 제279조의4 제1항).
⑤ 전문심리위원의 제척 및 기피 : 제척 또는 기피 신청이 있는 전문심리위원은 그 신청에 관한 결정이 확정될 때까지 그 신청이 있는 사건의 소송절차에 참여할 수 없다. 이 경우 전문심리위원은 해당 제척 또는 기피 신청에 대하여 의견을 진술할 수 있다(법 제279조의5 제2항).

(4) 소송지휘권

① 소송지휘권의 의의 : 소송의 주재자로서의 법원이 심리를 원만하고 신속하게 또는 완전하게 진행시키기 위하여 정황에 응한 정당한 조치를 강구하는 권능으로, 공판기일의 소송지휘는 재판장이 한다(법 제279조).
② 소송지휘권의 주요내용
  ㉠ 공판기일의 지정 : 재판장은 공판기일을 정하여야 한다(법 제267조).
  ㉡ 공판기일의 변경 : 재판장은 직권 또는 검사, 피고인이나 변호인의 신청에 의하여 공판기일을 변경할 수 있다(법 제270조 제1항).
  ㉢ 인정신문 : 재판장은 피고인의 성명, 연령, 등록기준지, 주거와 직업을 물어서 피고인임에 틀림없음을 확인하여야 한다(법 제284조).
  ㉣ 진술거부권의 고지 : 재판장은 피고인에게 진술을 거부할 수 있음을 고지하여야 한다(법 제283조의2 제2항).
  ㉤ 증인신문의 변경 : 재판장은 필요하다고 인정하면 어느 때나 신문할 수 있으며 제1항의 신문순서를 변경할 수 있다(법 제161조의2 제3항).
  ㉥ 석명권등 : 재판장은 소송관계를 명료하게 하기 위하여 검사, 피고인 또는 변호인에게 사실상과 법률상의 사항에 관하여 석명을 구하거나 입증을 촉구할 수 있다(규칙 141조 제1항).
③ 법원의 소송지휘권 : 국선변호인 신청, 증거신청에 대한 결정, 공소장변경의 요구와 허가, 증거조사에 대한 이의신청 결정, 재판장의 처분에 대한 이의신청의 결정, 공판절차의 정지 등

SEMI-NOTE

관련 판례

형사재판의 담당 법원은 전문심리위원에 관한 위 각각의 규정들을 지켜야 하고 이를 준수함에 있어서도 적법절차원칙을 특별히 강조하고 있는 헌법 제12조 제1항을 고려하여 전문심리위원과 관련된 절차 진행 등에 관한 사항을 당사자에게 적절한 방법으로 적시에 통지하여 당사자의 참여 기회가 실질적으로 보장될 수 있도록 세심한 배려를 하여야 한다(대판 2018도19051).

관련 판례

형사소송법 제279조 및 형사소송규칙 제141조 제1항에 의하면, 재판장은 소송지휘의 일환으로 검사, 피고인 또는 변호인에게 석명을 구하거나 입증을 촉구할 수 있는데, 여기에서 석명을 구한다는 것은 사건의 소송관계를 명확하게 하기 위하여 당사자에 대하여 사실상 및 법률상의 사항에 관하여 질문을 하고 그 진술 내지 주장을 보충 또는 정정할 기회를 부여하는 것을 말한다(대판 2010도14391).

(5) 법정경찰권

① 의의 : 법정의 질서를 유지하기 위하여 법원이 행하는 권력작용이다. 법정의 질서유지는 재판장이 담당하고 재판장은 법정의 존엄과 질서를 해칠 우려가 있는 사람의 입정 금지 또는 퇴정을 명할 수 있고, 그 밖에 법정의 질서유지에 필요한 명령을 할 수 있다(법원조직법 제58조).

② 법정경찰권의 주요내용
  ⑤ 법정의 질서유지 : 재판장은 법정의 존엄과 질서를 해칠 우려가 있는 사람의 입정 금지 또는 퇴정을 명할 수 있고, 그 밖에 법정의 질서유지에 필요한 명령을 할 수 있다(법원조직법 제58조 제2항).
  ⓒ 경찰공무원의 파견 요구 : 재판장은 법정에서의 질서유지를 위하여 필요하다고 인정할 때에는 개정 전후에 상관없이 관할 경찰서장에게 경찰공무원의 파견을 요구할 수 있다. 파견된 경찰공무원은 법정 내외의 질서유지에 관하여 재판장의 지휘를 받는다(법원조직법 제60조).
  ⓒ 감치 등 : 법원은 직권으로 법정 내외에서 질서유지명령 또는 녹화 등의 금지를 위반하는 행위를 하거나 폭언, 소란 등의 행위로 법원의 심리를 방해하거나 재판의 위신을 현저하게 훼손한 사람에 대하여 결정으로 20일 이내의 감치에 처하거나 100만원 이하의 과태료를 부과할 수 있다. 이 경우 감치와 과태료는 병과할 수 있다(법원조직법 제61조).
  ② 공판정에서의 신체구속의 금지 : 공판정에서는 피고인의 신체를 구속하지 못한다. 다만, 재판장은 피고인이 폭력을 행사하거나 도망할 염려가 있다고 인정하는 때에는 피고인의 신체의 구속을 명하거나 기타 필요한 조치를 할 수 있다(법 제280조).

5. 공판기일의 절차

(1) 모두절차

① 진술거부권의 고지 : 재판장은 피고인에게 제1항과 같이 진술을 거부할 수 있음을 고지하여야 하고, 피고인은 진술하지 아니하거나 개개의 질문에 대하여 진술을 거부할 수 있다(법 제283조의2).
② 인정신문 : 재판장은 피고인의 성명, 연령, 등록기준지, 주거와 직업을 물어서 피고인임에 틀림없음을 확인하여야 한다(법 제284조).
③ 검사의 모두진술 : 검사는 공소장에 의하여 공소사실 · 죄명 및 적용법조를 낭독하여야 한다. 다만, 재판장은 필요하다고 인정하는 때에는 검사에게 공소의 요지를 진술하게 할 수 있다(법 제285조). ★빈출개념
④ 피고인의 모두진술 : 피고인 및 변호인은 이익이 되는 사실 등을 진술할 수 있고, 피고인은 검사의 모두진술이 끝난 뒤에 공소사실의 인정 여부를 진술하여야 한다. 다만, 피고인이 진술거부권을 행사하는 경우에는 그러하지 아니하다(법 제286조).
⑤ 재판장의 쟁점정리 및 검사 · 변호인의 증거관계 등에 대한 진술(법 제287조)

SEMI-NOTE

재판장의 처분
재판장은 피고인의 퇴정을 제지하거나 법정의 질서를 유지하기 위하여 필요한 처분을 할 수 있음

공판기일의 절차
공판기일의 절차는 모두절차, 사실심리 절차, 판결 순으로 진행

㉠ 재판장은 피고인의 모두진술이 끝난 다음에 피고인 또는 변호인에게 쟁점의 정리를 위하여 필요한 질문을 할 수 있다.
㉡ 재판장은 증거조사를 하기에 앞서 검사 및 변호인으로 하여금 공소사실 등의 증명과 관련된 주장 및 입증계획 등을 진술하게 할 수 있다. 다만, 증거로 할 수 없거나 증거로 신청할 의사가 없는 자료에 기초하여 법원에 사건에 대한 예단 또는 편견을 발생하게 할 염려가 있는 사항은 진술할 수 없다.

(2) 사실심리절차

① 증거조사
㉠ 의의 : 법원이 피고사건의 사실인정과 양형에 관한 심증을 얻기 위해 인증, 물증, 서증 등 각종의 증거방법을 조사하여 그 내용을 알아내는 소송행위
㉡ 시기
- 증거조사 : 증거조사는 모두절차에 따른 절차가 끝난 후에 실시한다(법 제290조).
- 간이공판절차에서의 증거조사 : 간이공판절차의 결정이 있는 사건에 대하여는 법원이 상당하다고 인정하는 방법으로 증거조사를 할 수 있다(법 제297조의2).

㉢ 당사자의 신청에 의한 증거조사
- 검사, 피고인 또는 변호인은 서류나 물건을 증거로 제출할 수 있고, 증인·감정인·통역인 또는 번역인의 신문을 신청할 수 있다(법 제294조 제1항).
- 증거신청의 순서 : 증거신청은 검사가 먼저 이를 한 후 다음에 피고인 또는 변호인이 이를 한다(규칙 제133조).
- 신청의 시기 : 시기에는 제한이 없음
- 증거신청의 방식(규칙 제132조의2)
  - 검사, 피고인 또는 변호인이 증거신청을 함에 있어서는 그 증거와 증명하고자 하는 사실과의 관계를 구체적으로 명시하여야 한다.
  - 피고인의 자백을 보강하는 증거나 정상에 관한 증거는 보강증거 또는 정상에 관한 증거라는 취지를 특히 명시하여 그 조사를 신청하여야 한다.
  - 서류나 물건의 일부에 대한 증거신청을 함에 있어서는 증거로 할 부분을 특정하여 명시하여야 한다.
  - 법원은 필요하다고 인정할 때에는 증거신청을 한 자에게, 신문할 증인, 감정인, 통역인 또는 번역인의 성명, 주소, 서류나 물건의 표목 및 기재한 서면의 제출을 명할 수 있다.
- 증거결정의 절차 : 법원은 증거결정을 함에 있어서 필요하다고 인정할 때에는 그 증거에 대한 검사, 피고인 또는 변호인의 의견을 들을 수 있다(규칙 제134조 제1항).
- 증거신청에 대한 결정 : 법원은 증거신청에 대하여 결정을 하여야 하며 직권으로 증거조사를 할 수 있다(법 제295조).

당사자의 증거신청
법원은 검사, 피고인 또는 변호인이 고의로 증거를 뒤늦게 신청함으로써 공판의 완결을 지연하는 것으로 인정할 때에는 직권 또는 상대방의 신청에 따라 결정으로 이를 각하할 수 있다(법 제294조 제2항).

| SEMI-NOTE |

관련 판례 증거신청과 법원의 재량권

당사자의 증거신청을 받아들일 것인지는 법원이 재량에 따라 결정하는 것이 원칙이므로, 법원은 당사자가 신청한 증거가 적절하지 않다고 판단하거나 조사할 필요가 없다고 인정할 때에는 그 신청을 기각할 수 있다(대판 2008도763).

ⓔ 법원의 직권에 의한 증거조사 : 법원은 증거신청에 대하여 결정을 하여야 하며 직권으로 증거조사를 할 수 있다(법 제295조).
ⓜ 증거조사 방법
- 증거조사의 순서 : 법원은 검사가 신청한 증거를 조사한 후 피고인 또는 변호인이 신청한 증거를 조사한다(법 제291조의2 제1항).
- 개별조사 : 소송관계인이 증거로 제출한 서류나 물건 또는 작성 또는 송부된 서류는 검사, 변호인 또는 피고인이 공판정에서 개별적으로 지시설명하여 조사하여야 한다(법 제291조 제1항).
- 자백의 조사 시기 : 증거로 할 수 있는 피고인 또는 피고인 아닌 자의 진술을 기재한 조서 또는 서류가 피고인의 자백 진술을 내용으로 하는 경우에는 범죄사실에 관한 다른 증거를 조사한 후에 이를 조사하여야 한다(규칙 제135조).
- 증거조사 결과와 피고인의 의견 : 재판장은 피고인에게 각 증거조사의결과에 대한 의견을 묻고 권리를 보호함에 필요한 증거조사를 신청할 수 있음을 고지하여야 한다(법 제293조).

ⓗ 증거결정과 증거조사에 대한 이의신청
- 증거조사에 대한 이의신청 : 검사, 피고인 또는 변호인은 증거조사에 관하여 이의신청을 할 수 있다(법 제296조 제1항).
- 이의신청의 방식과 시기 : 이의신청은 개개의 행위, 처분 또는 결정시마다 그 이유를 간결하게 명시하여 즉시 이를 하여야 한다(규칙 제137조).
- 이의신청에 대한 결정의 방식 : 시기에 늦은 이의신청, 소송지연만을 목적으로 하는 것임이 명백한 이의신청은 결정으로 이를 기각하여야 한다. 다만, 시기에 늦은 이의신청이 중요한 사항을 대상으로 하고 있는 경우에는 시기에 늦은 것만을 이유로 하여 기각하여서는 아니된다(규칙 제139조 제1항).
- 배제결정 : 증거조사를 마친 증거가 증거능력이 없음을 이유로 한 이의신청을 이유있다고 인정할 경우에는 그 증거의 전부 또는 일부를 배제한다는 취지의 결정을 하여야 한다(규칙 제139조 제4항).
- 중복된 이의신청의 금지 : 이의신청에 대한 결정에 의하여 판단이 된 사항에 대하여는 다시 이의신청을 할 수 없다(규칙 제140조).

② 피고인신문
㉠ 의의 : 피고인에 대하여 공소사실과 그 정상에 관한 필요한 사항을 신문하는 절차
㉡ 피고인신문의 시기와 방법
- 시기 : 검사 또는 변호인은 증거조사 종료 후에 순차로 피고인에게 공소사

관련 판례

증인은 법원이 직권에 의하여 신문할 수도 있고 증거의 채부는 법원의 직권에 속하는 것이므로 피고인이 철회한 증인을 법원이 직권신문하고 이를 채증하더라도 위법이 아니다(대판 82도3216).

관련 판례

본래 증거물이지만 증거서류의 성질도 가지고 있는 이른바 '증거물인 서면'을 조사하기 위해서는 증거서류의 조사방식인 낭독·내용고지 또는 열람의 절차와 증거물의 조사방식인 제시의 절차가 함께 이루어져야 하므로, 원칙적으로 증거신청인으로 하여금 그 서면을 제시하면서 낭독하게 하거나 이에 갈음하여 그 내용을 고지 또는 열람하도록 하여야 한다(대판 2013도2511).

실 및 정상에 관하여 필요한 사항을 신문할 수 있다(법 제296조의2 제1항).
- 피고인신문의 방법 : 피고인을 신문함에 있어서 그 진술을 강요하거나 답변을 유도하거나 그 밖에 위압적·모욕적 신문을 하여서는 아니 된다(규칙 제140조의2).

> **관련 판례** 변호인의 피고인신문권
>
> 재판장은 변호인이 피고인을 신문하겠다는 의사를 표시한 때에는 피고인을 신문할 수 있도록 조치하여야 하고, 변호인이 피고인을 신문하겠다는 의사를 표시하였음에도 변호인에게 일체의 피고인신문을 허용하지 않은 것은 변호인의 피고인신문권에 관한 본질적 권리를 해하는 것으로서 소송절차의 법령위반에 해당한다(대판 2020도10778).

ⓒ 피고인신문의 순서(법 제296조의2)
- 검사 또는 변호인은 증거조사 종료 후에 순차로 피고인에게 공소사실 및 정상에 관하여 필요한 사항을 신문할 수 있다. 다만, 재판장은 필요하다고 인정하는 때에는 증거조사가 완료되기 전이라도 이를 허가할 수 있다.
- 재판장은 필요하다고 인정하는 때에는 피고인을 신문할 수 있다.

ⓔ 장애인 등 특별히 보호를 요하는 자에 대한 특칙 : 재판장 또는 법관은 피고인을 신문하는 경우 다음의 어느 하나에 해당하는 때에는 직권 또는 피고인·법정대리인·검사의 신청에 따라 피고인과 신뢰관계에 있는 자를 동석하게 할 수 있다(법 제276조의2 제1항).
- 피고인이 신체적 또는 정신적 장애로 사물을 변별하거나 의사를 결정·전달할 능력이 미약한 경우
- 피고인의 연령·성별·국적 등의 사정을 고려하여 그 심리적 안정의 도모와 원활한 의사소통을 위하여 필요한 경우

③ 최후변론
㉠ 증거조사 후의 검사의 의견진술 : 피고인 신문과 증거조사가 종료한 때에는 검사는 사실과 법률적용에 관하여 의견을 진술하여야 한다. 단, 검사의 불출석의 경우에는 공소장의 기재사항에 의하여 검사의 의견진술이 있는 것으로 간주한다(법 제302조).

> **관련 판례** 검사의 의견진술에 구속여부
>
> 검사의 구형은 양형에 관한 의견진술에 불과하고 법원이 그 의견에 구속되는 것은 아니므로 피고인에 대한 형을 정함에 있어 검사의 구형에 포함되지 아니한 벌금형을 병과하였다 하여 위법이 될 수 없다(대판 83도1789).

㉡ 피고인의 최후진술 : 재판장은 검사의 의견을 들은 후 피고인과 변호인에게 최종의 의견을 진술할 기회를 주어야 한다(법 제303조).
㉢ 변론시간의 제한 : 재판장은 필요하다고 인정하는 경우 검사, 피고인 또는 변호인의 본질적인 권리를 해치지 아니하는 범위내에서 검사 및 피고인의 최후진술권에 의한 의견진술의 시간을 제한할 수 있다(규칙 제145조).

SEMI-NOTE

증인신문의 방식, 피고인신문
증인(피고인)은 신청한 검사, 변호인 또는 피고인이 먼저 이를 신문하고 다음에 다른 검사, 변호인 또는 피고인이 신문한다. 재판장은 신문이 끝난 뒤에 신문할 수 있다(법 제161조의2, 제296조의2 제3항).

논고와 구형
검사의 진술을 논고라 하고 양형에 대한 진술은 구형이라 함

관련 판례
피고인과 변호인에게 최종의견 진술의 기회를 주지 않은 채 심리를 마치고 선고한 판결은 위법이다(대판 75도1010).

(3) 공판기일 외 주장 등의 금지(규칙 제177조의2)

① 소송관계인은 기일 외에서 구술, 전화, 휴대전화 문자전송, 그 밖에 이와 유사한 방법으로 신체구속, 공소사실 또는 양형에 관하여 법률상·사실상 주장을 하는 등 법령이나 재판장의 지휘에 어긋나는 절차와 방식으로 소송행위를 하여서는 아니 된다.
② 재판장은 어긴 소송관계인에게 주의를 촉구하고 기일에서 그 위반사실을 알릴 수 있다.

(4) 판결

① 재판의 선고, 고지의 방식 : 재판의 선고 또는 고지는 공판정에서는 재판서에 의하여야 하고 기타의 경우에는 재판서등본의 송달 또는 다른 적당한 방법으로 하여야 한다. 단, 법률에 다른 규정이 있는 때에는 예외로 한다(법 제42조).
② 재판의 선고 또는 고지 : 재판의 선고 또는 고지는 재판장이 한다. 판결을 선고함에는 주문을 낭독하고 이유의 요지를 설명하여야 한다(법 제43조).

6. 증거조사

(1) 증인신문

① 증인신문과 증인
  ㉠ 증인신문 : 요증사실과 관련하여 증인의 경험을 내용하는 진술을 얻는 증거조사방법
  ㉡ 증인 : 자신이 과거에 체험한 사실을 법원 또는 법관에게 진술하는 제3자
② 증인거부권, 증인적격, 증언능력
  ㉠ 증인거부권 : 공무원 또는 공무원이었던 자가 그 직무에 관하여 알게 된 사실에 관하여 본인 또는 당해 공무소가 직무상 비밀에 속한 사항임을 신고한 때에는 그 소속공무소 또는 감독관공서의 승낙 없이는 증인으로 신문하지 못한다. 그 소속공무소 또는 당해 감독관공서는 국가에 중대한 이익을 해하는 경우를 제외하고는 승낙을 거부하지 못한다(법 제147조).
  ㉡ 증인적격 : 증인으로 선서하고 진술할 수 있는 자격으로 법원은 법률에 다른 규정이 없으면 누구든지 증인으로 신문할 수 있다(법 제146조). 법관은 자신이 담당하는 사건에 관하여 증인적격이 없음. 또한 검사, 피고인, 변호인, 공범인 공동피고인 또한 증인적격 부정

> **관련 판례** 수사관 증인적격
>
> 형사소송법 제146조는 "법원은 법률에 다른 규정이 없으면 누구든지 증인으로 신문할 수 있다."라고 규정하고 있으므로, 원심이 당해 사건의 수사경찰관을 증인으로 신문한 것이 증거재판주의나 증인의 자격에 관한 법리를 오해하였다거나 헌법위반의 위법이 있다고 할 수 없다(대판 2000도2933).

SEMI-NOTE

증인의 자격
법원은 법률에 다른 규정이 없으면 누구든지 증인으로 신문할 수 있다(법 제146조).

> **관련 판례** 공범 아닌 공동피고인의 증인적격
>
> 피고인과는 별개의 범죄사실로 기소되고 다만 병합심리된 것 뿐인 공동피고인은 피고인에 대한 관계에서는 증인의 지위에 있음에 불과하므로 선서없이 한 그 공동피고인의 피고인으로서 한 공판정에서의 진술을 피고인에 대한 공소범죄 사실을 인정하는 증거로 쓸 수 없다(대판 78도1031).

   ㉢ **증언능력** : 증인이 자신이 과거에 경험한 사실을 기억에 따라 진술할 수 있는 정신능력
③ **증인의 의무** : 증인은 출석, 선서, 증언의무 부담
   ㉠ **출석의무**
   - **증인의 소환** : 법원은 소환장의 송달, 전화, 전자우편, 그 밖의 상당한 방법으로 증인을 소환한다. 증인을 신청한 자는 증인이 출석하도록 합리적인 노력을 할 의무가 있다(법 제150조의2).
   - **증인이 출석하지 아니한 경우의 과태료 등** : 법원은 소환장을 송달받은 증인이 정당한 사유 없이 출석하지 아니한 때에는 결정으로 당해 불출석으로 인한 소송비용을 증인이 부담하도록 명하고, 500만원 이하의 과태료를 부과할 수 있다(법 제151조 제1항).
   - **소환불응과 구인** : 정당한 사유없이 소환에 응하지 아니하는 증인은 구인할 수 있다(법 제152조).

> **관련 판례** 증거능력을 갖추기 위한 요건
>
> 조사자의 증언에 증거능력이 인정되기 위해서는 원진술자가 사망, 질병, 외국거주, 소재불명, 그 밖에 이에 준하는 사유로 인하여 진술할 수 없어야 하는 것이라서, 원진술자가 법정에 출석하여 수사기관에서 한 진술을 부인하는 취지로 증언한 이상 원진술자의 진술을 내용으로 하는 조사자의 증언은 증거능력이 없다(대판 2008도6985).

   ㉡ **선서의무** : 증인에게는 신문 전에 선서하게 하여야 한다. 단, 법률에 다른 규정이 있는 경우에는 예외로 한다(법 제156조).
   - **선서한 증인에 대한 경고** : 재판장은 선서할 증인에 대하여 선서 전에 위증의 벌을 경고하여야 한다(법 제158조).
   - **선서의 방식** : 선서는 선서서에 따라 하여야 한다. 선서서에는 "양심에 따라 숨김과 보탬이 없이 사실 그대로 말하고 만일 거짓말이 있으면 위증의 벌을 받기로 맹세합니다."라고 기재하여야 한다(법 제157조 제1항, 제2항).
   - **선서의 거부와 과태료** : 증인이 정당한 이유없이 선서를 거부한 때에는 결정으로 50만원이하의 과태료에 처할 수 있다(법 제161조 제1항).
   - **선서 무능력** : 증인이 다음에 해당한 때에는 선서하게 하지 아니하고 신문하여야 한다(법 제159조).
     - 16세미만의 자
     - 선서의 취지를 이해하지 못하는 자
   ㉢ **증언의무**

SEMI-NOTE

관련 판례

증인의 증언능력은 증인 자신이 과거에 경험한 사실을 그 기억에 따라 공술할 수 있는 정신적인 능력이라 할 것이므로, 유아의 증언능력에 관해서도 그 유무는 단지 공술자의 연령만에 의할 것이 아니라 그의 지적 수준에 따라 개별적이고 구체적으로 결정되어야 함은 물론 공술의 태도 및 내용 등을 구체적으로 검토하고, 경험한 과거의 사실이 공술자의 이해력, 판단력 등에 의하여 변식될 수 있는 범위 내에 속하는가의 여부도 충분히 고려하여 판단하여야 한다(대판 2005도9561).

관련 판례

선서 무능력자에 대하여 선서케하고 신문한 경우라 할지라도 그 선서만이 무효가 되고 그 증언의 효력에 관하여는 영향이 없고 유효하다(대판 4290형상23).

SEMI-NOTE

증언거부권의 고지
증인이 근친자, 업무상비밀에 따른 증언거부에 해당하는 경우에는 재판장은 신문 전에 증언을 거부할 수 있음을 설명하여야 한다(법 제160조).

- 의의 : 증인은 양심에 따라 숨김과 보탬이 없이 사실 그대로 말할 의무 부담
- 증언의 거부와 과태료 : 증인이 정당한 이유없이 증언을 거부한 때에는 결정으로 50만원이하의 과태료에 처할 수 있다(법 제161조).

④ **증인의 권리** : 증인은 증언거부권, 비용상환청구권, 증인신문조서열람권 등
  ㉠ **증언거부권** : 증언의무가 인정되는 증인이 일정한 사유로 증언을 거부할 수 있는 권리
  - 근친자의 형사책임과 증언 거부 : 누구든지 자기나 다음의 어느 하나에 해당하는 자가 형사소추 또는 공소제기를 당하거나 유죄판결을 받을 사실이 드러날 염려가 있는 증언을 거부할 수 있다(법 제148조).
    - 친족이거나 친족이었던 사람
    - 법정대리인, 후견감독인

> **관련 판례** 증언거부권의 대상
>
> 범행을 하지 아니한 자가 범인으로 공소제기가 되어 피고인의 지위에서 범행사실을 허위자백하고, 나아가 공범에 대한 증인의 자격에서 증언을 하면서 그 공범과 함께 범행하였다고 허위의 진술을 한 경우에도 그 증언은 자신에 대한 유죄판결의 우려를 증대시키는 것이므로 증언거부권의 대상은 된다고 볼 것이다(대판 2010도10028).

  - 업무상비밀과 증언거부 : 변호사, 변리사, 공증인, 공인회계사, 세무사, 대서업자, 의사, 한의사, 치과의사, 약사, 약종상, 조산사, 간호사, 종교의 직에 있는 자 또는 이러한 직에 있던 자가 그 업무상 위탁을 받은 관계로 알게 된 사실로서 타인의 비밀에 관한 것은 증언을 거부할 수 있다. 단, 본인의 승낙이 있거나 중대한 공익상 필요있는 때에는 예외로 한다(법 제149조).
  - 증언거부사유의 소명 : 증언을 거부하는 자는 거부사유를 소명하여야 한다.
  ㉡ **비용상환청구권** : 소환받은 증인은 법률의 규정한 바에 의하여 여비, 일당과 숙박료를 청구할 수 있다. 단, 정당한 사유없이 선서 또는 증언을 거부한 자는 예외로 한다(법 제168조).
  ㉢ **증인의 증인신문조서 열람 등** : 증인은 자신에 대한 증인신문조서 및 그 일부로 인용된 속기록, 녹음물, 영상녹화물 또는 녹취서의 열람, 등사 또는 사본을 청구할 수 있다(규칙 제84조의2).

⑤ **증인신문의 방법**
  ㉠ **당사자의 참여권, 신문권** : 검사, 피고인 또는 변호인은 증인신문에 참여할 수 있다. 증인신문의 시일과 장소는 전항의 규정에 의하여 참여할 수 있는 자에게 미리 통지하여야 한다. 단, 참여하지 아니한다는 의사를 명시한 때에는 예외로 한다(법 제163조).
  ㉡ **신문의 청구** : 검사, 피고인 또는 변호인이 증인신문에 참여하지 아니할 경우에는 법원에 대하여 필요한 사항의 신문을 청구할 수 있다. 피고인 또는 변호인의 참여없이 증인을 신문한 경우에 피고인에게 예기하지 아니한 불이익의 증언이 진술된 때에는 반드시 그 진술내용을 피고인 또는 변호인에게 알려주어야 한다(법 제164조).

관련 판례
피고인 본인 또는 그 변호인이 미리 증인심문에 참여케 하여 달라고 신청한 경우에는 변호인이 참여하겠다고 하여도 피고인의 참여없이 실시한 증인심문은 위법이다(대판 68도1481).

ⓒ 신뢰관계에 있는 자의 동석 : 법원은 범죄로 인한 피해자를 증인으로 신문하는 경우 증인의 연령, 심신의 상태, 그 밖의 사정을 고려하여 증인이 현저하게 불안 또는 긴장을 느낄 우려가 있다고 인정하는 때에는 직권 또는 피해자·법정대리인·검사의 신청에 따라 피해자와 신뢰관계에 있는 자를 동석하게 할 수 있다(법 제163조의2 제1항).

ⓓ 증인신문의 절차
- 증인의 동일성 확인 : 재판장은 증인으로부터 주민등록증 등 신분증을 제시받거나 그 밖의 적당한 방법으로 증인임이 틀림없음을 확인하여야 한다(규칙 제71조).
- 선서한 증인에 대한 경고 : 재판장은 선서할 증인에 대하여 선서 전에 위증의 벌을 경고하여야 한다(법 제158조).
- 증언거부권의 고지 : 증인이 근친자, 업무상비밀 증언거부에 해당하는 경우에는 재판장은 신문 전에 증언을 거부할 수 있음을 설명하여야 한다(법 제160조).
- 서면에 의한 신문 : 증인이 들을 수 없는 때에는 서면으로 묻고 말할 수 없는 때에는 서면으로 답하게 할 수 있다(규칙 제73조).
- 개별신문과 대질 : 증인신문은 각 증인에 대하여 신문하여야 한다. 필요한 때에는 증인과 다른 증인 또는 피고인과 대질하게 할 수 있다(법 제162조 제1항, 제3항). ★ 빈출개념
- 중계장치 등에 의한 증인신문 : 법원은 대면하여 진술할 경우 심리적인 부담으로 정신의 평온을 현저하게 잃을 우려가 있다고 인정되는 사람을 증인으로 신문하는 경우 상당하다고 인정할 때에는 검사와 피고인 또는 변호인의 의견을 들어 비디오 등 중계장치에 의한 중계시설을 통하여 신문하거나 가림 시설 등을 설치하고 신문할 수 있다(법 제165조의2).

ⓔ 교호신문 : 증인은 신청한 검사, 변호인 또는 피고인이 먼저 이를 신문하고 다음에 다른 검사, 변호인 또는 피고인이 신문한다(법 제161조의2 제1항).
- 주신문 : 증인을 신청한 당사자의 신문
- 반대신문(규칙 제76조)
  - 반대신문은 주신문에 나타난 사항과 이에 관련된 사항에 관하여 한다.
  - 반대신문에 있어서 필요할 때에는 유도신문을 할 수 있다.
  - 재판장은 유도신문의 방법이 상당하지 아니하다고 인정할 때에는 이를 제한할 수 있다.
  - 반대신문의 기회에 주신문에 나타나지 아니한 새로운 사항에 관하여 신문하고자 할 때에는 재판장의 허가를 받아야 한다.
- 재 주신문 : 주신문을 한 검사, 피고인 또는 변호인은 반대신문이 끝난 후 반대신문에 나타난 사항과 이와 관련된 사항에 관하여 다시 신문을 할 수 있다(규칙 제78조).
- 재판장의 허가에 의한 재신문 : 검사, 피고인 또는 변호인은 주신문, 반대신문 및 재 주신문이 끝난 후에도 재판장의 허가를 얻어 다시 신문을 할 수

SEMI-NOTE

관련 판례

다른 증인을 퇴임시키지 않고서 증인신문을 하였다 하여 위법이라 할 수 없다(대판 59도725).

유도신문이 허용되는 경우(규칙 제75조 제2항)

- 증인과 피고인과의 관계, 증인의 경력, 교우관계등 실질적인 신문에 앞서 미리 밝혀둘 필요가 있는 준비적인 사항에 관한 신문의 경우
- 검사, 피고인 및 변호인 사이에 다툼이 없는 명백한 사항에 관한 신문의 경우
- 증인이 주신문을 하는 자에 대하여 적의 또는 반감을 보일 경우
- 증인이 종전의 진술과 상반되는 진술을 하는 때에 그 종전진술에 관한 신문의 경우
- 기타 유도신문을 필요로 하는 특별한 사정이 있는 경우

있다(법 제79조).
- ⓑ 증인의 법정 외 신문 : 법원은 증인의 연령, 직업, 건강상태 기타의 사정을 고려하여 검사, 피고인 또는 변호인의 의견을 묻고 법정 외에 소환하거나 현재지에서 신문할 수 있다(법 제165조).

⑥ 피해자의 재판절차진술권
- ㉠ 피해자등의 진술권 : 법원은 범죄로 인한 피해자 또는 그 법정대리인의 신청이 있는 때에는 그 피해자등을 증인으로 신문하여야 한다(법 제294의2 제1항).
- ㉡ 행사방법 : 원칙적으로 증인신문절차에 의하고 법원은 피해자등을 신문하는 경우 피해의 정도 및 결과, 피고인의 처벌에 관한 의견, 그 밖에 당해 사건에 관한 의견을 진술할 기회를 주어야 한다(법 제294조의2 제2항).
- ㉢ 피해자등의 의견진술 : 법원은 필요하다고 인정하는 경우에는 직권으로 또는 피해자등의 신청에 따라 피해자등을 공판기일에 출석하게 하여 범죄사실의 인정에 해당하지 않는 사항에 관하여 증인신문에 의하지 아니하고 의견을 진술하게 할 수 있다(규칙 제134조의10 제1항).
- ㉣ 의견진술에 갈음한 서면의 제출 : 재판장은 재판의 진행상황, 그 밖의 사정을 고려하여 피해자등에게 의견진술에 갈음하여 의견을 기재한 서면을 제출하게 할 수 있다(규칙 제134조의11 제1항).

(2) 감정, 통역, 번역

① 감정
- ㉠ 감정의 의의 : 일정한 학식과 경험을 가진 제3자가 그 학식과 경험을 활용하여 얻은 판단을 법원, 법관에 보고하는 것
- ㉡ 감정인 : 법원으로부터 감정의 명을 받은 사람
- ㉢ 감정절차와 방법
  - 감정인의 구인에 관하여 증인의 구인에 관한 규정을 준용한다(법 제177조).
  - 당사자의 참여 : 검사, 피고인 또는 변호인은 감정에 참여할 수 있다(법 제176조 제1항).
  - 당사자의 증거신청 : 검사, 피고인 또는 변호인은 서류나 물건을 증거로 제출할 수 있고, 증인·감정인·통역인 또는 번역인의 신문을 신청할 수 있다(법 제294조 제1항).
  - 선서 : 감정인에게는 감정 전에 선서하게 하여야 한다(법 제170조 제1항).
  - 감정보고 : 감정의 경과와 결과는 감정인으로 하여금 서면으로 제출하게 하여야 한다(법 제171조 제1항).
  - 법원 외의 감정 : 법원은 필요한 때에는 감정인으로 하여금 법원 외에서 감정하게 할 수 있다(법 제172조 제1항).
- ㉣ 감정인의 권한
  - 감정처분 : 감정에 관하여 법원의 허가를 얻어 신체의 검사, 사체의 해부 등을 위하여 필요한 처분을 할 수 있는 것
  - 감정에 필요한 처분 : 감정인은 감정에 관하여 필요한 때에는 법원의 허가를 얻어 타인의 주거, 간수자 있는 가옥, 건조물, 항공기, 선차 내에 들어

피해자 진술의 비공개
법원은 범죄로 인한 피해자를 증인으로 신문하는 경우 당해 피해자·법정대리인 또는 검사의 신청에 따라 피해자의 사생활의 비밀이나 신변보호를 위하여 필요하다고 인정하는 때에는 결정으로 심리를 공개하지 아니할 수 있다(법 제294조의3 제1항).

감정인 선서
선서서에는 「양심에 따라 성실히 감정하고 만일 거짓이 있으면 허위감정의 벌을 받기로 맹세합니다」라고 기재하여야 한다(법 제170조 제3항).

갈 수 있고 신체의 검사, 사체의 해부, 분묘발굴, 물건의 파괴를 할 수 있다(법 제173조 제1항).
- 허가장 발부 : 허가에는 피고인의 성명, 죄명, 들어갈 장소, 검사할 신체, 해부할 사체, 발굴할 분묘, 파괴할 물건, 감정인의 성명과 유효기간을 기재한 허가장을 발부하여야 한다(법 제173조 제2항).
- 감정인의 참여권, 신문권 : 감정인은 감정에 관하여 필요한 경우에는 재판장의 허가를 얻어 서류와 증거물을 열람 또는 등사하고 피고인 또는 증인의 신문에 참여할 수 있다(법 제174조 제1항).
- 비용상환청구권 : 감정인은 법률의 정하는 바에 의하여 여비, 일당, 숙박료 외에 감정료와 체당금의 변상을 청구할 수 있다(법 제178조).

② 번역, 통역 ★ 빈출개념
㉠ 통역 : 국어에 통하지 아니하는 자의 진술에는 통역인으로 하여금 통역하게 하여야 한다(법 제180조).
㉡ **청각 또는 언어장애인의 통역** : 듣거나 말하는 데 장애가 있는 사람의 진술에 대해서는 통역인으로 하여금 통역하게 할 수 있다(법 제181조).
㉢ 번역 : 국어 아닌 문자 또는 부호는 번역하게 하여야 한다(법 제182조).

(3) 검증

① 검증의 의의 : 법원 또는 법관이 오관의 작용에 의하여 물건이나 신체 등의 존재나 상태 등을 알아보는 증거조사방법
② 검증의 요건과 절차
㉠ 검증의 요건 : 법원은 사실을 발견함에 필요한 때에는 검증을 할 수 있다(법 제139조).
㉡ 검증의 절차
- 검사, 피고인 또는 변호인은 검증에 참여할 수 있다(법 제145조, 제121조).
- 피고인의 신체검사 소환장의 기재사항 : 피고인에 대한 신체검사를 하기 위한 소환장에는 신체검사를 하기 위하여 소환한다는 취지를 기재하여야 한다(규칙 제64조).
- 신체검사와 소환 : 법원은 신체를 검사하기 위하여 피고인 아닌 자를 법원 기타 지정한 장소에 소환할 수 있다(법 제142조).
- 신체검사에 관한 주의(법 제141조)
  - 신체의 검사에 관하여는 검사를 받는 사람의 성별, 나이, 건강상태, 그 밖의 사정을 고려하여 그 사람의 건강과 명예를 해하지 아니하도록 주의하여야 한다.
  - 피고인 아닌 사람의 신체검사는 증거가 될 만한 흔적을 확인할 수 있는 현저한 사유가 있는 경우에만 할 수 있다.
  - 여자의 신체를 검사하는 경우에는 의사나 성년 여자를 참여하게 하여야 한다.
  - 시체의 해부 또는 분묘의 발굴을 하는 때에는 예(禮)에 어긋나지 아니하도록 주의하고 미리 유족에게 통지하여야 한다.

SEMI-NOTE

감정의 촉탁
법원은 필요하다고 인정하는 때에는 공무소·학교·병원 기타 상당한 설비가 있는 단체 또는 기관에 대하여 감정을 촉탁할 수 있다. 이 경우 선서에 관한 규정은 이를 적용하지 아니한다(법 제179조의2 제1항).

> **SEMI-NOTE**
>
> **검증의 보조**
> 검증을 함에 필요한 때에는 사법경찰관리에게 보조를 명할 수 있다(법 제144조).

- 시각의 제한(법 제143조)
  - 일출 전, 일몰 후에는 가주, 간수자 또는 이에 준하는 자의 승낙이 없으면 검증을 하기 위하여 타인의 주거, 간수자 있는 가옥, 건조물, 항공기, 선차 내에 들어가지 못한다. 단, 일출 후에는 검증의 목적을 달성할 수 없을 염려가 있는 경우에는 예외로 한다.
  - 일몰 전에 검증에 착수한 때에는 일몰 후라도 검증을 계속할 수 있다.
- ㉢ 검증조서 : 공판준비 또는 공판기일에 피고인이나 피고인 아닌 자의 진술을 기재한 조서와 법원 또는 법관의 검증의 결과를 기재한 조서는 증거로 할 수 있다(법 제311조).

7. 공판절차의 특칙

(1) 간이공판절차

① 의의 : 피고인이 공판정에서 공소사실을 자백하는 때에 형사소송법이 규정하는 증거조사절차를 간이화하고 증거능력의 제한을 완화하여 심리를 간편·신속하게 진행할 수 있도록 하기 위하여 마련된 공판절차

② 개시요건
  - ㉠ 대상심급 : 간이공판절차는 제1심 공판절차에서만 허용되고 상소심에는 적용되지 않음
  - ㉡ 대강범죄 : 간이공판절차에서 심판할 수 있는 범죄에는 제한이 없고 합의부, 단독판사 관할사건도 가능
  - ㉢ 간이공판절차의 결정 : 피고인이 공판정에서 공소사실에 대하여 자백한 때에는 법원은 그 공소사실에 한하여 간이공판절차에 의하여 심판할 것을 결정할 수 있다(법 제286조의2).

> **관련 판례** 공소사실의 자백
>
> 형사소송법 제286조의2가 규정하는 간이공판절차의 결정의 요건인 공소사실의 자백이라 함은 공소장 기재사실을 인정하고 나아가 위법성이나 책임조각사유가 되는 사실을 진술하지 아니하는 것으로 충분하고 명시적으로 유죄를 자인하는 진술이 있어야 하는 것은 아니다(대판 87도1269).

  - ㉣ 결정의 취소 : 법원은 간이공판절차의 결정을 한 사건에 대하여 피고인의 자백이 신빙할 수 없다고 인정되거나 간이공판절차로 심판하는 것이 현저히 부당하다고 인정할 때에는 검사의 의견을 들어 그 결정을 취소하여야 한다(법 제286조의3).

③ 간이공판절차의 개시결정
  - ㉠ 간이공판절차의 결정 : 피고인이 공판정에서 공소사실에 대하여 자백한 때에는 법원은 그 공소사실에 한하여 간이공판절차에 의하여 심판할 것을 결정할 수 있다(법 제286조의2).
  - ㉡ 간이공판절차의 결정전의 조치 : 법원이 간이공판절차의 결정을 하고자 할 때

> **간이공판절차의 개시결정**
> 간이공판절차의 개시결정은 법원의 재량사항에 속하는 것으로 항고하지 못함

에는 재판장은 이미 피고인에게 간이공판절차의 취지를 설명하여야 한다(규칙 131조).
④ 간이공판절차의 주요내용
  ㉠ 간이공판절차에서의 증거조사 : 간이공판절차의 결정이 있는 사건에 대하여는 법원이 상당하다고 인정하는 방법으로 증거조사를 할 수 있다(법 제297조의2).

> **관련 판례** 간이공판절차의 증거조사방법
>
> 피고인이 공판정에서 공소사실을 자백한 때에 법원이 취하는 심판의 간이공판절차에서의 증거조사는 증거방법을 표시하고 증거조사내용을 "증거조사함"이라고 표시하는 방법으로 하였다면 간이절차에서의 증거조사에서 법원이 인정채택한 상당한 증거방법이라고 인정할 수 있다(대판 80도333).

  ㉡ 간이공판절차에서의 증거능력에 관한 특례 : 간이공판절차의 결정이 있는 사건의 증거에 관하여는 증거에 대하여 동의가 있는 것으로 간주한다. 단, 검사, 피고인 또는 변호인이 증거로 함에 이의가 있는 때에는 그러하지 아니하다(법 제318조의2).

> **관련 판례** 증거서류의 동의 간주
>
> 피고인이 제1심 법정에서 범죄사실을 모두 시인한 까닭에 제1심이 간이공판절차에 의하여 심판할 것을 결정하여 검사가 제출한 증거서류가 증거로 함에 동의한 것으로 간주되어 유죄의 증거로 채택된 이상 동 증거서류들이 허위작성된 것이라는 상고이유는 부당하다(대판 83도877).

⑤ 간이공판절차의 취소 ★빈출개념
  ㉠ 결정의 취소 : 법원은 간이공판절차의 결정을 한 사건에 대하여 피고인의 자백이 신빙할 수 없다고 인정되거나 간이공판절차로 심판하는 것이 현저히 부당하다고 인정할 때에는 검사의 의견을 들어 그 결정을 취소하여야 한다(법 제286조의3).
  ㉡ 간이공판절차결정의 취소와 공판절차의 갱신 : 간이공판절차의 결정이 취소된 때에는 공판절차를 갱신하여야 한다. 단, 검사, 피고인 또는 변호인이 이의가 없는 때에는 그러하지 아니하다(법 제301조의2).

(2) 공판절차의 정지와 갱신
① 공판절차의 정지
  ㉠ 공판절차정지의 의의 : 심리를 진행할 수 없는 일정한 사유가 있는 경우 그 사유가 있을 때까지 결정으로 심리를 진행하지 않는 것
  ㉡ 공판절차정지의 사유
    • 피고인의 심신상실 : 피고인이 사물의 변별 또는 의사의 결정을 할 능력이 없는 상태에 있는 때에는 법원은 검사와 변호인의 의견을 들어서 결정으로 그 상태가 계속하는 기간 공판절차를 정지하여야 한다(법 제306조 제1항).

SEMI-NOTE

간이공판절차에서 적용되지 않는 사유
- 증인신문방식
- 증거조사
- 증거조사의 순서
- 증거서류에 대한 조사
- 증거물에 대한 조사
- 증거조사 결과와 피고인의 의견
- 피고인의 퇴정

공판절차정지의 효과
공판절차정지 기간이 경과하거나 정지결정이 취소된 경우에는 다시 공판절차 진행

- 피고인의 질병 : 피고인이 질병으로 인하여 출정할 수 없는 때에는 법원은 검사와 변호인의 의견을 들어서 결정으로 출정할 수 있을 때까지 공판절차를 정지하여야 한다(법 제306조 제2항).
- 공소장변경 : 법원은 공소사실 또는 적용법조의 추가, 철회 또는 변경이 피고인의 불이익을 증가할 염려가 있다고 인정한 때에는 직권 또는 피고인이나 변호인의 청구에 의하여 피고인으로 하여금 필요한 방어의 준비를 하게 하기 위하여 결정으로 필요한 기간 공판절차를 정지할 수 있다(법 제298조 제4항).
- 청구의 경합과 공판절차의 정지(규칙 제169조)
  - 항소기각의 확정판결과 그 판결에 의하여 확정된 제1심판결에 대하여 각각 재심의 청구가 있는 경우에 항소법원은 결정으로 제1심법원의 소송절차가 종료할 때까지 소송절차를 정지하여야 한다.
  - 상고기각의 판결과 그 판결에 의하여 확정된 제1심 또는 제2심의 판결에 대하여 각각 재심의 청구가 있는 경우에 상고법원은 결정으로 제1심법원 또는 항소법원의 소송절차가 종료할 때까지 소송절차를 정지하여야 한다.

② 공판절차의 갱신
  ㉠ 공판절차갱신의 의의 : 판결선고 이전에 법원이 피고사건에 대해 이미 진행한 공판절차를 처음부터 다시 진행하는 것
  ㉡ 공판절차갱신의 사유
  - 판사경질 : 공판개정 후 판사의 경질이 있는 때에는 공판절차를 갱신하여야 한다. 단, 판결의 선고만을 하는 경우에는 예외로 한다(법 제301조).
  - 간이공판절차결정의 취소와 공판절차의 갱신 : 간이공판절차의 결정이 취소된 때에는 공판절차를 갱신하여야 한다. 단, 검사, 피고인 또는 변호인이 이의가 없는 때에는 그러하지 아니하다(법 제301조의2).
  - 공판절차정지후의 공판절차의 갱신 : 공판개정 후 피고인의 심신상실에 의하여 공판절차가 정지된 경우에는 그 정지사유가 소멸한 후의 공판기일에 공판절차를 갱신하여야 한다(규칙 제143조).
  - 공판절차가 개시된 후 새로 재판에 참여하는 배심원 또는 예비배심원이 있는 때에는 공판절차를 갱신하여야 한다(국민의 형사재판 참여에 관한 법률 제45조 제1항).
  ㉢ 공판절차의 갱신절차(규칙 제144조 제1항)
  - 재판장은 피고인에게 진술거부권 등을 고지한 후 인정신문을 하여 피고인임에 틀림없음을 확인하여야 한다.
  - 재판장은 검사로 하여금 공소장 또는 공소장변경허가신청서에 의하여 공소사실, 죄명 및 적용법조를 낭독하게 하거나 그 요지를 진술하게 하여야 한다.
  - 재판장은 피고인에게 공소사실의 인정 여부 및 정상에 관하여 진술할 기회를 주어야 한다.
  - 재판장은 갱신전의 공판기일에서의 피고인이나 피고인이 아닌 자의 진술 또는 법원의 검증결과를 기재한 조서에 관하여 증거조사를 하여야 한다.

SEMI-NOTE

공판절차의 갱신절차
재판장은 서류 또는 물건에 관하여 증거조사를 함에 있어서 검사, 피고인 및 변호인의 동의가 있는 때에는 그 전부 또는 일부에 관하여 증거서류의 조사·증거물의 조사에 규정된 방법에 갈음하여 상당하다고 인정하는 방법으로 이를 할 수 있다(규칙 제144조 제2항).

- 재판장은 갱신전의 공판기일에서 증거조사된 서류 또는 물건에 관하여 다시 증거조사를 하여야 한다. 다만, 증거능력 없다고 인정되는 서류 또는 물건과 증거로 함이 상당하지 아니하다고 인정되고 검사, 피고인 및 변호인이 이의를 하지 아니하는 서류 또는 물건에 대하여는 그러하지 아니하다.

(3) 변론의 분리, 병합, 재개

① **변론의 분리 및 병합** : 법원은 필요하다고 인정한 때에는 직권 또는 검사, 피고인이나 변호인의 신청에 의하여 결정으로 변론을 분리하거나 병합할 수 있다(법 제300조).

② **변론의 재개** : 법원은 필요하다고 인정한 때에는 직권 또는 검사, 피고인이나 변호인의 신청에 의하여 결정으로 종결한 변론을 재개할 수 있다(법 제305조).

> **관련 판례** 변론재개의 재량
>
> 종결한 변론을 재개하느냐의 여부는 법원의 재량에 속하는 사항으로서 원심이 변론종결 후 선임된 변호인의 변론재개신청을 들어주지 아니하였다 하여 심리미진의 위법이 있는 것은 아니다(대판 86도769).

8. 국민참여재판

(1) 목적

국민의 형사재판 참여에 관한 법률은 사법의 민주적 정당성과 신뢰를 높이기 위하여 국민이 형사재판에 참여하는 제도를 시행함에 있어서 참여에 따른 권한과 책임을 명확히 하고, 재판절차의 특례와 그 밖에 필요한 사항에 관하여 규정함을 목적으로 한다(국민의 형사재판 참여에 관한 법률 제1조).

(2) 대상사건(국민의 형사재판 참여에 관한 법률 제5조 제1항)

① 합의부 관할 사건
② 합의부 관할 사건에 해당하는 사건의 미수죄 · 교사죄 · 방조죄 · 예비죄 · 음모죄에 해당하는 사건
③ ① 또는 ②에 해당하는 사건과 관련 사건으로서 병합하여 심리하는 사건

(3) 개시요건

피고인이 국민참여재판을 원하거나 배제결정이 없는 경우는 국민참여재판을 한다(국민의 형사재판 참여에 관한 법률 제5조 제2항 반대해석).

(4) 배심원

배심원은 국민참여재판을 하는 사건에 관하여 사실의 인정, 법령의 적용 및 형의 양정에 관한 의견을 제시할 권한이 있다(국민의 형사재판 참여에 관한 법률 제12조 제1항).

SEMI-NOTE

관련 판례

동일한 피고인에 대하여 각각 별도로 2개 이상의 사건이 공소 제기되었을 경우 반드시 병합심리하여 동시에 판결을 선고하여야만 되는 것은 아니다(대판 2004도5529).

(5) 국민참여재판의 절차

① 공판의 준비 : 재판장은 피고인이 국민참여재판을 원하는 의사를 표시한 경우에 사건을 공판준비절차에 부쳐야 한다(국민의 형사재판 참여에 관한 법률 제36조 제1항).
② 공판기일의 통지 : 공판기일은 배심원과 예비배심원에게 통지하여야 한다(국민의 형사재판 참여에 관한 법률 제38조 제1항).
③ 재판장의 설명·평의·평결·토의 등 : 재판장은 변론이 종결된 후 법정에서 배심원에게 공소사실의 요지와 적용법조, 피고인과 변호인 주장의 요지, 증거능력, 그 밖에 유의할 사항에 관하여 설명하여야 한다(국민의 형사재판 참여에 관한 법률 제46조 제1항).
④ 판결선고 : 재판장은 판결선고 시 피고인에게 배심원의 평결결과를 고지하여야 하며, 배심원의 평결결과와 다른 판결을 선고하는 때에는 피고인에게 그 이유를 설명하여야 한다(국민의 형사재판 참여에 관한 법률 제48조 제4항).

SEMI-NOTE

평의 등의 비밀
배심원은 평의·평결 및 토의 과정에서 알게 된 판사 및 배심원 각자의 의견과 그 분포 등을 누설하여서는 아니 된다(국민의 형사재판 참여에 관한 법률 제47조).

03절 재판

1. 재판의 개념

(1) 재판의 의의

① 협의의 재판 : 피고사건의 실체에 대한 법원의 공권적 판단인 유·무죄의 판결
② 광의의 재판 : 법원, 법관의 법률행위적 소송행위

(2) 재판의 종류

① 기능에 따른 분류
  ㉠ 종국재판 : 피고사건에 대한 소송계속을 그 심급에서 종결시키는 재판
  ㉡ 종국 전 재판 : 종국재판에 이르기까지의 절차에 관한 재판
② 내용에 따른 분류
  ㉠ 실체재판 : 사건에 대한 실체적 법률관계를 판단하는 재판
  ㉡ 형식재판 : 사건에 대한 절차적 법률관계를 판단하는 재판
③ 형식에 따른 분류
  ㉠ 판결 : 수소법원에 의한 종국재판의 원칙적 형식. 판결은 법률에 다른 규정이 없으면 구두변론을 거쳐서 하여야 한다(법 제37조 제1항).
  ㉡ 결정 : 수소법원에 의한 종국적 재판의 원칙적 형식. 결정은 구두변론을 거치지 아니할 수 있고, 결정을 할 때 필요하면 사실을 조사할 수 있다(법 제37조 제2항, 제3항).
  ㉢ 명령 : 재판장, 수명법관, 수탁판사, 수임판사의 재판형식. 명령은 구두변론을 거치지 아니할 수 있고, 명령을 할 때 필요하면 사실을 조사할 수 있다(법

약식명령
명령이 아니라 독립된 형식의 재판으로 내용은 판결이나 결정에 가깝고, 사건의 실체에 대하여 판단하는 실체재결. 약식명령에 대한 불복방법은 정식재판청구임

제37조 제2항, 제3항).

(3) 재판의 성립

① 재판의 내부적 성립
  ㉠ 의의 : 재판의 의사표시적 내용이 당해 사건의 심리에 관여한 재판기관의 내부에서 결정하는 것
  ㉡ 성립시기 : 단독판사인 경우 재판서 작성시 내부적으로 성립하고, 합의부인 경우는 그 구성원인 법관의 합의에 의하여 내부적으로 성립
  ㉢ 성립의 효과 : 재판의 내부적 성립이 있은 후에는 법관이 경질되어도 공판절차를 갱신할 필요가 없다(법 제301조 단서).

② 재판의 외부적 성립
  ㉠ 의의 : 재판의 의사표시적 내용이 재판을 받는 자에게 인식될 수 있는 상태에 이른 것
  ㉡ 성립시기 : 재판의 선고 또는 고지에 의하여 외부적으로 성립
  ㉢ 성립방법 : 재판의 선고 또는 고지는 공판정에서는 재판서에 의하여야 하고 기타의 경우에는 재판서등본의 송달 또는 다른 적당한 방법으로 하여야 한다. 단, 법률에 다른 규정이 있는 때에는 예외로 한다(법 제42조). 재판의 선고 또는 고지는 재판장이 한다. 판결을 선고함에는 주문을 낭독하고 이유의 요지를 설명하여야 한다(법 제43조).
  ㉣ 판결선고기일(법 제318조의4)
    • 판결의 선고는 변론을 종결한 기일에 하여야 한다. 다만, 특별한 사정이 있는 때에는 따로 선고기일을 지정할 수 있다.
    • 변론을 종결한 기일에 판결을 선고하는 경우에는 판결의 선고 후에 판결서를 작성할 수 있다.
    • 선고기일은 변론종결 후 14일 이내로 지정되어야 한다.

③ 재판의 외부적 성립효과 : 종국재판이 외부적으로 성립하면 그 재판을 한 법원도 취소, 변경을 함부로 할 수 없음. 종국재판이 성립하면 상소권이 발생

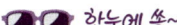 한눈에 쏙~

재판의 성립 조건

내부적으로 의사결정이 있음   외부적으로 표현됨

(4) 재판의 구성과 방식

① 재판의 구성 : 재판은 주문과 이류로 구성
  ㉠ 주문 : 재판의 대상이 된 사실에 대한 최종 결론
  ㉡ 이유 : 최종 결론에 이르기까지의 추론과정을 설명한 것
② 재판선고기간의 제한
  ㉠ 일반사건 : 판결의 선고는 제1심에서는 공소가 제기된 날부터 6개월 이내에, 항소심 및 상고심에서는 기록을 송부받은 날부터 4개월 이내에 하여야 한다

SEMI-NOTE

재판의 성립
재판은 내부적으로 의사결정이 있고, 외부적으로 표현됨으로서 성립

상소 제기기간 ★ 빈출개념
상소의 제기기간은 재판을 선고 또는 고지한 날로부터 진행된다(법 제343조 제2항).

(소송촉진 등에 관한 특례법 제21조).
　ⓒ 선거범과 공범사건에 관한 특칙 : 선거범과 그 공범에 관한 재판은 다른 재판에 우선하여 신속히 하여야 하며, 그 판결의 선고는 제1심에서는 공소가 제기된 날부터 6월 이내에, 제2심 및 제3심에서는 전심의 판결의 선고가 있은 날부터 각각 3월 이내에 반드시 하여야 한다(공직선거법 제270조).
③ 재판서
　㉠ 재판서의 방식 : 재판은 법관이 작성한 재판서에 의하여야 한다. 단, 결정 또는 명령을 고지하는 경우에는 재판서를 작성하지 아니하고 조서에만 기재하여 할 수 있다(법 제38조).
　㉡ 재판서의 기재요건(법 제40조)
　　• 재판서에는 법률에 다른 규정이 없으면 재판을 받는 자의 성명, 연령, 직업과 주거를 기재하여야 한다.
　　• 재판을 받는 자가 법인인 때에는 그 명칭과 사무소를 기재하여야 한다.
　　• 판결서에는 기소한 검사와 공판에 관여한 검사의 관직, 성명과 변호인의 성명을 기재하여야 한다.
　㉢ 재판서의 서명 등(법 제41조)
　　• 재판서에는 재판한 법관이 서명날인하여야 한다.
　　• 재판장이 서명날인할 수 없는 때에는 다른 법관이 그 사유를 부기하고 서명날인하여야 하며 다른 법관이 서명날인할 수 없는 때에는 재판장이 그 사유를 부기하고 서명날인하여야 한다.
　　• 판결서 기타 대법원규칙이 정하는 재판서를 제외한 재판서에 대하여는 제1항 및 제2항의 서명날인에 갈음하여 기명날인할 수 있다.
　　• 검사의 집행지휘를 요하는 사건 재판서의 송부 : 검사의 집행지휘를 요하는 재판은 재판서 또는 재판을 기재한 조서의 등본 또는 초본을 재판의 선고 또는 고지한 때로부터 10일 이내에 검사에게 송부하여야 한다. 단, 법률에 다른 규정이 있는 때에는 예외로 한다(법 제44조).
　　• 피고인에 대한 판결서 등본 등의 송달 : 법원은 피고인에 대하여 판결을 선고한 때에는 선고일부터 7일 이내에 피고인에게 그 판결서 등본을 송달하여야 한다. 다만, 피고인이 동의하는 경우에는 그 판결서 초본을 송달할 수 있다(규칙 제148조 제1항).

(5) 재판서의 경정(규칙 제25조)

① 재판서에 잘못된 계산이나 기재, 그 밖에 이와 비슷한 잘못이 있음이 분명한 때에는 법원은 직권으로 또는 당사자의 신청에 따라 경정결정을 할 수 있다.
② 경정결정은 재판서의 원본과 등본에 덧붙여 적어야 한다. 다만, 등본에 덧붙여 적을 수 없을 때에는 경정결정의 등본을 작성하여 재판서의 등본을 송달받은 자에게 송달하여야 한다.
③ 경정결정에 대하여는 즉시 항고를 할 수 있다. 다만, 재판에 대하여 적법한 상소가 있는 때에는 그러하지 아니하다.

재판의 이유

재판에는 이유를 명시하여야 한다. 단, 상소를 불허하는 결정 또는 명령은 예외로 한다(법 제39조).

2. 종국재판

(1) 종국재판의 의의
당해 심급을 종결시키는 재판으로 유죄판결, 무죄판결, 면소판결, 관할위반판결, 공소기각판결, 공소기각결정 등

(2) 유죄판결
① 유죄판결의 의의 : 피고사건에 대하여 범죄의 증명이 있을 때 선고하는 실체재판
② 유죄판결과 형의 선고
　㉠ 형선고와 동시에 선고될 사항(법 제321조)
　　• 피고사건에 대하여 범죄의 증명이 있는 때에는 형의 면제 또는 선고유예의 경우 외에는 판결로써 형을 선고하여야 한다.
　　• 형의 집행유예, 판결 전 구금의 산입일수, 노역장의 유치기간은 형의 선고와 동시에 판결로써 선고하여야 한다.
　　• 재산형의 가납판결 : 법원은 벌금, 과료 또는 추징의 선고를 하는 경우에 판결의 확정 후에는 집행할 수 없거나 집행하기 곤란할 염려가 있다고 인정한 때에는 직권 또는 검사의 청구에 의하여 피고인에게 벌금, 과료 또는 추징에 상당한 금액의 가납을 명할 수 있다(법 제334조 제1항).
　㉡ 형면제 또는 형의 선고유예의 판결 : 피고사건에 대하여 형의 면제 또는 선고유예를 하는 때에는 판결로써 선고하여야 한다(법 제322조).
③ 유죄판결에 명시할 이유
　㉠ 유죄판결에 명시될 이유(법 제323조)
　　• 형의 선고를 하는 때에는 판결이유에 범죄될 사실, 증거의 요지와 법령의 적용을 명시하여야 한다.
　　• 법률상 범죄의 성립을 조각하는 이유 또는 형의 가중, 감면의 이유되는 사실의 진술이 있는 때에는 이에 대한 판단을 명시하여야 한다.

> **관련 판례** 판결이유의 명시
>
> 유죄판결의 판결이유에는 범죄사실, 증거의 요지와 법령의 적용을 명시하여야 하는 것인바, 유죄판결을 선고하면서 판결이유에 이 중 어느 하나를 전부 누락한 경우에는 형사소송법 제383조 제1호에 정한 판결에 영향을 미친 법률위반으로서 파기사유가 된다(대판 2010도9151).

　㉡ 범죄될 사실 : 구성요건에 해당하고 위법하고 유책한 구체적 사실

> **관련 판례** 범죄사실의 명시
>
> 유죄판결에는 그 판결 이유에 범죄사실과 증거의 요지, 법령의 적용을 명시하여야 할 것인바, 여기서 범죄사실은 특정한 구성요건에 해당하는 위법하고 유책한 구체적 사실을 말하고, 폭행치사죄는 폭행죄를 범하여 사람을 사망에 이르게 한 죄이므로 이를 유죄로 인정한 판결이유에는 피고인이 폭행의 구체적 사실이 명시되어야 할 것이다(대판 98도4181).

SEMI-NOTE

피고사건, 범죄의 증명이 있는 때
• 피고사건 : 공소장에 기재된 범죄사실
• 범죄의 증명이 있는 때 : 법원이 적법한 증거조사방법에 따라 범죄사실의 존재에 대한 합리적 의심의 여지가 없는 확신을 가진 것

양형위원회의 구성과 양형기준
• **양형위원회의 설치** : 형을 정할 때 국민의 건전한 상식을 반영하고 국민이 신뢰할 수 있는 공정하고 객관적인 양형(量刑)을 실현하기 위하여 대법원에 양형위원회를 둔다(법원조직법 제81조의2 제1항).
• **위원회의 구성** : 위원회는 위원장 1명을 포함한 13명의 위원으로 구성하되, 위원장이 아닌 위원 중 1명은 상임위원으로 한다(법원조직법 제81조의3 제1항).
• **양형기준의 설정 등** : 위원회는 법관이 합리적인 양형을 도출하는 데 참고할 수 있는 구체적이고 객관적인 양형기준을 설정하거나 변경한다(법원조직법 제81조의6 제1항).
• **양형기준의 효력 등** : 법관은 형의 종류를 선택하고 형량을 정할 때 양형기준을 존중하여야 한다. 다만, 양형기준은 법적 구속력을 갖지 아니한다. 법원이 양형기준을 벗어난 판결을 하는 경우에는 판결서에 양형의 이유를 적어야 한다. 다만, 약식절차 또는 즉결심판절차에 따라 심판하는 경우에는 그러하지 아니하다(법원조직법 제81조의7).

| SEMI-NOTE |

관련 판례

사실인정에 배치되는 증거에 대한 판단을 반드시 판결이유에 기재하여야 하는 것은 아니므로 피고인이 알리바이를 내세우는 증인들의 증언에 관한 판단을 하지 아니하였다 하여 위법이라 할 수 없다(대판 82도1798).

ⓒ 증거의 요지 : 사실인정의 자료가 된 증거의 요지

관련 판례 증거의 중요부분

증거의 요지는 어느 증거의 어느 부분에 의하여 범죄사실을 인정하였느냐 하는 이유 설명까지 할 필요는 없지만 적어도 어떤 증거에 의하여 어떤 범죄사실을 인정하였는가를 알아볼 정도로 증거의 중요 부분을 표시하여야 한다(대판 2009도2338).

ⓔ 법령의 적용 : 범죄사실에 대하여 어떤 법령을 적용하였는지를 객관적으로 알 수 있도록 분명하게 기재

관련 판례 실체법규 이외의 법규표시

구체적인 범죄사실에 적용하여야 할 실체법규 이외의 법규에 관하여는 판결문상 그 규정을 적용한 취지가 인정되면 되고 특히 그 법규를 법률적용란에 표시하지 아니하였다 하여 위법하다고 할 수는 없다(대판 2003도8153).

ⓜ 당사자의 주장에 대한 판단 : 법률상 범죄의 성립을 조각하는 이유 또는 형의 가중, 감면의 이유되는 사실의 진술이 있은 때에는 이에 대한 판단을 명시하여야 한다(법 제323조 제2항).

관련 판례 당사자 주장에 대한 판단

피고인이 수사기관에 자진 출석하여 처음 조사를 받으면서는 돈을 차용하였을 뿐이라며 범죄사실을 부인하다가 제2회 조사를 받으면서 비로소 업무와 관련하여 돈을 수수하였다고 자백한 행위를 자수라고 할 수 없고, 설령 자수하였다고 하더라도 자수한 이에 대하여는 법원이 임의로 형을 감경할 수 있음에 불과한 것으로서 원심이 자수의 착오 주장에 대하여 판단하지 아니하였다 하여 위법하다고 할 수 없다고 한 사례(대판 2011도12041).

무죄판결의 의의

피고사건에 대하여 형벌권의 부존재를 확인하는 판결로 피고사건이 범죄로 되지 아니하거나 범죄사실의 증명이 없는 때에는 판결로써 무죄를 선고하여야 한다(법 제324조).

(3) 무죄판결

① 무죄판결의 이유
  ㉠ 피고사건이 범죄로 되지 아니하는 때
    • 공소제기된 사실 자체는 인정되지만 범죄구성요건을 충족하지 않는 경우
    • 범죄구성요건을 충족하지만 위법성조각사유 또는 책임조각사유가 존재하는 경우
    • 형벌법규가 소급하여 실효된 경우
  ㉡ 범죄사실의 증명이 없는 때
    • 범죄사실의 부존재가 적극적으로 증명되는 경우
    • 범죄사실의 존부에 관한 증거가 불충분하여 법관이 충분한 심증을 얻을 수 없는 경우
    • 자백에 대한 보강증거가 없을 경우
② 무죄판결의 효과
  ㉠ 무죄판결이 확정된 경우 기판력이 발생

ⓒ 무죄판결과 비용보상 : 국가는 무죄판결이 확정된 경우에는 당해 사건의 피고인이었던 자에 대하여 그 재판에 소요된 비용을 보상하여야 한다(법 제194조의2 제1항).
ⓓ 비용보상의 절차 등(법 제194조의3)
- 비용의 보상은 피고인이었던 자의 청구에 따라 무죄판결을 선고한 법원의 합의부에서 결정으로 한다.
- 청구는 무죄판결이 확정된 사실을 안 날부터 3년, 무죄판결이 확정된 때부터 5년 이내에 하여야 한다.
- 결정에 대하여는 즉시항고를 할 수 있다.

(4) 면소판결
① 면소판결의 의의 : 실체적 소송조건이 결여된 경우 선고하는 종국판결
② 면소판결의 사유(법 제326조)
ⓐ 확정판결이 있은 때
ⓑ 사면이 있은 때

> **관련 판례** 사면이 있는 때
> 면소판결 사유인 형사소송법 제326조 제2호의 '사면이 있는 때'에서 말하는 '사면'이란 일반사면을 의미할 뿐, 형을 선고받아 확정된 자를 상대로 이루어지는 특별사면은 여기에 해당하지 않으므로, 재심대상판결 확정 후에 형 선고의 효력을 상실케 하는 특별사면이 있었다고 하더라도, 재심개시결정이 확정되어 재심심판절차를 진행하는 법원은 그 심급에 따라 다시 심판하여 실체에 관한 유·무죄 등의 판단을 해야지, 특별사면이 있음을 들어 면소판결을 하여서는 아니 된다(대판 2011도1932).

ⓒ 공소의 시효가 완성되었을 때
ⓓ 범죄 후의 법령개폐로 형이 폐지되었을 때

(5) 관할위반판결
① 관할위반판결의 의의 : 피고사건이 법원의 관할에 속하지 아니한 때에는 판결로써 관할위반의 선고를 하여야 한다(법 제319조).
② 토지관할 위반(법 제320조)
ⓐ 법원은 피고인의 신청이 없으면 토지관할에 관하여 관할 위반의 선고를 하지 못한다.
ⓑ 관할 위반의 신청은 피고사건에 대한 진술 전에 하여야 한다.

(6) 공소기각판결
① 공소기각판결의 의의 : 형식적 소송조건이 결여된 경우 내려지는 형식재판
② 공소기각판결의 이유(법 제327조)
ⓐ 피고인에 대하여 재판권이 없을 때
ⓑ 공소제기의 절차가 법률의 규정을 위반하여 무효일 때
ⓒ 공소가 제기된 사건에 대하여 다시 공소가 제기되었을 때

> **관련 판례**
> 위헌결정의 효력이 공소사실에 미쳐 무죄가 선고되어야 한다는 취지로 상고한 사안에서, 공소사실에 대하여 면소판결을 선고한 제1심 및 이를 유지한 원심의 조치가 타당하다고 한 사례(대판 2019도15167).

SEMI-NOTE

관련 판례

불법구금, 구금장소의 임의적 변경 등의 위법사유가 있다고 하더라도 그 위법한 절차에 의하여 수집된 증거를 배제할 이유는 될지언정 공소제기의 절차 자체가 위법하여 무효인 경우에 해당한다고 볼 수 없다 (대판 96도561).

관련 판례

수표가 그 제시기일에 제시되지 아니한 사실이 공소사실 자체에 의하여 명백하다면 이 공소사실에는 범죄가 될만한 사실이 포함되지 아니하는 때에 해당하므로 형사소송법 제328조 제1항 제4호에 의하여 공소기각의 재판을 하여야 한다(대판 73도2173).

ⓔ 재기소를 위반하여 공소가 제기되었을 때
ⓜ 고소가 있어야 공소를 제기할 수 있는 사건에서 고소가 취소되었을 때
ⓗ 피해자의 명시한 의사에 반하여 공소를 제기할 수 없는 사건에서 처벌을 원하지 아니하는 의사표시를 하거나 처벌을 원하는 의사표시를 철회하였을 때

(7) 공소기각결정 ★ 빈출개념

① 공소기각결정의 의의 : 관할권 이외의 형식적 조건이 결여된 경우 내려지는 형식재판. 공소기각판결에 대하여 즉시항고할 수 있다(법 제328조 제2항).
② 공소기각결정의 이유(법 제328조 제1항)
 ㉠ 공소가 취소 되었을 때
 ㉡ 피고인이 사망하거나 피고인인 법인이 존속하지 아니하게 되었을 때
 ㉢ 동일사건의과 수개의 소송계속 또는 관할의 경합의 규정에 의하여 재판할 수 없는 때
 ㉣ 공소장에 기재된 사실이 진실하다 하더라도 범죄가 될 만한 사실이 포함되지 아니하는 때

(8) 판결의 공시

① 일반사건(형법 제58조)
 ㉠ 피해자의 이익을 위하여 필요하다고 인정할 때에는 피해자의 청구가 있는 경우에 한하여 피고인의 부담으로 판결공시의 취지를 선고할 수 있다.
 ㉡ 피고사건에 대하여 무죄의 판결을 선고하는 경우에는 무죄판결공시의 취지를 선고하여야 한다. 다만, 무죄판결을 받은 피고인이 무죄판결공시 취지의 선고에 동의하지 아니하거나 피고인의 동의를 받을 수 없는 경우에는 그러하지 아니하다.
 ㉢ 피고사건에 대하여 면소의 판결을 선고하는 경우에는 면소판결공시의 취지를 선고할 수 있다.
② 재심사건 : 재심에서 무죄의 선고를 한 때에는 그 판결을 관보와 그 법원소재지의 신문지에 기재하여 공고하여야 한다(법 제440조).

(9) 기타 법원재판

① 형의 집행유예 취소의 절차(법 제335조)
 ㉠ 형의 집행유예를 취소할 경우에는 검사는 피고인의 현재지 또는 최후의 거주지를 관할하는 법원에 청구하여야 한다.
 ㉡ 청구를 받은 법원은 피고인 또는 그 대리인의 의견을 물은 후에 결정을 하여야 한다.
 ㉢ 결정에 대하여는 즉시항고를 할 수 있다.
 ㉣ 유예한 형을 선고할 경우에 준용한다.
② 경합범 중 다시 형을 정하는 절차 : 판결선고후의 누범발각, 형의 집행에 있어서는 이미 집행한 형기를 통산 또는 선고유예의 실효에 의하여 형을 정할 경우에는 검사는 그 범죄사실에 대한 최종판결을 한 법원에 청구하여야 한다. 단, 선고

유예의 실효의 규정에 의하여 유예한 형을 선고할 때에는 이유를 명시하여야 하고 선고유예를 해제하는 이유를 명시하여야 한다(법 제336조 제1항).
③ 형의 소멸의 재판(법 제337조)
  ㉠ 형의 실효 또는 복권에 의한 선고는 그 사건에 관한 기록이 보관되어 있는 검찰청에 대응하는 법원에 대하여 신청하여야 한다.
  ㉡ 신청에 의한 선고는 결정으로 한다.
  ㉢ 신청을 각하하는 결정에 대하여는 즉시항고를 할 수 있다.

3. 재판의 확정과 효력

(1) 재판의 확정
① 의의 : 재판이 통상의 불복방법에 의해서는 다툴 수 없게 되어 그 내용을 변경할 수 없게 된 상태
② 확정시기
  ㉠ 불복이 허용되지 않는 재판 : 대법원 재판의 선고 또는 고지와 동시에 확정

> **관련 판례** 환송판결의 기속력
> 상고심에서 상고이유의 주장이 이유 없다고 판단되어 배척된 부분은 그 판결 선고와 동시에 확정력이 발생하여 이 부분에 대하여는 피고인은 더 이상 다툴 수 없고, 또한 환송받은 법원으로서도 이와 배치되는 판단을 할 수 없다(대판 2008도8661).

  ㉡ 불복이 허용되는 재판 : 불복신청의 기간경과, 불복신청의 포기 또는 취하, 불복신청을 기각하는 재판의 확정 등

(2) 재판확정의 효력
① 형식적 확정력 : 재판이 통상의 불복방법에 의해서는 다툴 수 없는 상태
② 형식적 확정력의 효과 : 판은 이 법률에 특별한 규정이 없으면 확정한 후에 집행한다(법 제459조).
③ 실질적 확정력 : 재판이 형식적으로 확정되면 그 의사표시적 내용이 확정되는 이를 내용적 확정이라 하고, 재판의 내용적 확정에 의하여 재판의 판단내용인 일정한 법률관계가 확정되는 효력
④ 실질적 확정력의 효과 : 기판력 또는 일사부재리의 효력 발생

(3) 기판력(일사부재리의 효력)
① 의의 : 확정된 재판의 판단 내용이 소송당사자와 후소법원을 구속하는 효과 발생
② 모든 국민은 동일한 범죄에 대하여 거듭 처벌받지 아니한다(헌법 제13조 제1항). 이는 일사부재리의 원칙을 선언한 것이고 형사소송법은 확정판결이 있은 때 면소판결을 하여야 한다(법 제326조 제1호)고 하고 있음
③ 기판력이 발생하는 재판
  ㉠ 기판력이 발생하는 재판 또는 처분 : 실체재판, 면소판결, 법칙금 납부, 통고

SEMI-NOTE

판결 전의 결정에 대한 항고
법원의 관할 또는 판결 전의 소송절차에 관한 결정에 대하여는 특히 즉시항고를 할 수 있는 경우 외에는 항고하지 못한다(법 제403조 제1항).

기판력
확정된 재판의 판단 내용이 소송당사자와 후소법원을 구속하고, 이와 모순되는 주장·판단을 부적법으로 하는 소송법상의 효력

> **관련 판례**
> 헌법은 제13조 제1항에서 "모든 국민은 … 동일한 범죄에 대하여 거듭 처벌받지 아니한다."라고 규정하여 이른바 이중처벌금지의 원칙 내지 일사부재리의 원칙을 선언하고 있다. 이는 한번 판결이 확정되면 그 후 동일한 사건에 대해서는 다시 심판하는 것이 허용되지 않는다는 원칙을 말한다. 여기에서 '처벌'이란 원칙적으로 범죄에 대한 국가의 형벌권 실행으로서의 과벌을 의미하고, 국가가 행하는 일체의 제재나 불이익처분이 모두 여기에 포함되는 것은 아니다(대판 2016도5423).

처분의 이행

> **관련 판례** 확정판결의 범주
>
> 확정판결에는 정식재판에서 선고된 유죄판결과 무죄의 판결 및 면소의 판결뿐만 아니라, 확정판결과 동일한 효력이 있는 약식 명령이나 즉결심판 등이 모두 포함되는 것이지만, 행정벌에 지나지 않는 과태료의 부과처분은 위 확정판결의 범주에 속하지 않는다고 할 것이다(대판 91도2536).

ⓒ 기판력이 발생하지 않는 재판 또는 처분 : 관할위반판결, 공소기각재판, 외국판결, 불기소처분, 징계처분, 징벌, 누범 및 상습범의 가중처벌, 출국금지처분, 보안관찰처분 등

> **관련 판례** 외국판결의 기판력
>
> 피고인이 동일한 행위에 관하여 외국에서 형사처벌을 과하는 확정판결을 받았다 하더라도 이런 외국판결은 우리나라에서는 기판력이 없으므로 여기에 일사부재리의 원칙이 적용될 수 없다(대판 83도2366).

④ 기판력의 효력범위
  ㉠ 기판력의 주관적 범위 : 기판력은 공소가 제기되어 판결을 받은 피고인에게만 발생
  ㉡ 기판력의 객관적 범위 : 공소사실과 동일성이 인정되는 사실의 전부에 미친다는 것이 판례의 입장

> **관련 판례** 상상적 경합과 기판력
>
> 상상적 경합은 1개의 행위가 수개의 죄에 해당하는 경우를 말한다(형법 제40조). 여기에서 1개의 행위란 법적 평가를 떠나 사회관념상 행위가 사물자연의 상태로서 1개로 평가되는 것을 의미한다. 그리고 상상적 경합 관계의 경우에는 그중 1죄에 대한 확정판결의 기판력은 다른 죄에 대하여도 미친다(대판 2017도11687).

> **관련 판례** 포괄일죄의 범위
>
> 범죄사실인 '영업으로 성매매에 제공되는 건물을 제공하는 행위'와 위 약식명령 발령 전에 행해진 구 성매매알선 등 처벌법 위반의 공소사실인 '영업으로 성매매를 알선한 행위'가 서로 독립된 가벌적 행위로서 별개의 죄를 구성한다고 보아야 한다(대판 2010도6090).

  ㉢ 기판력의 시적 범위 : 기판력은 사실심리가 가능한 최종적 시점까지 미치고, 항소심 판결선고시가 기판력의 시간적 표준

(4) 기판력의 배제

① 의의 : 기판력은 법적 안정성을 위하여 인정되는 제도이나 재판의 법률상 또는 사실상 명백한 오류가 있는 경우 정의를 위해 확정력을 배제하는 제도

SEMI-NOTE

관련 판례
주차장법 제29조 제1항 제2호 위반의 죄는 이른바 계속범으로서, 종전에 용도외 사용행위에 대하여 처벌받은 일이 있다고 하더라도 그 후에도 계속하여 용도외 사용을 하고 있는 이상 종전 재판 후의 사용에 대하여 다시 처벌할 수 있는 것이다(대판 2005도7283).

관련 판례
포괄일죄의 관계에 있는 범행 일부에 대하여 판결이 확정된 경우에는 사실심 판결선고 시를 기준으로 그 이전에 이루어진 범행에 대하여는 확정판결의 기판력이 미쳐 면소의 판결을 선고하여야 한다(대판 2013도11649).

② 배제사유
- ㉠ 상소권회복청구 : 상소할 수 있는 자는 자기 또는 대리인이 책임질 수 없는 사유로 상소 제기기간 내에 상소를 하지 못한 경우에는 상소권회복의 청구를 할 수 있다(법 제345조).
- ㉡ 재심청구 : 재심은 확정판결에 중대한 사실오인이 있는 경우에 유죄의 확정판결에 대하여 그 선고를 받은 자의 이익을 위하여 청구할 수 있다(법 제420조).
- ㉢ 비상상고 : 검찰총장은 판결이 확정한 후 그 사건의 심판이 법령에 위반한 것을 발견한 때에는 대법원에 비상상고를 할 수 있다(법 제441조).

4. 소송비용

(1) 소송비용의 의의
① 의의 : 소송절차를 진행함으로 인하여 발생하는 비용으로 형사소송비용법이 규정한 비용
② 형사소송비용의 범위(형사소송비용 등에 관한 법률 제2조)
- ㉠ 증인 · 감정인 · 통역인 또는 번역인의 일당, 여비 및 숙박료
- ㉡ 감정인 · 통역인 또는 번역인의 감정료 · 통역료 · 번역료, 그 밖의 비용
- ㉢ 국선변호인의 일당, 여비, 숙박료 및 보수

(2) 비용의 부담자
① 피고인의 소송비용부담(법 제186조)
- ㉠ 형의 선고를 하는 때에는 피고인에게 소송비용의 전부 또는 일부를 부담하게 하여야 한다. 다만, 피고인의 경제적 사정으로 소송비용을 납부할 수 없는 때에는 그러하지 아니하다.
- ㉡ 피고인에게 책임지울 사유로 발생된 비용은 형의 선고를 하지 아니하는 경우에도 피고인에게 부담하게 할 수 있다.

② 고소인등의 소송비용부담 : 고소 또는 고발에 의하여 공소를 제기한 사건에 관하여 피고인이 무죄 또는 면소의 판결을 받은 경우에 고소인 또는 고발인에게 고의 또는 중대한 과실이 있는 때에는 그 자에게 소송비용의 전부 또는 일부를 부담하게 할 수 있다(법 제188조).

③ 제3자의 소송비용부담(법 제190조)
- ㉠ 검사 아닌 자가 상소 또는 재심청구를 한 경우에 상소 또는 재심의 청구가 기각되거나 취하된 때에는 그 자에게 그 소송비용을 부담하게 할 수 있다.
- ㉡ 피고인 아닌 자가 피고인이 제기한 상소 또는 재심의 청구를 취하한 경우에도 같다.

(3) 소송비용부담의 재판절차
① 소송비용부담의 재판(법 제191조)
- ㉠ 재판으로 소송절차가 종료되는 경우에 피고인에게 소송비용을 부담하게 하는 때에는 직권으로 재판하여야 한다.

SEMI-NOTE

공범의 소송비용
공범의 소송비용은 공범인에게 연대부담하게 할 수 있다(형사소송법 제187조).

소송비용의 집행면제
- 소송비용의 집행면제의 신청 : 소송비용부담의 재판을 받은 자가 빈곤으로 인하여 이를 완납할 수 없는 때에는 그 재판의 확정 후 10일 이내에 재판을 선고한 법원에 소송비용의 전부 또는 일부에 대한 재판의 집행면제를 신청할 수 있다(법 제487조).
- 소송비용의 집행정지 : 소송비용의 집행면제의 신청기간 내와 그 신청이 있는 때에는 소송비용부담의 재판의 집행은 그 신청에 대한 재판이 확정될 때까지 정지된다(법 제472조).

  © 재판에 대하여는 본안의 재판에 관하여 상소하는 경우에 한하여 불복할 수 있다.
② 제3자부담의 재판(법 제192조)
  ☉ 재판으로 소송절차가 종료되는 경우에 피고인 아닌 자에게 소송비용을 부담하게 하는 때에는 직권으로 결정을 하여야 한다.
  © 결정에 대하여는 즉시항고를 할 수 있다.
③ 재판에 의하지 아니한 절차종료(법 제193조)
  ☉ 재판에 의하지 아니하고 소송절차가 종료되는 경우에 소송비용을 부담하게 하는 때에는 사건의 최종계속법원이 직권으로 결정을 하여야 한다.
  © 결정에 대하여는 즉시항고를 할 수 있다.
④ **부담액의 산정** : 소송비용의 부담을 명하는 재판에 그 금액을 표시하지 아니한 때에는 집행을 지휘하는 검사가 산정한다(법 제194조).

06장 상소 및 비상구제절차

01절 상소

02절 비상구제절차

03절 특별절차

04절 재판의 집행과 형사보상

06장 상소 및 비상구제절차

01절 상소

1. 상소총론

(1) 상소의 의의와 종류

① 상소의 의의
  ㉠ 상소는 법원의 미확정재판에 대하여 상급법원에 불복구제를 신청하는 제도
  ㉡ 준항고는 재판장, 수명법관의 명령 또는 수사기관의 처분에 관한 불복으로 상소가 아님
  ㉢ 재심, 비상상고, 상소회복청구, 이의신청, 정식재판청구 등은 상소가 아님
  ㉣ 상소제도의 의의 : 원판결에 사실오인이 있는 경우 이를 시정하는 기능과 대법원을 정점으로 하는 법원조직을 통하여 법령의 해석과 작용을 통일하는 기능 수행

② 상소의 종류
  ㉠ 판결에 대한 상소
    • 항소 : 제1심판결에 대한 불복
    • 상고 : 제2심판결에 대한 불복
    • 비약적 상고 : 제1심판결에 대하여 제2심을 생략하고 제3심에 불복
  ㉡ 결정에 대한 상소 : 일반항고와 재항고
    • 일반항고 : 제1심결정에 대한 제2심에 불복하는 상소
    • 재항고(특별항고) : 제2심결정에 대한 제3심에 불복하는 상소

(2) 상소권

① 상소권자
  ㉠ 검사 또는 피고인은 상소를 할 수 있다(법 제338조 제1항).
  ㉡ 검사 또는 피고인 아닌 자가 결정을 받은 때에는 항고할 수 있다(법 제339조).

② 상소대리권자
  ㉠ 피고인의 법정대리인은 피고인을 위하여 상소할 수 있다(법 제340조).
  ㉡ 피고인의 배우자, 직계친족, 형제자매 또는 원심의 대리인이나 변호인은 피고인을 위하여 상소할 수 있다. 상소는 피고인의 명시한 의사에 반하여 하지 못한다(법 제341조).

③ 상소권의 발생, 소멸, 회복 ★빈출개념
  ㉠ **상소권의 발생** : 재판의 선고 또는 고지로 발생
  ㉡ **상소권의 소멸** : 상소의 제기기간은 재판을 선고 또는 고지한 날로부터 진행된다(법 제343조 제2항). 상소기간이 경과하면 상소권은 소멸하므로 제기기간 7일이 경과하면 소멸

SEMI-NOTE

상소
상소에는 항소, 상고, 항고가 있음

관련 판례

형사소송법 제341조 제1항에 원심의 변호인은 피고인을 위하여 상소할 수 있다 함은 변호인에게 고유의 상소권을 인정한 것이 아니고 피고인의 상소권을 대리하여 행사하게 한 것에 불과하므로, 변호인은 피고인의 상소권이 소멸된 후에는 상소를 제기할 수 없는 것이고, 상소를 포기한 자는 형사소송법 제354조에 의하여 그 사건에 대하여 다시 상소를 할 수 없다(대판 98도253).

ⓒ 상소권의 회복
- 상소할 수 있는 자는 자기 또는 대리인이 책임질 수 없는 사유로 상소 제기 기간 내에 상소를 하지 못한 경우에는 상소권회복의 청구를 할 수 있다(법 제345조).

> **관련 판례** 상소권회복 사유
>
> 형사소송법 제345조에 의한 상소권회복은 피고인 등이 책임질 수 없는 사유로 상소제기기간을 준수하지 못하여 소멸한 상소권을 회복하기 위한 것일 뿐, 상소의 포기로 인하여 소멸한 상소권까지 회복하는 것이라고 볼 수는 없다(대결 2002모180).

> **관련 판례** 상소권회복 사유가 될 수 없는 경우
>
> 징역형의 실형이 선고되었으나 피고인이 형의 집행유예를 선고받은 것으로 잘못 전해 듣고 또한 판결주문을 제대로 알아들을 수가 없어서 항소제기기간 내에 항소하지 못한 것이라면 그 사유만으로는 형사소송법 제345조가 규정한 '자기 또는 대리인이 책임질 수 없는 사유로 상소제기기간 내에 상소하지 못한 경우'에 해당된다고 볼 수 없다(대결 2000모85).

- 상소권회복 청구의 방식 : 상소권회복을 청구할 때에는 그 사유가 해소된 날부터 상소 제기기간에 해당하는 기간 내에 서면으로 원심법원에 제출하여야 한다(법 제346조 제1항).
- 상소권회복에 대한 결정과 즉시항고 : 상소권회복의 청구를 받은 법원은 청구의 허부에 관한 결정을 하여야 한다. 결정에 대하여는 즉시항고를 할 수 있다(법 제347조).
- 상소권회복청구와 집행정지 : 상소권회복의 청구가 있는 때에는 법원은 결정을 할 때까지 재판의 집행을 정지하는 결정을 할 수 있다. 집행정지의 결정을 한 경우에 피고인의 구금을 요하는 때에는 구속영장을 발부하여야 한다(법 제348조).

(3) 상소의 이익
① 상소이익의 의의 : 원심재판이 당사자의 법적 이익을 침해하고 있어 이를 시정할 필요가 있는 경우 상소가 허용되는데 이를 상소의 이익이라 함
② 상소이익의 판단
  ㉠ 검사의 상소이익
   - 의의 : 검사는 상소권자이므로 당연히 상소의 이익이 있음
   - 피고인에게 불이익한 상소 : 검사는 피고인의 반대 당사자이므로 당연히 피고인에게 불이익 상소를 제기할 수 있음
   - 피고인의 이익을 위한 상소 : 검사는 공익을 위한 대표자이므로 피고인을 위한 상소를 제기할 수 있다는 것이 판례의 입장

SEMI-NOTE

상소권 미발생인 재판
상소가 발생하지 않는 재판은 선고 또는 고지가 있더라도 상소권 미발생

보통항고
보통항고는 기간의 제한이 없으므로 그 결정을 취소할 실익이 있으면 언제든지 제기할 수 있음

SEMI-NOTE

관련 판례

피고인의 상소는 불이익한 원재판을 시정하여 이익된 재판을 청구함을 그 본질로 하는 것이어서 재판이 자기에게 불이익하지 아니하면 이에 대한 상소권을 가질 수 없으므로 피고인에게 가장 유리한 판결인 무죄판결에 대한 피고인의 상고는 부적법하다(대판 2012도11200).

> **관련 판례** 피고인을 위한 상소
>
> 검사는 피고인에게 불이익한 상소만이 아니라 피고인의 이익을 위한 상소도 가능하다(대판 2011도6705).

ⓒ 피고인의 상소이익
- 의의 : 피고인이 원심재판이 불리할 경우 이를 유리하게 변경하기 위하여 상소할 수 있음
- 피고인이 무죄를 주장하거나 경한 형의 선고를 구하는 상소는 허용하고 무죄를 유죄로 구하거나 형이 중한 것으로 변경을 구한 상소는 허용되지 않음. 무죄판결에 대한 상소도 허용하지 않음

> **관련 판례** 피고인에게 불이익 상고이유
>
> 피고인에게 불이익한 결과를 초래하는 주장은 피고인측에서 상고이유로 삼을 수 없다고 할 것이다(대판 2006도1718).

- 피고인에게는 실체 판결청구권이 없는 것이므로 면소판결에 대하여 무죄의 실체판결을 구하여 상소를 할 수는 없는 것이다(대판 84도2106).
- 피고인을 위한 상소는 피고인에게 불이익한 재판을 시정하여 이익된 재판을 청구함을 그 본질로 하는 것이므로 피고인은 재판이 자기에게 불이익하지 아니하면 이에 대한 상소권이 없다. 공소기각의 재판이 있으면 피고인은 유죄판결의 위험으로부터 벗어나는 것이므로 그 재판은 피고인에게 불이익한 재판이라고 할 수 없어서 이에 대하여 피고인은 상소권이 없다(대판 2007도6793).

ⓒ 상소의 이익이 없는 경우의 재판 : 항소이유 없다고 인정한 때에는 판결로써 항소를 기각하여야 한다(법 제364조 제4항).

(4) 상소의 제기, 포기, 취하

① 상소제기
- ㉠ 상소제기의 방식 : 상소는 상소제기기간 내에 상소장을 서면으로 원심법원에 제출
- ㉡ 상소제기기간 : 항소, 상고, 즉시항고의 제기기간은 7일로 한다(법 제358조).
- ㉢ 상소의 제기기간은 재판을 선고 또는 고지한 날로부터 진행된다(법 제343조 제2항).

> **관련 판례** 상소의 제기기간 기산일
>
> 형사소송법 제343조 제2항에서는, "상소의 제기기간은 재판을 선고 또는 고지한 날로부터 진행한다."고 규정하고 있으므로, 형사소송에 있어서는 판결등본이 당사자에게 송달되는 여부에 관계없이 공판정에서 판결이 선고된 날로부터 상소기간이 기산되며, 이는 피고인이 불출석한 상태에서 재판을 하는 경우에도 마찬가지이다(대결 2002모6).

ⓔ 재소자에 대한 특칙 : 교도소 또는 구치소에 있는 피고인이 상소의 제기기간 내에 상소장을 교도소장 또는 구치소장 또는 그 직무를 대리하는 자에게 제출한 때에는 상소의 제기기간 내에 상소한 것으로 간주한다(법 제344조 제1항).
ⓕ 상소제기의 효과 : 재판의 확정과 그 집행이 정지

② 상소의 포기와 취하
ⓐ 상소의 포기는 상소권자가 상소제기기간 내에 법원에 대하여 상소권 행사를 포기하는 의사표시이고, 상소의 취하는 일단 제기한 상소를 철회하는 것
ⓑ 상소의 포기·취하권자 : 검사나 피고인 또는 항고권자는 상소의 포기 또는 취하를 할 수 있다(법 제349조).
ⓒ 상소포기의 제한 : 피고인 또는 피고인의 배우자, 직계친족, 형제자매 또는 원심의 대리인이나 변호인은 사형 또는 무기징역이나 무기금고가 선고된 판결에 대하여는 상소의 포기를 할 수 없다(법 제349조 단서).
ⓓ 상소의 포기·취하 절차
• 상소의 포기등과 법정대리인의 동의 : 법정대리인이 있는 피고인이 상소의 포기 또는 취하를 함에는 법정대리인의 동의를 얻어야 한다. 단, 법정대리인의 사망 기타 사유로 인하여 그 동의를 얻을 수 없는 때에는 예외로 한다(법 제350조).
• 상소의 취하와 피고인의 동의 : 피고인의 법정대리인 또는 피고인의 배우자, 직계친족, 형제자매 또는 원심의 대리인이나 변호인은 피고인의 동의를 얻어 상소를 취하할 수 있다(법 제351조).
ⓔ 상소포기 등의 방식(법 제352조)
• 상소의 포기 또는 취하는 서면으로 하여야 한다. 단, 공판정에서는 구술로써 할 수 있다.
• 구술로써 상소의 포기 또는 취하를 한 경우에는 그 사유를 조서에 기재하여야 한다.
ⓕ 상소포기 후의 재상소의 금지 : 상소를 취하한 자 또는 상소의 포기나 취하에 동의한 자는 그 사건에 대하여 다시 상소를 하지 못한다(법 제354조).
ⓖ 상소포기등과 상대방의 통지 : 상소, 상소의 포기나 취하 또는 상소권회복의 청구가 있는 때에는 법원은 지체없이 상대방에게 그 사유를 통지하여야 한다(법 제356조).

(5) 일부상소

① 일부상소의 의의 : 재판의 일부에 대한 상소로 상소는 재판의 일부에 대하여 할 수 있다(법 제342조 제1항).
② 일부상소의 범위
  ⓐ 요건 : 일부상소를 하기 위해서는 실체적 경합관계의 존재와 판결주문의 분리가능성이 있어야 한다.
  ⓑ 상소불가분의 원칙 : 일부에 대한 상소는 그 일부와 불가분의 관계에 있는 부분에 대하여도 효력이 미친다(법 제342조 제2항).
  ⓒ 일부상소의 허용범위

SEMI-NOTE

상소포기등과 상대방의 통지
상소, 상소의 포기나 취하 또는 상소권회복의 청구가 있는 때에는 법원은 지체없이 상대방에게 그 사유를 통지하여야 한다(법 제356조).

상소의 포기·취하
상소의 포기나 취하가 있으면 재판은 확정됨

관련 판례
변호인이 상소취하를 할 때 원칙적으로 피고인은 이에 동의하는 취지의 서면을 제출하여야 하나, 피고인은 공판정에서 구술로써 상소취하를 할 수 있으므로, 변호인의 상소취하에 대한 피고인의 동의도 공판정에서 구술로써 할 수 있다(대판 2015도7821).

SEMI-NOTE

불복
피고인은 유죄판결에 대하여 상소를 제기하지 아니하고 배상명령에 대하여만 상소 제기기간에 형사소송법에 따른 즉시항고를 할 수 있다(소송촉진 등에 관한 특례법 제33조 제5항).

관련 판례
항소장에 경합범으로서 2개의 형이 선고된 죄 중 일죄에 대한 형만을 기재하고 나머지 일죄에 대한 형을 기재하지 아니하였다 하더라도 항소이유서에서 그 나머지 일죄에 대하여도 항소이유를 개진한 경우에는 판결 전부에 대한 항소로 봄이 상당하다(대판 2004도3515).

- 경합범의 일부는 무죄, 일부는 유죄
- 경합범의 일부는 형식재판, 일부는 실체재판
- 경합범의 전부가 무죄인 경우
- 경합범에 이종(異種)의 형이 병과된 경우
- 유죄판결에 배상명령이 부가된 경우에 있어 배상명령에 대한 일부상소

② 일부상소가 허용되지 않는 경우 : 일죄의 일부, 한 개의 형이 선고된 경합범, 주형과 일체가 된 부가형

관련 판례 일부상소의 효력범위

경합범관계에 있는 수죄 중 일부 무죄의 선고가 있는 경우에 피고인만이 항소한 때에는 항소심은 검사의 항소없는 위 무죄부분에 대하여 심판할 수 없으나, 일죄의 일부에 대하여서만 유죄로 인정된 경우에는 피고인만이 항소하였다 하여도 그 항소는 그 일죄의 전부에 미친다(대판 80도2847).

③ 일부상소의 방식 : 일부상소는 일부상소를 한다는 취지를 상소장에 명시하여야 하고 불복부분을 특정하지 아니하는 경우 전부상소로 간주
④ 상소심의 판단범위
  ㉠ 제1심이 단순일죄의 관계에 있는 공소사실의 일부에 대하여만 유죄로 인정한 경우에 피고인만이 항소하여도 그 항소는 그 일죄의 전부에 미쳐서 항소심은 무죄부분에 대하여도 심판할 수 있다 할 것이고, 그 경우 항소심이 위 무죄부분을 유죄로 판단하였다 하여 그로써 항소심판결에 불이익변경금지원칙에 위반하거나 심판범위에 대한 법리를 오해한 위법이 있다고 할 수 없다(대판 2000도5000).
  ㉡ 경합범 중 일부에 대하여 무죄, 일부에 대하여 유죄를 선고한 항소심 판결에 대하여 검사만이 무죄 부분에 대하여 상고를 한 경우 피고인과 검사가 상고하지 아니한 유죄판결 부분은 상고기간이 지남으로써 확정되어 상고심에 계속된 사건은 무죄판결 부분에 대한 공소뿐이라 할 것이므로 상고심에서 이를 파기할 때에는 무죄 부분만을 파기할 수밖에 없다(대판 91도1402).

(6) 불이익변경금지의 원칙 ★ 빈출개념

① 의의 : 피고인이 항소한 사건과 피고인을 위하여 항소한 사건에 대해서는 원심판결의 형보다 무거운 형을 선고할 수 없다(법 제368조).
② 입법취지 : 피고인이 중형변경의 위험 때문에 상소제기를 단념하는 것을 방지하고 피고인의 방어권을 보장하려는 것이 판례의 입장
③ 적용범위
  ㉠ 피고인이 상소한 사건
  ㉡ 피고인을 위하여 상소한 사건

관련 판례 불이익변경금지의 원칙이 적용되는 경우

피고인과 검사 쌍방이 항소하였으나 검사가 항소 부분에 대한 항소이유서를 제출하지 아니하

여 결정으로 항소를 기각하여야 하는 경우에는 실질적으로 피고인만이 항소한 경우와 같게 되므로 항소심은 불이익변경금지의 원칙에 따라 제1심판결의 형보다 중한 형을 선고하지 못한다(대판 98도2111).

ⓒ 항소사건과 상고사건
② 파기환송 또는 파기이송사건
◎ 재심청구사건
⑪ 즉결심판에 대한 정식재판청구사건

관련 판례 즉결심판과 불이익변경금지의 원칙

즉결심판에 대하여 피고인만이 정식재판을 청구한 사건에 대하여도 즉결심판에관한절차법 제19조의 규정에 따라 형사소송법 제457조의2 규정을 준용하여, 즉결심판의 형보다 무거운 형을 선고하지 못한다(대판 98도2550).

④ 적용되지 않는 사건
  ㉠ 약식명령에 대한 정식재판청구사건
  ㉡ 재판서 경정사건
  ㉢ 항고사건

관련 판례 불이익변경금지의 원칙이 적용되지 않는 사건

판결을 선고한 법원에서 당해 판결서의 명백한 오류에 대하여 판결서의 경정을 통하여 그 오류를 시정하는 것은 피고인에게 유리 또는 불리한 결과를 발생시키거나 피고인의 상소권 행사에 영향을 미치는 것이 아니므로, 여기에 불이익변경금지원칙이 적용될 여지는 없다(대판 2007도3448).

(7) 파기판결의 기속력

① **의의** : 상소심이 원심판결을 파기환송 또는 이송한 경우에는 상소심의 판단이 당해사건에 관하여 환송 또는 이송하는 하급심 구속
② **기속력의 취지** : 하급심은 상급심의 판단에 구속되어야 한다는 원칙으로 심급제도를 유지하기 위한 것
③ **기속력의 범위**
  ㉠ **기속력이 미치는 법원** : 하급법원, 파기한 상급심, 상급법원
  ㉡ **기속력이 미치는 판단** : 법률판단과 사실판단, 소극적·부정적 판단

관련 판례 파기환송 법원의 기속력

파기환송을 받은 법원은 환송판결이 파기이유로 삼은 사실상 및 법률상의 판단에 기속되는 것이고, 그에 따라 판단한 판결에 대하여 다시 상고를 한 경우에 그 상고사건을 재판하는 상고법원도 앞서의 파기이유로 한 판단에 기속되므로 이를 변경하지 못하는 것이다(대판 2007도5987).

관련 판례

피고인의 상고에 의하여 상고심에서 원심판결을 파기하고, 사건을 항소심에 환송한 경우에는 환송 전 원심판결과의 관계에서도 불이익변경금지의 원칙이 적용되어 그 파기된 항소심판결보다 중한 형을 선고할 수 없다 할 것이다(대판 2005도8607).

관련 판례

파기판결의 기속력은 파기의 직접 이유가 된 원심판결에 대한 소극적인 부정 판단에 한하여 생긴다(대판 2004도340).

기속력이 배제되는 경우
- 새로운 사실과 증거에 의하여 사실관계의 변경
- 파기판결 후 법령이나 판례의 변경

2. 항소

(1) 항소의 의의
① 항소 : 제1심판결에 불복하여 제2심법원에 제기하는 상소로 제1심법원의 판결에 대하여 불복이 있으면 지방법원 단독판사가 선고한 것은 지방법원 본원합의부에 항소할 수 있으며 지방법원 합의부가 선고한 것은 고등법원에 항소할 수 있다(법 제357조).
② 상소심 구조에 관한 입법주의
 ㉠ 복심 : 원심의 심리, 판결을 무효로 하고 처음부터 다시 심리하는 상소심 구조
 ㉡ 속심 : 원심의 심리를 전제로 원심의 소송자료를 이어받아 종결된 변론을 재개하는 것처럼 심리를 계속이어서 하는 상소심 구조
 ㉢ 사후심 : 원심에 나타난 자료에 따라 원심 판결시를 기준으로 하여 원판결의 당부를 사후적으로 심사하는 상소심 구조
③ 현행 상소심의 구조
 ㉠ 항소심의 구조 : 원칙적으로 속심
 ㉡ 상고심의 구조 : 원칙적으로 사후심

(2) 항소이유
① 항소이유 : 항소권자가 적법하게 항소할 수 있는 법률상의 이유
② 항소이유의 구분
 ㉠ 법령 위반을 이유로 하는 항소이유
 ㉡ 법령 위반 이외의 항소이유
③ 항소이유(법 제361조의5)
 ㉠ 판결에 영향을 미친 헌법 · 법률 · 명령 또는 규칙의 위반이 있는 때
 ㉡ 판결 후 형의 폐지나 변경 또는 사면이 있는 때
 ㉢ 관할 또는 관할위반의 인정이 법률에 위반한 때
 ㉣ 판결법원의 구성이 법률에 위반한 때
 ㉤ 법률상 그 재판에 관여하지 못할 판사가 그 사건의 심판에 관여한 때
 ㉥ 사건의 심리에 관여하지 아니한 판사가 그 사건의 판결에 관여한 때
 ㉦ 공판의 공개에 관한 규정에 위반한 때
 ㉧ 판결에 이유를 붙이지 아니하거나 이유에 모순이 있는 때
 ㉨ 재심청구의 사유가 있는 때
 ㉩ 사실의 오인이 있어 판결에 영향을 미칠 때
 ㉪ 형의 양정이 부당하다고 인정할 사유가 있는 때

> **관련 판례** 항소이유의 기재에 해당하는 경우
>
> 변호인이 검사의 양형부당의 항소이유에 대한 답변과 더불어 제1심판결에 대하여 사실오인 내지 채증상 잘못을 들고 무고함을 밝혀달라는 항소이유를 겸하여 주장한 답변서를 항소이유서 제출기간내에 항소법원에 제출한 경우에는 법정기간내에 항소이유를 개진한 것으로 볼 수 있다(대판 76도580).

SEMI-NOTE

관련 판례
상고심은 원칙적으로 법률심으로서 사후심인 데 반하여, 항소심은 사후심적 성격이 가미된 속심이다(대결 2002모265).

관련 판례
다른 구체적인 이유의 기재 없이 단순히 항소장의 '항소의 범위'란에 '양형부당'이라는 문구가 기재되어 있다고 하여 이를 적법한 항소이유의 기재라고 볼 수는 없다(대판 2007도8117).

(3) 항소심 절차

① 항소제기
  ㉠ 항소제기의 방식 : 항소장을 7일 이내에 원심법원에 제출
  ㉡ 원심법원의 결정 : 항소의 제기가 법률상의 방식에 위반하거나 항소권소멸 후인 것이 명백한 때에는 원심법원은 결정으로 항소를 기각하여야 한다. 결정에 대하여는 즉시항고를 할 수 있다(법 제360조).
  ㉢ 소송기록접수와 통지 : 항소법원이 기록의 송부를 받은 때에는 즉시 항소인과 상대방에게 그 사유를 통지하여야 한다(법 제361조의2 제1항).
  ㉣ 항소이유서와 답변서(법 제361조의3)
    • 항소인 또는 변호인은 전조의 통지를 받은 날로부터 20일 이내에 항소이유서를 항소법원에 제출하여야 한다. 이 경우 제344조를 준용한다.
    • 항소이유서의 제출을 받은 항소법원은 지체없이 부본 또는 등본을 상대방에게 송달하여야 한다.
    • 상대방은 전항의 송달을 받은 날로부터 10일 이내에 답변서를 항소법원에 제출하여야 한다.
    • 답변서의 제출을 받은 항소법원은 지체없이 그 부본 또는 등본을 항소인 또는 변호인에게 송달하여야 한다.

② 항소심의 심리
  ㉠ 항소법원의 심판 : 항소법원은 항소이유에 포함된 사유에 관하여 심판하여야 하고, 항소법원은 판결에 영향을 미친 사유에 관하여는 항소이유서에 포함되지 아니한 경우에도 직권으로 심판할 수 있다(법 제364조 제1항, 제2항).
  ㉡ 항소심의 심판 : 항소심의 심판은 제1심 공판절차를 준용한다(법 제370조).
  ㉢ 피고인의 출정 : 피고인이 공판기일에 출정하지 아니한 때에는 다시 기일을 정하여야 하고, 피고인이 정당한 사유없이 다시 정한 기일에 출정하지 아니한 때에는 피고인의 진술없이 판결을 할 수 있다(법 제365조).

> **관련 판례** 구두변론주의
>
> 판결은 항소심에서 항소이유가 없음이 명백하여 항소기각의 판결을 하는 때와 상고심의 판결 등 예외적으로 법률에 의하여 서면심리에 의한 판결이 가능하도록 규정되어 있는 경우를 제외하고는 구두변론을 거쳐야 함이 원칙이다(대판 94도2078).

(4) 항소심의 심판

① 항소기각의 결정 : 원심법원이 항소기각의 결정을 하지 아니한 때에는 항소법원은 결정으로 항소를 기각하여야 한다. 결정에 대하여는 즉시항고를 할 수 있다(법 제362조). 또한 항소인이나 변호인이 기간 내에 항소이유서를 제출하지 아니한 때에는 결정으로 항소를 기각하여야 한다. 단, 직권조사사유가 있거나 항소장에 항소이유의 기재가 있는 때에는 예외로 한다. 결정에 대하여는 즉시항고를 할 수 있다(법 제361조의4).

② 공소기각의 결정 : 공소기각의 결정에 해당한 사유가 있는 때에는 항소법원은 결

SEMI-NOTE

관련 판례

항소이유서는 적법한 기간 내에 항소법원에 도달하면 되는 것으로, 그 도달은 항소법원의 지배권 안에 들어가 사회통념상 일반적으로 알 수 있는 상태에 있으면 되고 나아가 항소법원의 내부적인 업무처리에 따른 문서의 접수, 결재과정 등을 필요로 하는 것은 아니다(대판 96도3325).

정으로 공소를 기각하여야 한다. 결정에 대하여는 즉시항고를 할 수 있다(법 제363조).
③ **항소기각판결** : 항소이유 없다고 인정한 때에는 판결로써 항소를 기각하여야 한다. 항소이유 없음이 명백한 때에는 항소장, 항소이유서 기타의 소송기록에 의하여 변론없이 판결로써 항소를 기각할 수 있다(법 제364조 제4항, 제5항).
④ **파기판결** : 항소이유가 있다고 인정한 때에는 원심판결을 파기하고 다시 판결을 하여야 한다(법 제364조 제6항).
⑤ **원심법원에의 환송** : 공소기각 또는 관할위반의 재판이 법률에 위반됨을 이유로 원심판결을 파기하는 때에는 판결로써 사건을 원심법원에 환송하여야 한다(법 제366조).
⑥ **관할법원에의 이송** : 관할인정이 법률에 위반됨을 이유로 원심판결을 파기하는 때에는 판결로써 사건을 관할법원에 이송하여야 한다. 단, 항소법원이 그 사건의 제1심관할권이 있는 때에는 제1심으로 심판하여야 한다(법 제367조).

> 관련 판례 **파기환송**
>
> 형사소송법 제366조는 "공소기각 또는 관할위반의 재판이 법률에 위반됨을 이유로 원심판결을 파기하는 때에는 판결로써 사건을 원심법원에 환송하여야 한다."라고 규정하고 있으므로, 원심으로서는 위와 같이 제1심의 공소기각 판결이 법률에 위반된다고 판단한 이상 본안에 들어가 심리할 것이 아니라 제1심판결을 파기하고 사건을 제1심법원에 환송하여야 한다(대판 2019도15987).

3. 상고

(1) 상고의 의의

① **의의** : 제2심판결에 불복하여 대법원에 제기하는 상소
② **상고심의 구조**
　㉠ **법률심** : 상고심은 원칙적으로 법률문제를 심리, 판단하는 법률심이고, 예외적으로 중대한 사실의 오인이 있어 판결에 영향을 미친 때 또는 형의 양정이 심히 부당하다고 인정할 현저한 사유가 있는 때에도 상고할 수 있으므로 사실심의 성격도 있다(법 제383조 제4호).
　㉡ **사후심** : 상고심은 원판결의 당·부당을 사후적으로 심리하는 사후심으로 변론 없이 판결할 수 있다(법 제390조 제1항).

(2) 상고이유(법 제383조)

① 판결에 영향을 미친 헌법·법률·명령 또는 규칙의 위반이 있는 때
② 판결 후 형의 폐지나 변경 또는 사면이 있는 때
③ 재심청구의 사유가 있는 때
④ 사형, 무기 또는 10년 이상의 징역이나 금고가 선고된 사건에 있어서 중대한 사실의 오인이 있어 판결에 영향을 미친 때 또는 형의 양정이 심히 부당하다고 인

SEMI-NOTE

공동피고인을 위한 파기
피고인을 위하여 원심판결을 파기하는 경우에 파기의 이유가 항소한 공동피고인에게 공통되는 때에는 그 공동피고인에게 대하여도 원심판결을 파기하여야 한다(법 제364조의2).

관련 판례
상고심의 심판대상은 항소심판결 당시를 기준으로 하여 그 당부를 심사하는데 있는 것이므로 항소심판결 당시 미성년자에 대한 부정기형의 선고는 동인이 그 후 상고심 계속 중에 성년이 된다 하더라도 위법이 될 수 없다(대판 86도2181).

정할 현저한 사유가 있는 때

> **관련 판례** 위법한 처분과 상소이유
>
> 수사기관에서의 구금의 장소, 변호인의 접견 등 구금에 관한 처분이 위법한 것이라는 사실만으로는 그와 같은 위법이 판결에 영향을 미친것이 아닌 한 독립한 상소이유가 될 수 없다(대판 90도646).

(3) 상고심 절차

① **상고의 제기** : 상고는 7일 이내에 상고장을 원심법원에 제출하여야 한다(법 제374조, 제375조).

② **원심법원의 조치**
  ㉠ **원심법원에서의 상고기각 결정** : 상고의 제기가 법률상의 방식에 위반하거나 상고권소멸 후인 것이 명백한 때에는 원심법원은 결정으로 상고를 기각하여야 한다. 결정에 대하여는 즉시항고를 할 수 있다(법 제376조).
  ㉡ **소송기록과 증거물의 송부** : 원심법원은 상고장을 받은 날부터 14일 이내에 소송기록과 증거물을 상고법원에 송부하여야 한다(법 제377조).

③ **상고법원의 조치**
  ㉠ **소송기록접수와 통지** : 상고법원이 소송기록의 송부를 받은 때에는 즉시 상고인과 상대방에 대하여 그 사유를 통지하여야 한다. 통지 전에 변호인의 선임이 있는 때에는 변호인에 대하여도 전항의 통지를 하여야 한다(법 제378조).
  ㉡ **상고이유서와 답변서**(법 제379조)
    • 상고인 또는 변호인이 통지를 받은 날로부터 20일 이내에 상고이유서를 상고법원에 제출하여야 한다.
    • 상고이유서에는 소송기록과 원심법원의 증거조사에 표현된 사실을 인용하여 그 이유를 명시하여야 한다.
    • 상고이유서의 제출을 받은 상고법원은 지체없이 그 부본 또는 등본을 상대방에 송달하여야 한다.
    • 상대방은 전항의 송달을 받은 날로부터 10일 이내에 답변서를 상고법원에 제출할 수 있다.
    • 답변서의 제출을 받은 상고법원은 지체없이 그 부본 또는 등본을 상고인 또는 변호인에게 송달하여야 한다.

④ **상고심의 심리**
  ㉠ **심판범위** : 상고법원은 상고이유서에 포함된 사유에 관하여 심판하여야 한다. 그러나 상고이유서에 포함되지 아니한 때에도 직권으로 심판할 수 있다(법 제384조).
  ㉡ 상고심에는 변호사 아닌 자를 변호인으로 선임하지 못한다(법 제386조). 상고심에는 변호인 아니면 피고인을 위하여 변론하지 못한다(법 제387조).
  ㉢ **변론방식** : 검사와 변호인은 상고이유서에 의하여 변론하여야 한다(법 제388조).
  ㉣ **변호인의 불출석 등** : 변호인의 선임이 없거나 변호인이 공판기일에 출정하지

SEMI-NOTE

상고할 수 있는 판결
제2심판결에 대하여 불복이 있으면 대법원에 상고할 수 있다(법 제371조).

관련 판례
상고인이 제출한 상고장 또는 상고이유서에 위와 같은 구체적이고도 명시적인 이유의 설시가 없이 상고이유로 단순히 원심판결에 사실오인 내지 법리오해의 위배가 있다고만 기재한 경우에는 어느 증거에 관한 취사조치가 채증법칙에 위반되었다는 것인지, 또 어떠한 법령적용의 잘못이 있고 어떠한 점이 부당하다는 것인지 전혀 구체적 사유를 주장하지 아니한 것이어서 적법한 상고이유가 제출된 것이라고 볼 수 없다(대판 2004도7650).

아니한 때에는 검사의 진술을 듣고 판결을 할 수 있다(법 제389조 제1항).
ⓗ 서면심리에 의한 판결 : 상고법원은 상고장, 상고이유서 기타의 소송기록에 의하여 변론 없이 판결할 수 있다. 상고법원은 필요한 경우에는 특정한 사항에 관하여 변론을 열어 참고인의 진술을 들을 수 있다(법 제390조).

(4) 상고심의 심판
① 공소기각의 결정 : 공소기각결정사유가 있는 때에는 상고법원은 결정으로 공소를 기각하여야 한다(법 제382조).
② 상고기각 결정
  ㉠ 상고인이나 변호인이 기간 내에 상고이유서를 제출하지 아니한 때에는 결정으로 상고를 기각하여야 한다. 단, 상고장에 이유의 기재가 있는 때에는 예외로 한다(법 제380조 제1항).
  ㉡ 상고장 및 상고이유서에 기재된 상고이유의 주장이 상고이유의 사유에 해당하지 아니함이 명백한 때에는 결정으로 상고를 기각하여야 한다(법 제380조 제2항).
  ㉢ 원심법원이 상고기각의 결정을 하지 아니한 때에는 상고법원은 결정으로 상고를 기각하여야 한다(법 제381조).
  ㉣ 상고법원은 상고가 이유없다고 인정한 때에는 판결로서 기각하여야 한다(법 제399조, 제364조 제4항).
③ 원심판결의 파기 : 상고이유가 있는 때에는 판결로써 원심판결을 파기하여야 한다(법 제391조).
  ㉠ 공소기각과 환송의 판결 : 적법한 공소를 기각하였다는 이유로 원심판결 또는 제1심판결을 파기하는 경우에는 판결로써 사건을 원심법원 또는 제1심법원에 환송하여야 한다(법 제393조).
  ㉡ 관할인정과 이송의 판결 : 관할의 인정이 법률에 위반됨을 이유로 원심판결 또는 제1심판결을 파기하는 경우에는 판결로써 사건을 관할있는 법원에 이송하여야 한다(법 제394조).
  ㉢ 파기자판 : 상고법원은 원심판결을 파기한 경우에 그 소송기록과 원심법원과 제1심법원이 조사한 증거에 의하여 판결하기 충분하다고 인정한 때에는 피고사건에 대하여 직접판결을 할 수 있다(법 제396조 제1항).

(5) 비약적 상고
① 의의 : 제1심판결에 대한 대법원에의 상고
② 비약적 상고이유(법 제372조)
  ㉠ 원심판결이 인정한 사실에 대하여 법령을 적용하지 아니하였거나 법령의 적용에 착오가 있는 때
  ㉡ 원심판결이 있은 후 형의 폐지나 변경 또는 사면이 있는 때
③ 항소와 비약적 상고 : 제1심판결에 대한 상고는 그 사건에 대한 항소가 제기된 때에는 그 효력을 잃는다. 단, 항소의 취하 또는 항소기각의 결정이 있는 때에는 예외로 한다(법 제373조).

공동피고인을 위한 파기
피고인의 이익을 위하여 원심판결을 파기하는 경우에 파기의 이유가 상고한 공동피고인에 공통되는 때에는 그 공동피고인에 대하여도 원심판결을 파기하여야 한다(법 제392조).

관련 판례 비약적 상고의 효력

피고인의 항소제기가 있으면 검사의 비약적 상고는 상고로서의 효력뿐 아니라 항소로서의 효력도 유지되지 않는다(대판 71도28).

(6) 대법원결정의 정정
① 의의 : 상고심판결에 명백한 오류가 있는 경우에 이를 바로잡는 것
② 판결정정의 신청(법 제400조)
  ㉠ 상고법원은 그 판결의 내용에 오류가 있음을 발견한 때에는 직권 또는 검사, 상고인이나 변호인의 신청에 의하여 판결로써 정정할 수 있다.
  ㉡ 신청은 판결의 선고가 있는 날로부터 10일 이내에 하여야 한다.
  ㉢ 신청은 신청의 이유를 기재한 서면으로 하여야 한다.
③ 정정의 판결(법 제401조)
  ㉠ 정정의 판결은 변론없이 할 수 있다.
  ㉡ 정정할 필요가 없다고 인정한 때에는 지체없이 결정으로 신청을 기각하여야 한다.

4. 항고

(1) 항고의 의의
법원의 결정에 대하여 불복이 있으면 항고를 할 수 있다(법 제402조).

(2) 종류
① 일반항고 ★ 빈출개념
  ㉠ **즉시항고** : 즉시항고는 법률에 규정이 있는 경우에 허용된다. 즉시항고의 제기기간은 7일로 하고(법 제405조), 즉시항고의 제기기간 내와 그 제기가 있는 때에는 재판의 집행은 정지된다(법 제410조).
  ㉡ **보통항고** : 항고는 즉시항고 외에는 언제든지 할 수 있다. 단, 원심결정을 취소하여도 실익이 없게 된 때에는 예외로 한다(법 제404조).
  ㉢ **판결 전의 결정에 대한 항고** : 법원의 관할 또는 판결 전의 소송절차에 관한 결정에 대하여는 특히 즉시항고를 할 수 있는 경우 외에는 항고하지 못한다(법 제403조).
② **재항고** : 항고법원 또는 고등법원의 결정에 대하여는 재판에 영향을 미친 헌법·법률·명령 또는 규칙의 위반이 있음을 이유로 하는 때에 한하여 대법원에 즉시항고를 할 수 있다(법 415조).

(3) 항고심 절차
① 항고의 절차 : 항고를 함에는 항고장을 원심법원에 제출하여야 한다(법 제406조).
② 원심법원의 조치

관련 판례

형사소송법 제400조 제1항에서 말하는 오류라 함은 명백한 것에 한한다고 할 것이어서 채증법칙위배에 대한 판단을 잘못하였으니 무죄판결로 정정하여 달라는 사유는 이에 해당되지 아니한다(대결 87초40).

일반항고와 재항고

일반항고(즉시항고, 보통항고)는 제1심 결정에 대하여 제2심에 불복하는 상소이고, 재항고는 제2심결정에 대하여 제3심에 불복하는 상소

관련 판례

대법원이 한 결정에 대하여는 이유 여하를 불문하고 불복항고 할 수 없다(대결 87모4).

㉠ **원심법원의 항고기각 결정** : 항고의 제기가 법률상의 방식에 위반하거나 항고권소멸 후인 것이 명백한 때에는 원심법원은 결정으로 항고를 기각하여야 한다. 결정에 대하여는 즉시항고를 할 수 있다(법 제407조).
㉡ **원심법원의 갱신결정** : 원심법원은 항고가 이유있다고 인정한 때에는 결정을 경정하여야 하고, 항고의 전부 또는 일부가 이유없다고 인정한 때에는 항고장을 받은 날로부터 3일 이내에 의견서를 첨부하여 항고법원에 송부하여야 한다(법 제408조).

③ **항고제기의 효과** ★ 빈출개념
㉠ **보통항고와 집행정지** : 항고는 즉시항고 외에는 재판의 집행을 정지하는 효력이 없다. 단, 원심법원 또는 항고법원은 결정으로 항고에 대한 결정이 있을 때까지 집행을 정지할 수 있다(법 제409조).
㉡ **즉시항고와 집행정지의 효력** : 즉시항고의 제기기간 내와 그 제기가 있는 때에는 재판의 집행은 정지된다(법 제410조).

(4) 항고심 심판
① **항고기각의 결정** : 원심법원이 항고기각의 결정을 하지 아니한 때에는 항고법원은 결정으로 항고를 기각하여야 한다(법 제413조).
② **항고기각과 항고이유 인정**(법 제414조)
㉠ 항고를 이유없다고 인정한 때에는 결정으로 항고를 기각하여야 한다.
㉡ 항고를 이유있다고 인정한 때에는 결정으로 원심결정을 취소하고 필요한 경우에는 항고사건에 대하여 직접 재판을 하여야 한다.
③ **재항고** : 항고법원 또는 고등법원의 결정에 대하여는 재판에 영향을 미친 헌법·법률·명령 또는 규칙의 위반이 있음을 이유로 하는 때에 한하여 대법원에 즉시항고를 할 수 있다(법 제415조).

(5) 준항고
① **의의** : 재판장 또는 수명법관의 재판이나 검사 또는 사법경찰관의 처분에 대하여 관할법원에 취소 또는 변경을 청구하는 불복방법
② **대상**(법 제416조 제1항)
㉠ 기피신청을 기각한 재판
㉡ 구금, 보석, 압수 또는 압수물환부에 관한 재판
㉢ 감정하기 위하여 피고인의 유치를 명한 재판
㉣ 증인, 감정인, 통역인 또는 번역인에 대하여 과태료 또는 비용의 배상을 명한 재판
③ **수사기관의 처분** : 검사 또는 사법경찰관의 구금, 압수 또는 압수물의 환부에 관한 처분과 변호인의 참여 등에 관한 처분에 대하여 불복이 있으면 그 직무집행지의 관할법원 또는 검사의 소속검찰청에 대응한 법원에 그 처분의 취소 또는 변경을 청구할 수 있다(법 제417조).
④ **준항고의 절차**
㉠ 지방법원이 전항의 청구를 받은 때에는 합의부에서 결정을 하여야 한다(법 제

준항고의 방식
청구는 서면으로 관할법원에 제출하여야 한다(법 제418조).

416조 제2항).
  ⓒ 청구는 재판의 고지있는 날로부터 7일 이내에 하여야 한다(법 제416조 제3항).
  ⓒ 청구기간 내와 청구가 있는 때에는 그 재판의 집행은 정지된다(법 제416조 제4항).

02절 비상구제절차

1. 재심

(1) 재심의 의의
유죄의 확정판결에 중대한 사실오인이 있는 경우 판결을 받은 자의 이익을 위하여 이를 시정하는 비상구제절차

(2) 재심의 대상
① 유죄의 확정판결 : 재심은 유죄의 확정판결에 대하여 그 선고를 받은 자의 이익을 위하여 청구할 수 있다(법 제420조).
② 상소의 기각판결 : 항소 또는 상고의 기각판결에 대하여는 그 사유있는 경우에 한하여 그 선고를 받은 자의 이익을 위하여 재심을 청구할 수 있다(법 제421조 제1항).

(3) 유죄의 확정판결에 대한 재심사유(법 제420조)
① 원판결의 증거가 된 서류 또는 증거물이 확정판결에 의하여 위조되거나 변조된 것임이 증명된 때
② 원판결의 증거가 된 증언, 감정, 통역 또는 번역이 확정판결에 의하여 허위임이 증명된 때
③ 무고로 인하여 유죄를 선고받은 경우에 그 무고의 죄가 확정판결에 의하여 증명된 때
④ 원판결의 증거가 된 재판이 확정재판에 의하여 변경된 때
⑤ 유죄를 선고받은 자에 대하여 무죄 또는 면소를, 형의 선고를 받은 자에 대하여 형의 면제 또는 원판결이 인정한 죄보다 가벼운 죄를 인정할 명백한 증거가 새로 발견된 때
⑥ 저작권, 특허권, 실용신안권, 디자인권 또는 상표권을 침해한 죄로 유죄의 선고를 받은 사건에 관하여 그 권리에 대한 무효의 심결 또는 무효의 판결이 확정된 때
⑦ 원판결, 전심판결 또는 그 판결의 기초가 된 조사에 관여한 법관, 공소의 제기 또는 그 공소의 기초가 된 수사에 관여한 검사나 사법경찰관이 그 직무에 관한 죄를 지은 것이 확정판결에 의하여 증명된 때. 다만, 원판결의 선고 전에 법관, 검사 또는 사법경찰관에 대하여 공소가 제기되었을 경우에는 원판결의 법원이 그 사유를 알지 못한 때로 한정한다.

관련 판례

형사재판에서 재심은 형사소송법 제420조, 제421조 제1항의 규정에 의하여 유죄 확정판결 및 유죄판결에 대한 항소 또는 상고를 기각한 확정판결에 대하여만 허용된다. 면소판결은 유죄 확정판결이라 할 수 없으므로 면소판결을 대상으로 한 재심청구는 부적법하다(대결 2015모3243).

SEMI-NOTE

확정판결에 대신하는 증명
확정판결로써 범죄가 증명됨을 재심청구의 이유로 할 경우에 그 확정판결을 얻을 수 없는 때에는 그 사실을 증명하여 재심의 청구를 할 수 있다. 단, 증거가 없다는 이유로 확정판결을 얻을 수 없는 때에는 예외로 한다(법 제422조).

(4) 상소의 기각판결에 대한 재심사유(법 제421조)

① 항소 또는 상고의 기각판결에 대하여는 그 사유있는 경우에 한하여 그 선고를 받은 자의 이익을 위하여 재심을 청구할 수 있다.
② 제1심확정판결에 대한 재심청구사건의 판결이 있은 후에는 항소기각 판결에 대하여 다시 재심을 청구하지 못한다.
③ 제1심 또는 제2심의 확정판결에 대한 재심청구사건의 판결이 있은 후에는 상고기각판결에 대하여 다시 재심을 청구하지 못한다.

(5) 특별법상 재심사유

① 헌법재판소법 : 헌법재판소에서 위헌으로 결정된 형법 또는 법률의 조항을 소급하여 효력을 상실하므로 이 경우 위헌으로 결정된 법률 또는 법률의 조항을 근거로 유죄의 확정판결에 대하여 재심을 청구할 수 있다(헌법재판소법 제47조 제4항).
② 소송촉진 등에 관한 특례법 : 유죄판결을 받고 그 판결이 확정된 자가 책임을 질 수 없는 사유로 공판절차에 출석할 수 없었던 경우 형사소송법 제424조에 규정된 자는 그 판결이 있었던 사실을 안 날부터 14일 이내에 제1심 법원에 재심을 청구할 수 있다(소송촉진 등에 관한 특례법 제23조 제1항).

(6) 재심개시절차

① 재심의 관할 : 재심의 청구는 원판결의 법원이 관할한다(법 제423조).
② 재심청구권자(법 제424조)
　㉠ 검사
　㉡ 유죄의 선고를 받은 자
　㉢ 유죄의 선고를 받은 자의 법정대리인
　㉣ 유죄의 선고를 받은 자가 사망하거나 심신장애가 있는 경우에는 그 배우자, 직계친족 또는 형제자매
③ 재심청구의 시기 : 재심의 청구는 형의 집행을 종료하거나 형의 집행을 받지 아니하게 된 때에도 할 수 있다(법 제427조).
④ 재심과 집행정지의 효력 : 재심의 청구는 형의 집행을 정지하는 효력이 없다. 단 관할법원에 대응한 검찰청검사는 재심청구에 대한 재판이 있을 때까지 형의 집행을 정지할 수 있다(법 제428조).
⑤ 재심청구의 취하 : 재심의 청구는 취하할 수 있다. 재심의 청구를 취하한 자는 동일한 이유로써 다시 재심을 청구하지 못한다(법 제429조).

(7) 재심청구에 대한 재판

① 사실조사 : 재심의 청구를 받은 법원은 필요하다고 인정한 때에는 합의부원에게 재심청구의 이유에 대한 사실조사를 명하거나 다른 법원판사에게 이를 촉탁할 수 있다. 수명법관 또는 수탁판사는 법원 또는 재판장과 동일한 권한이 있다(법 제431조).

② 재심에 대한 결정과 당사자의 의견 : 재심의 청구에 대하여 결정을 함에는 청구한 자와 상대방의 의견을 들어야 한다. 단, 유죄의 선고를 받은 자의 법정대리인이 청구한 경우에는 유죄의 선고를 받은 자의 의견을 들어야 한다(법 제432조).
③ 청구기각 결정 : 재심의 청구가 법률상의 방식에 위반하거나 청구권의 소멸 후인 것이 명백한 때에는 결정으로 기각하여야 한다(법 제433조). 재심의 청구가 이유없다고 인정한 때에는 결정으로 기각하여야 하고, 결정이 있는 때에는 누구든지 동일한 이유로써 다시 재심을 청구하지 못한다(법 제434조).

(8) 재심심판절차

① 재심의 심판(법 제438조)
  ㉠ 재심개시의 결정이 확정한 사건에 대하여는 청구기각결정의 경우 외에는 법원은 그 심급에 따라 다시 심판을 하여야 한다.
  ㉡ 피고인이 출정하지 아니하여도 심판을 할 수 있다. 단, 변호인이 출정하지 아니하면 개정하지 못한다.
  ㉢ 재심을 청구한 자가 변호인을 선임하지 아니한 때에는 재판장은 직권으로 변호인을 선임하여야 한다.
② 불이익변경의 금지 : 재심에는 원판결의 형보다 무거운 형을 선고할 수 없다(법 제439조).
③ 무죄판결의 공시 : 재심에서 무죄의 선고를 한 때에는 그 판결을 관보와 그 법원소재지의 신문지에 기재하여 공고하여야 한다(법 제440조).

2. 비상상고

(1) 비상상고의 의의

판결이 확정한 후 그 사건의 심판이 법령에 위반한 것을 발견한 때 이를 시정하기 위한 비상구제절차

(2) 비상상고의 대상과 이유

① 비상상고의 대상 : 확정판결, 당연무효판결
② 비상상고의 이유(법 제446조)
  ㉠ 원판결이 법령에 위반한 때에는 그 위반된 부분을 파기하여야 한다. 단, 원판결이 피고인에게 불이익한 때에는 원판결을 파기하고 피고사건에 대하여 다시 판결을 한다.
  ㉡ 원심소송절차가 법령에 위반한 때에는 그 위반된 절차를 파기한다.

(3) 비상상고의 절차

① 비상상고이유 : 검찰총장은 판결이 확정한 후 그 사건의 심판이 법령에 위반한 것을 발견한 때에는 대법원에 비상상고를 할 수 있다(법 제441조).
② 비상상고의 방식 : 비상상고를 함에는 그 이유를 기재한 신청서를 대법원에 제출하여야 한다(법 제442조).

SEMI-NOTE

관련 판례

형벌에 관한 법령이 헌법재판소의 위헌결정으로 인하여 소급하여 그 효력을 상실하였거나 법원에서 위헌·무효로 선언된 경우, 당해 법령을 적용하여 공소가 제기된 피고사건에 대하여는 형사소송법 제325조에 따라 무죄를 선고하여야 한다(대판 2011도2631).

즉시항고

재심청구기각결정 또는 재심개시결정에 대하여는 즉시항고를 할 수 있다(법 제437조).

관련 판례

유죄의 확정판결에 대하여 재심개시결정이 확정되어 법원이 그 사건에 대하여 다시 심판을 한 후 재심의 판결을 선고하고 그 재심판결이 확정된 때에는 종전의 확정판결은 당연히 효력을 상실한다(대판 2017도4019).

③ 공판기일 : 공판기일에는 검사는 신청서에 의하여 진술하여야 한다(법 제443조).
④ 조사의 범위, 사실의 조사(법 제444조)
  ㉠ 대법원은 신청서에 포함된 이유에 한하여 조사하여야 한다.
  ㉡ 법원의 관할, 공소의 수리와 소송절차에 관하여는 사실조사를 할 수 있다.

(4) 비상상고판결
① 기각의 판결 : 비상상고가 이유 없다고 인정한 때에는 판결로써 이를 기각하여야 한다(법 제445조).
② 파기의 판결 : 비상상고가 이유 있다고 인정한 때에는 판결을 하여야 한다(법 제446조).
③ 판결의 효력 : 비상상고의 판결은 원판결이 피고인에게 불리하여 파기자판을 하는 경우를 제외하고는 그 효력이 피고인에게 미치지 아니한다(법 제447조).

03절 특별절차

1. 약식절차

(1) 약식절차의 의의
지방법원이 그 관할에 속한 사건에 대하여 통상의 공판절차를 거치지 아니하고 약식명령이라는 재판에 의하여 벌금·과료 또는 몰수에 처할 수 있는 간이한 절차

(2) 약식명령의 청구
① 약식명령을 할 수 있는 사건 : 지방법원은 그 관할에 속한 사건에 대하여 검사의 청구가 있는 때에는 공판절차없이 약식명령으로 피고인을 벌금, 과료 또는 몰수에 처할 수 있다. 추징 기타 부수의 처분을 할 수 있다(법 제448조).
② 약식명령의 청구 : 약식명령의 청구는 공소의 제기와 동시에 서면으로 하여야 한다(법 제449조).

(3) 약식명령의 심판
① 보통의 심판 : 약식명령의 청구가 있는 경우에 그 사건이 약식명령으로 할 수 없거나 약식명령으로 하는 것이 적당하지 아니하다고 인정한 때에는 공판절차에 의하여 심판하여야 한다(법 제450조).
② 법원의 사건심사
  ㉠ 제기와 동시에 서면으로 하여야 한다(법 제449조).
  ㉡ 약식절차에서는 공판절차를 전제로 하는 공소장변경은 허용되지 않음
  ㉢ 법원사무관등은 약식명령의 청구가 있는 사건을 공판절차에 의하여 심판하기로 한 때에는 즉시 그 취지를 검사에게 통지하여야 한다(규칙 제172조 제1항).

SEMI-NOTE

약식명령
- **약식명령의 시기** : 약식명령은 그 청구가 있은 날로부터 14일내에 이를 하여야 한다(규칙 171조).
- **약식명령의 방식** : 약식명령에는 범죄사실, 적용법령, 주형, 부수처분과 약식명령의 고지를 받은 날로부터 7일 이내에 정식재판의 청구를 할 수 있음을 명시하여야 한다(법 제451조).
- **약식명령의 효력** : 약식명령은 정식재판의 청구기간이 경과하거나 그 청구의 취하 또는 청구기각의 결정이 확정한 때에는 확정판결과 동일한 효력이 있다(법 제457조).

서류 등의 제출
검사는 약식명령의 청구와 동시에 약식명령을 하는데 필요한 증거서류 및 증거물을 법원에 제출하여야 한다(규칙 제170조).

(4) 정식재판의 청구

① 의의 : 약식명령에 불복하여 정식의 공판절차에 의한 심판을 구하는 불복절차
② 정식재판의 청구(법 제453조)
　㉠ 검사 또는 피고인은 약식명령의 고지를 받은 날로부터 7일 이내에 정식재판의 청구를 할 수 있다. 단, 피고인은 정식재판의 청구를 포기할 수 없다.
　㉡ 정식재판의 청구는 약식명령을 한 법원에 서면으로 제출하여야 한다.
　㉢ 정식재판의 청구가 있는 때에는 법원은 지체없이 검사 또는 피고인에게 그 사유를 통지하여야 한다.
③ 정식재판청구에 대한 재판
　㉠ 기각의 결정 : 정식재판의 청구가 법령상의 방식에 위반하거나 청구권의 소멸 후인 것이 명백한 때에는 결정으로 기각하여야 하고, 결정에 대하여는 즉시항고를 할 수 있다. 정식재판의 청구가 적법한 때에는 공판절차에 의하여 심판하여야 한다(법 제455조).
　㉡ 형종 상향의 금지 등(법 제457조의2)
　　• 피고인이 정식재판을 청구한 사건에 대하여는 약식명령의 형보다 중한 종류의 형을 선고하지 못한다.
　　• 피고인이 정식재판을 청구한 사건에 대하여 약식명령의 형보다 중한 형을 선고하는 경우에는 판결서에 양형의 이유를 적어야 한다.
　㉢ 약식명령의 효력 : 약식명령은 정식재판의 청구기간이 경과하거나 그 청구의 취하 또는 청구기각의 결정이 확정한 때에는 확정판결과 동일한 효력이 있다(대판 457조).

2. 즉결심판절차

(1) 즉결심판절차의 의의

① 의의 : 20만원 이하의 벌금, 구류, 과료에 처한 경미한 범죄에 대하여 공판절차에 의하지 않고 즉결심판에 관한 절차법에 의해 신속하게 처리하는 심판절차
② 기능 : 경미한 범죄를 신속히 처리하여 신속한 재판 구현

(2) 즉결심판 청구

① 즉결심판청구 : 즉결심판은 관할경찰서장 또는 관할해양경찰서장이 관할법원에 이를 청구한다(즉결심판에 관한 절차법 제3조 제1항).
② 즉결심판의 대상 : 지방법원, 지원 또는 시·군법원의 판사는 즉결심판절차에 의하여 피고인에게 20만원 이하의 벌금, 구류 또는 과료에 처할 수 있다(즉결심판에 관한 절차법 제2조).

(3) 즉결심판절차의 심리

① 청구의 기각 등(즉결심판에 관한 절차법 제5조)
　㉠ 판사는 사건이 즉결심판을 할 수 없거나 즉결심판절차에 의하여 심판함이 적

SEMI-NOTE

정식재판청구의 취하
정식재판의 청구는 제1심판결선고 전까지 취하할 수 있다(법 제454조).

약식명령의 실효
약식명령은 정식재판의 청구에 의한 판결이 있는 때에는 그 효력을 잃는다(법 제456조).

즉결심판 청구방식
• 즉결심판을 청구함에는 즉결심판청구서를 제출하여야 하며, 즉결심판청구서에는 피고인의 성명 기타 피고인을 특정할 수 있는 사항, 죄명, 범죄사실과 적용법조를 기재하여야 한다(즉결심판에 관한 절차법 제3조 제2항).
• 즉결심판을 청구할 때에는 사전에 피고인에게 즉결심판의 절차를 이해하는 데 필요한 사항을 서면 또는 구두로 알려주어야 한다(즉결심판에 관한 절차법 제3조 제3항).

당하지 아니하다고 인정할 때에는 결정으로 즉결심판의 청구를 기각하여야 한다.
ⓒ 결정이 있는 때에는 경찰서장은 지체없이 사건을 관할지방검찰청 또는 지청의 장에게 송치하여야 한다.
② 심판 : 즉결심판의 청구가 있는 때에는 판사는 기각의 경우를 제외하고 즉시 심판을 하여야 한다(즉결심판에 관한 절차법 제6조).
③ 개정(즉결심판에 관한 절차법 제7조)
  ㉠ 즉결심판절차에 의한 심리와 재판의 선고는 공개된 법정에서 행하되, 그 법정은 경찰관서외의 장소에 설치되어야 한다.
  ㉡ 법정은 판사와 법원서기관, 법원사무관, 법원주사 또는 법원주사보가 열석하여 개정한다.
  ㉢ 판사는 상당한 이유가 있는 경우에는 개정없이 피고인의 진술서와 서류 또는 증거물에 의하여 심판할 수 있다. 다만, 구류에 처하는 경우에는 그러하지 아니하다.
④ 피고인의 출석 : 피고인이 기일에 출석하지 아니한 때에는 이 법 또는 다른 법률에 특별한 규정이 있는 경우를 제외하고는 개정할 수 없다(즉결심판에 관한 절차법 제8조).

(4) 즉결심판의 선고와 효력

① 즉결심판의 선고 : 즉결심판으로 유죄를 선고할 때에는 형, 범죄사실과 적용법조를 명시하고 피고인은 7일 이내에 정식재판을 청구할 수 있다는 것을 고지하여야 한다(즉결심판에 관한 절차법 제11조 제1항).
② 유치명령 등 : 판사는 구류의 선고를 받은 피고인이 일정한 주소가 없거나 또는 도망할 염려가 있을 때에는 5일을 초과하지 아니하는 기간 경찰서유치장에 유치할 것을 명령할 수 있다(즉결심판에 관한 절차법 제17조 제1항).
③ 즉결심판은 정식재판의 청구기간의 경과, 정식재판청구의 취하·포기, 정식재판청구의 기각결정으로 확정
④ 형의 집행(즉결심판에 관한 절차법 제18조)
  ㉠ 형의 집행은 경찰서장이 하고 그 집행결과를 지체없이 검사에게 보고하여야 한다.
  ㉡ 구류는 경찰서유치장·구치소 또는 교도소에서 집행하며 구치소 또는 교도소에서 집행할 때에는 검사가 이를 지휘한다.
  ㉢ 벌금, 과료, 몰수는 그 집행을 종료하면 지체없이 검사에게 이를 인계하여야 한다. 다만, 즉결심판 확정후 상당기간내에 집행할 수 없을 때에는 검사에게 통지하여야 한다. 통지를 받은 검사는 집행할 수 있다.
  ㉣ 형의 집행정지는 사전에 검사의 허가를 얻어야 한다.

(5) 정식재판의 청구

① 의의 : 즉결심판에 불복하여 정식의 공판절차에 의한 심판을 구하는 소송행위
② 정식재판의 청구(즉결심판에 관한 절차법 제14조)

SEMI-NOTE

즉결심판절차
즉결심판절차에서는 전문법칙이 적용되지 않음. 또한 자백의 보강법칙이 적용되지 않으나 자백배제법칙, 위법수집증거배제 법칙은 적용됨

즉결심판의 실효
즉결심판은 정식재판의 청구에 의한 판결이 있는 때에는 그 효력을 잃는다(즉결심판에 관한 절차법 제15조).

㉠ 정식재판을 청구하고자 하는 피고인은 즉결심판의 선고·고지를 받은 날부터 7일 이내에 정식재판청구서를 경찰서장에게 제출하여야 한다. 정식재판청구서를 받은 경찰서장은 지체없이 판사에게 이를 송부하여야 한다.
㉡ 경찰서장은 즉결심판의 선고·고지를 한 날부터 7일 이내에 정식재판을 청구할 수 있다. 이 경우 경찰서장은 관할지방검찰청 또는 지청의 검사의 승인을 얻어 정식재판청구서를 판사에게 제출하여야 한다.
㉢ 판사는 정식재판청구서를 받은 날부터 7일 이내에 경찰서장에게 정식재판청구서를 첨부한 사건기록과 증거물을 송부하고, 경찰서장은 지체없이 관할지방검찰청 또는 지청의 장에게 이를 송부하여야 하며, 그 검찰청 또는 지청의 장은 지체없이 관할법원에 이를 송부하여야 한다.
③ 즉결심판의 실효 : 즉결심판은 정식재판의 청구에 의한 판결이 있는 때에는 그 효력을 잃는다(즉결심판에 관한 절차법 제15조).

3. 소년보호절차와 소년형사절차

(1) 개설

① 소년의 의의 : 소년이란 19세 미만인 자를 말한다(소년법 제2조).
② 소년의 종류
  ㉠ 범죄소년 : 죄를 범한 소년으로 14세 이상 19세 미만인 소년을 말한다(소년법 제4조 제1항 제1호).
  ㉡ 촉법소년 : 형벌 법령에 저촉되는 행위를 한 10세 이상 14세 미만인 소년(소년법 제4조 제1항 제2호).
  ㉢ 우범소년 : 다음에 해당하는 사유가 있고 그의 성격이나 환경에 비추어 앞으로 형벌 법령에 저촉되는 행위를 할 우려가 있는 10세 이상인 소년(소년법 제4조 제1항 제3호)
    • 집단적으로 몰려다니며 주위 사람들에게 불안감을 조성하는 성벽(性癖)이 있는 것
    • 정당한 이유 없이 가출하는 것
    • 술을 마시고 소란을 피우거나 유해환경에 접하는 성벽이 있는 것

(2) 소년보호사건

① 관할 : 소년 보호사건의 관할은 소년의 행위지, 거주지 또는 현재지로 한다(소년법 제3조 제1항).
② 송치 : 촉법소년, 우범소년이 있을 때에는 경찰서장은 직접 관할 소년부에 송치하여야 한다(소년법 제4조 제2항).
③ 형사처분 등을 위한 관할 검찰청으로의 송치 : 소년부는 조사 또는 심리한 결과 금고 이상의 형에 해당하는 범죄 사실이 발견된 경우 그 동기와 죄질이 형사처분을 할 필요가 있다고 인정하면 결정으로써 사건을 관할 지방법원에 대응한 검찰청 검사에게 송치하여야 한다(소년법 제7조 제1항).
④ 법원의 송치 : 법원은 소년에 대한 피고사건을 심리한 결과 보호처분에 해당할

SEMI-NOTE

소년사건의 처리
• 촉법소년과 우범소년은 소년보호사건으로 처리하여 보호처분 부과
• 범죄소년은 형사사건으로 형벌부과

SEMI-NOTE

사유가 있다고 인정하면 결정으로써 사건을 관할 소년부에 송치하여야 한다(소년법 제50조).

⑤ **심리 불개시의 결정** : 소년부 판사는 송치서와 조사관의 조사보고에 따라 사건의 심리를 개시할 수 없거나 개시할 필요가 없다고 인정하면 심리를 개시하지 아니한다는 결정을 하여야 한다. 이 결정은 사건 본인과 보호자에게 알려야 한다(소년법 제19조 제1항).

⑥ **심리 개시의 결정** : 소년부 판사는 송치서와 조사관의 조사보고에 따라 사건을 심리할 필요가 있다고 인정하면 심리 개시 결정을 하여야 한다(소년법 제20조 제1항).

⑦ **불처분 결정** : 소년부 판사는 심리 결과 보호처분을 할 수 없거나 할 필요가 없다고 인정하면 그 취지의 결정을 하고, 이를 사건 본인과 보호자에게 알려야 한다(소년법 제29조 제1항).

⑧ **보호처분의 결정** : 소년부 판사는 심리 결과 보호처분을 할 필요가 있다고 인정하면 결정으로써 처분을 하여야 한다(소년법 제32조 제1항).

⑨ **보호처분의 취소** : 보호처분이 계속 중일 때에 사건 본인이 처분 당시 19세 이상인 것으로 밝혀진 경우에는 소년부 판사는 결정으로써 그 보호처분을 취소하고 처리하여야 한다(소년법 제38조 제1항).

⑩ **항고** : 보호처분의 결정 및 부가처분 등의 결정 또는 보호처분·부가처분 변경 결정이 항소사유에 해당하면 사건 본인·보호자·보조인 또는 그 법정대리인은 관할 가정법원 또는 지방법원 본원 합의부에 항고할 수 있다(소년법 제43조 제1항).

⑪ **공소시효의 정지** : 심리 개시 결정이 있었던 때로부터 그 사건에 대한 보호처분의 결정이 확정될 때까지 공소시효는 그 진행이 정지된다(소년법 제54조).

⑫ **보호처분의 효력** : 보호처분을 받은 소년에 대하여는 그 심리가 결정된 사건은 다시 공소를 제기하거나 소년부에 송치할 수 없다. 다만, 보호처분의 취소의 경우에는 공소를 제기할 수 있다(소년법 제53조).

(3) 소년형사사건

① **심판**
  ㉠ **조사의 위촉** : 법원은 소년에 대한 형사사건에 관하여 필요한 사항을 조사하도록 조사관에게 위촉할 수 있다(소년법 제56조).
  ㉡ **심리의 분리** : 소년에 대한 형사사건의 심리는 다른 피의사건과 관련된 경우에도 심리에 지장이 없으면 그 절차를 분리하여야 한다(소년법 제57조).

② **재판의 특례**
  ㉠ **사형 및 무기형의 완화** : 죄를 범할 당시 18세 미만인 소년에 대하여 사형 또는 무기형으로 처할 경우에는 15년의 유기징역으로 한다(소년법 제59조).
  ㉡ **부정기형** : 소년이 법정형으로 장기 2년 이상의 유기형에 해당하는 죄를 범한 경우에는 그 형의 범위에서 장기와 단기를 정하여 선고한다. 다만, 장기는 10년, 단기는 5년을 초과하지 못한다(소년법 제60조 제1항).
  ㉢ **환형처분의 금지** : 18세 미만인 소년에게는 유치선고를 하지 못한다. 다만, 판결선고 전 구속되었거나 소년분류심사원에 위탁의 조치가 있었을 때에는 그

소년에 대한 구속영장의 제한

소년에 대한 구속영장은 부득이한 경우가 아니면 발부하지 못한다. 소년을 구속하는 경우에는 특별한 사정이 없으면 다른 피의자나 피고인과 분리하여 수용하여야 한다(소년법 제55조).

관련 판례

법정형 중에서 무기징역을 선택한 후 작량감경한 결과 유기징역을 선고하게 되었을 경우에는 피고인이 미성년자라 하더라도 부정기형을 선고할 수 없는 것이므로, 피고인에게 법정형 중 무기징역형을 선택한 후 작량감경을 하여 징역 10년의 정기형을 선고한 판결에 소년법 제59조, 제60조의 해석을 잘못한 위법이 없다(대판 91도357).

구속 또는 위탁의 기간에 해당하는 기간은 노역장에 유치된 것으로 보아 형법 제57조를 적용할 수 있다(소년법 제2조).
③ 형집행의 특례
  ㉠ 징역·금고의 집행 : 징역 또는 금고를 선고받은 소년에 대하여는 특별히 설치된 교도소 또는 일반 교도소 안에 특별히 분리된 장소에서 그 형을 집행한다(소년법 제63조).
  ㉡ 가석방 : 징역 또는 금고를 선고받은 소년에 대하여는 다음의 기간이 지나면 가석방을 허가할 수 있다(소년법 제65조).
    • 무기형의 경우에는 5년
    • 15년 유기형의 경우에는 3년
    • 부정기형의 경우에는 단기의 3분의 1

4. 배상명령과 범죄피해자구조제도

(1) 배상명령

① 의의 : 형사사건의 피해자가 범인의 형사재판 과정에서 간편한 방법으로 민사적인 손해배상명령까지 받아 낼 수 있는 제도
② 요건
  ㉠ 대상 : 상해죄, 중상해죄, 상해치사죄, 과실치상죄, 강간추행죄, 절도·강도의 죄, 사기·공갈의 죄, 횡령·배임의 죄, 손괴죄 및 성폭력처벌법과 청소년성보호법 일부 성폭력범죄에 대하여 직접적인 물적(物的) 피해, 치료비 손해 및 위자료의 배상(소송촉진 등에 관한 특례법 제25조 제1항)
  ㉡ 범위 : 법원은 대상에 규정된 죄 및 그 외의 죄에 대한 피고사건에서 피고인과 피해자 사이에 합의된 손해배상액에 관하여도 배상을 명할 수 있다(소송촉진 등에 관한 특례법 제25조 제2항).
③ 절차
  ㉠ 배상신청 : 피해자는 제1심 또는 제2심 공판의 변론이 종결될 때까지 사건이 계속된 법원에 피해배상을 신청할 수 있다. 이 경우 신청서에 인지를 붙이지 아니한다(소송촉진 등에 관한 특례법 제26조 제1항).
  ㉡ 배상신청의 통지 : 검사는 대상이 된 죄로 공소를 제기한 경우에는 지체 없이 피해자 또는 그 법정대리인에게 배상신청을 할 수 있음을 통지하여야 한다(소송촉진 등에 관한 특례법 제25조의2).
  ㉢ 취하 : 신청인은 배상명령이 확정되기 전까지는 언제든지 배상신청을 취하할 수 있다(소송촉진 등에 관한 특례법 제26조 제6항).
  ㉣ 효력 : 배상신청은 민사소송에서의 소의 제기와 동일한 효력이 있다(소송촉진 등에 관한 특례법 제26조 제8항).
④ 재판
  ㉠ 배상명령의 선고 등 : 배상명령은 유죄판결의 선고와 동시에 하여야 한다(소송촉진 등에 관한 특례법 제31조 제1항).

SEMI-NOTE

배상명령을 하여서는 안 되는 경우

법원은 다음의 어느 하나에 해당하는 경우에는 배상명령을 하여서는 아니 된다(소송촉진 등에 관한 특례법 제25조 제3항).
- 피해자의 성명·주소가 분명하지 아니한 경우
- 피해 금액이 특정되지 아니한 경우
- 피고인의 배상책임의 유무 또는 그 범위가 명백하지 아니한 경우
- 배상명령으로 인하여 공판절차가 현저히 지연될 우려가 있거나 형사소송절차에서 배상명령을 하는 것이 타당하지 아니하다고 인정되는 경우

SEMI-NOTE

ⓒ **배상신청의 각하** : 법원은 적법하지 아니하는 등의 경우에는 결정으로 배상신청을 각하하여야 한다(소송촉진 등에 관한 특례법 제32조 제1항).
ⓒ **불복** : 유죄판결에 대한 상소가 제기된 경우에는 배상명령은 피고사건과 함께 상소심(上訴審)으로 이심된다(소송촉진 등에 관한 특례법 제33조 제1항).
ⓔ **효력** : 확정된 배상명령 또는 가집행선고가 있는 배상명령이 기재된 유죄판결서의 정본은 민사집행법에 따른 강제집행에 관하여는 집행력 있는 민사판결 정본과 동일한 효력이 있다(소송촉진 등에 관한 특례법 제34조 제1항).

범죄피해자구조제도의 의의
타인의 범죄행위로 인하여 생명·신체에 피해를 받은 사람을 구조해 주는 제도

(2) 범죄피해자구조제도

① 구조의 요건
  ⓐ **범죄피해자** : 타인의 범죄행위로 피해를 당한 사람과 그 배우자(사실상의 혼인관계를 포함한다), 직계친족 및 형제자매를 말한다(범죄피해자 보호법 제3조 제1항 제1호).
  ⓑ **구조대상 범죄피해** : 대한민국의 영역 안에서 또는 대한민국의 영역 밖에 있는 대한민국의 선박이나 항공기 안에서 행하여진 사람의 생명 또는 신체를 해치는 죄에 해당하는 행위로 인하여 사망하거나 장해 또는 중상해를 입은 것을 말한다(범죄피해자 보호법 제3조 제1항 제4호).
② **구조금의 지급요건** : 국가는 구조대상 범죄피해를 받은 사람이 다음의 어느 하나에 해당하면 구조피해자 또는 그 유족에게 범죄피해 구조금을 지급한다(범죄피해자 보호법 제15조).
  ⓐ 구조피해자가 피해의 전부 또는 일부를 배상받지 못하는 경우
  ⓑ 자기 또는 타인의 형사사건의 수사 또는 재판에서 고소·고발 등 수사단서를 제공하거나 진술, 증언 또는 자료제출을 하다가 구조피해자가 된 경우
③ 구조금의 지급절차
  ⓐ **구조금의 지급신청** : 구조금을 받으려는 사람은 법무부령으로 정하는 바에 따라 그 주소지, 거주지 또는 범죄 발생지를 관할하는 지구심의회에 신청하여야 한다(범죄피해자 보호법 제25조 제1항).
  ⓑ **구조결정** : 지구심의회는 신청을 받으면 신속하게 구조금을 지급하거나 지급하지 아니한다는 결정을 하여야 한다(범죄피해자 보호법 제26조).
  ⓒ **재심신청** : 지구심의회에서 구조금 지급신청을 기각 또는 각하하면 신청인은 결정의 정본이 송달된 날부터 2주일 이내에 그 지구심의회를 거쳐 본부심의회에 재심을 신청할 수 있다(범죄피해자 보호법 제27조 제1항).

구조금 수급권의 보호
구조금을 받을 권리는 양도하거나 담보로 제공하거나 압류할 수 없다(범죄피해자 보호법 제32조).

  ⓓ **소멸시효** : 구조금을 받을 권리는 그 구조결정이 해당 신청인에게 송달된 날부터 2년간 행사하지 아니하면 시효로 인하여 소멸된다(범죄피해자 보호법 제31조).
④ 형사조정
  ⓐ **형사조정 회부** : 검사는 피의자와 범죄피해자 사이에 형사분쟁을 공정하고 원만하게 해결하여 범죄피해자가 입은 피해를 실질적으로 회복하는 데 필요하다고 인정하면 당사자의 신청 또는 직권으로 수사 중인 형사사건을 형사조정에 회부할 수 있다(범죄피해자 보호법 제41조 제1항).

ⓛ 형사조정 대상 사건(범죄피해자 보호법 시행령 제46조)
- 차용금, 공사대금, 투자금 등 개인 간 금전거래로 인하여 발생한 분쟁으로서 사기, 횡령, 배임 등으로 고소된 재산범죄 사건
- 개인 간의 명예훼손·모욕, 경계 침범, 지식재산권 침해, 임금체불 등 사적 분쟁에 대한 고소사건
- 형사조정에 회부하는 것이 분쟁 해결에 적합하다고 판단되는 고소사건
- 고소사건 외에 일반 형사사건 중 이에 준하는 사건

> **SEMI-NOTE**
>
> **형사조정의 절차**
> 형사조정위원회는 당사자 사이의 공정하고 원만한 화해와 범죄피해자가 입은 피해의 실질적인 회복을 위하여 노력하여야 한다(범죄피해자 보호법 제43조 제1항).

04절 재판의 집행과 형사보상

1. 재판의 집행

(1) 재판집행의 의의 및 기본원칙

① **재판집행의 의의** : 재판의 집행은 재판의 의사표시 내용을 국가권력에 의하여 강제적으로 실현하는 것
② **재판집행의 시기**
  ㉠ 원칙 : 재판은 이 법률에 특별한 규정이 없으면 확정한 후에 집행한다(법 제459조).
  ㉡ 소송비용의 집행정지 : 신청기간 내와 그 신청이 있는 때에는 소송비용부담의 재판의 집행은 그 신청에 대한 재판이 확정될 때까지 정지된다(법 제472조).
  ㉢ 사형의 집행 : 사형은 법무부장관의 명령에 의하여 집행한다(법 제463조).
③ **재판집행의 지휘**
  ㉠ 집행지휘(법 제460조)
    - 재판의 집행은 그 재판을 한 법원에 대응한 검찰청검사가 지휘한다. 단, 재판의 성질상 법원 또는 법관이 지휘할 경우에는 예외로 한다.
    - 상소의 재판 또는 상소의 취하로 인하여 하급법원의 재판을 집행할 경우에는 상소법원에 대응한 검찰청검사가 지휘한다. 단, 소송기록이 하급법원 또는 그 법원에 대응한 검찰청에 있는 때에는 그 검찰청검사가 지휘한다.
  ㉡ 집행지휘의 방식 : 재판의 집행지휘는 재판서 또는 재판을 기재한 조서의 등본 또는 초본을 첨부한 서면으로 하여야 한다. 단, 형의 집행을 지휘하는 경우 외에는 재판서의 원본, 등본이나 초본 또는 조서의 등본이나 초본에 인정하는 날인으로 할 수 있다(법 제461조).

(2) 형의 집행

① **형 집행의 순서** : 2이상의 형을 집행하는 경우에 자격상실, 자격정지, 벌금, 과료와 몰수 외에는 무거운 형을 먼저 집행한다. 다만, 검사는 소속 장관의 허가를 얻어 무거운 형의 집행을 정지하고 다른 형의 집행을 할 수 있다(법 제462조).
② **사형의 집행**

> **집행하기 위한 소환**
> 사형, 징역, 금고 또는 구류의 선고를 받은 자가 구금되지 아니한 때에는 검사는 형을 집행하기 위하여 이를 소환하여야 한다(법 제473조 제1항).

SEMI-NOTE

㉠ **사형의 집행** : 사형은 법무부장관의 명령에 의하여 집행한다(법 제463조).
㉡ **사형집행명령의 시기** : 사형집행의 명령은 판결이 확정된 날로부터 6월 이내에 하여야 한다(법 제465조 제1항).
㉢ **사형집행의 기간** : 법무부장관이 사형의 집행을 명한 때에는 5일 이내에 집행하여야 한다(법 제466조).
㉣ **사형집행의 참여** : 사형의 집행에는 검사와 검찰청서기관과 교도소장 또는 구치소장이나 그 대리자가 참여하여야 한다. 검사 또는 교도소장 또는 구치소장의 허가가 없으면 누구든지 형의 집행장소에 들어가지 못한다(법 제467조).

사형집행의 정지
사형선고를 받은 사람이 심신의 장애로 의사능력이 없는 상태이거나 임신 중인 여자인 때에는 법무부장관의 명령으로 집행을 정지한다(법 제469조 제1항).

③ **자유형의 집행**
㉠ 자유형은 교정시설에 수용하여 집행한다(형법 제66조, 제67조).
㉡ **판결선고전 구금일수의 통산** : 판결선고전의 구금일수는 그 전부를 유기징역, 유기금고, 벌금이나 과료에 관한 유치 또는 구류에 산입한다(형법 제57조).
㉢ **판결확정 전 구금일수 등의 산입** : 판결선고 후 판결확정 전 구금일수(판결선고 당일의 구금일수를 포함한다)는 전부를 본형에 산입한다(법 제482조 제1항).
㉣ **자유형집행의 정지** : 징역, 금고 또는 구류의 선고를 받은 자가 심신의 장애로 의사능력이 없는 상태에 있는 때에는 형을 선고한 법원에 대응한 검찰청검사 또는 형의 선고를 받은 자의 현재지를 관할하는 검찰청검사의 지휘에 의하여 심신장애가 회복될 때까지 형의 집행을 정지한다(법 제470조 제1항).
④ **자격형의 집행** : 자격상실 또는 자격정지의 선고를 받은 자에 대하여는 이를 수형자원부에 기재하고 지체없이 그 등본을 형의 선고를 받은 자의 등록기준지와 주거지의 시·구·읍·면장에게 송부하여야 한다(법 제476조).
⑤ **재산형의 집행**
㉠ **재산형 등의 집행** : 벌금, 과료, 몰수, 추징, 과태료, 소송비용, 비용배상 또는 가납의 재판은 검사의 명령에 의하여 집행한다(법 제477조 제1항).
㉡ **몰수물의 처분** : 몰수물은 검사가 처분하여야 한다(법 제483조).
㉢ **위조등의 표시** : 위조 또는 변조한 물건을 환부하는 경우에는 그 물건의 전부 또는 일부에 위조나 변조인 것을 표시하여야 한다(법 제485조 제1항).
㉣ **환부불능과 공고** : 압수물의 환부를 받을 자의 소재가 불명하거나 기타 사유로 인하여 환부를 할 수 없는 경우에는 검사는 그 사유를 관보에 공고하여야 한다(법 제486조 제1항).

(3) 재판집행에 대한 구제방법

① **재판해석에 대한 이의신청** : 형의 선고를 받은 자는 집행에 관하여 재판의 해석에 대한 의의가 있는 때에는 재판을 선고한 법원에 의의신청을 할 수 있다(법 제488조).
② **재판집행에 대한 이의신청** : 재판의 집행을 받은 자 또는 그 법정대리인이나 배우자는 집행에 관한 검사의 처분이 부당함을 이유로 재판을 선고한 법원에 이의신청을 할 수 있다(법 제489조).
③ **신청의 취하** : 신청은 법원의 결정이 있을 때까지 취하할 수 있다(법 제490조 제1항).

관련 판례

확정되지 아니한 판결의 집행에 대하여는 본조에 의한 이의신청을 할 수 있으며 판결의 집행에 대하여 이의신청이 있는 때에는 그 판결의 확정여부에 대하여 심리하여야 한다(대결 64모14).

관련 판례 이의신청 사유

형사소송법 제488조의 규정은 판결의 취지가 명료하지 아니하여 그 해석에 대한 의의가 있는 경우에 적용되는 것이고 재판의 내용 자체를 부당하다고 주장하는 것은 이에 해당되지 아니한다(대결 86모45).

2. 형사보상과 명예회복

(1) 형사보상의 개념

① 의의 : 형사피의자 또는 형사피고인으로서 구금되었던 자가 법률이 정하는 불기소처분을 받거나 무죄판결을 받은 때에는 법률이 정하는 바에 의하여 국가에 정당한 보상을 청구할 수 있다(헌법 제28조).
② 법적 성질 : 객관적으로 공무원의 고의·과실을 묻지 않고 국가가 이를 배상해주는 공무상 무과실 손해배상

(2) 형사보상의 요건

① 피의자보상
  ㉠ 피의자로서 구금되었던 자 중 검사로부터 불기소처분을 받거나 사법경찰관으로부터 불송치결정을 받은 자는 국가에 대하여 그 구금에 대한 보상을 청구할 수 있다(형사보상 및 명예회복에 관한 법률 제27조 제1항).
  ㉡ 피의자보상의 제한 : 다음의 어느 하나에 해당하는 경우에는 피의자보상의 전부 또는 일부를 지급하지 아니할 수 있다(형사보상 및 명예회복에 관한 법률 제27조 제2항).
    • 본인이 수사 또는 재판을 그르칠 목적으로 거짓 자백을 하거나 다른 유죄의 증거를 만듦으로써 구금된 것으로 인정되는 경우
    • 구금기간 중에 다른 사실에 대하여 수사가 이루어지고 그 사실에 관하여 범죄가 성립한 경우
    • 보상을 하는 것이 선량한 풍속이나 그 밖에 사회질서에 위배된다고 인정할 특별한 사정이 있는 경우

② 피고인보상
  ㉠ 무죄판결 : 일반 절차 또는 재심이나 비상상고 절차에서 무죄재판을 받아 확정된 사건의 피고인이 미결구금을 당하였을 때에는 이 법에 따라 국가에 대하여 그 구금에 대한 보상을 청구할 수 있다(형사보상 및 명예회복에 관한 법률 제2조 제1항).
  ㉡ 면소 등의 경우 : 면소 또는 공소기각의 재판을 받아 확정된 피고인이 면소 또는 공소기각의 재판을 할 만한 사유가 없었더라면 무죄재판을 받을 만한 현저한 사유가 있었을 경우, 치료감호의 독립 청구를 받은 피치료감호청구인의 치료감호사건이 범죄로 되지 아니하거나 범죄사실의 증명이 없는 때에 해당되어 청구기각의 판결을 받아 확정된 경우에도 국가에 대하여 구금에 대한 보상을 청구할 수 있다(형사보상 및 명예회복에 관한 법률 제26조 제1항).

SEMI-NOTE

형사보상과 손해배상과의 관계
이 법은 보상을 받을 자가 다른 법률에 따라 손해배상을 청구하는 것을 금지하지 아니한다(형사보상 및 명예회복에 관한 법률 제6조 제1항).

★ 빈출개념
피고인보상하지 아니할 수 있는 경우
다음의 어느 하나에 해당하는 경우에는 법원은 재량으로 보상청구의 전부 또는 일부를 기각할 수 있다(형사보상 및 명예회복에 관한 법률 제4조).
• 형사미성년자 및 심신장애의 사유로 무죄재판을 받은 경우
• 본인이 수사 또는 심판을 그르칠 목적으로 거짓 자백을 하거나 다른 유죄의 증거를 만듦으로써 기소, 미결구금 또는 유죄재판을 받게 된 것으로 인정된 경우
• 1개의 재판으로 경합범의 일부에 대하여 무죄재판을 받고 다른 부분에 대하여 유죄재판을 받았을 경우

(3) 형사보상의 내용

① **구금에 대한 보상** : 구금에 대한 보상을 할 때에는 그 구금일수에 따라 1일당 보상청구의 원인이 발생한 연도의 최저임금법에 따른 일급 최저임금액 이상 대통령령으로 정하는 금액 이하의 비율에 의한 보상금을 지급한다(형사보상 및 명예회복에 관한 법률 제5조 제1항).

② **사형집행에 대한 보상** : 사형 집행에 대한 보상을 할 때에는 집행 전 구금에 대한 보상금 외에 3천만원 이내에서 모든 사정을 고려하여 법원이 타당하다고 인정하는 금액을 더하여 보상한다. 이 경우 본인의 사망으로 인하여 발생한 재산상의 손실액이 증명되었을 때에는 그 손실액도 보상한다(형사보상 및 명예회복에 관한 법률 제5조 제3항).

③ **벌금 또는 과료의 집행에 대한 보상** : 벌금 또는 과료의 집행에 대한 보상을 할 때에는 이미 징수한 벌금 또는 과료의 금액에 징수일의 다음 날부터 보상 결정일까지의 일수에 대하여 민법 제379조의 법정이율을 적용하여 계산한 금액을 더한 금액을 보상한다(형사보상 및 명예회복에 관한 법률 제5조 제4항).

④ **몰수 집행에 대한 보상** : 몰수 집행에 대한 보상을 할 때에는 그 몰수물을 반환하고, 그것이 이미 처분되었을 때에는 보상결정 시의 시가를 보상한다(형사보상 및 명예회복에 관한 법률 제5조 제6항).

⑤ **추징금에 대한 보상** : 추징금에 대한 보상을 할 때에는 그 액수에 징수일의 다음 날부터 보상 결정일까지의 일수에 대하여 민법 제379조의 법정이율을 적용하여 계산한 금액을 더한 금액을 보상한다(형사보상 및 명예회복에 관한 법률 제5조 제7항).

(4) 명예회복

① **무죄재판서 게재 청구** : 무죄재판을 받아 확정된 사건의 피고인은 무죄재판이 확정된 때부터 3년 이내에 확정된 무죄재판사건의 재판서를 법무부 인터넷 홈페이지에 게재하도록 해당 사건을 기소한 검사가 소속된 지방검찰청에 청구할 수 있다(형사보상 및 명예회복에 관한 법률 제30조).

② **청구에 대한 조치**(형사보상 및 명예회복에 관한 법률 제32조)
   ㉠ 청구가 있을 때에는 그 청구를 받은 날부터 1개월 이내에 무죄재판서를 법무부 인터넷 홈페이지에 게재하여야 한다.
   ㉡ 다음의 어느 하나에 해당할 때에는 무죄재판서의 일부를 삭제하여 게재할 수 있다.
      • 청구인이 무죄재판서 중 일부 내용의 삭제를 원하는 의사를 명시적으로 밝힌 경우
      • 무죄재판서의 공개로 인하여 사건 관계인의 명예나 사생활의 비밀 또는 생명·신체의 안전이나 생활의 평온을 현저히 해칠 우려가 있는 경우
   ㉢ 청구인의 의사를 서면으로 확인하여야 한다. 다만, 소재불명 등으로 청구인의 의사를 확인할 수 없을 때에는 가족 중 1명의 의사를 서면으로 확인하는 것으로 대신할 수 있다.
   ㉣ 무죄재판서의 게재기간은 1년으로 한다.

SEMI-NOTE

형사보상의 절차 ★ 빈출개념

- **피의자보상의 청구 등**(형사보상 및 명예회복에 관한 법률 제28조)
  - 피의자보상을 청구하려는 자는 불기소처분을 한 검사가 소속된 지방검찰청 또는 불송치결정을 한 사법경찰관이 소속된 경찰관서에 대응하는 지방검찰청의 심의회에 보상을 청구하여야 한다.
  - 피의자보상을 청구하는 자는 보상청구서에 불기소처분 또는 불송치결정을 받은 사실을 증명하는 서류를 첨부하여 제출하여야 한다.
  - 피의자보상의 청구는 불기소처분 또는 불송치결정의 고지 또는 통지를 받은 날부터 3년 이내에 하여야 한다.

- **피고인보상**
  - 보상청구는 무죄재판을 한 법원에 대하여 하여야 한다(형사보상 및 명예회복에 관한 법률 제7조).
  - 보상청구의 기간 : 보상청구는 무죄재판이 확정된 사실을 안 날부터 3년, 무죄재판이 확정된 때부터 5년 이내에 하여야 한다(형사보상 및 명예회복에 관한 법률 제8조).
  - 보상청구의 방식 : 보상청구를 할 때에는 보상청구서에 재판서의 등본과 그 재판의 확정증명서를 첨부하여 법원에 제출하여야 한다(형사보상 및 명예회복에 관한 법률 제9조 제1항).
  - 불복신청 : 보상결정에 대하여는 1주일 이내에 즉시항고를 할 수 있다(형사보상 및 명예회복에 관한 법률 제20조 제1항).
  - 보상금 지급청구 : 보상금 지급을 청구하려는 자는 보상을 결정한 법원에 대응하는 검찰청에 보상금 지급청구서를 제출하여야 한다(형사보상 및 명예회복에 관한 법률 제21조 제1항).
  - 보상금 지급기한 등 : 보상금 지급청구서를 제출받은 검찰청은 3개월 이내에 보상금을 지급하여야 한다(형사보상 및 명예회복에 관한 법률 제21조의2 제1항).